Albanien entdecken

Auf den Spuren
Skanderbegs
Von Renate Ndarurinze

W0090379

Trescher Verlag

2., aktualisierte und erweiterte
Auflage 2008

Trescher Verlag
Reinhardtstraße 9
10117 Berlin
www.trescherverlag.de
post@trescherverlag.de

ISBN 978-3-89794-125-0

Herausgegeben von Bernd Schwenkros
und Detlev von Oppeln
Umschlaggestaltung: Bernd Chill
Gestaltung: Tom Schülke
Lektorat: Sabine Fach
Stadtpläne und Karten: Johann Maria
Just

Tirana und die Landesmitte 124

Der Norden 168

Inhalt

Essays

Vorwort

Bis heute ist Albanien für viele Westeuropäer Terra incognita geblieben. Eine griechische Reisegesellschaft auf Korfu versucht mit dem Slogan ›Albanien – das letzte Geheimnis‹ potentielle Touristen in den Süden des Landes nahe der Grenze zu Griechenland zu locken. Doch nur wenige wagen die kurze Überfahrt, weil Vorurteile und Halbwahrheiten über dieses Land den Zugang erschweren.

Dennoch – oder gerade deswegen – übte und übt dieses Land eine eigenartige Anziehungskraft auf Besucher aus. Zum einen beruht dies auf der urtümlichen, wilden Schönheit der Landschaft, die sich zugleich abweisend schroff und seltsam faszinierend dem Fremden darbietet, zum anderen auf der sprichwörtlichen Gastfreundschaft seiner warmherzigen Menschen, die sich in rührend aufopfernder Hilfsbereitschaft um Fremde und Gäste kümmern.

Die politischen Ereignisse der vergangenen 15 Jahre haben leider nicht dazu beigetragen, Reiselust zu wecken. In den Jahren 1990/91 war die Abschaffung der kommunistischen Diktatur mit bürgerkriegsähnlichen Unruhen im ganzen Land verbunden. Der Zorn des Volkes, das über 50 Jahre geknebelt und seiner Freiheit und Menschenrechte beraubt worden war, entlud sich in einer maßlosen Zerstörungswut an industriellen Einrichtungen und öffentlichen Gebäuden. Nach einer kurzen Phase der Euphorie und zaghaften Gehversuchen in Richtung einer Demokratie erschütterte 1996/97 der sogenannte Pyramidenskandal erneut das ganze Land. Große Teile der Bevölkerung verloren damals all ihre Ersparnisse. Armut und Mittellosigkeit, Protestaktionen, Aufstände, Unsicherheit im ganzen Land und Massenfluchten in das benachbarte Ausland waren die Folgen.

Doch diese Jahre der Unruhe und Unsicherheit sind vorbei. Obwohl noch nicht alle Straßen gut ausgebaut sind und unorganisierte Müllbeseitigung, zeitweise Unterbrechungen der Strom- und Wasserversorgung dem Fremdenverkehr nicht gerade dienlich sind, so trifft der Reisende, der heutzutage Albanien besucht, doch auf eine enorme Aufbruchstimmung, eine positive Lebenseinstellung und eine, trotz aller Widrigkeiten, ungebrochene Dynamik, Lebenskraft und Lebensfreude seiner Bewohner.

Durch die vielen positiven Merkmale des albanischen Volkscharakters wie Kontaktfreudigkeit, Hilfsbereitschaft, Wißbegier und Witz wird eine Albanienreise bei entsprechendem Interesse des Besuchers zu einem besonderen und unvergeßlichen Erlebnis.

Faszination der Landschaft, Gastfreundlichkeit der Bewohner und nicht zuletzt die zahlreichen historischen Stätten, die Zeugnis ablegen von der bewegten Geschichte des Landes, sind gute Gründe, dieses europäische Land kennenzulernen, das letzte Geheimnis zu lüften!

Hinweise zur Benutzung

Im ersten Teil dieses Buches finden sich ausführliche Informationen zu Land und Leuten. Im darauffolgenden Reiseteil wird, ausgehend von Tirana, zunächst die Landesmitte, anschließend der Norden und der Süden des Landes vorgestellt. Im Anschluß an die Beschreibungen der größeren Orte finden sich Infokästen mit Hinweisen zu Übernachtung, Gastronomie, Museen etc. Die angegeben Hotelpreise beziehen sich jeweils auf ein Doppelzimmer, Einzelzimmer gibt es, außer in den Luxushotels in Tirana, so gut wie überhaupt nicht.

Dem Reiseteil folgt ein Sprachführer sowie die Reisetips von A bis Z mit allen Informationen, die man zur Vorbereitung einer Albanienreise benötigt.

Die Karten in diesem Buch dienen der ersten Orientierung, wer vor Ort auf eigene Faust unterwegs ist, sollte sich in Albanien eine Straßenkarte besorgen. Das Tourismusministerium hat eine brauchbare Karte im Maßstab 1:350 000 herausgegeben, die man an Tankstellen und in Buchläden bekommt. Allerdings sollte man die Angaben zu den Straßen mit großer Vorsicht behandeln, einige Verbindungen, die in Karten als Hauptstraßen eingezeichnet sind, erweisen sich in der Realität als Schotterpisten mit unzähligen Schlaglöchern. Stadtpläne von einigen größeren Städten gibt es inzwischen in Buchläden zu kaufen.

Eine Besonderheit der albanischen Sprache ist, daß alle Hauptwörter in zwei Formen vorkommen können, einmal mit und einmal ohne bestimmten Artikel. Dies gilt auch für albanische Ortsnamen. In diesem Buch wurde, mit Ausnahme von Tirana, die unbestimmte Form verwendet, die auf nahezu allen Landkarten Verwendung findet. Man sollte sich also nicht wundern, wenn man im Land auf unterschiedliche Schreibweisen trifft. Hier ein paar Beispiele:

unbestimmte Form	bestimmte Form
Tiranë	Tirana
Durrës	Durrësi
Shkodër	Shkodra
Vlorë	Vlora
Sarandë	Saranda

Zeichenlegende

 Allgemeine Informationen

 Hotels und Pensionen

 Geldwechsel, Banken

 Restaurants

Das Wichtigste in Kürze

Einreise

Für einen Aufenthalt bis zu 4 Wochen genügt die Vorlage eines Reisepasses, der mindestens noch 6 Monate gültig sein muß. Bei der Einreise wird eine Gebühr von 10 Euro erhoben. Wertgegenstände wie teure Kameras oder Computer sollte man bei der Einreise deklarieren.

Für Autofahrer

Man benötigt eine Grüne Versicherungskarte, einen Internationalen Führerschein sowie ein Nationalitätskennzeichen am Fahrzeug. Bei der Einreise wird das Fahrzeug am Zoll registriert. Bei der Ausreise zahlt man für jeden in Albanien verbrachten Tag 1 Euro.
Achtung: Teilweise sehr schlechte Straßen, man muß mit Fußgängern, Tieren und Fuhrwerken auf der Fahrbahn sowie einem ambitionierten Fahrstil der Einheimischen rechnen. Landkarten sind häufig nicht zuverlässig. Fahrzeiten sollten sehr großzügig geplant werden. Bußgelder müssen sofort bar bezahlt werden.

Mit dem Flugzeug

Der internationale Flughafen ›Mutter Teresa‹ liegt in Rinas, ca. 30 Kilometer nördlich von Tirana. In die Stadt fahren Busse und Taxis. Die Taxifahrt in die Stadt kostet ca. 25 Euro.

Geld

1 Euro entspricht ca. 120 Lek. Lek werden außerhalb Albaniens nicht gehandelt, man kann also erst im Land tauschen. Geldautomaten sind in den größeren Städten inzwischen verbreitet. Es gibt zahlreiche Wechselstuben; Reiseschecks und Bargeld werden in allen Banken getauscht. Der Euro ist als Zahlungsmittel überall willkommen. Western Union hat ein dichtes Filialnetz auch in abgelegenen Orten. Kreditkarten werden in Läden in der Regel nicht akzeptiert, in größeren Hotels jedoch gibt es mit den gängigen Kreditkarten keine Porbleme.

Verständigung

Im Norden des Landes sprechen viele Albaner Italienisch. In Banken, öffentlichen Einrichtungen und Hotels wird häufig Englisch gesprochen, auch Deutsch ist durchaus nicht selten. In Korçë ist Französisch nicht unüblich.

Uhrzeit

In Albanien gilt wie in Deutschland Mitteleuropäische Zeit, ebenso gilt die Sommerzeit.

Öffentliche Verkehrsmittel

Busse (oft in keinem guten Zustand) und Minibusse (Furgon) verbinden alle größeren Orte in der Regel mehrmals täglich. In abgelegenen Gegenden seltener. Die Eisenbahn verkehrt nur auf wenigen Strecken, ist als Fortbewegungsmittel weniger geeignet und nur für Liebhaber historischer Technik interessant. Taxis bzw. Wagen mit Fahrern sind verhältnismäßig preiswert.

Telefon

Gut ausgebautes Mobilfunknetz, in den Bergen gibt es allerdings Regionen, die nicht erreicht werden. Mobilfunknummern beginnen meist mit 068 oder 069. Die Preise sind recht hoch. Für Telefonzellen benötigt man Karten, die in Postämtern oder auch bei Straßenhändlern erhältlich sind. Auslandsgespräche sind von diesen Telefonzellen aus recht preiswert.

In Berat

Was man beachten sollte

Die Bevölkerung Albaniens ist sehr gastfreundlich und hilfsbereit. Albanien ist entgegen allen Vorurteilen ein sehr sicheres Reiseland. Die allgemein üblichen Vorsichtsmaßnahmen sollte man natürlich auch hier beachten.
Man sollte mit mangelnder Infrastruktur, schlechten Straßen und ungesicherten Baustellen rechnen. Stromausfälle sind keine Seltenheit. Leider trifft man häufig auf Verschmutzungen durch Müll und Bauschutt.

Gesundheit

Der Abschluß einer Reisekrankenversicherung mit Rückholklausel wird empfohlen. Benötigte Medikamente sind sicherheitshalber mitzubringen. Die Ärzte sind gut ausgebildet, aber schlecht ausgestattet. Leitungswasser sollte nicht getrunken werden.

Unterkunft

Die größeren Hotels in Tirana haben westliches Preisniveau. Nach und nach entstehen Mittelklasse-Hotels. Auf dem Land werden häufig Privatzimmer vermietet. Man kann überall auf der Straße oder in Bars fragen und wird mit Sicherheit eine Unterkunft finden. Es gibt keine Campingplätze. Wildes Zelten ist aber nicht verboten. Man sollte die Einheimischen um Erlaubnis bitten, wenn man sein Zelt in der Nähe von Dörfern aufstellen möchte. Wohnmobile können überall abgestellt werden.

Essen

Die Mahlzeiten spielen im Alltag der Albaner eine große Rolle. Die Küche ist mediterran und unverkennbar griechisch und italienisch beeinflußt. Man kann praktisch überall sehr gut und preiswert essen gehen.

Einkaufen

Es gibt zahlreiche kleine Läden und Kioske mit ausgedehnten Öffnungszeiten.

Diejenigen, die sich auf das Abenteuer einer Albanienreise einlassen, werden großartige Landschaften und herzliche Gastfreundschaft finden.
Um das Land und seine Bewohner zu verstehen, sollte man sich aber ein wenig mit der Geschichte der Region und den Traditionen der Menschen beschäftigen.

Land und Leute

Geographie

Albanien, im Südwesten der Balkanhalbinsel gelegen, grenzt im Norden an Montenegro, im Nordosten an den Kosovo, im Osten an Makedonien und im Süden an Griechenland.

Mit einer Fläche von knapp 29 000 Quadratkilometern ist es etwas kleiner als Belgien und hat gemäß einer Schätzung von 2001 etwas mehr als drei Millionen Einwohner. 2001 betrug die Bevölkerungsdichte 110 Bewohner pro Quadratkilometer.

Gebirgslandschaft bei Tamarë nördlich von Shkodër

Im Jahre 1930 beschrieb der österreichische Arzt und Abenteurer Hugo A. Bernatzik, der Albanien lange durchstreift hatte, das Land wie folgt: »Albanien ist Bergland. Es ist das so durchaus, daß die wenigen, weiten fruchtbaren Täler mehr ein freiwilliges Geschenk der gütigen Natur zu sein scheinen, denn eine notwendige Abwechslung. Diese Berge sind von einer ganz eigenartigen, bestrickenden Schönheit, wie sie nirgends mehr auf der Welt gefunden wird ... Viele Berge tragen das ganze Jahr hindurch Firnschnee, der in manchen wasserarmen Höhenlagen allein den Durst von Mensch und Tier stillen muß... Selten tritt auch gerade der geologische Begriff der Faltung so sinnfällig vor Augen wie hier, denn die Täler sind tatsächlich enge, schmale Falten, manchmal von kristallklaren, eisigkalten Gebirgsbächen durchrauscht... Über den Schluchten streben drohend Mauern, Türme, Pyramiden empor, untereinander durch Pässe von großer Steilheit und Höhe verbunden.«

Trotz der Unzugänglichkeit und Unwegsamkeit der Landschaft ist Albanien wegen seiner geographischen Position bis in die Neuzeit für alle den Mittelmeerraum und das Hinterland bewohnenden Völker interessant gewesen. Es bildet die kürzeste Landverbindung vom Mittelmeer zum östlichen Balkan und nach Kleinasien und diente als Kontrollpunkt an der Straße von Otranto. Die zahlreichen Invasionen im Laufe der Geschichte Albaniens haben deutliche Spuren hinterlassen.

Land und Leute

Das Gebirge

Den Norden, Osten und Süden bildet Hochalbanien mit drei Gebirgszügen, den Nordalbanischen Alpen, die in südwest- und nordöstlicher Richtung verlaufen, und zwei Gebirgsketten parallel zur Küste. Im Osten finden wir die Korabi-Kette mit dem gleichnamigen höchsten Berg Albaniens (2751 Meter) und im Süden das Epirus-Gebirge. Die mittlere Höhe über dem Meer liegt bei etwa 700 Metern; damit ist Albanien das höchstgelegene Land Europas.

Erwähnenswert ist vor allem das Bergmassiv des Tomorr im Osten des Landes, das man von der mittelalbanischen Stadt Berat gut sehen kann. Mit einer Höhe von 2416 Metern, der ungewöhnlichen Länge von 19 Kilometern und einer Breite von sechs Kilometern ist dieses Bergmassiv so etwas wie ein Heiligtum der Albaner, das sie manchmal liebevoll ›baba Tomorr‹ (Papa Tomorr) nennen, oder auch ›den Löwen, der das Tor zu Albanien bewacht‹ oder auch den ›Olymp Albaniens‹.

Der südliche Balkan, wozu auch Albanien gehört, liegt an der Grenze zwischen der Eurasischen und der Afrikanischen Tektonischen Platte und wird daher nicht selten von Erdbeben erschüttert. Albanien erlebte das letzte größere Erdbeben im Jahre 1979.

Aufgrund seiner geologischen Vielfalt verfügt Albanien über reiche Erzvorkommen. In vorchristlicher Zeit waren es ausgedehnte Silbervorkommen, die griechische Kolonisten anlockten. Heutzutage sind Erzvorkommen wie Bitumen und Chrom oder auch Erdöl von großer Bedeutung. Doch wegen der Unzugänglichkeit der Landschaft und der unzureichenden Infrastruktur bedarf es beachtlicher Investitionen, um diese Bodenschätze zu fördern.

Die Küste

Die Adriaküste zieht sich von der montenegrinischen Grenze bis hin zur Bucht von Vlorë, wo das Ionische Meer beginnt. Insgesamt beträgt die Küstenlinie etwa 300 Kilometer.

An der Strandpromenade von Sarandë

Die Küste am Ionischen Meer ist auf der ganzen Länge zerklüftet. Unmittelbar hinter einem schmalen Küstenstreifen erheben sich bis zu 1000 Meter hohe Gebirge. Lange Sandstrände hingegen kennzeichnen die Adriaküste. Die zahlreichen Flüsse, die – aus den Bergen kommend – hier ins Meer münden, haben fruchtbare Schwemmlandebenen geschaffen, die nicht nur landwirtschaftlich genutzt werden, sondern auch zahlreichen exotischen Vögeln Brutstätten und Lebensraum bieten.

Die Gewässer

Albanien besitzt einen Überfluß an Wasserkraft, den das Land nicht allein nutzen kann. Zahlreiche Flüsse durchqueren das Land, die zum größten Teil im Hochgebirge entspringen, sich durch steile Schluchten winden, bis sie schließlich ins Mittelmeer münden. Es gibt elf Hauptflüsse mit insgesamt 152 Nebenflüssen. Die wichtigsten sind der Schwarze und der Weiße Drin, der Shkumbin, der Devoll mit Osum, die Vjosa, Kalasa und Bistrica. Die Hauptflüsse werden zur Erzeugung von Elektrizität genutzt.

Die großen Seen im Osten an der Grenze zu Makedonien, wie der Ohridsee und der Prespasee, sind tektonischen Ursprungs und sehr tief. Im Ohridsee wurde eine Tiefe von 300 Metern gemessen. Beide Seen sind sehr fischreich.

Auch der See von Butrint im Süden des Landes ist tektonischen Ursprungs und recht tief. Hier werden Miesmuscheln gezüchtet, die in Sarandë in den Bars und Hotels angeboten werden oder am Straßenrand gekauft werden können.

Der Skutarisee im Norden ist der größte See auf dem Balkan, aufgrund seines glacialen Ursprungs aber nur von geringer Tiefe. An seiner tiefsten Stelle wurden 60 Meter gemessen.

Flüsse und Seen in Albanien werden verschieden genutzt, teils zur Bewässerung, zur Erzeugung von Elektrizität, zum Fischfang oder als Touristenattraktion.

Fauna und Flora

Die folgende Anekdote wird gern über Albanien erzählt: Der Schöpfer stieg auf die Erde hinab, um zu prüfen, wie die Menschheit mit seinem Werk umgegangen war. Nachdem er alle Länder der Erde durchwandert hatte und überall enttäuscht war über die Verunstaltungen, die die Menschen seiner herrlichen Schöpfung zugefügt hatten, erreichte er Albanien. »Hier,« rief er freudig überrascht aus, »ist alles so geblieben, wie ich es geschaffen habe!«

Soll man der Anekdote Glauben schenken, so liegt dieser Zwischenfall sicherlich einige Jahre zurück, denn inzwischen versuchen die Albaner mit einer erstaunlichen Geschwindigkeit, sich westeuropäischen Standards anzugleichen. Es sei dahingestellt, ob dies immer Fortschritt bedeutet. Sicherlich gibt es darüber unterschiedliche Meinungen.

Doch grundsätzlich findet der Besucher in Albanien noch eine verhältnismäßig unberührte Landschaft und Bedingungen vor, die für Pflanzen und Tiere fast ungestörte Lebensräume ermöglichen. Eine relativ geringe Bevölkerungsdichte und wenig Industrialisierung vermitteln dem Reisenden ein Gefühl der Unberührtheit und Freiheit, das innerhalb der Länder mit Massentourismus nicht aufkommen kann und dem Aufenthalt in diesem Land einen besonderen Reiz verleiht.

Für Ornithologen besonders interessant sind die weiten Schwemmlandebenen an der Mündung der Flüsse zur Adria. Zwar legte man große Flächen in der Zeit des Kommunismus trocken, um sie als Agrarland zu nutzen und um die Malaria auszurotten, doch bis heute sind weite Flächen naturbelassen und bieten zahlreichen Wasser- und Sumpfvögeln Brutstätten und Möglichkeiten zum Überwintern.

Besonders die Ufer des Skutarisees im Norden Albaniens, der mit einer Fläche von 370 Quadratkilometern der größte Süßwassersee auf dem Balkan ist, beherbergen riesige Vogelpopulationen. Man hat hier etwa 270 Arten gezählt, wie beispielsweise Pelikane, Kormorane, Löffelreiher, Fischreiher, wilde Tauben und seltene Entenarten. Viele Sumpfpflanzen bilden einen ausgedehnten grünen

Teppich. Der See ist außerordentlich fischreich; die beliebtesten Fische sind Karpfen und Forellen. Auch Aale sind dort zu finden.

Da das Wasser an der albanischen Adriaküste trotz Pollution und unkontrolliertem Fischfang verhältnismäßig sauber ist, findet man hier ebenfalls viele Fischarten, wie zum Beispiel die schmackhaften Muränen und Meeraale. Mit ein bißchen Glück sind im Meer Seehunde, Robben und Delphine zu beobachten. Die Adriasträde sind frei von Haifischen.

Die Karavasta-Lagune südlich von Durrës ist ebenfalls ein ausgezeichneter Lebensraum für seltene und ungewöhnliche Vogelarten. Der See von Butrint im Süden des Landes, nahe der Grenze zu Griechenland, ist bekannt für seine Miesmuschelzüchtungen.

Der Prespa- und der Ohridsee – die beiden großen Seen tektonischen Ursprungs an der östlichen Landesgrenze zu Makedonien – sind über vier Millionen Jahre alt und bekannt für ihren außerordentlichen Fischreichtum. Besonders beliebt ist der Speisefisch Koran, der auf keiner Menükarte in den umliegenden Restaurants fehlen darf. Leider sind die Bestände aus diesem Grund heute schon gefährdet. Auch Ornithologen kommen voll auf ihre Kosten; außer dem Dalmatiner und dem Weißen Pelikan leben hier große Populationen von Seetauchern, Seeschwalben, Rohrdommeln und Bleßhühnern.

Albanien hat eine sehr vielfältige Vegetation. Während die breiteren Schwemmlandebenen an der Adriaküste zum großen Teil zu Agrarland umgewandelt wurden, sind die südlichen Steilküsten am Ionischen Meer und das hügelige Hinterland mit Maquis, dem typischen niederen Buschwald der Mittelmeerländer, bedeckt. Teilweise unterbrechen hier Oliven- und Zitronenbäume das Landschaftsbild.

Das sich an die Küstenstreifen anschließende höhere Bergland ist größtenteils mit Laubbäumen wie Buchen und Eichen bewachsen. In höheren Lagen befinden sich bis zur Baumgrenze bei etwa 2000 Metern über dem Meer ausgedehnte Nadelwälder mit Kiefern, Fichten, Pinien und Tannen. Wunderschöne weißstämmige Birken unterbrechen die verschiedenen Grüntöne und beleben die oft etwas düsteren Nadelwälder. Bis heute gibt es keine wirksame Eindämmung der unkontrollierten Abholzung. Daher sind viele Berge fast kahl. Doch in einigen Gegenden wird wieder gezielt aufgeforstet, da man die Nachteile des Kahlschlags erkannt hat und langsam Gegenmaßnahmen ergreift.

Ausgedehnte Bergwiesen mit vielen verschiedenen Pflanzen schmücken die subalpinen und alpinen Gebiete, die ungefähr ein Achtel der Oberfläche Albaniens bedecken, während die bewaldete Fläche etwa ein Drittel des Landes ausmacht.

In den Wäldern leben noch wilde Tiere wie Wölfe, Bären, Wildschweine, Gemsen, Luchse und andere Wildkatzen. In sehr hohen Gebirgslagen sind Adler zu finden. In Feuchtgebieten gibt es Nattern und Vipern, von denen einige Arten dem Menschen mit ihrem Gift gefährlich werden können.

Einige der Wälder sind wegen ihres biologischen Artenreichtums zu Nationalparks erklärt worden, die theoretisch von der Regierung besonders geschützt werden sollen. Doch der einzige Schutz, den die meisten dieser Parks genießen, besteht in ihrer Abgelegenheit und Unzugänglichkeit, die sowohl sanften als auch Massentourismus verhindern. Es gibt hier weder Hotels noch bewachte Campingplätze, und nur in einigen Dörfern gibt es eine touristische Infrastruktur wie zum Beispiel in Thet in den Albanischen Alpen.

Wildes Campen ist in Albanien erlaubt, doch sollte man in unzugänglichen Gegenden an eventuelle Gefahren durch wilde Tiere denken. Bevor man sein Zelt in der Nähe von Dörfern aufstellt, sollte man die Dorfbewohner um Erlaubnis bitten – diese wird sicher nicht verwehrt werden. Da die Albaner im Laufe ihrer Geschichte trotz grenzenloser Gastfreundschaft ein gesundes Mißtrauen gegenüber fremden Eindringlingen entwickelt haben und sicherlich noch die meisten von ihnen trotz Verbot über Waffen verfügen, da sie ihrer Obrigkeit bis heute nicht trauen, greifen sie lieber zur Selbstverteidigung und zur Selbstjustiz, wenn sie sich angegriffen und übervorteilt fühlen. So könnte einen unwillkommenen Eindringling, wenn auch versehentlich, schon einmal eine Kugel treffen!

Fast 3000 verschiedene Pflanzenarten wurden in Albanien gezählt, und viele dieser Pflanzen sind endemisch oder subendemisch: sie kommen nur in Albanien oder in benachbarten Gebieten vor. Eine große Zahl sind Heilkräuter; die bis heute von kundigen Einwohnern – sowohl in den Dörfern, als auch in den Städten – zu medizinischen Zwecken verwendet werden.

Land und Leute

Fischverkäufer am Ohridsee

Klima und Reisezeit

In Albanien herrscht Mittelmeerklima. Die Sommer sind heiß und trocken, die Winter mild und regenreich. Doch je nach Höhenlage können Temperaturen und Niederschläge variieren. Im allgemeinen beginnt das Frühjahr recht zeitig und die Niederschläge setzen erst im Spätherbst ein. Von Mai bis Oktober ist Schwimmen im Meer möglich; die Wassertemperaturen liegen dann bei 23 Grad Celsius. An der Küste kann man von 270 bis 300 Sonnentagen jährlich ausgehen. Der heißeste Monat ist der Juli, der kälteste der Januar. In den Tiefebenen an der Küste liegen die niedrigsten Temperaturen im Januar zwischen fünf bis (selten) minus zehn Grad Celsius, während sie in den Sommermonaten nur manchmal über 30 Grad Celsius ansteigen und wegen der Nähe des Meeres ständig eine erfrischende Brise weht.

In Tirana können die Winter durch häufige, heftige Regenfälle sehr unangenehm sein. Die Straßen sind dann sehr verschmutzt. Nicht alle Hotels verfügen über Heizung oder Klimaanlage, was den Aufenthalt in der Hauptstadt im Winter nicht gerade erholsam gestaltet. Aber auch im Sommer kann ein Aufenthalt in Tirana anstrengend sein, denn nicht selten erreichen die Temperaturen dann 40 Grad. Auch Bajram Curri im Norden des Landes, nahe der Grenze zum Kosovo, hat trotz seiner Höhenlage im Sommer oft 40 Grad Celsius aufzuweisen, und hier sollte man nicht in jeder Unterkunftsmöglichkeit eine Klimaanlage erwarten, wenngleich in letzter Zeit einige Verbesserungen durchgeführt worden sind.

Im Hochgebirge im Norden und Osten des Landes ist von November bis März Schnee möglich. Die Hauptstraßen (von Shkodër bis Kukës im Norden und von Përmet bis Korçë im Osten) werden meistens schneefrei gemacht, doch Nebenstraßen und Pässe in diesen Gegenden sind zwei bis drei Monate geschlossen und können nicht befahren werden. Die Städte Korçë, Peshkopi, Pogradec, Pukë,

Fähre bei Butrint

Kukës und Bajram Curri sind im Winter kalt; die Temperaturen sinken hier nicht selten unter minus 10 Grad Celsius.

Die beste Reisezeit für Albanien sind die Monate April bis Juni, wenn Apfel- und Kirschbäume in voller Blüte stehen und die vielen blühenden Blumen die Landschaft in ein Farbenmeer verwandeln. Im Hochsommer dagegen wirken weite Landstriche oft ausgetrocknet und verdorrt. Auch der Frühherbst (September und Oktober) ist als Reisezeit durchaus zu empfehlen.

Größere Temperaturschwankungen oder plötzliche Luftdruckveränderungen, die sich für wetterfühlige Menschen oft belastend für den ganzen Organismus auswirken können, gibt es in Albanien nicht.

Ökologie und Naturschutz

Wegen geringer Bevölkerungsdichte und wenig Industrie ist die Natur in Albanien weitgehend unberührt und das Ökosystem intakt. Das Wasser der Flüsse in den Gebirgen ist klar und sauber und kann sogar getrunken werden. Obst und Gemüse werden in Hausgärten oder Kleinbetrieben angebaut und gelangen ungespritzt in den Handel. Massentierhaltung gibt es nicht, und der Verbraucher weiß in den meisten Fällen, woher das Fleisch stammt, das auf seinem Teller landet. Albaniens Rinder waren und sind BSE-frei. Fisch gelangt fangfrisch auf den Tisch.

Obwohl viele Hotels ihre Abwässer noch ins Meer einleiten, gibt es an der Küste keine Algenteppiche. Seit 1990 ist Albanien einer der Unterzeichner des ›Abkommens von Barcelona zum Schutz des Mittelmeeres‹– immerhin eine Absichtserklärung.

Die Kehrseite der Medaille sind oft überquellende Mülltonnen in den Städten; Papierkörbe oder Glascontainer sucht man vergeblich, privater Müll und Sperrmüll wird meistens im hauseigenen Garten verbrannt oder an den Straßenrändern angehäuft; Autowracks an den Straßenrändern werden nicht entsorgt. Da es noch keine Regelungen für schadstoffarme Autos gibt, sieht man häufig ältere Automodelle ohne Katalysator, die ihre Abgase in die Landschaft bzw. in die Städte pusten.

Das Umweltbewußtsein der Bevölkerung ist nicht besonders ausgeprägt, und so kann es passieren, daß Reisende aus westeuropäischen Ländern sich nicht selten darüber ärgern, wenn Flaschen, Plastikverpackungen oder Essensreste achtlos in die Landschaft geworfen werden. Hierunter leidet nicht nur der visuelle Gesamteindruck der Landschaft und der Städte; Umweltverschmutzung, Wasserverseuchung und Gesundheitsschädigung der Bevölkerung sind die Spätfolgen.

Es ist zu hoffen, daß die zahlreichen in Albanien existierenden staatlichen Organe und auch die Bürger ernsthaft die Lösung dieser Probleme ins Auge fassen, damit dieses wunderschöne Land nicht durch Umweltsünden zerstört wird.

Naturparks

Die Einzigartigkeit der Landschaft und der Natur ist besonders gut in den Naturparks zu bewundern. Diese werden vom Amt für Weiden und Forsten (im Landwirtschaftsministerium am Sheshi Skanderbeg in Tirana) verwaltet. Gemäß international festgelegter Normen werden in Albanien drei Kategorien unterschieden:

Kategorie Ia

Geschütztes Gebiet, hauptsächlich zu wissenschaftlichen Untersuchungen bestimmt, Zugang nur beschränkt möglich. Hierzu gehören folgende Naturschutzgebiete:
Kardhiq (Präfektur von Gjirokastër)
Karavasta (Präfektur von Fier)
Gashi-See (Präfektur von Kukës)
Rajca (Präfektur von Elbasan)

Umweltverträglicher Tourismus stellt eine wirtschaftliche Chance dar: Restaurant mit Unterkunft im Valbonë-Tal

Kategorie II

Naturschutzgebiet, zur Erhaltung des Ökosystems und zur Erholung bestimmt. Folgende Gebiete gehören zu dieser Kategorie:
Nadelwald von Drenova (Distrikt Korçë)
Nadelwald von Hotova (Distrikt von Përmet)
Dajti (Distrikt von Tirana)
Divjaka (Distrikt von Lushnjë)
Lura (Distrikt von Dibër/Peshkopi)
Llogaraja (Distrikt von Vlorë)
Qafë Shtame (Distrikt von Krujë)
Tomorri (Distrikt von Berat)
Theth (Distrikt von Shkodër)
Valbonë (Distrikt von Tropojë)
Zall Gjoçaj (Distrikt von Mati)

Kategorie IV

Beaufsichtigte Naturparks, die allerdings nur theoretisch beaufsichtigt werden. In der Praxis besteht der einzige Schutz in ihrer Abgelegenheit und Unzugänglichkeit in den Gebirgsregionen. Es gibt hier weder befahrbare Wege noch Straßen, noch Hotels oder Übernachtungsmöglichkeiten.
Bis heute sind keine Karten der verschiedenen Nationalparks im Handel, doch das Albanische Militärinstitut für Geographie (IGUS – Instituti Gjeografik Ushtarak) in der Rruga Myslam Keta, Tirana, Tel. 04/36 34 27, hat das das ganze Land im Maßstab 1:50 000 geographisch erfaßt und plant, demnächst Wegkarten für die verschiedenen Nationalparks in den Handel zu bringen.

Staat und Bevölkerung

Seit 1998 hat Albanien eine demokratische Verfassung nach westeuropäischem Muster, in der die Teilung der Gewalten in Legislative, Exekutive und Judikative festgelegt ist. Das Recht auf Privateigentum wird garantiert. Ebenfalls ist der Schutz der Minderheiten in der Verfassung festgelegt, die in Albanien ihre Sprache, ihre Religion und ihre kulturellen Gepflogenheiten ungehindert ausüben können.

Land und Leute

Ein Großteil der staatlichen Institutionen konzentriert sich in Tirana

Das Einkammerparlament wird alle vier Jahre gewählt und wählt in einem Abstand von fünf Jahren den Präsidenten, der nur einmal wiedergewählt werden kann. 2007 wurde Bamir Topi zum neuen Präsidenten gewählt – er folgte Alfred Moisiu. Der Staatspräsident vertritt Albanien nach außen und ist Chef der Regierung. Premierminister und damit Chef der Exekutive war bis 2005 Fatos Nano, Parteivorsitzender der Sozialistischen Partei Albaniens. Ihm folgte Sali Berisha.

Das Parlament setzt sich aus 155 Abgeordneten zusammen. Alle vier Jahre finden Neuwahlen statt. Das Parlament wählt den Staatspräsidenten, welcher seinerseits den Premierminister ernennt. Der Premierminister ist Chef des Kabinetts und Chef der Exekutive. Die letzten Wahlen fanden am 3. Juli 2005 statt, die nach den Beobachtungen internationaler Organisationen ›teilweise‹ internationalen Normen entsprachen. Die Demokraten mit Sali Berisha an der Spitze trugen einen knappen Sieg davon.

Fatos Nano, der vorwiegend im Süden Albaniens Anhänger hatte, wurde vor allem Korruption vorgeworfen. Über viele wichtige Wirtschaftszweige, wie beispielsweise die Stromversorgung, hat der Staat ein Monopol, was von großen Teilen der Bevölkerung kritisiert wird. Sali Berisha, der Chef der Demokratischen Partei, rekrutierte seine Anhänger insbesondere im Norden Albaniens (er selbst stammt aus dem Tropojë-Distrikt) und unter vielen Intellektuellen. Er gilt als ehrlich und aufrichtig, doch recht autoritär. Die Jugend Albaniens ist weitgehend der Überzeugung, daß sowohl Nano als auch Berisha, die im Kampf um die Macht ihre persönlichen Rivalitäten austragen, in der Politik des modernen Albanien nichts mehr zu suchen haben.

Die ›Tirana Times‹ berichtete, daß 167 Personen nicht wählen konnten, weil sie seit Jahren aus Angst vor Blutrache nicht aus ihren Häusern gehen. Für diese Personen war weder persönlicher Geleitschutz noch Briefwahl angeordnet, wie es das Gesetzt in Albanien vorsieht. Obwohl die Blutrache verboten ist, gibt es noch vor allem im Norden des Landes noch Familien, die sich seit Jahren aus Angst vor Mord in ihren Häusern verbarrikadieren – Zeichen dafür, daß der Staat nicht stark genug ist, bestehende Gesetze durchzusetzen

Die Parteien

Die wichtigsten Parteien sind:

PSSH (Partia Socialiste e Shqiperise): Sozialistische Partei Albaniens. Sie ist aus der am 8. November 1941 gegründeten kommunistischen Partei der Arbeit Albaniens hervorgegangen. Sie strebt einen demokratischen Sozialismus nach westeuropäischem Vorbild an.

PDSH (Partia Demokratike e Shqiperise): Demokratische Partei Albaniens. Die PDSH ist die erste demokratische Partei Albaniens. Sie ist seit dem 18. Dezember 1990 zugelassen und ordnet sich als rechts von der Mitte ein. Sie kann als konservativ bezeichnet werden. Ihre Gründer waren damals die Intellektuellen Albaniens, an deren Spitze Sali Berisha stand.

BK (Partia Balli Kombetar Shqiptare): Albanische Nationale Front. Sie strebt die Vereinigung aller Albaner in allen von Albanien besiedelten Gebieten an, vor allem die Zusammenlegung mit dem Kosovo.

PRSH (Partia Republikane Shqiptare): Albanische Republikanische Partei, die als konservativ gilt.

PLL (Partia Levizja e Legalitetit): Partei der Legalitätsbewegung, in der sich die Anhänger der Monarchie organisiert haben.

PD (Partia Demokrate): Partei der Demokraten, ebenfalls konservativ.

PSD (Partia Social Demokrate): Sozialdemokratische Partei.

PBDNJ (Partia Bashkimi per te Drejtat e Njeriut: Einheitspartei für Menschenrechte. Ursprünglich von der griechischen Minderheit im Süden Albaniens ›Omonia‹ (Eintracht) genannt, hat sie sich später umbenannt, weil der Titel verständlicherweise bei den Albanern auf Widerstand stieß. Sie vertritt die Rechte der griechischen Minderheit in Albanien.

PASH (Partia Agrare e Shqiperise): Agrarpartei Albaniens, vertritt die Interessen der Landbevölkerung und der Bauern.

AD (Aleanca Demokratike): Demokratische Allianz, liberal.

Verwaltung

Den Lokalregierungen stehen direkt gewählte Bürgermeister und nach dem Verhältniswahlrecht gewählte Ratsmitglieder vor. Zusätzlich gibt es Präfekturen, die von einem Beamten der Zentralregierung verwaltet werden. Die Präfekten koordinieren die regionalen Zweigstellen der verschiedenen Ministerien und kontrollieren die Arbeit der Lokalregierungen.

Für umfassende Planungsarbeiten, die über den Bezirk der Lokalregierungen hinausgehen, ernennt die Lokalregierung Delegierte zu einem ›Regionalrat‹.

Die Verwaltung des Landes ist in den Hauptstadtdistrikt von Tirana und die folgenden 35 Bezirke aufgeteilt: Berat, Bulqizë, Delvinë, Devoll, Dibër, Durrës, Elbasan, Fier, Gjirokastër, Gramsh, Has, Krujë, Kavajë, Kolonjë, Korçë, Kukës, Kuçovë, Laç, Lezhë, Librazdh, Lushnjë, Malësia e Madhe, Mallakastër, Mat, Mirditë, Peqin, Përmet, Pogradec, Pukë, Sarandë, Shkodër, Skrapar, Tepelenë, Tropojë, Vlorë.

Es gibt in Albanien einen Obersten Gerichtshof, 26 Bezirksgerichte und sechs Regionalgerichte.

Die Volksgruppen

Die Albaner führen ihren Ursprung auf die indogermanische Volksgruppe der Illyrer zurück, die seit etwa 600 vor Christus den südwestlichen Teil des Balkans – also etwa das heutige Albanien – besiedelten.

Da die Mehrheit der Bevölkerung in Albanien illyrischen Ursprungs ist, ist das Land, was die Bevölkerung anbetrifft, auf den ersten Blick homogen zu nennen.

Die größte Minderheit bilden die Griechen, die im südwestlichen Teil des Landes leben. Nach einem offiziellen albanischen Zensus aus dem Jahre 1991 gehören zu dieser Volksgruppe etwa 53 000 Mitglieder, während die Griechen von

Kinder im Valbonë-Tal

400 000 (!) sprechen. In einigen Orten im Südwesten Albaniens ist Griechisch sogar Unterrichtssprache. Obwohl viele Griechen wegen der hohen Arbeitslosigkeit in Albanien nach Griechenland ausgewandert sind und viele Dörfer in diesem Landesteil Albaniens verlassen wirken, spielen die Griechen im politischen und wirtschaftlichen Leben Albaniens eine wichtige Rolle. Dennoch kommt es sowohl in Albanien als auch in Griechenland immer noch zu Spannungen zwischen Albanern und Griechen, die sich aus historischen Gegebenheiten, Mentalitätsunterschieden und aus wirtschaftlichen und sozialen Gründen herleiten lassen.

Über das ganze Land verstreut leben Roma. Die meisten von ihnen sind vom wirtschaftlichen und politischen Leben Albaniens ausgeschlossen und leben nicht selten in großer Armut.

Oft mit den Roma verwechselt werden, trotz unterschiedlicher Sprache, die Nachkommen der Ägypter, die zur Zeit Alexanders des Großen als Händler ins Land kamen. Sie sind besser in die albanische Gesellschaft integriert als die Roma.

Die Aromunen oder Wlachen, ihrem Ursprung nach ein halb nomadisches Hirtenvolk, leben hauptsächlich im Umland von Korçë bei Voskopojë und in der mittelalbanischen Ebene um Lushnjë und Berat. Ihre Sprache ist dem Rumänischen sehr ähnlich. Viele Aromunen sind in den Jahren des politischen Umsturzes nach Rumänien ausgewandert.

Um den Prespa- und den Ohridsee leben slawische Volksgruppen aus Makedonien, am östlichen Ufer des Skutarisees siedeln Menschen slawischen Ursprungs aus Montenegro.

Die Verfassung Albaniens garantiert den im Land lebenden Minderheiten Schutz. So können sie ungehindert ihre religiösen und kulturellen Gebräuche ausüben und entwickeln und ihre Muttersprache pflegen. Politische Parteien auf ethnischer Grundlage sind jedoch unzulässig. Die ›Partia Bashkimi per te Drejtat e Njeriut‹ (PBDNJ), die aus der ursprünglich von Griechen gegründeten Partei ›Omonia‹ (Einheit) hervorgegangen ist, vertritt die Rechte aller Minderheiten im Parlament.

Gemäß statistischer Erhebungen aus dem Jahre 2001 betrug die Bevölkerungsdichte in Albanien 110 Einwohner pro Quadratkilometer. Dieser Durchschnittswert schwankt jedoch von Distrikt zu Distrikt erheblich. Seit mehreren Jahren besteht eine Tendenz zur Landflucht. Viele Bewohner aus armen ländlichen Gegenden, besonders aus dem Norden Albaniens, ziehen in die Städte, wo sie sich eine Verbesserung ihres Lebensstandards erhoffen.

Demographische Untersuchungen haben ergeben, daß Albanien die jüngste Bevölkerung Europas hat. Nach Schätzungen aus dem Jahre 1998 liegt das Durchschnittsalter in Albanien bei 28,6 Jahren. Da die Albaner sehr kinderlieb sind, wächst die Bevölkerung sehr rasch. Die jetzige Einwohnerzahl des Landes

Land und Leute

Landschaft am Ohridsee

von etwa 3,6 Millionen wird bis zum Jahre 2010 wohl auf ungefähr 4,3 Millionen ansteigen.

Auf den ersten Blick ist die Bevölkerung Albaniens homogen. Doch wer genauer hinschaut, erkennt erhebliche Unterschiede zwischen Nord- und Südalbanern. Die Grenze zwischen den beiden Landesteilen ist der Fluß Shkumbin, in dessen Tal die alte Heerstraße der Römer, die Via Egnatia, erbaut wurde.

Während die Südalbaner, die Tosken, als weltoffen und wendig gelten, haben die Nordalbaner, die Gegen, den Mythos vom treuen, kampfesfreudigen, mutigen und freiheitsliebenden Menschen entstehen lassen, dem die persönliche Ehre, das gegebene Wort, heilig sind. Der Besucher möge sich selbst ein Bild machen. Gastfreundschaft und Aufgeschlossenheit dem Fremden gegenüber sind sowohl im Norden als auch im Süden besondere Merkmale der Mentalität der albanischen Bevölkerung.

Albanische Kolonien im Ausland

Obwohl die Albaner als bodenständiges Volk bezeichnet werden können, haben im Laufe der schwierigen Geschichte des Landes doch viele Auswanderungswellen stattgefunden.

Zum ersten Mal im Laufe der Geschichte verließen viele Albaner ihr Land, als Anfang des 13. Jahrhunderts das Serbische Königreich beträchtlichen Druck auf die Bevölkerung im Norden Albaniens ausübte.

Die größten Auswanderungswellen fanden jedoch im Laufe der Herrschaft der osmanischen Besatzung statt. Insbesondere nach dem Tod Skanderbegs im Jahre 1468 zogen viel Menschen aus dem Norden Albaniens nach Süditalien, wo sie neue Kolonien gründeten. Andere wanderten nach Bulgarien oder Odessa aus. Während die albanischen Kolonien im Süden Italiens ihre Sitten und Gebräuche beibehalten haben und bis heute ihre eigene Sprache sprechen, glauben Ethnologen, daß die albanische Sprache – und damit die albanische Kultur – in Bulgarien und Odessa im Aussterben begriffen ist.

Auch im Süden Griechenlands, besonders in Attika, gibt es viele Siedlungen von Albanern. Die Insel Angistri im Saronischen Golf soll zum ersten Mal von Albanern besiedelt worden sein.

In der modernen Zeit, vor allem im 19. Jahrhundert, wanderten viele Albaner in die USA oder in westeuropäische Länder aus. Viele von ihnen begannen dort ein neues Leben, ohne jedoch ihr Land und ihre Landsleute zu vergessen. Ein großer Teil finanzieller Unterstützung des Landes kommt von diesen Auslandsalbanern, die ihre im Lande verbliebenen Familien unterstützen, zu deren Lebensunterhalt beitragen und auch sehr häufig zu Besuch in ihr Land zurückkehren, um auf diese Weise die emotionalen Kontakte aufrechtzuerhalten.

Land und Leute

Konfessionen

Die Illyrer hatten wie die Griechen, die Germanen und die Römer ein polytheistisches Weltbild. In ihrer Mythologie waren Medaur, der Kriegsgott und Göttervater, und Redon, der Gott des Meeres, die beiden wichtigsten Götter. Daneben gab es eine große Anzahl lokaler Gottheiten, deren Gestalten den Mitgliedern einer menschlichen Gesellschaft glichen.

Seit dem 1. Jahrhundert unserer Zeitrechnung faßte das Christentum in Albanien Fuß. Der Apostel Paulus soll in Durrës gepredigt haben. Bis zum 6. Jahrhundert verbreitete sich das Christentum in Albanien. Überall entstanden künstlerisch wertvolle Kirchen.

Nach der Teilung der christlichen Welt in West- und Ostrom gerieten große Teile Albaniens unter den Einfluß Ostroms. Doch die weströmische katholische Kirche hatte und hat bis heute vor allem im Norden Albaniens eine große Bedeutung für die Bevölkerung.

Im 15. Jahrhundert, nach der berühmten Schlacht am 28. Juni 1389 auf dem Amselfeld, dem heutigen Kosovo, wurde Albanien weitgehend islamisiert. Viele Albaner traten zum Islam über, weil damit häufig wirtschaftliche Vorteile verbunden waren, wie die Reduzierung von Steuern oder die Erlaubnis, Waffen zu tragen.

Katholische Kirche in Theth in den Albanischen Alpen

1967 erklärte Enver Hoxha Albanien zum ›ersten atheistischen Staat Europas‹ und verbot die Ausübung jeglicher Religion. Sein Motto lautete: »Die Religion des Albaners ist Albanien«. Kirchen und Moscheen wurden zerstört oder für weltliche Zwecke, beispielsweise für Sportveranstaltungen, genutzt.

Seit Mai 1990 ist die Ausübung jeder Religion erlaubt, doch für den vorwiegend pragmatisch veranlagten Albaner, für den eher das Leben im Diesseits wichtig ist, spielt die Religion auch noch heute eine untergeordnete Rolle. Die beispielhafte religiöse Toleranz ist ein wesentliches Merkmal der albanischen Gesellschaft. Nicht selten leben Moslems und Christen friedlich miteinander in einer Familie - eine nachahmenswerte Haltung, gerade in der heutigen Zeit der Konfrontation zwischen

Christentum und Islam. Die meisten religiösen Feste werden von allen Religionen gemeinsam gefeiert – auf diese Weise gibt es recht viele freie Tage im Jahr.

Heute sind ungefähr 65 Prozent der Albaner Moslems, etwa 35 Prozent römisch-katholisch oder griechisch-orthodox. Die bekannteste Persönlichkeit Albaniens, die den römisch-katholischen Glauben vertrat, war Mutter Teresa (Geburtsname Gonxhe Bojaxhi), die aus dem Kosovo stammende Nonne. Sie ist auch unter dem Namen ›Mutter von Kalkutta‹ bekannt geworden. Neben vielen anderen Auszeichnungen für ihr Lebenswerk erhielt sie 1979 den Friedensnobelpreis.

Im Osten Albaniens versucht die Religionsgemeinschaft der Baptisten Anhänger zu gewinnen. Auch hier sind nach meinen Beobachtungen nicht selten pragmatische Erwägungen, wie Zugang zu Schulungs- und Ausbildungsmöglichkeiten, das Motiv für einige Albaner, den Baptisten beizutreten.

Die orthodoxe Kirche Albaniens ist autonom. Sie hat ihre eigenen Bischöfe. Die Unabhängigkeit von der griechisch-orthodoxen Kirche wurde im frühen 20. Jahrhundert durchgesetzt. Ein bekannter Bischof der albanisch-orthodoxen Kirche war Fan Noli, der 1924 sogar für kurze Zeit albanischer Ministerpräsident war.

Eine kleine jüdische Gemeinde wurde auch während der Besatzung durch die Nazis im Zweiten Weltkrieg von der albanischen Gesellschaft nicht nur geduldet, sondern durch viele Beispiele von Zivilcourage geschützt. Albanien war eines jener Länder, in die sich Juden vor der Verfolgung der Nationalsozialisten retten konnten.

Ein in Albanien weit verbreiteter Zweig des Islam ist die Bektashi-Sekte, die im 13. Jahrhundert gegründet und 1925 aus der Türkei ausgewiesen wurde. Ihre wichtigsten Anhänger flüchteten damals nach Albanien, wo noch heute ein Großteil dieser Sekte lebt. Die Derwische oder ›babas‹ (Väter), die Priester dieser Sekte, durchstreiften das Land und versuchten, die mystischen und archaisch-heidnischen Elemente des Volksglaubens in ihre Glaubensvorstellungen einzubeziehen, wodurch sie verständlicherweise viele Anhänger fanden. So beten die Bektashi zum Beispiel Berge an (den Berg Tomorr – ›Baba Tomorr‹) oder errichten Pilgerstätten in der Nähe von Gräbern besonders herausragender Persönlichkeiten, die verehrt werden wie katholische und orthodoxe Heilige. Da die Albaner eine enge Verbindung zu ihren Ahnen haben, ist es verständlich, daß diese Glaubensrichtung als die vierte Religion Albaniens gilt.

Obwohl sich die große Mehrheit der Albaner zum Islam bekennt, hat der Reisende nicht das Gefühl, sich in einem moslemischen Land zu befinden. Frauen gehen nicht verschleiert, sondern sind – besonders in den größeren Städten – schick und sexy gekleidet und machen einen sehr westlichen Eindruck. Der Muezzin oder sein Lautsprecherersatz ruft zwar von den Moscheen zum Gebet, doch selten wird man einen Albaner zu Gesicht bekommen, der sich fünf Mal am Tag bei diesem Ruf auf die Erde kniet, sein Gesicht nach Osten wendet und betet.

Geschichte

Um ein Volk zu verstehen, kommt der interessierte Besucher nicht umhin, sich mit seiner Geschichte zu befassen. Dies ist insbesondere für Albanien wichtig, will man den Albaner von heute und sein Lebensgefühl begreifen. Gerade diese Menschen suchen bis heute nach ihren Wurzeln und ihrer nationalen Identität, die von vielen Großmächten Europas aus machtpolitischen Gründen über Jahrhunderte hinweg nicht anerkannt oder gar verleugnet wurde.

Das Gebiet des heutigen Albanien kann auf eine 8000 Jahre alte Besiedlung zurückblicken, was Funde aus dem Neolithikum (6000–2100 v. Chr.), aus der Bronzezeit (2100–1000 v. Chr) und aus der Eisenzeit (ab 1000 v. Chr.) beweisen.

Nach Ansicht bedeutender Archäologen bildeten sich besonders in der Bronzezeit aus den Pelasgern (Volksstämme, die die ägäische Welt besiedelten) Ethnien mit charakteristischen Merkmalen heraus; eine dieser Ethnien waren die Illyrer, die als Urahnen der heutigen Albaner angesehen werden.

Es gibt kontroverse Ansichten darüber, wo die Grenze zwischen den Illyrern und den Hellenen (Griechen) verlief. Doch aller Wahrscheinlichkeit nach gab es eine Vermischung beider Stämme im Gebiet des heutigen Südalbaniens und Nordgriechenlands.

Die Illyrer

Die Kultur der Illyrer unterschied sich von der Kultur anderer Stämme durch den Bau größerer Städte, die wie Festungen geschützt wurden. Der griechische Geschichtsschreiber Herodot bezeichnete die Illyrer als ein primitives Volk, deren Vertreter sich zu besonderen Anlässen tätowierten und Menschenopfer darbrachten. Funde beweisen, daß sie bereits eine hochentwickelte Kultur besaßen.

Aus Silber und Kupfer, das damals in Minen gefördert wurde, stellten die Illyrer Schmuck her und prägten Münzen. In einem aus der Illyrerzeit stammenden Hügelgrab wurden an einem Skelett an den Gelenken zahlreiche Ringe entdeckt, die als ›Byzylyk‹ bekannt geworden sind. Die von den Illyrern geprägten Münzen zeigten häufig Symbole aus der Seefahrt, wie zum Beispiel das Symbol einer besonders schnellen Galeere, genannt Lembe. Diese Galeere wurde von den Illyrern zur Piraterie benutzt, mit der sie die östliche Adria unsicher machten. Sie bedrohten damals den aufstrebenden Stadtstaat Rom. Doch sie trieben auch friedlich Handel mit den Griechen im Süden ihres Königreiches.

Ende des 5. Jahrhunderts bis ins 6. Jahrhundert vor Christus erlebte das Reich der Illyrer seine Blütezeit. Es erstreckte sich im Norden bis an die Ufer der Donau,

Land und Leute

Rückzugsort des letzten illyrischen Herrschers: die Rozafa-Burg bei Shkodër

im Osten bis an die Morava und im Süden und Südosten bis zum Pindus-Gebirge, welches die Grenze zu Makedonien und Griechenland bildete.

Herausragende Könige und eine Königin aus dieser Zeit waren Bardhyl, Agron, Teuta, Gent, Monun und Mytyl. Zur Erinnerung an diese Zeit verwenden die Albaner heute vielfach diese Namen als Vornamen für ihre Kinder. Besonders Teuta ist bei Mädchen beliebt oder wird für Schiffsnamen benutzt. Sehr viele Albaner haben den Vornamen Gent.

Heute bezeichnen viele Ethnologen die Nordalbaner aus der Mirdita, aus der Gegend um Shkodër, Pukë, Bajram Curri als die wahren Nachfahren der Illyrer. Auch in ihren Wertvorstellungen vom gesellschaftlichen Zusammenleben sind bis heute archaische und heidnische Elemente enthalten.

Im 3. Jahrhundert vor Christus erreichte das Königreich der Illyrer im Norden Albaniens eine kulturelle und wirtschaftliche Blütezeit. Shkodër war die Hauptstadt. Doch der aufsteigende Staat der Römer im Westen, der seine Macht weiter nach Osten ausdehnen wollte und sich zunehmend von der Piraterie der Illyrer in der Adria bedroht fühlte, griff das Königreich an. Von 231 bis 229 vor Christus versuchten die Illyrer, mit der damaligen Königswitwe Teuta an ihrer Spitze, die Römer zurückzudrängen. Doch sie mußten sich schließlich geschlagen geben.

Die römische Epoche

Der letzte König der Illyrer, Genti (römischer Name Genthius), hatte sich bei der Invasion durch die Römer in die Rozafa-Burg in die Nähe von Shkodër zurückgezogen. Die Römer belagerten die Burg, und im Jahre 168 vor Christus ergab sich Genti schließlich. Damit ging die Epoche der Illyrer zu Ende.

Mit der Herrschaft der Römer begann für Albanien eine Zeit von Frieden und Wohlstand. Um die Adria mit Saloniki zu verbinden, bauten die Römer unter ihrem Prokonsul von Makedonien namens Gaius Egnatius die berühmte Via Egnatia. Sie folgte dem Lauf einer alten Verbindungsstraße, die die Illyrer auf ihren Handelswegen bis Makedonien benutzt hatten. Die Via Egnatia, benannt nach ihrem Erbauer, hatte einen Ausgangspunkt in Dyrrachium (dem heutigen Durrës) und einen zweiten in Apollonia. Die beiden Straßenzüge liefen dort zusammen, wo sich heute die Stadt Elbasan befindet, und folgten dem Tal des Flusses Shkumbin, umzogen den Ohridsee und führten bis Saloniki und Byzanz. Die Via Egnatia war insgesamt 395 Kilometer lang.

Ein weiterer von den Römern erbauter Straßenzug begann in Shkodër und verlief über Dyrrachium und Vlorë bis nach Butrint. Die dritte wichtige Straßenverbindung, die in Albanien bereits von den Römern angelegt wurde, begann in Shkodër, führte über Pukë und Prizeni bis nach Niš.

Im Jahre 56 vor Christus besuchte Julius Cäsar die Provinz Illyricum. Im Jahre 49 vor Christus kehrte er ein zweites Mal dorthin zurück, um Pompeius, seinen Feind im römischen Bürgerkrieg, zu verfolgen. Dieser hatte sich in der Nähe von Apollonia mit einem Heer verschanzt. Oktavian, der spätere Kaiser Augustus, studierte in Apollonia. Die Stadt erhielt später unter seiner Herrschaft das Privileg der Steuerfreiheit.

Die Basilika von Butrint

In Lissus, dem heutigen Lezhë, siedelten ebenfalls viele Römer. Es ist bekannt, daß einer der Freunde des Cicero Land in Buthrotum (dem heutigen Butrint) erworben hatte und sich dort auch viele andere Römer niederließen. Dyrrachium war eine freie Stadt in der Provinz Illyricum, unter Kaiser Augustus eine römische Kolonie.

Bei der endgültigen Teilung des Römischen Reiches in Westrom und Ostrom im Jahre 395 nach Christus fiel der Nordteil der Provinz Illyricum an Westrom, während der südliche Teil zu Ostrom gehörte. Als Westrom im 5. Jahrhundert unserer Zeitrechnung endgültig unterging, wurde die damalige Provinz Illyricum, also annähernd das Gebiet des heutigen Albanien, Teil des byzantinischen Reiches.

Die byzantinische Epoche

Zahlreiche Invasionen kennzeichneten die folgenden Jahrhunderte in der Region des heutigen Albanien. Hunnen, West- und Ostgoten fielen in das Land ein und schwächten die Herrschaft von Byzanz.

Im Jahre 480 unserer Zeitrechnung nahmen die Ostgoten Dyrrachium ein und setzten von dort aus nach Italien über, wo sie ein Königreich gründeten. Shkodër wurde ebenfalls dem Reich der Ostgoten einverleibt. Onchesmus, das heutige Sarandë, im Süden des heutigen Albanien, wurde 551 vollkommen zerstört.

Die Gebiete südlich des Shkumbin wurden von slawischen Stämmen erobert. Einige Ortsnamen slawischen Ursprungs sind aus dieser Epoche erhalten geblieben. Die einheimischen Völker zogen sich daraufhin aus Sicherheitsgründen in den unzugänglicheren Teil Albaniens, nördlich des Shkumbin-Flusses, zurück. Zu dieser Zeit wurden sie bei den südlichen Nachbarn als Albaner mit einer einheitlichen Sprache, dem Albanischen, bekannt.

Die bulgarischen Herrscher Simeon und Samuel griffen das Byzantinische Reich im Zentralbalkan an, und gegen Ende des 10. Jahrhunderts gehörte das gesamte Gebiet zwischen Schwarzem Meer und Adria, einschließlich

Byzantinische Kirche in Berat im Süden des Landes

des heutigen Albanien, zum Großreich des bulgarischen Zaren Samuel. Doch 1018 wurden die Bulgaren bei Beligrad (dem heutigen Berat) vernichtend von den Byzantinern geschlagen, die abermals ihre Herrschaft über die albanischen Gebiete ausdehnten.

Nach der religiösen Spaltung von 1054, als sich die östliche Kirche vom weströmischen Katholizismus trennte, faßte die römisch-katholische Kirche in Nordalbanien Fuß, während sich die orthodoxe Richtung im Süden des heutigen Albanien verbreitete. Die albanischen Großgrundbesitzer und Bischöfe, gefangen im Ost-West-Gerangel der Kirchen, paßten sich gemäß ihren jeweiligen weltlichen Interessen der einen oder anderen Glaubensrichtung an. Aufgrund dieser pragmatischen, auf das Diesseits orientierten Haltung der Herrschenden und auch der übrigen Bewohner – und wegen der gemischten Bevölkerung in den größeren Städten, wie zum Beispiel Dyrrachium – hatte der orthodox-katholische Konflikt in Albanien niemals gewalttätige Auseinandersetzungen zur Folge. Bis zum Jahre 1081 herrschte in der Region eine relative Ruhe.

Im 11. und 12. Jahrhundert näherten sich Normannen von der Adria-Küste aus Albanien und landeten 1081 in der Nähe von Valona (Vlorë). Über die Via Egnatia drangen sie weiter in das Land ein.

Nach dem Tode des byzantinischen Kaisers Manuel Comnenus im Jahre 1180 herrschte im Reich ein derartiges Chaos und Machtvakuum, daß sich im Norden Albaniens das unabhängige Fürstentum Arberien mit der Hauptstadt Krujë herausbilden konnte, das den größten Teil des heutigen Nordalbaniens umfaßte. Die Gründung des Fürstentums Arberien (1190–1216) bedeutete seit dem Niedergang des Illyrischen Königreiches zum ersten Mal die Befreiung von Fremdherrschaft und die politische Vereinigung eines beträchtlichen Teils albanischen Gebietes mit albanischsprechender Bevölkerung. Arberien erreichte seine größte Ausdehnung unter dem Fürsten Dhimiter: von Pult im Norden bis zum Fluß Devoll im Süden, von Shkodër und Durrës im Westen bis Dibër im Osten.

Außerdem wurde das Byzantinische Reich seit dem 12. Jahrhundert vom inzwischen zur Großmacht aufgestiegenen Venedig bedroht, das entlang der Küste mit den dort befindlichen Städten und Ortschaften Handel trieb. Im Jahre 1205 konnte Venedig die Stadt Dyrrachium unter seine Kontrolle bringen.

Die albanischen Volksstämme aus dem Norden drangen währenddessen immer weiter nach Süden vor, und zwar bis in den Epirus und bis nach Thessalien. Byzanz, das mit Unruhen im Innern zu kämpfen hatte, konnte nicht verhindern, daß seine Macht auf dem Balkan mehr und mehr geschwächt wurde.

Diese Lage nutzte der damals mächtigste König der Serben, Stefan Dushan. Mit Hilfe der nordalbanischen Adeligen brachte er große Teile des Balkans bis zum Epirus und bis nach Thessalien unter seine Kontrolle und nannte sich 1348 Kaiser der Serben und Griechen. Doch diesem groß-serbischen Imperium fehlte eine

Land und Leute

mächtige Zentralregierung. Zu zersplittert war das Reich, sowohl machtpolitisch als auch geographisch. Schon bald bildeten mächtige albanische Familienclans – wie die Dukagjin, Balsha, Topia und Kastrioti – eigene halbautonome Staaten oder Fürstentümer, die sich dem König der Serben widersetzten. So regierten die Ballsha im Norden mit Shkodër als Mittelpunktsort, die Topia um Durrës, die Muzakas um Berat und die Zenebisht um Gjirokastër. Arta (im heutigen Griechenland) war unter der Herrschaft der Shpatads. Die Ballshas im Norden gründeten mit Unterstützung Venedigs einen gut organisierten Staat. Ballsha II. trug den Titel eines Königs.

Die Herrschaft der Osmanen

Weder die byzantinischen Herrscher noch die verschiedenen kleineren Machthaber auf der Balkanhalbinsel – zu sehr in Kriege und Zwistigkeiten untereinander verwickelt – hatten die Bedrohung wahrgenommen, die vom Osmanischen Reich ausging. Im Jahre 1354 hatten die Osmanen die Dardanellen überquert und waren auf der Balkanhalbinsel gelandet. Als sie begannen, im Gebiet des heutigen Makedonien Militärbasen zu errichten, wurden die lokalen Herrscher unruhig. Unter dem serbischen Prinzen Lazar schlossen sich Serben, Ungarn, Bosnier, Bulgaren und Albaner in einem Bündnis gegen die Eindringlinge zusammen.

Am 28. Juni 1398 trafen die Truppen der Bündnispartner und das osmanische Heer unter Sultan Murad I. in der Kosovo-Ebene, dem Amselfeld, aufeinander. Während der Schlacht wurde das Oberhaupt der Osmanen, Sultan Murad I., von einem serbischen Soldaten getötet, doch die Armee der Bündnispartner wurde vernichtend geschlagen. Unter den Getöteten befand sich ebenfalls der serbische Prinz Lazar.

Dieser Sieg des osmanischen Heeres auf dem Amselfeld sollte das Schicksal der Balkanstaaten für die nächsten 500 Jahre bestimmen. Weder das geschwächte Byzantinische Reich, noch die kleineren, unbedeutenden slawischen Staaten waren in der Lage, das Vordringen der Osmanen zu verhindern, die unter ihrem neuen Sultan Mehmet I. über die Ebenen des Kosovo bis nach Zentralalbanien vordrangen, ohne auf bemerkenswerten Widerstand zu stoßen. 1415 nahmen sie Krujë ein, 1417 Vlorë, Kanina, Berat und Gjirokastër. Militärische Garnisonen wurden errichtet und Volksstämme aus Kleinasien angesiedelt, um die eroberten Gebiete zu sichern. Ab 1421 eroberte Murad II. weitere Gebiete und festigte somit die Herrschaft der Osmanen auf dem Balkan.

Unter der Herrschaft der Osmanen wurde das Gebiet des heutigen Albanien südlich des Flusses Mat und nördlich des Epirus zu einer Provinz (Sanjak) zusammengefaßt. 1432 wurde eine Landreform durchgeführt, die das Gebiet in 335 Timars oder Fiefs aufteilte. Ein Timar bestand normalerweise aus zwei oder drei Dörfern, denen ein Führer aus dem Zivilleben, aus dem Militär oder aus einer religiösen Gemeinschaft vorstand. Solange die Oberhoheit der ›Hohen Pforte‹ (Bezeichnung für die Zentralregierung in Istanbul) anerkannt wurde und regelmäßig Steuern entrichtet wurden, genossen diese kleineren Verwaltungseinheiten weitgehende Autonomie. Das wichtigste Ziel der Osmanen bestand darin, die langen, gefährdeten Grenzen des Großreiches zu schützen und den Frieden im Reich aufrechtzuerhalten.

Indem sie die religiösen, lokalen und ethnischen Besonderheiten im Riesenreich nicht nur tolerierte, sondern sogar vertiefte und durch starke militärische Präsenz gegen den Herrschaftsanspruch Roms bzw. Venedigs sicherte, erhoffte sich die Regierung in Istanbul, das Reich zusammenzuhalten. So herrschte denn auch in den Anfängen der osmanischen Herrschaft eine bemerkenswerte Toleranz gegenüber den zahlreichen Ethnien und Sprachen im Reich. Die recht komplexe, jedoch effektive soziale Struktur, basierend auf soziopolitischer Tradition, türkischen und byzantinischen Elementen, ermöglichte während der fünfhundertjährigen osmanischen Besatzung auf dem Balkan einen relativen Frieden.

Das Rückgrat des Staates bildeten die Janitscharen-Regimenter, militärische Elite-Einheiten, deren Mitglieder (hier war die Zugehörigkeit zum Islam Bedingung) Land zugewiesen bekamen. Im übrigen wurden auf religiöser Zugehörigkeit basierende Einheiten gebildet, die sich weitgehend selbst verwalteten. Dieses System, ›Millet‹ genannt, sollte die Herausbildung eines Nationalbewußtseins verhindern, welches die Herrschaft der Osmanen hätte in Frage stellen können. In der Tat ging diese Rechnung mehr oder weniger bis zum Ende des 18. Jahrhunderts auf, und auf dem Balkan herrschte Frieden, obgleich sich besonders das albanische Volk nie vollkommen den Osmanen unterwarf.

Widerstand gegen die Osmanen

Ku është shpata, është feja - Wo das Schwert ist, da ist mein Glaube

Albanisches Sprichwort

Die Albaner, von jeher freiheitsliebend, unterwarfen sich nur zögernd und oberflächlich der osmanischen Herrschaft. Um der Fremdherrschaft zu entgehen, flohen viele in unzugängliche Bergregionen nördlich des Flusses Mat, nach Thessalien, Attika, auf den Peloponnes, nach Italien oder Dalmatien. Viele, die im Gebiet der Osmanen verblieben, vorwiegend im Kosovo und südlich des

Im osmanischen Viertel von Berat

Shkumbin-Flusses, traten in großer Zahl zum Islam über, doch taten sie dies in den meisten Fällen aus realpolitischen Gründen.

Denn Moslems mußten keine Steuern zahlen, während Christen mit Steuern auf Hab und Gut und einer Kopfsteuer für die Unterhaltung des Militärs belegt wurden. Außerdem hatten die Osmanen, um sich die Loyalität ihrer Untertanen zu sichern, das System der Devshirme eingeführt. Christliche Familien mußten in regelmäßigen Abständen einen ihrer gesunden Söhne an die Hohe Pforte ausliefern, wo sie im Islam erzogen und zu Beamten ausgebildet wurden oder eine soldatische Ausbildung bei den Janitscharen-Regimentern erhielten. Da die Kindersterblichkeit in Albanien damals sehr hoch war und jedes gesunde männliche Mitglied der Gesellschaft in der Landwirtschaft benötigt wurde, verlangte die Devshirme den Bauern viele Opfer ab. Obwohl die Söhne der Albaner oft zu hohen Posten in der Verwaltung gelangten oder bei den Janitscharen aufgrund ihrer außerordentlichen Tapferkeit großes Ansehen genossen, versuchte man doch verständlicherweise, diese Praxis durch Übertritt zum Islam zu umgehen. Dies betraf vorwiegend Männer. Die meisten Frauen dagegen behielten ihren christlichen Glauben und garantierten auf diese Weise die Überlieferung der christlichen Wertvorstellungen in den Familien.

Obwohl die Christen nicht direkt zum Übertritt zum Islam gezwungen wurden, war ihre Diskriminierung im öffentlichen Leben nicht nur in ökonomischer Hinsicht beträchtlich. So war ihnen verwehrt, auffallende Kleidung zu tragen. Die Farbe Grün war den Moslems vorbehalten, und ein christlicher Reiter hatte vom Pferd abzusteigen, wenn er einem Moslem begegnete. In den christlichen

Trachten aus der Umgebung von Shkodër

Kirchen durften keine Glocken geläutet werden, und der Bau neuer christlicher Kirchen war untersagt. Eine sehr schwerwiegende Beschränkung für den Albaner, der von jeher die Selbstverteidigung mit der Waffe gewöhnt war, war das Verbot, Feuerwaffen zu besitzen.

Mit der Aufteilung der albanischen Ethnien in orthodoxe, moslemische und christliche Glaubensgemeinschaften war es den Osmanen über einige Jahrhunderte gelungen, die Entwicklung eines albanischen Nationalbewußtseins zu unterdrükken. Die katholischen Albaner benutzten das lateinische Alphabet, die Moslems das arabische und die griechisch-orthodoxen das griechische. So wurde ebenfalls erfolgreich verhindert, daß sich die albanische Sprache als Schriftsprache entwickeln konnte. Auf lange Sicht jedoch war der Wille zur nationalen Identität in Albanien nicht zu unterdrücken.

J.C. Hobhouse, Lord Byrons langjähriger Reisegefährte durch Albanien, hat 1809 folgende Beobachtung niedergeschrieben:»Diese Menschen, die inmitten von Christen und Moslems leben, behaupten, daß sie aus tiefster Seele unsicher sind über den richtigen Glauben. Damit sie sicher gehen, der wahren Religion näher zu kommen, gehen sie freitags in die Moschee und sonntags in die christliche Kirche und glauben, auf diese Weise unter dem Schutz beider Propheten zu stehen.«

An anderer Stelle erzählt ein englischer Reisender im Jahre 1899 die folgende Geschichte der Karamutards:»Die Einwohner von 36 Dörfern in der Nähe von Pogoniani waren seit mehr als hundert Jahren Christen. Da sie nicht in der Lage waren, die ständigen Angriffe der moslemischen Bevölkerung von Leskoviki abzuwehren, versammelten sie sich in der Kirche und schworen, daß sie bis Ostern fasten würden und riefen alle Heiligen an, bis dahin ein Wunder zu vollbringen, um ihr Los zu erleichtern. Sollte diese verständliche Bitte nicht erfüllt werden, würden sie alle zum Islam übertreten. Ostern ging vorüber und kein Wunder geschah. Daraufhin trat die gesamte Bevölkerung der 36 Dörfer geschlossen zum Islam über, erhielt die begehrten Waffen und konnte somit ihre ehemaligen moslemischen Gegner massakrieren und deren Ländereien in Besitz nehmen.«

Der Nationalheld Skanderbeg

Während Zentralalbanien und große Teile im Süden bereits erobert waren, kämpften mächtige Clanchefs im Norden um ihre Unabhängigkeit. Der mächtigste unter ihnen war Gjon Kastrioti. Seine Herrschaft reichte 1420 von Prizren im Norden bis Lezhë im Süden. Gjon Kastrioti starb 1437. Ihm folgte sein Sohn Gjergi. Etwa 1405 geboren, wurde er im jugendlichen Alter als Geisel an den Hof des Sultans gebracht, wo er im Islam erzogen wurde, den moslemischen Namen Iskander (Alexander) annahm und in die Armee eintrat. Er erwarb dort große Verdienste und stieg bis zum General auf. Daraufhin verlieh ihm der Sultan den Titel Bey oder Beg.

Trotz seiner Erfolge im osmanischen Heer hielt Skanderbeg, wie er folglich genannt wurde, weiterhin Kontakt zu seiner Heimat und wartete auf einen günstigen Augenblick, um von der Armee zu desertieren. Als die Osmanen 1443 bei Niš von den Ungarn geschlagen wurden, sah er seine Chance gekommen und floh nach Nordalbanien. Er eroberte Krujë zurück, ließ alle töten, die den islamischen Glauben nicht aufgeben wollten, und erklärte sich selbst zum Herrscher des Gebietes.

Um seine Unabhängigkeit zu sichern, benötigte Skanderbeg Unterstützung. Er hatte richtig erkannt, daß die Schwäche des albanischen Volkes in seiner Uneinigkeit begründet lag. Deshalb rief er alle Clanchefs in der damals zu Venedig gehörenden Stadt Alessio, dem heutigen Lezhë, zusammen. Dieses Treffen wurde unter dem Namen ›Liga von Lezhë‹ bekannt. Die Teilnehmer einigten sich dahingehend, ihre Zwistigkeiten zu begraben und vereint gegen die Osmanen zu kämpfen. Skanderbeg wurde zum Oberbefehlshaber der albanischen Truppen ernannt, die die Osmanen bis in die östlichen Regionen Albaniens um Dibër und den Ohridsee verfolgten.

In den darauffolgenden Jahren blieb Skanderbeg Oberbefehlshaber der albanischen Truppen, die alle zusammen nicht mehr als 10 000 Mann stark waren, während die Truppen der Osmanen nicht nur zahlenmäßig weit überlegen, sondern auch technisch viel besser ausgerüstet waren als die Albaner. Doch der Mut, die Tapferkeit und die Opferbereitschaft dieser Truppen erregten europaweit

Flagge, Helm und Schwert am Skander-beg-Grab in Lezhë

Aufsehen. Einige europäische Mächte, wie das Papsttum, Neapel und Venedig, die sich unmittelbar von den Osmanen bedroht sahen, unterstützten Skanderbeg mit Geldmitteln, Waffen und gelegentlich mit Truppen.

Im Mai 1450 belagerte das Heer der Osmanen erneut Krujë. Gemäß der Chronik von Ragusa (das heutige Dubrovnik) dauerte die Belagerung vier Monate und forderte Tausende von Opfern auf beiden Seiten. Doch die Osmanen wurden trotz zahlenmäßiger Überlegenheit gezwungen, sich vor dem Wintereinbruch in die östlichen Landesteile zurückzuziehen. Dieser legendäre Sieg Skanderbegs und der albanischen Truppen wird sehr eindringlich in dem Werk ›Die Festung‹ des großen albanischen Schriftstellers Ismael Kadaré beschrieben:»Er (Tursun Pascha, Oberbefehlshaber der Osmanen, Anm. der Autorin) überlegte, welcher Baumeister diese Festung entworfen haben könnte, und wie es möglich war, daß alles an ihr unheilvoll wirkte, von der Örtlichkeit, auf der sie errichtet war, bis zu der auf dem ersten Turm gehißten Flagge, einer furchterregenden roten Fahne, in deren Mitte ein schwarzer doppelköpfiger Vogel saß...«

Doch 1466 kehrten die Osmanen mit einer Truppenstärke von 150 000 Mann nach Krujë zurück, plünderten und verwüsteten das Land, das sie durchzogen. Die Albaner waren nicht mehr in der Lage, dieser Armee zu widerstehen und mußten sich ergeben. Krujë fiel erneut in die Hände der Osmanen.

Nach einer schweren Malaria-Erkrankung starb Skanderbeg am 17. Januar 1468 in Lezhë, wo er in der Kathedrale des heiligen Nikolas begraben wurde. Seine Gebeine sollen später von den Türken geraubt worden sein, die sich durch das Tragen der Amulette seine Stärke und seinen Mut einverleiben wollten. Mitrush Kuteli, ein albanischer Dichter, berichtet in ›Tregime te Mocme Shqiptare‹ (Erzählungen aus dem Alten Albanien) folgendes über Skanderbegs Tod:»Man brachte ihm seinen Sohn (...) und er nahm ihn in die Arme. ›Blume meines wunden Herzens, du hast während der Unruhen des Krieges für mich geblüht. Wenn ich sterbe, werden meine Gefährten den Krieg fortführen. Sollte es sich herausstellen, daß du nicht groß genug bist, um ein Schwert zu führen, schütze dich, damit die Türken dich nicht lebend fangen und dich einkerkern. Ich kenne die Türken gut. Sie versuchen, den Geist eines Mannes zu verbilden, ihn gegen sich selbst und gegen seine Sippe zu richten, damit er sein eigenes Land unterjocht. Dann muß die Ehre der Schande weichen. Wenn du siehst, daß du in Schwierigkeiten gerätst, nimm deine Mutter und drei von unseren besten Schiffen und stich in See. Wenn du erwachsen bist, kehr' in dein Land zurück und führe den Kampf fort! Ich sage dir diese Dinge nicht, damit du dem Tod entfliehst, sondern damit du die Sippe vor Schande bewahrst. Denn Schande ist schlimmer als der Tod.‹«

Skanderbegs Sohn Gjon war beim Tode des Vaters zu jung, um dessen Nachfolge anzutreten. Er siedelte nach Neapel über, und viele Albaner folgten ihm. Sie gründeten Kolonien in Kampanien, Apulien, in den Abruzzen, Kalabrien und Sizilien. Diese Albaner wurden unter dem Namen Arberer bekannt. Es gelang ihnen bis heute, ihre Kultur, ihre Sitten und Gebräuche sowie ihre Sprache zu bewahren. Nach einer Schätzung aus dem Jahre 1981 betrug ihre Zahl etwa 200 000, neuere Zahlen gibt es nicht.

Die in Albanien verbliebenen Volksstämme wehrten sich noch lange gegen die osmanische Besatzung, doch alle diese Aufstände waren zum Scheitern verurteilt. Jahrelange Kriege, Hungersnöte, Krankheiten und Auswanderung hatten die Bevölkerung dezimiert. Die Wirtschaft des Landes lag am Boden. Viele Dörfer waren verlassen und große Landstriche fielen in den Urzustand zurück. Die einst blühenden Städte Durrës, Vlorë, Shkodër, Berat, Krujë und Lezhë versanken im Elend, und das Gebiet, das das heutige Albanien umfaßt, wurde das rückständigste im ganzen Osmanenreich.

Skanderbegs Hauptverdienst bestand darin, zum ersten Mal in der Geschichte Albaniens die verschiedenen Stämme unter einer Flagge, nämlich dem schwarzen doppelköpfigen Adler auf blutrotem Grund, vereinigt zu haben. Noch heute ist der Name Skanderbeg ein Symbol für Tapferkeit, Mut und Willen zur albanischen Einheit geblieben. Viele Straßen und Plätze in Albanien sind nach ihm benannt und zahlreiche Büsten und Standbilder halten die Erinnerung an ihn wach. Sogar ein guter albanischer Cognac trägt seinen Namen. Mit Sicherheit ist die romantische Vorstellung vom tapferen, mutigen und furchtlosen Albaner auf Skanderbeg zurückzuführen, der viele Dichter und Denker – wie Voltaire, Lord Byron, Longfellow und auch Karl May – inspirierte.

Ein weiteres wichtiges Erbe, welches Skanderbeg dem albanischen Volk hinterlassen hat, ist die religiöse Toleranz. Der albanisch-orthodoxe Bischof, Historiker und Politiker Fan Noli beschreibt die Mentalität seiner Landsleute wie folgt: »... der Albaner ist kein fanatischer Anhänger irgendeines Glaubens, sondern wechselt ihn entsprechend seiner sich ändernden politischen Orientierung.«

Die Pashaliks von Shkodër und Ioannina

Je mehr die Macht der Osmanen durch Niederlagen an den äußeren Reichsgrenzen und den Widerstand der übrigen europäischen Großmächte – vor allem Österreichs und Rußlands – geschwächt wurde, um so mehr waren die Beys oder Pashas in Albanien in der Lage, die Grenzen ihrer eigenen Herrschaftsbereiche auszudehnen und somit ihren wirtschaftlichen und politischen Einfluß zu vergrößern.

Die Pashas gelangten zu immer größerer Machtfülle in ihren jeweiligen Herrschaftsbereichen (Pashaliks) und begannen, Rivalitäten untereinander zu entwickeln, die Bevölkerung zu unterjochen und auszubeuten sowie das Land in Chaos und Anarchie zu stürzen. Die Hohe Pforte, die ausschließlich an Steuereinnahmen interessiert war, unterstützte diese Rivalitäten, um sich auf diese Weise die Oberhoheit im ganzen Reich zu sichern und ein größeres geeinigtes Albanien zu verhindern. Diese Situation bestand in Albanien bis etwa zur Mitte des 18. Jahrhunderts, als das Land in zwei große Herrschaftsbereiche unter zwei mächtigen Pashas aufgeteilt war.

Der Norden Albaniens mit dem Mittelpunktsort Shkodër wurde von dem Clan der Bushatis regiert. Der mächtigste von ihnen war Kara Mahmoud, der einige bedeutende Siege gegen die Osmanen erringen konnte, die an die Siege Skanderbegs erinnerten und ihm Beachtung unter den europäischen Großmächten verschafften. Kara Mahmoud spielte Österreich und Rußland geschickt und intrigant gegeneinander aus. Letztendlich wurde er jedoch in einer Schlacht gegen Montenegro besiegt und geköpft. Es war ihm jedoch gelungen, Shkodër zu einem wichtigen Handelszentrum im Norden Albaniens auszubauen. Sein Bruder Ibrahim Pascha stellte sich wieder unter den Schutz Istanbuls und verwaltete das Gebiet bis zu seinem eigenen Tod im Jahre 1810.

Das zweite große Pashalik wurde von Ali Pasha Tepelene gebildet, der 1788 vom Sultan zum Gouverneur von Ioannina (im heutigen Nordgriechenland gelegen) ernannt wurde. Ali Pasha wurde 1740 in einem Dorf in der Nähe von Tepelenë, einer Kleinstadt im Süden Albaniens, geboren. Es geht die Legende, daß er seine Jugendjahre mit Räuberbanden im südlichen Albanien und im nördlichen Epirusgebirge verbrachte. Doch gegen seine Lebensmitte machte er sich seine Kenntnisse der Räuberbanden zunutze, die die Hohe Pforte beunruhigten. Der ehemalige Räuber stellte sich in den Dienst des Sultans, gewann dessen Vertrauen und wurde mit dem Pashalik Trikkala und Ioannina belohnt.

Unter Ali Pasha entwickelte sich Ioannina zu einem kulturellen und wirtschaftlichen Zentrum im Süden Albaniens. Es gab zu der Zeit keine festen Grenzen zwischen Griechenland und Albanien, und Ali Pashas Einfluß reichte bis Arta, im Westen des heutigen Griechenland gelegen. Nicht nur in seinem Herrschaftsbereich gewann Ali Pasha zunehmend an Einfluß, sondern er knüpfte auch diplo-

Land und Leute

matische Beziehungen zu den europäischen Großmächten an, intrigierte gegen England und Frankreich und untermauerte auf diese Weise seine Macht.

Die Engländer fürchteten Napoleons Machtansprüche auf dem Balkan und unterstützten Ali zeitweise mit Munition und Artillerie. Lord Byron machte ausgedehnte Reisen im Süden Albaniens und war lange Zeit Gast in Ali Pashas Palästen. Er bewunderte das albanische Volk, das er mit den Bewohnern des schottischen Hochlands verglich. Mit britischer und zeitweilig französischer Unterstützung gelang es Ali Pasha, seine beiden Söhne Mouktar und Veli in die Pashaliks von Morea und Lepanto einzusetzen, im Jahre 1809 Berat, die begehrte ›Kornkammer Albaniens‹, und kurze Zeit darauf Vlorë, Delvina und Gjirokastër seinem Reich einzuverleiben.

1820 war Ali Pasha auf dem Höhepunkt seiner Macht angekommen. Zusammen mit seinen beiden Söhnen beherrschte er den gesamten Süden Albaniens, den Epirus und Thessalien. Er unterstützte und bestach die lokalen Verwalter, damit sie seine Oberhoheit anerkannten. Des weiteren finanzierte er den Bau von Festungen und ließ neue christliche Kirchen bauen, um seine christlichen Untertanen zufriedenzustellen.

Es ist nicht verwunderlich, daß die Hohe Pforte bei einer derartigen Machtfülle mißtrauisch wurde und versuchte, Ali abzusetzen. Doch dieser verbündete sich mit einer revolutionären griechischen Organisation, der Philiki Etaireia. Daraufhin lud der Sultan Ali nach Istanbul ein, damit er seine Aktivitäten erklärte und offenlegte. Doch Ali war zu keiner Kooperation mehr bereit und verweigerte die Einladung. Er verschanzte sich in seiner Festung in Ioannina, wo er sich siebzehn Monate

Albanische Bäuerin

lang den Osmanen widersetzte. Doch nach und nach ließen ihn seine griechischen Verbündeten im Stich, und 1827 wurde Ali Pasha in seiner Festung von osmanischen Geheimagenten umgebracht. Sein Kopf wurde in Salz gelagert, nach Istanbul transportiert und zur Abschreckung einige Tage öffentlich zur Schau gestellt. Ein Albaner begrub Alis Kopf und widmete ihm die folgende Aufschrift: »Hier ist der Kopf des berühmten Ali Pasha Tepelene begraben – Ex-Gouverneur von Ioannina –, der mehr als 30 Jahre lang Albanien auf seine eigene Weise regierte.«

Ohne Zweifel hat Ali Pasha dazu beigetragen, den griechischen Freiheitskampf voranzutreiben. Er legte außerdem den Grundstein zu einer albanischen Identität in den von ihm beherrschten Gebieten Südalbaniens. Doch seine despotische Natur und seine Willkürherrschaft sind bis heute in den von ihm unterjochten Gebieten nicht vergessen, und sein Name wird stets mit dem Hinweis auf jene Angst und Schrecken erwähnt, die er damals unter der Bevölkerung verbreitete. Doch unter Ali Pasha Tepelene erlebte das Gebiet des südlichen Albanien einen wirtschaftlichen Aufschwung. Albanien exportierte landwirtschaftliche Produkte und importierte Manufakturwaren und ›Industriegüter‹. Die Exporte waren größer als die Importe, so daß man von einer Art aktiven Handelsbilanz sprechen könnte.

Die Entstehung der beiden Pashaliks und insbesondere der Widerstand Ali Pashas hatten das Mißtrauen Istanbuls gegen die Albaner, die den Osmanen wegen ihrer Freiheitsliebe von jeher suspekt gewesen waren, weiter geschürt. So reagierte man nach dem Tode Ali Pashas mit empfindlichen Steuererhöhungen für die Albaner, exorbitanten Zinsforderungen für Schuldenzahlungen und hartem Militärdienst.

Im August 1830 lud der Oberbefehlshaber des Sultans in Albanien, Mehmet Reshid Pasha, alle südalbanischen Beys nach Manastir ein, unter dem Vorwand, sie für treue Dienste für die Hohe Pforte zu belohnen. Doch fünfhundert von ihnen wurden noch am gleichen Nachmittag auf hinterhältige Weise ermordet. Ismael Kadaré hat dieses Ereignis in seiner bewegenden Kurzgeschichte ›Die Festkommission‹ aufgezeichnet:»Um vier Uhr kamen die albanischen Oberhäupter in großen Scharen, so, wie sie eingetroffen waren, durch das Haupttor des Hippodroms geritten, und die Pferde wirkten ebenso stolz wie ihre Reiter. Da gab Hauptmann Durmis Dur Ali, in Ausführung des allerhöchsten kaiserlichen Befehls, nachdem er, wie bereits oben erwähnt, den Truppen den Katil-Ferman gezeigt hatte, das Kommando, das Feuer auf die Verfluchten zu eröffnen ... was daraufhin geschah, ist nicht zu erzählen und nicht zu beschreiben. Es war das kalte Grausen, einem teuflischen Sturm gleich. Sie sprengten auf ihren Pferden in alle Himmelsrichtungen, doch überall empfingen sie die Gewehrsalven. Das Feld war bald angefüllt mit Schreien, Pferdegewieher und Pulverqualm ... Das Feld war mit Pulver und Blut bedeckt...«

Im folgenden Jahr wurde das Pashalik Shkodër aufgelöst, und danach zerstörte man weitere Festungen der Albaner. Um die Macht der albanischen Beys noch weiter einzuschränken, wurde eine große Zahl von ihnen nach Kleinasien deportiert, und ihre Festungen wurden geschleift. Die Intoleranz gegenüber der christlichen Bevölkerung Albaniens nahm zu, und zwar einmal mehr in Form drastischer Steuererhöhungen, so daß große Bevölkerungsteile Albaniens vollkommen verarmten.

Doch all diese Maßnahmen konnten den Willen der Bevölkerung zur Freiheit nicht unterdrücken. Im Gegenteil, der Widerstand gegen die Hohe Pforte wuchs, und zahlreiche spontane Aufstände gegen die Türken erschütterten das Land. Obwohl diese Widerstandsbewegungen in den meisten Fällen brutal und blutig niedergeschlagen wurden, so halfen sie doch, den Weg zu ebnen für zögernde Anfänge einer albanischen Nationalbewegung.

Die Rilindja-Bewegung

Mit dem Ende der napoleonischen Herrschaft hatte zu Beginn des 19. Jahrhunderts die geistige Bewegung der Romantik weite Teile Europas erfaßt. Diese Ideen hatten auch viele Völker auf dem Balkan inspiriert. In Albanien begann man, sich auf die illyrischen Ursprünge zurückzubesinnen und sich mehr und mehr einer nationalen Identität bewußt zu werden. Bisher hatten sowohl die Osmanen als auch die griechisch-orthodoxe Kirche die Entstehung eines einheitlichen Alphabets, einer einheitlichen albanischen Sprache (und damit einer eigenständigen albanischen Kultur) erfolgreich verhindert. Die albanischen Muslime benutzten das arabische Alphabet, die Orthodoxen das griechisch-kyrillische und die Christen das lateinische. Paradoxerweise sind es die in Istanbul ausgebildeten albanischen Staatsdiener und im Ausland lebende albanische Intellektuelle gewesen, von denen Impulse zur Entstehung einer albanischen Kultur ausgingen und die die hierzu erforderlichen Rahmenbedingungen schufen.

Wenn auch nicht das erste, so doch der wichtigste Vorläufer des heute noch gültigen albanischen Alphabets wurde von Naum Veqilharxi (richtiger Name: Naum Panajot Haxhi Llayar Bredhi) geschaffen. Veqilharxi, der in Deutschland und Rumänien Recht studierte, hatte erkannt, daß die Rückständigkeit der albanischen Bevölkerung in erster Linie von den Türken und der orthodoxen Kirche Griechenlands verschuldet worden war. Er erließ in diesem Sinne einen ›Rundbrief an alle wohlhabenden orthodoxen Albaner‹. Darin versuchte er zu vermitteln, daß politischer Widerstand ein gewisses Maß an Bildung voraussetzte, wozu wiederum eine albanische Schriftsprache erforderlich war, damit Bücher in dieser Sprache gedruckt und unter der Bevölkerung verteilt werden konnten.

Veqilharxi veröffentlichte Schulbücher unter dem Titel ›Evetor‹ und gründete in Bukarest eine albanische kulturelle Vereinigung. Leider wurde er von einem griechischen Nationalisten ermordet, und seine Schriften wurden verbrannt. Doch seine aufklärerische publizistische Tätigkeit kann als Beginn der Rilindja- Bewegung angesehen werden. ›Ri‹ bedeutet im Albanischen neu bzw. jung und ›Lindja‹ Geburt, also die Wiedergeburt des albanischen Nationalgedankens.

In Italien wurden die Albaner von ihren Landsleuten unterstützt, den Nachfahren der Emigranten, die sich nach dem Tode Skanderbegs im Nachbarland angesiedelt hatten. 1836 erschien das Epos ›Die Lieder des Milosao‹ von Jeronim de Rada (1814–1903), einem Italo-Albaner, der von den übrigen Vertretern der Rilindja-Bewegung sehr verehrt wurde, unter anderem, weil er den Skanderbeg-Kult wiederbelebte. ›Die Lieder des Milsao‹ war das erste Buch der albanischen Literatur, das nicht konfessionell gebunden war.

1877 wurde in Istanbul ein ›Albanisches Komitee‹ (auch unter dem Namen ›Gesellschaft von Istanbul‹ bekannt) gegründet, das die Zielsetzung hatte, die albanische Sprache unter den Albanern zu fördern und eine albanische Literatur zu schaffen. Es wurden illegal albanische Schulen eingerichtet, an denen erstmals albanische Sprache, Kultur und Geschichte gelehrt wurden. Die erste dieser Schulen entstand in Korçë und feierte im Frühjahr 1997 ihr 120jähriges Jubiläum.

Ein wichtiges Ereignis in der albanischen Geschichte war die Niederlage der Osmanen gegen die Russen im Jahre 1878 bei San Stefano. Rußland, das ein vitales Interesse an den Balkanstaaten bekundete, nachdem panslawistische Ideen die dort ansässigen Völker erfaßt hatten, zwang den Osmanen den Vertrag von San Stefano auf. Dieser schränkte die türkische Herrschaft auf dem Balkan ganz erheblich ein. Eines der Hauptopfer dieses Vertrages war Albanien. Große Teile von Nordalbanien fielen an Montenegro. Bulgarien erhielt weite Teile Ostalbaniens, wie Korçë, Dibër und Tetova. Serbien erhielt ein großes Gebiet des Verwaltungsbezirks Prishtina.

Gegen die Bestimmungen des Vertrages von San Stefano bildete sich überall in Albanien heftiger Widerstand. Zunächst wurden diese Widerstandsbewegungen vom Sultan nicht nur geduldet, sondern auch finanziell unterstützt. Am 10. Juni 1878 wurde eine Nationalversammlung von albanischen Führungspersönlichkeiten in Prizren (Kosovo) abgehalten, an der über dreihundert Delegierte teilnahmen, vor allem aus Nordalbanien und Westmakedonien. Abdul Frashëri, einer der bekannten Frashëri-Brüder, von denen später noch die Rede sein wird, war einer der prominenten Abgeordneten. Er war damals Finanzminister im Distrikt von Ioannina, also ein hoher Beamter der osmanischen Zentralregierung.

Das wichtigste Ziel der Liga von Prizren bestand darin, politischen und militärischen Widerstand gegen die Abtretung der albanischen Gebiete zu organisieren. Außerdem wurde eine Petition an den Sultan gerichtet, die Distrikte Ioannina, Manastir, Shkodër und Kosovo zu einer politischen und administrativen Einheit zusammenzufassen. Die Hohe Pforte unterstützte zunächst die Liga von Prizren, da

Eingang zum Festungsgelände in Berat

sie ebenfalls gegen die Bestimmungen des Vertrages von Stefano opponierte. Istanbul hoffte, durch die Mehrheit der konservativen moslemischen Abgeordneten Einfluß zu gewinnen. Doch die Sprachgrenzen der albanischen Gebiete konnten nicht exakt definiert werden, und Istanbul weigerte sich, die Albaner als eigenständiges Volk anzuerkennen. Damit stellten sich die Osmanen einer Einigung in den Weg und verzögerten somit die Unabhängigkeit Albaniens um fast 40 weitere Jahre.

Noch 1879 zeigte sich Istanbul einlenkend gegenüber der Liga und genehmigte die Herausgabe einer albanischen Kulturzeitschrift. Der Redakteur dieser Zeitschrift war Jani Vreto, der ebenfalls Mitarbeiter beim Entwurf eines albanischen Alphabets war. Der Widerstand der orthodoxen Kirche gegen die nationalistischen Tendenzen vergrößerte sich, als entdeckt wurde, daß auch in Gjirokastër illegal Unterricht in der albanischen Sprache erteilt wurde. Der orthodoxe Patriarch von Istanbul erließ einen Bann gegen alle albanischsprachigen Schriften und Bücher, der noch sehr lange Gültigkeit behielt.

Im Jahre 1880 traf sich die Liga von Prizren erneut, dieses Mal in Dibër (heute Peshkopi), im nördlichen Osten Albaniens. Bei dieser Zusammenkunft wurde die Kluft erkennbar, die zwischen national-fortschrittlichen und konservativ-osmanophilen Vertretern der Liga bestand. Die Versammlung endete mit blutigen Zusammenstößen, worauf die Liga vom Sultan verboten wurde. Viele ihrer Anführer wurden verhaftet und einige lebenslang eingekerkert. Zeitschriften und Bücher in albanischer Sprache wurden erneut verboten. Doch die Gesellschaft von Istanbul ließ sich nicht einschüchtern und verfolgte ihre Ziele vor allem vom Ausland aus; von dort wurden Zeitschriften und andere Publikationen in albanischer Sprache ins Land geschmuggelt.

Im Jahre 1908 wurde im Kongreß von Manastir endlich ein Alphabet auf lateinischer Basis angenommen. Doch erneut widersetzten sich die Türken den Selbständigkeitsbestrebungen der Albaner, verboten Veröffentlichungen in albanischer Sprache und wendeten die alte Methode der drastischen Steuererhebungen an, um dieses Volk endlich zum Schweigen zu bringen. Albanische Rekruten, die von der osmanischen Armee desertierten, wurden standrechtlich erschossen.

Land und Leute

Der Appell von Terento Toki

Im Jahre 1911 veröffentlichte der Italo-Albaner Terento Toki einen Appell, der unter dem Titel ›Albanien den Albanern!‹ eindringlich die Stimmung unter den albanischen Intellektuellen dieser Zeit widerspiegelt:
»Auch die Albaner haben einen Platz unter den freien unabhängigen Völkern verdient. Wir Albaner haben keine Freiheit. Wir haben uns zum Kampf gegen die Türken erhoben, um hier Freiheit und Selbstbestimmung herzustellen.

Junge Albanerin aus Shkodër

Heute sind wir bereit, in allen Gegenden die rote Fahne Skanderbegs zu entfalten.
Unser Programm lautet: Der Glaube ist die Kraft unserer Heimat. Wir machen keinen Unterschied zwischen Muslimen und Christen. Wir alle sind Söhne der Adler, sprechen die gleiche Sprache, haben die gleiche Geschichte, das gleiche Blut, einen gemeinsamen Feind, das ist der Türke, den wir um jeden Preis aus unserem Land verjagen müssen.
Sobald die Freiheit erlangt ist, wird das Volk mit einer Mehrheit von Stimmen über die Art seiner Regierung entscheiden ... Sofort wird sie sich der kulturellen Entwicklung widmen; die Strafgerichtsbarkeit wird in ihren Händen liegen ...
Wenn wir Sieger sein wollen, dann muß uns die gleiche Sprache verbinden, die gleiche Verbundenheit und Liebe, wir müssen zusammenhalten, wie eine große Familie.
Laßt uns den Mut haben, diese heilige Aufgabe auf uns zu nehmen! Unser Schicksal liegt in unseren eigenen Händen. Die Augen der gesamten kultivierten Welt sind auf uns gerichtet. Sie weiß, daß das türkische Regime falsch und barbarisch ist, daß es gleichzeitig für unser Volk eine Schande und Unterjochung seiner Freiheit ist ...
Erhebt Euch, Albaner, alle unter unserer Fahne, dann wird unsere Heimat frei sein, unabhängig, reich, glücklich und stark gegenüber der ganzen Welt!«

Der Berliner Kongreß

Überall in Albanien verstärkte sich die Auflehnung gegen die Osmanen. Vor allem im Kosovo setzten heftige Aufstände ein, die den Auftakt zu den Balkankriegen bildeten. Blutige Auseinandersetzungen mit Montenegro im Norden um verschiedene Gebiete im nördlichen Albanien und Konflikte mit Griechenland im Süden um die Zugehörigkeit von Gebieten im Epirus waren vorausgegangen. Sie hatten dazu beigetragen, daß sich das Gefühl der Einheit unter den Albanern mit Hilfe der intellektuellen Basis der Liga verstärkt hatte, nachdem die umliegenden Balkanstaaten Albanien nach dem Zerfall des Osmanischen Reiches unter sich aufteilen wollten.

Sowohl England, als auch Österreich-Ungarn fürchteten im Zuge panslawistischer Ideen ein erstarkendes Rußland. Doch gleichermaßen fürchteten sie das Aufkommen starker Staaten auf dem Balkan. Vor allem ein vereinigtes Albanien war den Großmächten suspekt, nachdem diesen Menschen im übrigen Europa der Ruf eines mutigen, unerschrockenen und freiheitsliebenden Volkes vorauseilte.

Um das Gleichgewicht auf dem Balkan wieder herzustellen, hatte Bismarck 1878 als ›honest broker‹ (ehrlicher Makler) die Balkanstaaten zu einer Konferenz nach Berlin eingeladen, dem Berliner Kongreß. Die Vertreter der Großmächte, allen voran Bismarck, ignorierten die nationalistischen Tendenzen. Unabhängig von ethnischer Zugehörigkeit wurden Grenzen festgelegt, die sich fatal für die Zukunft der Balkanvölker auswirken sollten. Bismarck behauptete im Einklang mit der osmanischen Negation der albanischen Identität: »Albanien ist lediglich ein geographischer Begriff auf der Landkarte!« Diesen Satz haben viele Albaner bis heute nicht vergessen. Die Haltung der Großmächte war besonders bitter für die Abgeordneten aus Albanien, die in letzter Minute mit großen Hoffnungen nach Berlin gekommen waren.

Enttäuscht über die Politik der Großmächte, von der Hohen Pforte verraten, nahmen die Albaner ihr Schicksal selbst in die Hand. Christen und Moslems bildeten gemeinsam die albanische Cheta, wie die Kämpfe der Rebellen gegen die Osmanen genannt wurden. Serbien und Montenegro heizten die Revolten an, in der Hoffnung, Friedensverhandlungen zwischen der Hohen Pforte und Albanien zu verhindern, woraus am Ende womöglich ein autonomes Albanien hervorgehen könnte. Die Anführer der Rebellion, die Kosovo-Albaner Hassan Pristina, Isa Boletini, Bajram Curri und Bajram Daklani, wurden vom serbischen Geheimbund ›Ujedinjenje ili Smrt‹ (Einigkeit oder Tod), im Volk als ›Schwarze Hand‹ bekannt, mit Waffen und Geld unterstützt.

Zunächst versuchte die Hohe Pforte, sich mit Albanien zu einigen und versprach finanzielle Mittel zur Unterstützung kultureller albanischer Aktivitäten. Doch diese Angebote kamen zu spät. Zu sehr war das Vertrauen der Albaner mit zahlreichen, uneingelösten und gebrochenen Versprechen enttäuscht worden. Istanbul schickte daraufhin Militär in den Kosovo mit dem Ziel, die Anführer, vor allem den gefürchteten Isa Boletini, auszuschalten. Dessen Dorf wurde vollkommen niedergebrannt, doch Isa Boletini konnte entkommen und den Kampf fortsetzen. Der britische Oberst Audrey Herbert, der sich für die Sache der Albaner engagierte, schrieb über diesen Mann: »Er war umringt von einer Anzahl dieser wilden nordalbanischen Bergbewohner, die vor Waffen strotzten. ... Ich begab mich in einen angenehm ausgestatteten Raum, wo ich Isa Boletini traf, einen hochgewachsenen Albaner von geschmeidiger Gestalt. Er hatte eine adlerähnliche Ausstrahlung, ruhelose Augen und einen entschlossenen Gesichtsausdruck. Er war in der Tracht der nordalbanischen Gegen gekleidet...«

Immer mehr Albaner desertierten von der osmanischen Armee und schlossen sich den rebellierenden Landsleuten an. Die Erfolge der Albaner waren beachtlich. Der gesamte Kosovo und Südalbanien fielen in die Hände der Cheta. Dennoch fürchteten die Albaner (zu Recht, wie sich später erweisen sollte), daß ein autonomes Albanien – verarmt und ausgeplündert, wie es war nach der fünfhundertjährigen Ausbeutung durch die Osmanen – ohne den Schutz einer Großmacht den Machtgelüsten der Griechen und Serben zum Opfer fallen würde.

Der damals führende albanische Intellektuelle Ismail Qemal, der früher ein angesehener Beamter der osmanischen Verwaltung war, hatte erkannt, daß ein unabhängiges Albanien nur unter der Schutzherrschaft der europäischen Großmächte entstehen konnte, die ebenso wie die Albaner an einer Vertreibung der Türken aus Europa interessiert waren. Ismail Qemal reiste daher nach Wien und Budapest und bat um diplomatische Unterstützung durch Österreich-Ungarn. Er kehrte nach Albanien zurück und kam am 26. November 1912 in Vlorë an.

Qemal hatte Österreich-Ungarn überzeugt, daß nur ein vereinigtes autonomes Albanien die europäischen Interessen auf dem Balkan würde schützen können. Auf diese Weise wurde verhindert, daß Griechenland und Serbien sich albanisches Gebiet (mit dem Fluß Shkumbin als Grenze) teilten. Die Gefahr, daß Rußland, gemeinsam mit den Serben und durchdrungen vom panslawistischen Gedankengut, seinen Einfluß bis an die Adria ausdehnen könnte, war gebannt. Ein autonomes Albanien unter dem Schutz Österreich-Ungarns diente als Pufferstaat zwischen den Balkanmächten und als Bollwerk gegen Rußland.

Die Unabhängigkeit Albaniens

Wie wenig zutreffend und zukunftsorientiert Bismarcks Behauptung war, zeigte sich 1912, als das ›Albanische Wunder‹ geschah und das Land in Vlorë seine Unabhängigkeit erklärte. Trotz aller Widerstände und Schwierigkeiten wurde

Skanderbegs Flagge in Vlorë gehißt: der schwarze doppelköpfige Adler auf blutrotem Grund.

Unmittelbar nach diesem Ereignis drang die serbische Armee in der Nähe von Shkodër und im Kosovo in Albanien ein. Zahlreiche Journalisten berichteten über die Greueltaten, die damals von den Serben begangen wurden. Ein serbischer Offizier schrieb an Leo Trotzki: »Der Terror begann, als wir im Kosovo einmarschierten. Ganze albanische Dörfer fielen dem Feuer zum Opfer; Heimstätten, die von Vätern und Großvätern errichtet worden waren, gingen in Flammen auf, und diese Bilder setzten sich bis Skopje fort. Dort brachen die Serben in türkische und albanische Häuser ein und verfuhren gemäß ihrem Auftrag in gleicher Weise,

Symbol der Unabhängigkeit: der doppelköpfige Adler

plünderten und töteten. Zwei Tage vor meiner Ankunft erwachten die Einwohner von Skopje und sahen Leichenberge von Albanern mit abgetrennten Köpfen. Unter die Soldaten mischten sich serbische Bauern aus anderen Teilen Serbiens mit dem Vorwand, nach ihren Söhnen und Brüdern Ausschau zu halten. Sie durchquerten die Ebene von Kosovo und begannen zu plündern. Die Bevölkerung um das Gebiet von Vranje drang scharenweise in albanische Dörfer ein und nahm mit, was immer sie erblicken konnte. Bauersfrauen schleppten sogar Fenster und Türen von albanischen Häusern weg.«

Im Süden griffen die Griechen den Hafen von Vlorë an. Serbien und Montenegro schlossen einen Waffenstillstand mit der Hohen Pforte, doch Griechenlands Truppen drangen immer weiter in Albanien ein.

Die Londoner Botschafterkonferenz

Beunruhigt über die Ereignisse auf dem Balkan, beriefen die Großmächte im Dezember 1912 in London eine Botschafterkonferenz ein. Den Vorsitz führte der britische Außenminister, Sir Edward Grey. Sechs Großmächte standen Pate bei der Anerkennung des ersten unabhängigen Albanien: Österreich-Ungarn, Großbritannien, Russland, Frankreich, Italien und Deutschland.

Den Großmächten ging es in erster Linie um die Wahrung ihrer eigenen Interessen: Die Osmanen, der ›Kranke Mann am Bosporus‹, sollten endlich aus Europa vertrieben werden und die panslawistische Idee, die Bildung von Groß-Serbien mit Rückendeckung Rußlands, sollte im Keim erstickt werden. Größere Staatenbildungen auf dem Balkan, die eine Gefahr für die Machtansprüche der Teilnehmerstaaten darstellten, mußten verhindert werden. Albanien als neutraler Staat konnte daher für die Großmächte nur nützlich sein.

Da sich diese eigennützige Politik der Großmächte noch über Jahrzehnte bis in die Gegenwart fortsetzte, ist es nicht erstaunlich, daß die Albaner bis heute ein tiefes Mißtrauen gegen alle ›freundschaftlichen Mächte‹ und ›guten Nachbarn‹ hegen.

Trotz egoistischer Erwägungen seitens der mächtigen europäischen Konferenzteilnehmer kann das Ergebnis der Londoner Verhandlungen für Albanien zunächst als Erfolg gewertet werden, legten sie doch das Fundament für einen modernen, unabhängigen albanischen Staat, der im Mai 1913 international anerkannt wurde.

Ismail Qemal war zunächst Chef der provisorischen Regierung. Er mußte jedoch nicht nur gegen äußere Feinde, sondern auch gegen Intrigen und Mißtrauen in der albanischen Bevölkerung kämpfen und wurde schließlich gezwungen, abzutreten. Er verließ Albanien und starb am 26. Januar 1919 in Italien.

Die Lage in dem jungen Staat blieb weiterhin verwirrend. Streitigkeiten zwischen den Clanchefs, die wirtschaftliche Notlage und politische Unerfahrenheit verhinderten die Bildung einer von allen Albanern akzeptierten Regierung.

Aufgrund der unklaren Machtverhältnisse schien zunächst die Schaffung einer Zentralgewalt und die Proklamation eines Königs das geeignete Mittel, im Land Ordnung zu schaffen. Wie chaotisch die Lage in Albanien war, beweist eine kuriose Begebenheit aus dieser Zeit: Ein Schausteller und Abenteurer aus Pankow bei Berlin namens Otto Witte, der damals in der Türkei lebte, schickte ein Telegramm an die albanische Regierung, in dem er sich als einen türkischen Prinzen bezeichnete, der zum König gekrönt werden sollte. Er erschien kurze Zeit darauf in Albanien in einer Königsuniform, begleitet von einem Diener, und stellte sich als das neue Oberhaupt der Albaner vor. Er soll feierlich empfangen worden sein, Feste veranstaltet und Militärparaden abgenommen haben. Doch der Schwindel flog bald auf. Otto Witte wurde der Boden unter den Füßen heiß, und so rettete er sich in aller Eile über die Grenze. Er konnte sein Schaustellerleben ungeschoren fortsetzen, bis er im August 1958 in Hamburg starb. Nach seinem Königs-Intermezzo gelang es ihm sogar, die deutschen Bürokraten davon zu überzeugen, daß er in Albanien für kurze Zeit die Macht innegehabt hatte. In seinen Ausweis wurde der Zusatz ›ehemaliger König von Albanien‹ aufgenommen. Sogar auf seinem Grabstein auf dem Ohlsdorfer Friedhof in Hamburg ist dieser Titel eingraviert.

Die Großmächte entschieden sich schließlich für den jungen deutschen Prinzen Wilhelm von Wied, der die Ordnung in Albanien wieder herstellen sollte. Wilhelm landete am 7. März 1914 in Durrës, verließ das Land jedoch schon sechs Monate später. Zu naiv und zu unerfahren in der Politik, war er den geschickten Intrigen der Clanchefs und den Machenschaften der Großmächte, die ihn eingesetzt hatten, nicht gewachsen. Der Prinz hinterließ ein Vakuum. Wieder einmal war das Land den Machtgelüsten der gierigen Nachbarn schutzlos ausgeliefert.

Der Erste Weltkrieg und die Folgen

Bei Beginn des Ersten Weltkriegs, am 28. Juni 1914, begrüßten die Albaner die Kriegserklärung gegen die Serben und waren bereit, an der Seite der Entente (Mittelmächte Österreich-Ungarn, Deutschland und Italien) in den Krieg zu ziehen – vorausgesetzt, ihre Unabhängigkeit wurde garantiert und Kosovo mit seiner Mehrheit an albanisch-sprechender Bevölkerung wurde wieder Albanien zugesprochen.

Im Kosovo brachen heftige Guerillakämpfe zwischen Serben und Albanern aus, während der von beiden Seiten schreckliche Greueltaten verübt wurden.

Bulgaren drangen im Osten in das Land ein, Montenegriner und Serben im Norden, Griechen im Süden. Österreich und Italien hatten die Häfen an der Adriaküste besetzt. Albanien war bis 1916 total zerstückelt.

Die Guerillaaktivitäten der Griechen im Süden Albaniens zeichneten sich durch besondere Grausamkeiten aus. Die Griechen brachten das gesamte Vieh und die landwirtschaftlichen Produkte der Albaner nach Griechenland. Die Menschen in Südalbanien, die bis dahin noch nicht getötet worden waren, verhungerten.

An diesem Punkt entschieden sich die Alliierten mit Unterstützung italienischer Truppen, die Griechen zum Rückzug zu zwingen. Von Juni 1917 bis 1918 übernahm Italien eine Art ›wohlwollende‹ Besatzung in Albanien, während der dem Volk wenig Rechte zugestanden wurden.

Albanien war im Ersten Weltkrieg ein Schlachtfeld, ohne am Krieg teilgenommen zu haben.

Auch die Zeit nach dem Ersten Weltkrieg brachte keine Ruhe in das Land, dessen neugewonnene Unabhängigkeit – weiterhin von Serben, Montenegrinern und Griechen bedroht – äußerst zerbrechlich war.

Während die Großmächte in Paris langwierig über die Friedensverträge verhandelten, Serben, Griechen und Italiener mit viel Propaganda ihre Ansprüche durchzusetzen versuchten, tobten in Albanien weiterhin Unruhen.

1918 bildete sich das ›Komitee zur Verteidigung des Kosovo‹, das sich hauptsächlich aus Exil-Kosovaren zusammensetzte. Einer der bekanntesten Anführer war Bajram Curri, nach dem ein Ort im Norden Albaniens und ein Boulevard in Tirana benannt sind. Die Mitglieder des Komitees protestierten gegen die Grenzbestimmungen der Londoner Konferenz und strebten die Vereinigung des Kosovo mit Albanien an.

Es gelang immerhin, die italienische Besatzung endgültig aus Albanien zu vertreiben. Doch die Abtretung des Kosovo an Serbien ließ sich nicht verhindern und blieb weiterhin – bekanntlich bis in unser Jahrhundert hinein – ein ungelöstes Problem.

Die Leidtragenden der politischen Unruhen, Uneinigkeit im Land und Machtkämpfe unter den Großmächten waren die Menschen, das albanische Volk. Nach Einschätzung des Internationalen Roten Kreuzes in Genf starben allein im Jahre 1920 nicht weniger als 10000 Menschen in Albanien an Kälte und Krankheiten oder verhungerten ganz einfach.

Die Zukunft des albanischen Volkes war von Staatsmännern entschieden worden, von denen die wenigsten Einsicht in die ethnischen, wirtschaftlichen und kulturellen Gegebenheiten auf dem Balkan hatten. Während die Vertreter der Serben, Griechen und Italiener lautstark Einfluß auf die Bestimmung der Friedensverträge nahmen, fanden die Probleme Albaniens wenig Beachtung.

Erneute Unabhängigkeit und Monarchie

Doch trotz aller Widrigkeiten wurde die Unabhängigkeit Albaniens schließlich als ein ›fait accompli‹ wieder hergestellt und das neue Land wurde am 17. Dezember 1920 in die ebenfalls neugegründete Gemeinschaft des Völkerbundes aufgenommen. Tirana wurde zur Hauptstadt des Landes erklärt. Bis zum Jahre 1921 wechselten sich nicht weniger als fünf Regierungen in Albanien ab.

Im Juni 1924 wurde Fan Noli Ministerpräsident, ein Intellektueller, der in Ägypten und später an der Havard-Universität gelehrt hatte. 1908 war er zum Bischof der albanisch-orthodoxen Kirche ernannt worden.

Fan Noli, durchdrungen vom amerikanischen Demokratiebewußtsein, hatte ehrgeizige Pläne für Modernisierungen des Rechtssystems und der Verwaltung des Landes. Insbesondere hielt er eine Reform des Agrarwesens für erforderlich, das noch nach osmanischen Feudalprinzipien funktionierte.

Doch Albanien war noch nicht reif für die fortschrittlichen Ideen seines Ministerpräsidenten. Außerdem regierte Fan Noli – trotz seiner demokratischen Grundeinstellung – sehr selbstherrlich, ließ politische Gegner zum Tode verurteilen und ihre Besitztümer beschlagnahmen. Damit schaffte er sich viele Gegner im Land, die im Dezember 1924 Fan Noli nach nur sechsmonatiger Amtszeit zur Flucht zwangen.

Achmed Zogu, ein ehrgeiziger Nordalbaner aus der Mirdita, wurde am 31. Januar 1925 im Alter von knapp 30 Jahren zum Ministerpräsidenten der albanischen Republik gewählt. Eine vorläufige Verfassung wurde erlassen, die dem neuen Ministerpräsidenten weitgehende Machtbefugnisse einräumte. Zogu machte hiervon sofort Gebrauch, indem er die mächtigsten seiner früheren Gegner liquidieren ließ oder ins Exil schickte. Vor allem die Anführer der Kosovo-Bewegung waren ihm ein Dorn im Auge, da er befürchtete, sie könnten seine guten Beziehungen zu den Serben beeinträchtigen, von denen er auf finanzielle Unterstützung hoffte. Die führenden Männer dieser Bewegung fanden alle den Tod.

Ahmed Zogu und die Monarchie

Hätte man in den 20er Jahren einen Albaner gefragt, ob es in Albanien Räuberbanden gibt, so hätte er wahrscheinlich in etwa folgende Antwort gegeben:»In Wahrheit gibt es in Albanien keine Räuberbanden. Sie sind alle nach Tirana gegangen, wo sie vom Schreibtisch aus offiziell ihre Raubzüge organisieren!«

Im Land herrschte Kriegsrecht, die Einführung einer demokratischen Regierungsverfassung wurde vorläufig verschoben. Zogus autoritäres Regime wurde von den konservativen Clanchefs und Landbesitzern unterstützt, die vor allem daran interessiert waren, den Status quo im Lande, und damit ihre Vorrechte, beizubehalten.

Zum Ausbau seiner Macht und zur Entwicklung des Landes hatte Zogu auf finanzielle Unterstützung Serbiens gehofft. Doch das Land war hierzu nicht in der Lage. So wandte sich Zogu Italien zu, das ebenfalls von jeher Interesse hatte, seinen wirtschaftlichen und politischen Einfluß in Albanien zu vergrößern und das zu dieser Zeit mehr finanzielle Möglichkeiten besaß. Mit Hilfe italienischer Finanziers wurde in Albanien die Nationalbank Albaniens gegründet, zum ersten Mal eine eigene Landeswährung in Papiergeld eingeführt und ein Kreditwesen eingerichtet, das es bis zu diesem Zeitpunkt in Albanien nicht gegeben hatte. Die Italiener siedelten Kolonisten in den fruchtbaren südlichen Tälern an, ließen Brücken und Straßen bauen, errichteten einige Fabriken (z. B. Seifen-, Zement- und Zigarettenfabriken), eröffneten Gerbereien und halfen beim Bau öffentlicher Gebäude.

In der Hoffnung, für sein Regime eine sichere Grundlage und Kontinuität zu schaffen, ließ Zogu am 1. September 1928 in Albanien die Monarchie ausrufen. Er gab seinen türkischen Vornamen Ahmed auf, strich das ›u‹ in seinem Nachnamen und nannte sich Zog I., König von Albanien. Die Serben waren zwar konsterniert, erkannten jedoch die Monarchie an. Eine neue Verfassung gab dem König unbegrenzte Macht, sowohl in der Legislative und der Judikative, als auch in der

Exekutive. Alle Macht im Staat lag beim König und dem Einkammer-Parlament. Politische Parteien waren illegal. Die Italiener hatten Zogus Monarchiepläne unterstützt, da sie ihn auf diese Weise besser manipulieren konnten als einen eventuellen mächtigeren Ministerpräsidenten.

Wie zu erwarten, gewann Italien zunehmend Einfluß. Italienische Berater waren in jedem Ministerium anzutreffen. Tirana, bisher eine verschlafene Kleinstadt mit vorwiegend türkischem Charakter, bekam Hauptstadtflair, von italienischen Architekten entworfen. Viele alte Gebäude wurden zerstört. Vom alten Stadtzentrum ist lediglich die Ethem-Bey-Moschee (erbaut 1797) erhalten geblieben, die noch heute zu den Wahrzeichen der Stadt gehört.

Im Ministerium für Erziehung versuchten die Vertreter Italiens, die Curricula den italienischen anzupassen und die italienische Sprache an den Schulen zu ver-

Der Palast König Zogus in Durrës

breiten. 1933 wurde Italienisch schließlich zweite Pflichtsprache. Im Landesinnern wurde der Straßenbau forciert, um auch abgelegene Gebiete Albaniens erreichbar zu machen. Zögernd wurden Landreformen durchgeführt.

Noch andere Fortschritte während Zogus Regime dürfen nicht unerwähnt bleiben. Um sein Land westlichen Lebensformen anzugleichen, schlug er vor, daß Frauen sich unverschleiert zeigen durften; er regte an, die traditionellen Kostüme für Männer abzuschaffen und hölzerne Betten für Männer zu verwenden, die bisher auf dem Boden geschlafen hatten. Im Jahre 1937 wurde eine teilweise oder vollkommene Verschleierung der Frauen für illegal erklärt. Ebenso wurde das Tragen der traditionellen Kostüme für Männer, außer an Festtagen, verboten.

1938 heiratete Zogu Geraldine Apponyi, die Tochter einer Amerikanerin und eines österreich-ungarischen Grafen. Die Hochzeit wurde mit sehr viel Pomp in Tirana gefeiert. Unter den zahlreichen Geschenken befand sich ein riesengroßer scharlachroter Mercedes aus Deutschland, ein Geschenk Adolf Hitlers.

Die italienische Besatzung

Bis zum Sommer 1938 war Albaniens Wirtschaft fast vollständig in den Händen der Italiener. Fast 200 000 Arbeiter aus Italien legten Bewässerungssysteme an, forsteten Wälder auf und bauten Straßen, die den Grundstein zum heute noch existierenden Straßennetz in Albanien legten. Mittlerweile hatte man im faschistischen Italien unter Mussolini die Annexion des Landes beschlossen. Mussolini verlangte von Zogu, die Besetzung Albaniens mit militärischen Garnisonen zu erlauben und das Land unter italienische Schutzherrschaft zu stellen. Dies hätte die Aufgabe der Souveränität Albaniens bedeutet.

Am 1. April 1939 fand daraufhin in Tirana eine große anti-italienische Demonstration statt. Die aufgebrachte Menge verlangte von Zogu Waffen, um die Italiener zu vertreiben. Am 5. April besetzten italienische Kriegsschiffe den Hafen von Durrës, und in Tirana wurden Flugblätter an die Bevölkerung verteilt, jeden Widerstand aufzugeben. Italienische Truppen landeten in Vlorë.

Zogu versuchte, die Albaner über Radioaufrufe zum Widerstand zu bewegen. Da aber nur wenige Albaner zu dieser Zeit Radios besaßen, war diese Aktion hoffnungslos. Als ebenso nutzlos erwiesen sich des Königs Bemühungen, mit den Italienern zu verhandeln. Zogu entschloß sich daraufhin, auszureisen. Gemeinsam mit etwa 2000 Regierungsmitgliedern, hohen Offizieren und Beratern, überquerte der König die Grenze zu Griechenland. Er kehrte nie wieder nach Albanien zurück. Eine Zeitlang lebte er in London und starb 1961 in Paris. Sein Sohn Leka kandidierte bei den letzten Wahlen erfolglos für die monarchistische Partei Albaniens.

Mit der Flucht Zogus brach der Widerstand in Albanien gegen die Italiener zusammen. Verfassung und Monarchie wurden abgeschafft. Bis 1941 übernahm eine neue Regierung unter Shefqet Bey Vërlaci, einem Großgrundbesitzer, das Ruder. Im Dezember 1941 bildeten Albanien und Italien eine Union. Mehr und mehr Italiener wurden in den Küstenregionen angesiedelt. Diese wurden entwässert und in fruchtbares Ackerland verwandelt.

Doch was blieb von Albaniens Unabhängigkeit? Skanderbegs Flagge, die Sprache und das Recht, eigene Briefmarken zu drucken!

Der Kosovo wird serbische Kolonie

Nach dem Abzug der Türken aus dem Kosovo, den unruhigen 20er Jahren nach der Unabhängigkeit Albaniens und den zahlreichen Aufständen und Revolten waren viele Kosovaren ausgewandert – und zwar zunächst diejenigen, die unter der Türkenherrschaft hohe Posten bekleidet hatten. Aber auch moslemische Albaner aus den Städten folgten ihrem Beispiel. So wurde die Bevölkerung des Kosovo in diesen Jahren erheblich reduziert. Das Vakuum wurde ausgefüllt von serbischem Militär, Polizisten und Zivilisten. Aus Montenegro und Herzegowina wurden Siedler in das Land gebracht, denen von der serbischen Regierung viele Privilegien eingeräumt wurden. Im Zuge einer sogenannten Agrarreform erhielten die Siedler bis zu 50 Hektar Land, freien Umzug und bis zu drei Jahren Steuerbefreiung. Man gab den neuen Siedlern augenscheinlich verlassene Ländereien, unter denen sich jedoch große Landstriche befanden, die von den dort ansässigen albanischen Bauern infolge der Fruchtfolgewirtschaft nicht bearbeitet, aber dringend für ihr Überleben benötigt wurden.

Eine weitere Maßnahme, den Kosovo mit serbischer Kultur zu unterwandern, bestand darin, die albanischen Namen mit serbischen Endungen wie -vic, -vc oder -c zu versehen. Für offizielle Angelegenheiten durften die Albaner nicht ihre eigene Sprache benutzen, und der gesamte Unterricht an den Schulen wurde in serbokroatischer Sprache durchgeführt. Viele Albaner aus dem Kosovo wanderten in dieser Zeit aus, entweder in die Türkei oder nach Albanien.

Hassan Pristina, einer der bekannten Anführer der Kosovo-Bewegung, richtete im Jahre 1929 eine Bittschrift an den Völkerbund, in der er das serbische Erziehungssystem im Kosovo und die Unterdrückung der albanischen Bevölkerung anprangerte. Die Serben verwiesen auf die revolutionären Aktivitäten Pristinas und leugneten die von ihm aufgestellten Behauptungen. Der Völkerbund erachtete die serbische Gegendarstellung als glaubhaft und unternahm nichts. Da auch Zogu sich nicht für die Interessen des Kosovo und der Kosovo-Bewegung einsetzte, blieben die Albaner in dieser Region mit ihren Anliegen allein.

Der Zweite Weltkrieg

Zu Beginn des Zweiten Weltkrieges war Albanien fast vollständig unter italienischer Oberhoheit. Jeder Regierungsbeamte wurde gezwungen, der im April 1939
gegründeten faschistischen Einheitspartei beizutreten. Die Außenpolitik des
Landes wurde von Rom aus gelenkt. So war die albanische Regierung während
der italienischen Besatzungszeit eine Miniaturausgabe des italienischen faschistischen Regimes.

Es ist nicht verwunderlich, daß die Mehrheit der albanischen Bevölkerung den
Italienern feindlich gesinnt war und alles tat, um der Besatzungsmacht den Aufenthalt zu erschweren. Sporadische spontane Aufstände, Demonstrationen und
Streiks waren nicht selten, und viele Albaner wurden festgenommen. Besonders
die Gebirgsregionen widersetzten sich der Zentralgewalt. Sie behielten weitgehend
ihre lokalen Gebietsherren und folgten ihrem eigenen Gewohnheitsrecht. Die Italiener zogen es daher vor, hauptsächlich in den Küstenregionen, in Zentralalbanien
und in den größeren Städten Präsenz zu zeigen.

Edith Durham, eine englische Publizistin, die lange in Albanien gelebt hat,
beschreibt die damalige Situation wie folgt: »Die Albaner, die sich auf der Straße
treffen, geben keinerlei Erkennungszeichen von sich. Der faschistisch unbeliebte
Gruß, die Hand aufs Herz zu legen, ist verpönt. Da die Menschen, die diesen Gruß
nicht praktizieren, festgenommen werden, gehen die Albaner auf der Straße wort-
und grußlos aneinander vorbei. Als in Tirana ein Anti-Zogu-Film gezeigt wurde,
wurde Mussolini ausgepfiffen und Zogu freudig begrüßt. Zwanzig Studenten
wurden daraufhin festgenommen, jedoch am nächsten Tag wieder freigelassen,
als die Studenten einen Streik ausriefen.«

Im Jahre 1941 begann die Invasion der Deutschen auf dem Balkan. In dieser
Zeit erlebte Albanien eine kurze Vereinigung mit dem Kosovo. Die Italiener
unterstützten die Kosovaren in der Hoffnung, mit der Schaffung eines Groß-
Albaniens den Rest der Bevölkerung auf ihre Seite zu bringen. Zu diesem Zweck
wurde ein deutsch-italienisches Abkommen geschlossen. Die albanische Sprache
wurde im Kosovo wieder zugelassen und eine albanische Verwaltung eingerichtet.
Die Bevölkerung im Kosovo jubelte den Italienern kurzfristig zu und benutzte die
Situation, alte Rechnungen zu begleichen und die im Kosovo ansässigen Serben
und Montenegriner gnadenlos zu vernichten. Deportationen von Serben und
Montenegrinern folgten. Doch im übrigen Albanien blieb die Bevölkerung der
italienischen Besatzung feindlich gesonnen, und Guerillaattacken auf die Besatzungsmächte waren keine Seltenheit.

Das faschistische Regime in Italien brach 1943 zusammen. Damit endete auch
die italienische Besatzung Albaniens. Bis heute sind die baulichen Spuren der
Italiener in vielen albanischen Städten anzutreffen.

Die Kommunistische Partei Albaniens

In den Jahren nach dem Ersten Weltkrieg war Albanien das einzige Land auf dem Balkan ohne eine kommunistische Partei – sofern man nicht einige Anhänger von Fan Noli, der von seinen Gegnern als ›roter Bischof‹ bezeichnet wurde, als die ersten Kommunisten Albaniens bezeichnen will.

Die kommunistische Ideologie hielt zunächst hauptsächlich bei Auslands-Albanern Einzug. Die Kommunistische Internationale unterstützte in Rußland und Jugoslawien lebende Albaner finanziell, und im Jahre 1928 wurde die erste kommunistische Partei Albaniens in Moskau ins Leben gerufen.

Doch schon bald war diese Partei (ebenso wie die Moskauer Kommunisten) heftig zerstritten.

Einige Anhänger Trotzkis wurden gezwungen, zu fliehen. Einer der bekanntesten war Ali Kelmendi, ein Geg, der 1936 nach Albanien floh und später Führer einer albanischen kommunistischen Partei in Frankreich wurde.

Doch nicht nur die Kommunistische Internationale unterstützte die kommunistisch gesinnten Auslands-Albaner. Auch Joseph Broz Tito schickte Abgeordnete nach Albanien, die mit geschickter Propaganda und wirksamer Organisationstaktik aus den kleinen kommunistischen Zellen in Albanien 1941 schließlich die Vereinigte Kommunistische Partei Albaniens begründeten.

Die große Mehrheit der Bevölkerung hatte den Faschismus abgelehnt.

Die reichen Landbesitzer beobachten das Aufkommen der Kommunisten mit Argwohn. Doch die arme Landbevölkerung sowie junge Leute, Studenten und Intellektuelle erhofften sich von den Kommunisten lang ersehnte Agrarreformen, politische Freiheit und Demokratie – vor allem aber bessere wirtschaftliche Verhältnisse. Sie waren daher leicht zu überzeugen, und so gewannen die Kommunisten zunehmend Anhänger.

Mit Hilfe der jugoslawischen Kommunisten wurde Enver Hoxha, der Sohn eines reichen muslimischen Landbesitzers aus Südalbanien, zum Generalsekretär der neugegründeten kommunistischen Partei Albaniens ernannt.

In den Jahrzehnten seiner Herrschaft suchte Enver Hoxha nacheinander die Zusammenarbeit mit Jugoslawien, später mit der Sowjetunion und am Ende mit China, wobei er sich, seine Regierung und die Partei zunehmend isolierte.

Sein Nachfolger als Generalsekretär der Partei, Ramiz Alia, mußte schließlich Anfang der 90er Jahre auf Druck der Bevölkerung ein Mehrparteiensystem und freie Wahlen zulassen.

Die Nachfolgepartei der Kommunistischen Partei, die Sozialistische Partei Albaniens, stellte bis 2005 mit Fatos Nano den Premierminister.

Land und Leute

Deutsche Besatzung in Albanien

Italien hatte am 3. September 1943 kapituliert. Die Besatzung aus Albanien wurde abgezogen. Die deutsche Wehrmacht füllte die Lücke und brachte zunächst die Revolten und Partisanenkämpfe unter ihre Kontrolle. Hitlers Sonderbeauftragter für Albanien, der gebürtige Österreicher Hermann Neubacher, versuchte die Albaner davon zu überzeugen, daß das sogeannte Dritte Reich als ›Freund‹ des Landes anzusehen sei. Albanien erhielt Neutralität zugesichert und sollte lediglich als Durchgangsland für deutsche Truppenverbände genutzt werden. Eine unabhängige albanische Regierung wurde wiederhergestellt. Groß-Albanien, also einschließlich des Kosovo, blieb bestehen, sogar noch etwas vergrößert, und zwar um die Region um die Bergbaustadt Mitrovica, die unter deutscher Kontrolle stand.

In der Praxis benahm sich die deutsche Wehrmacht durchaus nicht freundschaftlich. Sie ging hart und entschlossen vor und wandte unbarmherzige Vergeltungsmaßnahmen gegen den Widerstand der Bevölkerung an. Wegen eines Partisanenangriffs im Dorf Borova in der Nähe von Korçë wurden Hunderte Männer, Frauen und Kinder erschossen. Auch im Kosovo hatten die Deutschen kein Erbarmen mit Serben und Montenegrinern.

Im Frühjahr 1944 begann die Gestapo in Tirana damit, die Registrierung der jüdischen Bevölkerung vorzunehmen. Trotz der großen Gefahr, der sich die Bevölkerung beim Verstecken von Juden aussetzte, ist nicht bekannt, daß in dieser Zeit Juden an die Deutschen ausgeliefert wurden. Albanien galt als eines der Länder, in das sich viele verfolgte Juden flüchteten. Noch Ende 1939 stellte die albanische Botschaft in Berlin deutschen Juden Einreisevisa nach Albanien aus – zu einer Zeit, als kein europäisches Land mehr bereit war, Juden aufzunehmen. Der Schutz der Besa, des Ehrenwortes, das den jüdischen Gästen gegeben wurde, wurde trotz aller drohenden Schrecken und Gefahren eingehalten.

Widerstand gegen die Besatzungsmächte

Im September 1942 beschloß die kommunistische Partei, in Peza, in der Nähe von Tirana, eine nationale Befreiungskonferenz einzuberufen. Etwa 20 Delegierte aus verschiedenen Widerstandsgruppen im ganzen Land beschlossen, eine gemeinsame Front gegen die Besatzungsmächte zu bilden. Diese nationale Befreiungsfront LNC wurde von den Jugoslawen gefördert und geleitet. Sie hatte das Ziel, die albanische Bevölkerung gegen die Besatzungsmächte zu mobilisieren. Das Problem der Regierungsform nach der Befreiung des Landes wurde zunächst ausgeklammert, und die verschiedenen Delegierten bildeten in ihren jeweiligen Städten und Dörfern Partisanengruppen, die Chetas.

Land und Leute

In der Burg von Gjirokastër: Denkmal für zwei junge Frauen, die von den Deutschen als Partisaninnen hingerichtet wurden

Zwar befanden sich diese Partisanengruppen unter kommunistischem Kommando, doch auch Nichtkommunisten waren vertreten und in den meisten Gebieten Albaniens aktiv. Der Hauptbefehlshaber dieser Partisanengruppen war der Militärkommandant Mehmet Shehu, geboren 1913, Sohn eines muslimischen Priesters. Er genießt noch heute den Ruf, einer der fähigsten militärischen Führer Albaniens gewesen zu sein.

Die Bildung des LNC und das Erstarken des Kommunismus in Albanien weckten den Argwohn konservativer Kräfte, die im wesentlichen daran interessiert waren, die Privilegien der Landbesitzer und die frühere soziale Ordnung im

Land zu bewahren bzw. wieder herzustellen. Sie erkannten den LNC nicht an und bildeten eine eigene nationale Befreiungsfront unter dem Namen Balli Kombetar, abgekürzt BK. Sie favorisierten eine republikanische Verfassung des Landes unter Einbeziehung des Kosovo.

Als sich die Gegensätze zwischen beiden Widerstandsgruppen verschärften, versuchten die Alliierten zur Vermeidung eines drohenden Bürgerkrieges in Albanien, beide Gruppen zu vereinigen. Eine Zusammenkunft von Delegierten beider Gruppen wurde daher in Mukaj, einem kleinen Ort in der Nähe von Krujë, einberufen. Dort einigte man sich, gemeinsam für ein ›ethnisch‹ vereinigtes Albanien gegen die Besatzungsmächte zu kämpfen. Kurz danach lehnten die Kommunisten – wahrscheinlich unter dem Einfluß Jugoslawiens, das sich gegen die ›ethnische‹ Vereinigung unter Einbeziehung des Kosovos wehrte – den Beschluß ab.

Viele junge Menschen begeisterten sich für die Ideologie des Kommunismus und lehnten die konservativen Ziele der Ballisten ab. Es wurde offensichtlich, daß nach der Vertreibung der deutschen Besatzung die unterschiedlichen Standpunkte beider Befreiungsfronten zu erheblichen Spannungen im Land führen würden. Wie in Jugoslawien, wurde auch in Albanien an zwei Fronten gekämpft: gegen den Feind von außen, die fremde Besatzung, und gegen die Feinde im Innern des Landes.

Die Kampfmethoden Enver Hoxhas (auch gegen den Feind im Innern, die BK) waren besonders brutal – so brutal, daß viele der Ballisten zu den Deutschen überliefen, weil sie die Gefahren eines kommunistischen Sieges befürchteten. Wie sich später herausstellen sollte, nicht ohne Grund. Hoxha schockierte die Bevölkerung durch radikale Vergeltungsmaßnahmen gegen die ›Volksverräter‹. Objektive Beobachter schätzten, daß dieser Bürgerkrieg mehr Opfer in der albanischen Bevölkerung kostete als der Kampf gegen die Okkupanten.

Am 17. November 1944 wurde unter dem Jubel der Bevölkerung Tirana befreit. Am 20. Oktober 1944 trafen sich die Delegierten des LNC in Berat. Der LNC wurde umbenannt in ›Provisorische Regierung Albaniens‹, und am 28. November 1944 wurde die ›Demokratische Regierung Albaniens‹ ausgerufen, deren Führung selbstverständlich Enver Hoxha übernahm. Am 29. November 1944 war auch Shkodër frei von der Besatzung der Mittelmächte.

Die Großgrundbesitzer wurden entmachtet, ihr Besitz direkt an die Bauern verteilt. Dieser Akt sowie viele Versprechungen von Freiheit und Grundrechten überraschten die Bevölkerung und zerstreuten die Bedenken, die unter den Menschen aufgrund der rücksichtslosen Gewaltanwendungen der Kommunisten während des Bürgerkrieges aufgekommen waren. Da auch die Verbindungen der neuen Regierung Albaniens zu den Siegermächten zunächst noch intakt waren, schienen die Weichen für eine Zukunft in Freiheit, Demokratie und für wirtschaftlichen Fortschritt gestellt. Doch die Hoffnungen der Menschen in Albanien sollten sich leider auch in den folgenden Jahrzehnten nicht erfüllen.

Die Zeit des Kommunismus

Zu Beginn seiner Amtszeit, die fast ein halbes Jahrhundert dauerte, hielt Enver Hoxha scheinbar die Zusammenarbeit mit denjenigen anderen Gruppen der Widerstandsbewegung aufrecht, die seinen Plänen nicht im Wege standen und ebenfalls zu einer Mitarbeit bei Regierungsgeschäften bereit waren. Doch schon bald nach seiner Ernennung zum Ministerpräsidenten zog er die Zügel der Regierungsgeschäfte straffer an. Oppositionelle wurden zu Kriminellen erklärt. Und wieder verließen viele Albaner, vor allem Anhänger der ehemaligen Balli Kombetar, ihr Heimatland, um dort eine neue Existenz zu gründen, wo sie nicht um ihr Leben bangen mußten. Die meisten dieser Emigranten zog es damals nach Amerika.

Im Dezember 1944 wurden Ländereien und Eigentum dieser Flüchtlinge verstaatlicht, ohne daß dafür Entschädigungen an die im Land verbliebenen Familienangehörigen gezahlt wurden. Banken, Industrie und das Transportwesen wurden unter staatliche Kontrolle gestellt.

Im Sommer 1945 wurde in Albanien eine Verfassung nach dem Modell der in Jugoslawien gültigen Verfassung verabschiedet. Eine Zollunion zwischen Jugoslawien und Albanien trat in Kraft, und der Lek wurde dem jugoslawischen Dinar angeglichen. Serbokroatisch wurde in albanischen Schulen zur Pflichtsprache erklärt. Damit wurde Albanien erneut Anhängsel einer ausländischen Macht und verlor de facto seine Unabhängigkeit.

Im Dezember 1945 rief die Demokratische Front, wie sich damals die albanische Kommunistische Partei nannte, Wahlen aus. Massive Einschüchterungs- und Zwangsmaßnahmen waren zwar diesen Wahlen vorausgegangen, doch eine kleine Gruppe Unverzagter bildete eine schwache Opposition. Da die Mehrheit der albanischen Bevölkerung zu dieser Zeit Analphabeten waren, war es sinnlos, Wahlpapiere herauszugeben. Stattdessen erhielten die Wähler kleine Gummistempel, die auf der einen Seite mit einem schwarzen, auf der anderen mit einem roten Adler gekennzeichnet waren. Der rote Stempel bedeutete die Wahl der Demokratischen Front, der schwarze die Opposition. Um den Schein geheimer Wahlen zu wahren, hatten die Wähler ihre Hände in beide Wahlurnen zu stecken, wenn sie ihre Stimme abgaben. Unter diesen Voraussetzungen errang die Demokratische Front einen überwältigenden Sieg von 93 Prozent der abgegebenen Stimmen.

Im Anschluß an dieses Ereignis wurde die Volksrepublik Albanien ausgerufen und die Monarchie auch offiziell abgeschafft. Dies sollte den Anhängern Zogus, die es immer noch im Land gab, den Wind aus den Segeln nehmen sowie dessen Rückkehr verhindern helfen.

Die Mehrheit der Regierungsmitglieder, wie auch Enver Hoxha, stammten aus Südalbanien, waren also Tosken. Somit hatten die Gegen, die Nordalbaner, wenig Einfluß auf das politische Geschehen in Tirana. Das Problem des Kosovo wurde Nebensache und, auch um Jugoslawien nicht zu verärgern, zunächst ad acta gelegt. Der toskische Dialekt wurde Amtssprache, das gegische Vokabular dem toskischen angeglichen.

Die Volksrepublik hatte mit fast unüberwindlich scheinenden Schwierigkeiten zu kämpfen. Albanien galt in der Nachkriegszeit als das rückständigste Land Europas, war von Kriegswirren zerstört, obwohl es nicht aktiv am Krieg teilgenommen hatte. Etwa 28 000 Albaner waren im Krieg getötet worden, viele Intellektuelle hatten das Land verlassen. Das Land war verwüstet, ein Drittel der öffentlichen Gebäude zerstört, Brücken, Straßen und Häfen konnten nicht benutzt werden, riesige Viehbestände waren getötet oder von Plünderern gestohlen und in die Nachbarländer gebracht worden, viele Obdachlose mußten untergebracht werden. Zahlreiche Dörfer in den unwegsamen Gebirgsgegenden blieben ohne Versorgung. Zu allem Übel vernichtete 1946 eine verheerende Überschwemmung auch noch einen Großteil der Ernte.

Um die wirtschaftliche Lage zu verbessern, wurde 1945 eine Agrarreform durchgeführt. Jedem Familienoberhaupt wurden 12 Morgen Land zugesprochen, Großgrundbesitzer wurden mit hohen Steuern belegt. Um Spekulationen zu verhindern, wurde der Kauf und Verkauf von Ländereien von der Regierung untersagt. Diese Maßnahmen fanden natürlich unter den Bauern viel Anklang und machte viele von ihnen zu Anhängern der kommunistischen Partei. Bauernbataillone wurden aufgestellt, die die notwendigen fundamentalen Arbeiten zum Wiederaufbau ihres zerstörten Heimatlandes vornehmen mußten.

In dieser Zeit leisteten die neu gegründeten Vereinten Nationen, Nachfolger des Völkerbundes, unschätzbare humanitäre Hilfe. Die UNRRA (United Nations Relief and Rehabilitation Administration) stellten Hilfsgüter aller Art im Wert von etwa 30 Millionen US-Dollar zur Verfügung. Die Lagerhallen von Durrës und Vlorë waren angefüllt mit Nahrungsmitteln, Medikamenten, Kleidung, Samen für Getreide und Viehfutter sowie Düngemitteln. Vieh und ausgesuchte Tiere für die Zucht sowie Landmaschinen (vor allem Traktoren) wurden eingeführt und die Bauern in der Handhabung der Maschinen unterwiesen. Verschiedenen Weinsorten wurden ins Land gebracht, um den Weinanbau zu reaktivieren.

Politische Abhängigkeit von Jugoslawien

Jugoslawien, das in der Nachkriegszeit selbst mit wirtschaftlichen Schwierigkeiten zu kämpfen hatte, gewährte großzügige Hilfe – wenn auch nicht ganz uneigennützig. Zwar erfolgte finanzielle Unterstützung, Hilfsgüter wurden an die Bevölkerung geliefert, und die erste Eisenbahnlinie in Albanien wurde gebaut, um den Austausch von Gütern zu ermöglichen bzw. zu verbessern. Doch andererseits zahlte Jugoslawien für aus Albanien importierte Rohmaterialien derart geringe Preise, daß von humanitärer Unterstützung wohl kaum die Rede sein konnte. Das politische Ziel des Nachbarstaates, nämlich die allmähliche Integration Albaniens in den jugoslawischen Staat, wurde immer offensichtlicher.

Mit dem Ziel, die Agrarreform voranzutreiben und die Landwirtschaft für den Export albanischer Erzeugnisse umzugestalten, wurden bald staatliche Kooperativen geschaffen. Doch alle Maßnahmen, den Export zu steigern, blieben unwirksam. Landmaschinen konnten wegen der Unwegsamkeit des Landes und der schlechten Verkehrsverbindungen nicht genutzt werden. Der größte Teil der Albaner war gezwungen, weiterhin ein entbehrungsreiches Leben zu führen.

Im Frühjahr 1946 wählte die Regierung ein neues Kabinett. Enver Hoxha verstärkte seine Macht durch eine Ämterhäufung; er war nun nicht mehr nur Ministerpräsident, sondern gleichzeitig auch Außenminister, Verteidigungsminister, Hauptbefehlshaber der Streitkräfte und Generalsekretär der Partei. Koci Xoxe erhielt den wichtigen Posten des Innenministers und übernahm die organisatorischen Aufgaben, die mit der Partei zusammenhingen. Dazu gehörte die Säuberung der Partei von unerwünschten Elementen. Zu diesen zählten auch diejenigen, die in den Verdacht gerieten, zu enge Beziehungen mit den Westmächten anzuknüpfen, vor allem mit Großbritannien und Amerika. Xoxe propagierte einen engen Anschluß an Jugoslawien und galt im Land bald als Vasall Titos.

Mit zunehmender Verstaatlichung, der immer stärkeren Hinwendung zur kommunistischen Ideologie und zu diktatorischen Unterdrückungsmaßnahmen der Bevölkerung verschlechterte sich zunehmend das Verhältnis der albanischen Regierung zu den Westmächten, insbesondere zu England und Amerika. Die Arbeit der Botschaften wurde derart behindert, daß im April zunächst die Briten, danach die Amerikaner ihre Botschaften in Tirana schlossen und die diplomatischen Beziehungen zu Albanien abbrachen.

Die Kluft zwischen dem Westen und Albanien wurde noch größer, als im Oktober 1946 im Kanal von Korfu zwei britische Kriegsschiffe versenkt und 44 Mann Besatzung getötet wurden. Der Vorgang wurde vor den Internationalen Gerichtshof der UNO gebracht. Es war der erste Fall in der Geschichte der UNO, der vor dieser Institution verhandelt wurde. Albanien wurde für schuldig erkannt und zur Zahlung einer Entschädigung aufgefordert. Die geforderte Summe von etwa 800 000 englischen Pfund wurde jedoch nie gezahlt – mit dem Hinweis, die Siegermächte hätten bei ihrem Abzug aus Albanien riesige Goldbestände entwendet und nie zurückgezahlt.

Auch das Verhältnis zu Jugoslawien wurde zunehmend gespannter. Bei einem Besuch Enver Hoxhas im Nachbarland, der dazu dienen sollte, Unstimmigkeiten zu bereinigen, fühlte sich Hoxha, ein sehr eitler Mann, durch Titos elitäres und

arrogantes Auftreten gegenüber den ärmlich gekleideten Delegierten aus Albanien verletzt und gedemütigt. Diese persönliche Aversion verstärkte sich noch
durch den immer größer werdenden politischen und ideologischen Druck, den
Jugoslawien auf Albanien ausübte. Tito hegte Pläne einer Balkanföderation mit
jugoslawischer Hegemonie, unter Einbeziehung von Albanien, Griechenland und
Bulgarien, stieß hiermit aber auf heftigen Widerstand der betroffenen Staaten und
der Sowjetunion unter Stalin.

Hinwendung zur Sowjetunion

Hoxha muß aufgeatmet haben, als Jugoslawien, das für Stalins Geschmack unter
Tito zu selbständig wurde und eigene Wege gehen wollte, 1948 aus dem Warschauer Pakt ausgeschlossen wurde. Hoxha hatte diese Entwicklung sicherlich
vorausgesehen, denn erstaunlich schnell wandte er sich dem Sowjetführer zu.
Albanien gehörte von nun an zu den schärfsten Widersachern Jugoslawiens und
griff das Land in schrillen Tönen an. Tito war für Hoxha ein Ketzer und Verräter,
der es gewagt hatte, dem großen Sowjetführer die Zähne zu zeigen.

Diese rückhaltlose Kritik blieb natürlich nicht ohne wirtschaftliche Folgen
für Albanien. Alle Wirtschaftsabkommen wurden für ungültig erklärt, das jugoslawische Informationszentrum in Tirana wurde geschlossen, und das Personal
mußte innerhalb einer Frist von 48 Stunden das Land verlassen. Belgrad ließ
mit Gegenmaßnahmen nicht auf sich warten. Alle Investitionen in Albanien
wurden gestoppt und alle eingebrachten Güter abgezogen. Sogar die Schienen der
Eisenbahn, die in Albanien verlegt worden waren, wurden abgeräumt und nach
Jugoslawien transportiert. Ohnehin hatte die jugoslawische Unterstützung dem
Land nicht viele wirtschaftliche Vorteile gebracht, sondern eher noch zu einer
Verschlechterung der wirtschaftlichen Situation geführt.

Das kleine Land Albanien hatte sich zwar aus der Abhängigkeit des verhaßten
Nachbarn gelöst, doch ohne Unterstützung mächtiger Staaten konnte es im Land
keinen Aufschwung geben. Albaniens Bevölkerung wuchs in den Nachkriegsjah-
ren mit unglaublicher Schnelligkeit, so daß das Land die höchste Zuwachsrate
in Europa zu verzeichnen hatte. So war die Wirtschaftshilfe, die unmittelbar mit
der Trennung von Jugoslawien 1964 aus der Sowjetunion in Albanien eintraf,
sehr willkommen. Hoxha begab sich 1949 nach Moskau und stattete Stalin einen
Besuch ab, womit die Kontakte zur Sowjetunion verstärkt wurden. Die UdSSR
kaufte Güter aus Albanien zu annehmbaren Preisen, und Waren aus der Sowjetunion wurden für die Menschen in Albanien erschwinglich. Außerdem gewährte
Moskau erneut Kredite in der Höhe der Summen, die Albanien vormals von
Jugoslawien erhalten hatte.

Albanien gehörte zu den rückständigsten Ländern im kommunistischen Block, die Bevölkerung hatte den niedrigsten Lebensstandard. Das Regime in Albanien versuchte diese Situation zu verbessern und führte eine nach sowjetischem Modell gelenkte staatliche Planwirtschaft ein. Obwohl die Sowjets eher auf der Entwicklung der Landwirtschaft in Albanien bestanden, strebte die Regierung in Tirana danach, die Industrie stärker zu entwickeln. Zunächst wurde die industrielle Produktion von 1949 bis 1950 in einem Zweijahresplan, danach in einem Fünfjahresplan, festgelegt. In der Nähe von Tirana wurden das Lenin-Wasserkraftwerk, die Stalin-Textilfabrik und die Maliq-Zuckerraffinerie gebaut. Gemäß einem neu eingeführten System zum Austausch von Gütern wurden Bezugskarten eingeführt, mit denen die Bevölkerung Waren zu Festpreisen erwerben konnte. Im Austausch für überschüssige Produktion in der Landwirtschaft erhielten die Bauern industrielle Güter.

In den 50er Jahren wurde ein ehrgeiziges Programm zur Elektrifizierung und Industrialisierung des Landes erarbeitet. Trotz vieler Proteste aus Moskau versuchte die Regierung in Tirana, die Erzvorkommen sowie Chrom, Nickel, Kupfer, aber auch Erdöl und Kohle zu fördern. Dieser Plan erwies sich jedoch aufgrund der fehlenden Infrastruktur im Land schon bald als weitgehend undurchführbar. Immerhin wurden in dieser Zeit die Zementwerke in Vlorë, eine Zuckerfabrik und eine Anlage zur Tabakgärung in Shkodër sowie ein Textilkombinat in Tirana errichtet.

In der Landwirtschaft erschien die Lage weitaus schwieriger. Der erste Fünfjahresplan zur Kollektivierung stieß auf verschiedene Hindernisse. Zunächst einmal mußten die Ländereien neu aufgeteilt werden, was durch die zerrissene Oberflächengestalt des Landes kein leichtes Unterfangen war. Die Dürrejahre 1951 und 1952 innerhalb dieses Fünfjahresplanes reduzierten die Getreideproduktion und den Viehbestand im Land um fast 25 Prozent. Die primitiven Anbaumethoden führten nicht zu den erhofften Überschüssen in der Produktion. Die mit viel Enthusiasmus und Hoffnung aufgebauten Pläne erwiesen sich als unrealistische Träumereien.

Kurz nach dem Abbruch der Beziehungen mit Jugoslawien erfolgte innerhalb der Partei eine erneute Säuberungswelle. Es kam zu einer Serie von blutigen Verfolgungsjagden gegen vermeintliche Staatsfeinde, wodurch Hoxha seine Machtposition festigen wollte. Aber nicht nur gegen seine eigene Partei ging Hoxha äußerst energisch vor. Vor allem die Kirchenvertreter waren ihm ein Dorn im Auge. Alle kirchlichen Institutionen wurden unter staatliche Kontrolle gestellt. Geistliche, die nicht gewillt waren, Hoxhas Direktiven zu akzeptieren, wurden ihrer Ämter enthoben und durch willfährige Kirchenvertreter ersetzt. Hoxhas Feindseligkeit richtete sich insbesondere gegen die katholische Kirche, die er als ein Instrument des Vatikans betrachtete. Schließlich wurde 1951 die katholische Kirche Albaniens

Land und Leute

gezwungen, alle Beziehungen zu Rom abzubrechen. Gemäß einem Dokument, das 1953 von dem ›Komitee für ein Freies Albanien‹ veröffentlicht wurde, blieben von den 93 Geistlichen, die es 1945 in Albanien gab, zehn frei, 24 wurden ermordet, 35 waren eingekerkert worden, zehn waren gestorben oder einfach verschwunden, elf verloren ihr Amt, und drei konnten ins Ausland entkommen.

Hoxha vertrat die Ansicht, daß die Religion mit der Ideologie des Kommunismus nicht vereinbar war und versuchte während seiner gesamten Regierungszeit, die Bevölkerung vom Glauben und von religiösen Institutionen fernzuhalten. Nicht nur die Partei wurde von der kommunistischen Ideologie infiltriert, sondern besonders unter der Jugend versuchten der Regierungschef und seine Gefolgsleute nicht ohne Erfolg Anhänger für die kommunistische Doktrin und für den Atheismus zu gewinnen.

Die Universität von Tirana wurde 1957 gegründet

Aber der hoffnungsvolle Slogan ›Rroft Stalin!‹ – ›Lang lebe Stalin!‹, der zu Beginn der sowjetisch-albanischen Beziehungen Seite an Seite mit dem ebenso hoffnungsvollen Wunsch ›Lang lebe Hoxha‹ überall im Land auf Plakaten zu sehen war, nutzte nicht viel – auch Stalin mußte sterben. Mit dem Tod des sowjetischen Diktators im März 1953 begann in Moskau eine Entstalinisierungkampagne. Als eine der Folgen dieser neuen Tendenz in der Politik der Sowjetunion wurden auch die Beziehungen zu Jugoslawien wieder aufgenommen. Chruschtschow stattete Tito in Belgrad einen Besuch ab.

Die Führung in Tirana betrachtete dies als Verrat und sah erneut ihr vitales Interesse – die Bewahrung der Unabhängigkeit Albaniens – durch den Nachbarn im Norden mit Rückendeckung der Sowjetunion bedroht. Chruschtschow begann dann auch, dahingehend Druck auf Albanien auszuüben, die Beziehungen zu Tito zu revidieren.

Hoxha, ein hervorragender politischer Taktiker, gab zunächst vor, diesem Wunsche des Obersten Sowjet zu entsprechen, verfolgte jedoch in Wirklichkeit eine gegenteilige Politik. Die Sowjetunion, die in den folgenden Jahren andere Sorgen hatte, hielt die Wirtschaftsbeziehungen aufrecht, zumal davon ausgegangen wurde, daß Albanien über Bodenschätze verfügte. Die Sowjets schickten Experten ins Land und forderten entsprechende Berichte von der Regierung in Tirana. Doch hier wurden jeweils zwei Berichte verfaßt: einer mit tatsächlichen Angaben über vorhandene Bodenschätze, ein zweiter mit negativen Ergebnissen. Dieser zweite Bericht wurde dann via KGB-Zentrale in Tirana nach Moskau geschickt.

Auf diese Weise gelang es dem Regime in Tirana, mit der finanziellen Unterstützung der Sowjets die wirtschaftliche Lage in Albanien zu verbessern. So wurden denn auch die Jahre 1958/59 Albaniens ›goldene Jahre‹ genannt. Kapital floß ins Land – aus Rußland sowie den übrigen Ostblockstaaten, und ganz allmählich auch aus China.

In dieser Periode wurde das Schulsystem erweitert und das Analphabetentum reduziert, 1957 wurde in Tirana die erste Universität des Landes gegründet, Studenten aus Albanien erhielten Stipendien, um in Rußland bzw. anderen Ostblockstaaten ein Studium aufzunehmen. Das Gesundheitswesen wurde gefördert, Schwemmlandebenen im Westen des Landes wurden ausgetrocknet und von der Malariaplage fast befreit. Ein allgemein besserer Lebensstandard war im Lande zu erkennen.

Im Mai 1959 besuchte Chruschtschow Albanien. Das Land hatte für die Sowjets strategische Wichtigkeit bekommen, da die Amerikaner in Griechenland und in der Türkei Raketenbasen bauten. Nicht ganz ohne Grund vermutete das Regime in Tirana, daß der Besuch des Obersten Sowjet nicht nur dazu diente, Albaniens Interessen zu fördern, sondern das Land eventuell als Gegenposition zu den Westmächten zu benutzen. Die Atmosphäre bei dem Besuch Chruschtschows war daher im Vorhinein durch gegenseitiges Mißtrauen vergiftet, und Chruschtschow verließ zwei Tage früher als geplant das Land. Hoxha war enttäuscht über die gönnerhafte und herablassende Haltung Chruschtschows ihm und seinem Land gegenüber. Er äußerte damals nach dem Besuch Chruschtschows: »(Chruschtschow) fuhr fort, über Erdnüsse, Tee, Zitrusfrüchte und Lorbeerbäume zu reden. Mit anderen Worten: er wollte aus Albanien eine Kolonie mit Obstanbau für die Sowjetunion machen, nach dem Beispiel der Bananenrepubliken in Lateinamerika, die Anhängsel der USA sind.«

Land und Leute

Der Bruch mit Moskau – Chinesen in Albanien

Mit zunehmender Annäherung der Sowjetunion an Jugoslawien wuchs die Entfremdung zwischen Tirana und Moskau. Da crhebliche Meinungsverschiedenheiten zwischen der Sowjetunion und China über den östlichen Grenzverlauf der Sowjetunion sowie über ideologische Auslegungen des Kommunismus bestanden, kühlten sich fast zur gleichen Zeit die Beziehungen zwischen Moskau und Peking ab.

Zu einem kommunistischen Gipfeltreffen in Bukarest Mitte 1960 waren weder Hoxha noch Shehu erschienen. Stattdessen hatten beide einen Abgesandten geschickt, was einen offenen Affront gegen Chruschtschow bedeutete. Unmittelbar danach ließ Chruschtschow für Albanien bestimmte Getreidelieferungen stoppen, die das Land dringend benötigte, da verheerende Überschwemmungen, anschließende Dürreperioden und Erdbeben die Bevölkerung erneut in eine Hungersnot gestürzt hatten. China sprang ein, kaufte Getreide in Frankreich und schickte es nach Albanien.

Bei einem nächsten Gipfeltreffen der kommunistischen Länder im November 1960 griff Hoxha Chruschtschow derart heftig an, daß sogar die Chinesen erstaunt waren. Hoxha und Shehu, der ebenfalls am Parteitag teilgenommen hatte, verließen Moskau vorzeitig auf dem Landweg über Österreich und Italien, weil sie einem ›Unfall‹ in einem sowjetischen Flugzeug entgehen wollten. Der Konflikt erreichte schließlich seinen Höhepunkt, als weder Hoxha noch Shehu bei dem wichtigen Gipfeltreffen der Warschauer Pakt-Staaten in Moskau im März 1961 erschienen.

Die Sowjetunion stoppte unmittelbar danach Kredite an Albanien, die für den nächsten Fünfjahresplan 1961–1965 zugesagt worden waren. Sowjetisches Personal mußte Albanien verlassen, Botschaften anderer Ostblockländer wurden geschlossen, Ersatzteillieferungen aus der Sowjetunion blieben aus. Als die Regierung in Tirana sowjetische Unterseeboote konfiszieren ließ, die in Porto Palermo bei Vlorë, dem einzigen von Moskau kontrollierten Mittelmeerhafen, stationiert waren, requirierte die Sowjetunion einige Schiffe von Albanien, die sich zur Reparatur in Sewastopol befanden. Der Bruch mit der Sowjetunion war ›perfekt‹. Albanien hatte keine gemeinsamen Grenzen mit Rußland und mußte daher eine unmittelbare Invasion, wie beim Bruch mit Jugoslawien, nicht befürchten. Doch die wirtschaftlichen Folgen waren für das arme Albanien unübersehbar.

Und wieder kam Hilfe vom fernen China. Ein Darlehen von 125 Millionen US-Dollar – die Summe übertraf alle bisher von anderen Ländern gewährten Kredite – wurde zur vorläufigen Lösung aller wirtschaftlichen Probleme zur Verfügung gestellt. China hatte zwar eigene wirtschaftliche Probleme, doch die Vorteile dieser Allianz überwogen offensichtlich die wirtschaftlichen Einbußen. Für Peking war Albanien ein willkommener Brückenkopf in Europa, eine Herausforderung für Moskaus Vorherrschaft in den übrigen Ostblockländern.

Chinesischer Traktor in den Albanischen Bergen

In der Folgezeit vertieften sich die Beziehungen zu China. Experten aus dem fernöstlichen Land kamen nach Albanien, um bei der Entwicklung der Industrialisierung zu helfen. Wasserkraftwerke und Fabriken verschiedenster Art wurden mit chinesischer Unterstützung errichtet. Enten aus China wurden nach Albanien gebracht, Maulbeerbäume zur Seidenraupenzucht und Bambus für die Korbwarenindustrie angepflanzt. Doch insgesamt wurden die Chinesen von der albanischen Gesellschaft nicht akzeptiert. Sie lebten in Tirana in einer Art Ghetto. Die Albaner mochten ihre fernöstlichen Einwanderer nicht. »Sie sind nicht wie wir, sie sind häßlich und haben schreckliche Angewohnheiten. Sie bohren in der Nase, das ist für uns beleidigend.« Diese und ähnliche Kommentare wurden von der Bevölkerung geäußert.

Hoxha hatte außer wirtschaftlichen noch andere Gründe, sich China zuzuwenden. Zunächst einmal konnte China keinerlei territoriales Interesse an Albanien geltend machen, und auf politischer Ebene bestanden zwischen Mao und Hoxha sehr viele Gemeinsamkeiten. Beide Staatsmänner waren unumschränkte, skrupellose Diktatoren. In der Wirtschaft wurde keinerlei Liberalismus zugelassen, beide Staaten hatten sich gegenüber der übrigen Welt isoliert, der Bevölkerung Puritanismus und Autarkie auferlegt, Freiheit der Gedanken oder gar Individualismus verboten.

Doch auch diese Allianz war zum Scheitern verurteilt. China wandte sich Mitte der 70er Jahre verstärkt dem Westen zu. Der Präsident der Vereinigten Staaten, Richard Nixon, besuchte 1972 China. Hoxha war dermaßen entrüstet,

daß die albanischen Medien angewiesen wurden, diesen Besuch zu ignorie-
ren. Nach Maos Tod im September 1976
verschlechterten sich die chinesisch–
albanischen Beziehungen. Maos Nachfolger machten die außenpolitischen
Beziehungen nicht mehr in gleichem
Maße von ideologischen Prämissen
abhängig wie ihr Vorgänger. Das kleine
Albanien spielte für sie eine untergeordnete Rolle. Im Juli 1978 endete das
chinesische Hilfsprogramm in Albanien. Chinas Berater wurden abgezogen, albanische Studenten in ihr Land
zurückgerufen.

Albanien war nunmehr vollständig
isoliert von der Außenwelt: wirtschaft-
lich, politisch und auch kulturell – eine
Situation, für die es in der modernen
Geschichte, vielleicht mit Ausnahme
Nordkoreas, keine Parallele gibt. Hoxha

*Zur Kapelle umfunktionierter Bunker
bei Lin am Ohridsee*

verfiel zunehmend in einen Zustand paranoider Angst und Mißtrauen gegen alle
und jeden, die er auf seine Landsleute übertrug. Er sperrte das Volk praktisch ein
und unterband jeglichen Kontakt zur Außenwelt. Ausländer durften nur unter
schwierigsten Bedingungen nach Albanien einreisen. Hoxha begann Drohungen
gegen jeden auszustoßen, der es wagte, über den beunruhigenden Zustand seines
Landes Kritik zu äußern: »Sie werden uns niemals schlafend vorfinden, wir leben
in ständiger Wachsamkeit. Damit es jeder versteht: Die Granitmauern unserer
Festung sind unerschütterlich.«

Ein kurioses Überbleibsel aus dieser Epoche sind die zahlreichen im Land
verstreuten Betonbunker. Mit enormem finanziellem Aufwand wurden an jedem
strategisch wichtigen Ort, an jedem geographisch unübersichtlichem Punkt sowie
in der Nähe jeder größeren Industrieanlage diese skurrilen, pilzartigen Militär-
unterstände verschiedener Größen gebaut, aus denen heraus das Land gegen
potentielle Invasoren verteidigt werden sollte. Diese grotesken Bauten erinnern
in eindrucksvoller Weise an die Atmosphäre dieser Epoche, in der der Regierungschef seine Bevölkerung in Angst und Schrecken versetzte und seine paranoiden
Wahnvorstellungen auf die Menschen übertrug. Zugegebenermaßen waren diese
Verfolgungsängste nicht ganz unbegründet, bedenkt man einige fehlgeschlagene
Anschläge auf Hoxhas Leben und die territoriale Gier der Nachbarstaaten.

Kulturrevolution

Wenn man aus heutiger Sicht eine Wertung des kommunistischen Regimes unter Hoxha vornehmen will, so kommt man nicht umhin, einige positive Aspekte dieser Zeit zu würdigen. Enver Hoxha war ein glühender Nationalist, der sein Land liebte und um die Einigkeit und Identität seines Volkes bemüht war. Wie ein Albaner den Charakter seines Volkes beschrieb, diese Wesenszüge müßten auch Enver Hoxha zugebilligt werden: »(Der Albaner) ist stolz, denn er will sich nicht vor den Augen anderer demütigen, er kennt seine Fähigkeiten und will sich seine Lebensform erhalten, eine traditionelle Lebensform, die für Fremde schwer zu verstehen ist.«

Außer den wirtschaftlichen Verbesserungen, die mit dem Einfließen ausländischer Darlehen erreicht wurden, einer allgemeinen (wenn auch geringfügigen) Anhebung des Lebensstandards, verdienen vor allem die Verbesserung des Gesundheits- und Erziehungswesens besondere Beachtung. Das Analphabetentum wurde fast gänzlich abgeschafft. Erwachsene mußten nach einem arbeitsreichen Tag Lesen und Schreiben erlernen. Die Universität in Tirana wurde eröffnet. Ärztliche Versorgung war kostenlos, einige neue Krankenhäuser bzw. Krankenstationen wurden gebaut, es wurden mehr Ärzte ausgebildet. Öffentlicher Transport war kostenlos, Privatautos verboten (ob das letztgenannte ein Nachteil war, soll dahingestellt bleiben!). Und nicht zuletzt war das Land nach fast 500 Jahren wieder unter Skanderbegs Flagge geeint, wenn auch das Kosovoproblem ungelöst blieb.

Offenbar hatte der Staatschef ein ehrliches Interesse, das gesellschaftliche Ansehen der Frauen zu fördern. Auf dem 4. Kongreß der Frauenvereinigung im Jahre

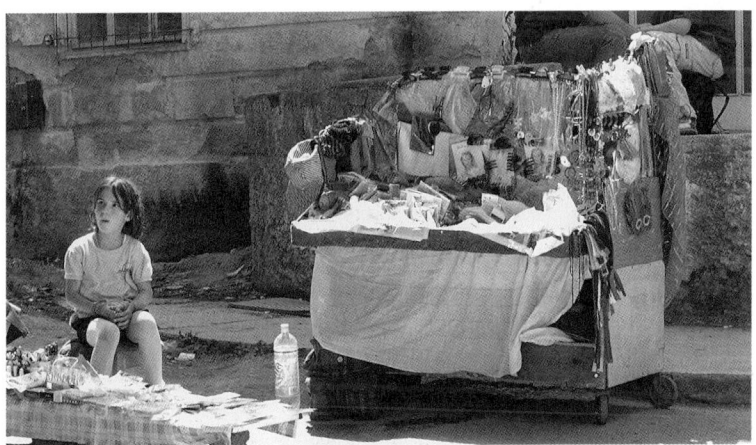

Verkaufsstand in Tirana

Land und Leute

1955 wandte sich Hoxha mit folgenden Worten an das Publikum: »Die Gesetze der Sharia und der Kirche, in Verbindung mit dem Bürgertum, haben die Frauen wie eine Ware behandelt, einen Gegenstand, der vom Mann gekauft und verkauft werden kann. Genau wie das Bürgertum den Arbeiter ins Proletariat gedrängt hat, so haben die alten primitiven Gesetze der Sharia, die Kirche, das Feudalsystem und das Bürgertum die Frau zum ›Proletariat‹ des Mannes herabgewürdigt.«

In der Theorie hatte die Frau in der Hoxha-Zeit die gleichen Rechte wie der Mann. Der Mann konnte nicht mehr über sie verfügen wie ehedem. Doch nun war sie Eigentum des Staates geworden. Empfängnisverhütung und Abtreibung waren illegal und unter strenge Strafen gestellt. Mutterorden wurden verliehen. Traditionen lassen sich außerdem bekanntlich nicht mit Gesetzen verbieten. Innerhalb des Familienlebens blieb nach wie vor das Patriarchat bestehen, von Gleichberechtigung konnte keine Rede sein.

Hoxhas ideologische Verbohrtheit schlug sich in vielen seiner Entscheidungen nieder. So, wie er um den Staat eine Mauer errichten wollte, sich selbst mit einem enormen Aufwand an Polizei und Geheimdienst schützte, wenn er sich in sein Feriendomizil Drilon am Ohridsee begab, so setzte er seinem Volk Scheuklappen auf, ließ keine anderen Meinungen oder Denkweisen gelten – weder politisch, noch im gesellschaftlichen, noch im kulturellen Bereich. Das dicht gespannte Netz der Sigurimi, der Geheimpolizei, bespitzelte und beobachtete jeden Winkel des Landes. Sogar Kinder wurden angehalten, ihre Eltern auszuhorchen, Arbeitslager wurden eingerichtet, von denen sich die berüchtigtsten in Burrel, Vlocisht und Spaç befanden.

Die Menschen, die hier inhaftiert waren, waren nicht nur zu Schwerstarbeit bei unzureichender Nahrung, unzureichenden hygienischen Bedingungen und völlig

Die Bleimoschee in Shkodër

unzureichender medizinischer Versorgung verurteilt, sondern wurden willkürlich gequält und gefoltert. Eine Delegierte der ›International Helsinki Federation for Human Rights‹, die 1991 kurz vor der Öffnung der Gefängnisse einige dieser Arbeitslager besuchte, berichtet folgendes:»Das Bild, das sich uns bot, läßt sich kaum beschreiben. Ausgezehrte Körper, Einbeinige mit primitivsten Krücken und nicht ausgeheilten Stümpfen, offene Wunden an Armen und Beinen, Blinde und Einäugige, Augen, die halb heraushingen, Menschen mit Krätze, bei denen die Milben wie Bienenschwärme am Hals hingen, Stumme, Querschnittgelähmte, die von Leidensgenossen versorgt und gepflegt wurden. Manche der Verletzungen waren Folgen von Folter und Krankheit, andere von Selbstverstümmelungen. Schlafsäle mit zerborstenen Fenstern und Etagenpritschen, fast ohne Matratzen und Decken, eine nicht abgetrennte Abteilung für schwere Tuberkulose-Fälle. Das ohne jegliche ärztliche Betreuung. Trinkwasser wurde aus riesigen Zisternen geholt und war so dunkel und dreckig, daß nur unerträglicher Durst zum Konsum verführen konnte.«.

Eine weitere, ebenso grausame Maßnahme bestand darin, ganze Familien aus ihren Heimatdörfern in unwegsame Gegenden umzusiedeln, wo es weder Wasser noch Elektrizität gab, wo keine Einkaufsmöglichkeiten vorhanden waren und die Kinder nicht in die Schule gehen konnten. Wieder andere wurden in Dörfer umgesiedelt, in denen sie von den Dorfbewohnern verachtet und wie Aussätzige behandelt wurden.

1967 wurde das Justizministerium abgeschafft, und alle Prozesse fanden unter Ausschluß jeglicher Öffentlichkeit statt. Die Angeklagten wurden nicht über ihre Rechte aufgeklärt, einen eigenen Verteidiger konnten sie nicht wählen, das tat der Staat für sie. Geständnisse wurden durch Folter erpreßt, Angehörige wurden nicht über die Urteile informiert. Nicht selten verschwanden Menschen, ohne daß jemals ihr Verbleib aufgeklärt worden wäre. Diese Tatsache wog besonders schwer, denn gerade in Albanien ist die Beziehung zu den Verstorbenen und zu den Gräbern sehr eng.

Das kulturelle Leben wurde, ebenso wie die Wirtschaft und die Politik, vom Staat gelenkt. 120 000 ausländische Bücher kamen auf den Index, darunter Philosophen wie Plato, Aristoteles, Hegel, Kierkegaard oder Sartre. James Joyce, Dostojewski oder Kafka galten als gefährlich und dekadent. Der Besitz abstrakter, impressionistischer oder expressionistischer Kunstgegenstände konnte Anlaß für eine Verhaftung sein. Ausländische Zeitungen und Rundfunksender waren verboten.

Die Verfolgung der Geistlichen und der Kirchen wurde schärfer. Kirchen und Moscheen wurden zerstört oder in Sport- oder Lagerhallen umgewandelt, die Besitztümer konfisziert. Doch damit konnte die Religiosität der Menschen nicht getötet werden. Heimlich wurden Gottesdienste abgehalten, Heiligenbilder und kirchliche Gegenstände wurden versteckt.

Land und Leute

Enver Hoxhas Ende

Enver Hoxhas Gesundheitszustand verschlechterte sich zu Beginn der 80er Jahre. Gemäß einem offiziellen Kommuniqué litt er seit 1948 an Diabetes. In seinen letzten Lebensjahren kamen zunehmend paranoide Anfälle und zeitweise geistige Verwirrtheit hinzu.

Mehmet Shehu, Hoxhas Weggefährte aus der Zeit der Widerstandskämpfe, wurde als der Nachfolger Hoxhas gehandelt. Shehu, Chef der Sigurimi, Verteidigungsminister, Staatspräsident und die Nummer Zwei in der Partei nach Hoxha, hielt die Zügel der Staatsorgane fest in seiner Hand.

Doch seit Beginn der 80er Jahre fiel Shehu mehr und mehr in Ungnade. Nach Ausbleiben chinesischer Darlehen wurden die wirtschaftlichen Schwierigkeiten im Land immer gravierender. Unstimmigkeiten zwischen Hoxha und Shehu über wirtschaftliche Liberalisierungsmaßnahmen verschärften den Konflikt. Shehu mußte den Posten des Verteidigungsministers abgeben, behielt aber zunächst das Amt des Staatspräsidenten inne. Ramiz Alia trat an Shehus Stelle.

Da Shehu nicht freiwillig zurücktreten wollte, wurden Pläne zu seiner Beseitigung entwickelt. Im Dezember erhielt das Volk die überraschende Nachricht, daß Shehu angeblich Selbstmord begangen habe und tot in seinem Zimmer aufgefunden worden sei. Shehu hatte kurz vorher das Verlöbnis seines Sohnes mit einer Frau arrangiert, deren Familie angeblich mit den Besatzungsmächten zusammengearbeitet hatte. Nach lautem Protest und Kritik aus der Partei hatte sich Shehu geweigert, dieses Verlöbnis rückgängig zu machen. Da Shehus Macht in der Geheimpolizei konzentriert war, erfolgte erneut eine Säuberungswelle innerhalb der Sigurimi.

Obwohl Hoxha einige Tage nach Shehus Tod sehr erschüttert gewesen sein soll, wird bis heute allgemein angenommen, daß er entweder selbst seinen treuesten Weggenossen umbrachte oder durch andere beseitigen ließ.

Am 11. April 1985 starb Enver Hoxha. Eine Woche offizieller Trauer wurde angeordnet, während der Hoxhas Leichnam auf dem Heldenfriedhof in Tirana begraben wurde. Als das Volk von Hoxhas Tod erfuhr, wurden (sehr zur Überraschung vieler ausländischer Beobachter) überall Zeichen von Betroffenheit und tiefer Trauer wahrgenommen. Der Mann war wegen seiner vielschichtigen und widersprüchlichen Persönlichkeit gefürchtet. Nun aber, nach seinem Tod, fühlte sich die Mehrheit alleingelassen. Ein älterer Albaner versuchte die Situation so zu erklären: »Wenn ein Vater seinen Sohn verprügelt, weint das Kind, klammert sich jedoch an ihn als seinen alleinigen Beschützer.«

Improvisierter Kiosk am Straßenrand; In Tirana
Transport auf dem Koman-Stausee; Strandidylle in Shëngjin

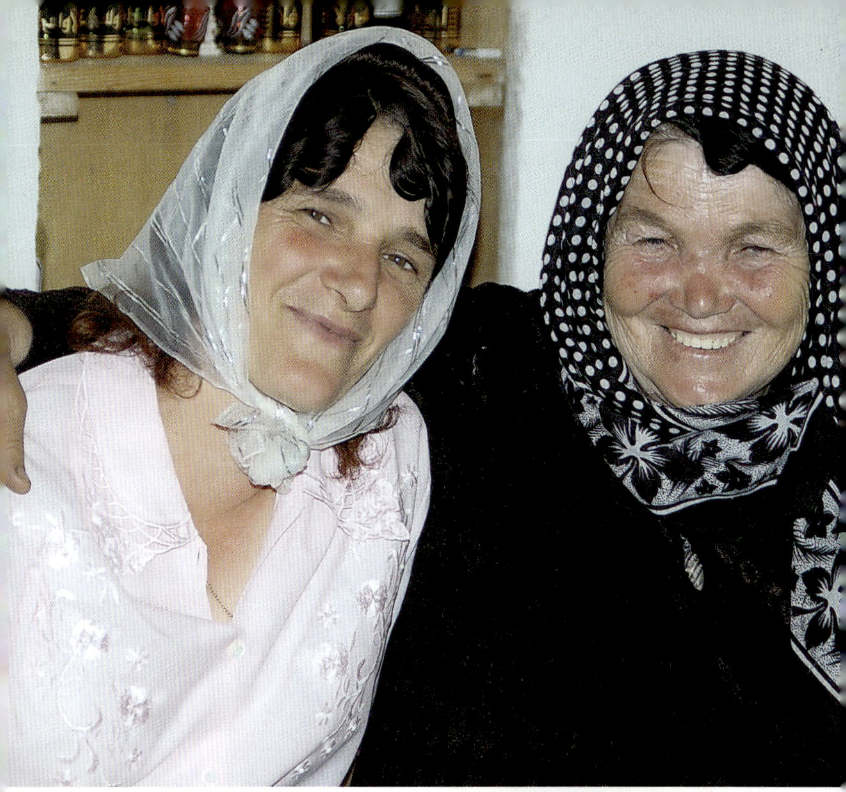

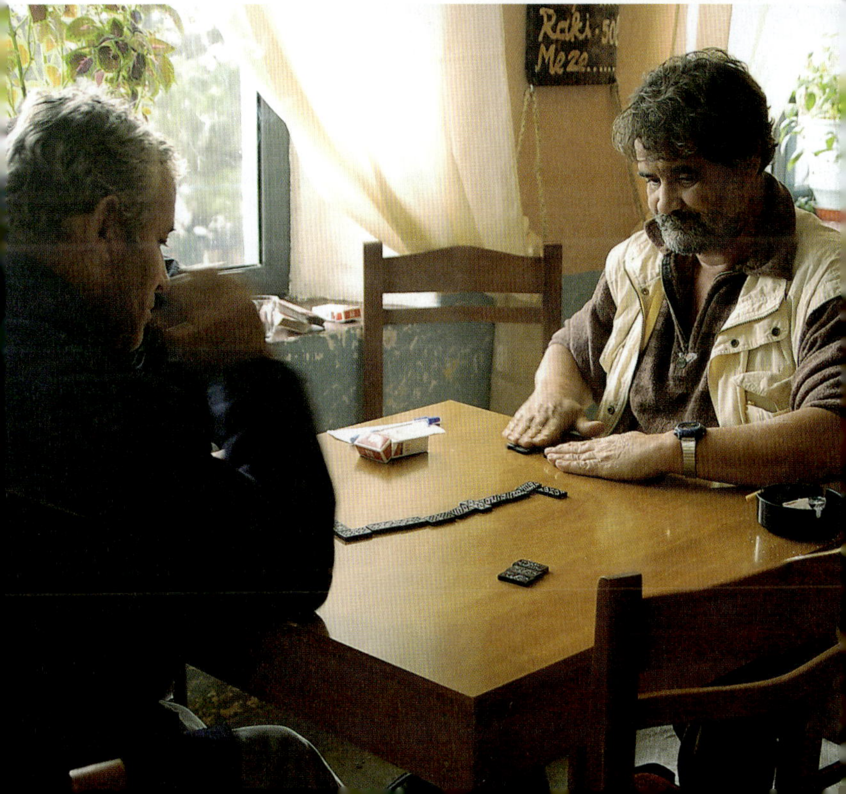
Raki
Meze

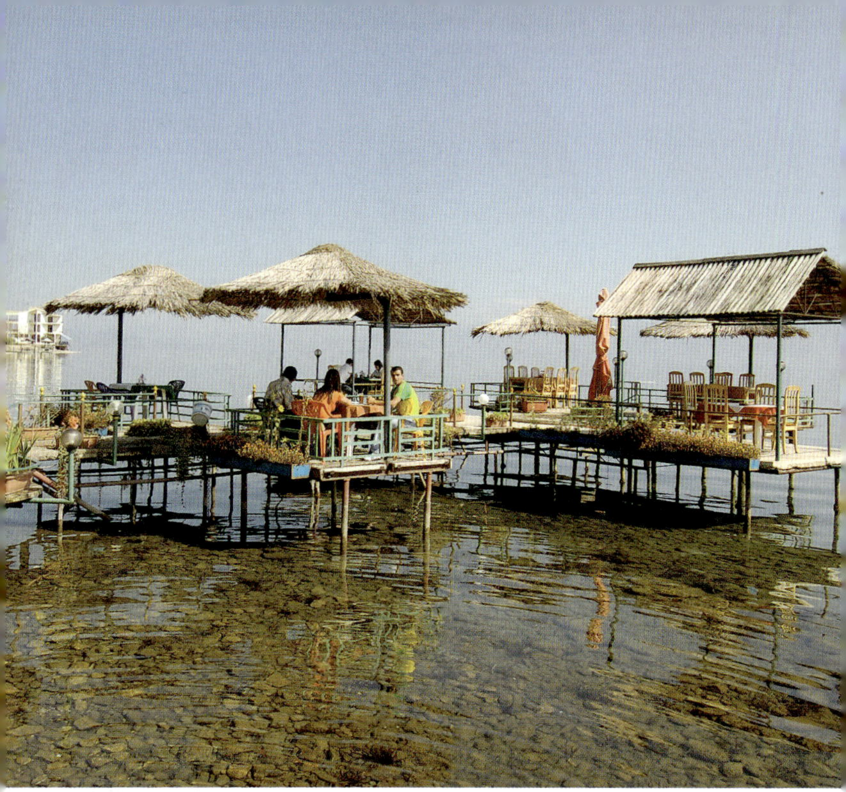

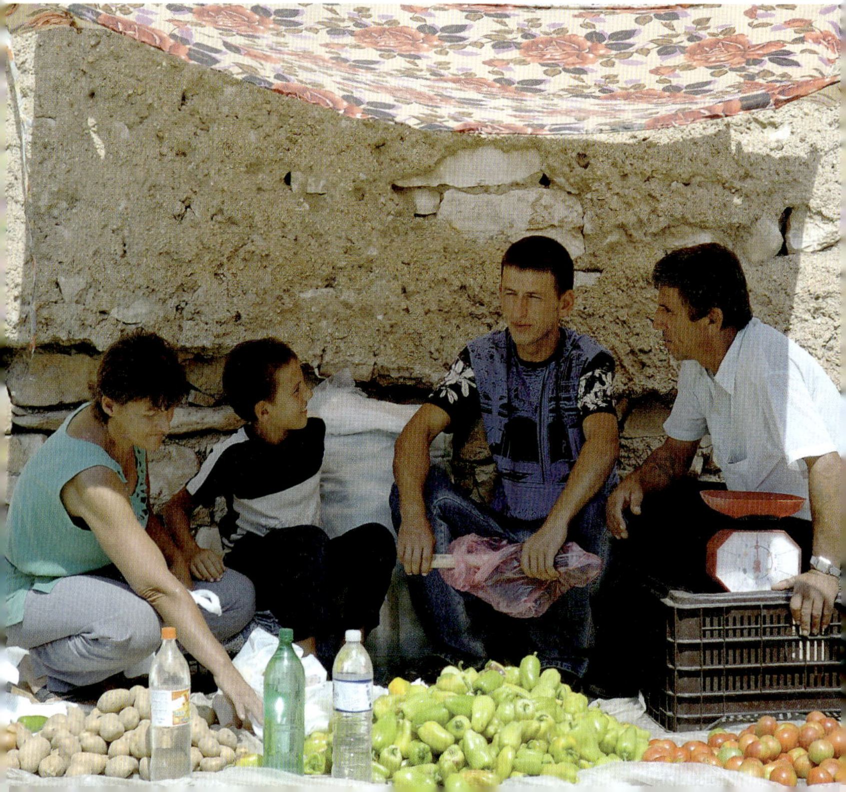

Betonpilze

Egal, ob man mit dem Flugzeug, mit dem Auto oder per Schiff nach Albanien reist: Schon nach wenigen Kilometern fallen dem Besucher die seltsamen, grauen Betonpilze auf, die über das ganze Land verstreut sind. In der Nähe veralteter Industrieanlagen, bei wichtigen Paßstraßen oder größeren Städten, besonders im Drinos-Tal bei Gjirokastër, sind die wie Stahlhelme wirkenden Betonbauten besonders zahlreich.

Es handelt sich dabei um Betonbunker, die Enver Hoxha nach dem Austritt Albaniens aus dem Warschauer Pakt hatte bauen lassen, also Anfang der 70er Jahre des 20. Jahrhunderts. Der Diktator isolierte Albanien damals vollkommen von der Außenwelt. Aus einer paranoiden Angst vor potentiellen Invasoren ließ er etwa 700 000 Bunker bauen, die noch heute über das ganze Land verstreut sind. Die Bunker sind einige Meter tief in die Erde eingelassen, haben dicke Betonwände und Sicht– bzw. Schießschlitze, die oberhalb vom Erdboden angebracht sind. Am häufigsten sind die Ein-Mann-Bunker, die meistens in einer Reihe aufeinander folgen und von einem größeren Bunker, der ständig besetzt war, kommandiert werden konnten. Bei Alarm wurden die Ein-Mann-Bunker ebenfalls sofort besetzt und erhielten ihre Anweisungen von den größeren Bunkern, die wiederum über Funk mit ihren jeweiligen Befehlshabern Kontakt aufnehmen konnten. Dieses System beruhte auf der sehr effektiven Strategie der Partisanenkämpfer.

Die Bunker wurden sehr solide gebaut und lassen sich deshalb heute sehr schwer entfernen. Oft bringen die Bauern dort Viehfutter oder Gerätschaften für die Landwirtschaft unter. In manchen Orten bemalte man diese Erinnerungsstücke an die Diktatur – so sehen sie etwas weniger bedrohlich aus.

Nicht nur Ausländer, sondern auch viele Albaner machen heute Witze über diese abstrusen Monumente, die die Menschen immer wieder sichtbar an die kommunistische Diktatur erinnern. Doch in der damaligen Zeit des Kalten Krieges, in der in anderen Teilen Europas mit anderen Mitteln und Waffen Aufrüstung betrieben wurde, war die Bunkerstrategie vielleicht gar nicht so abwegig. Vor allem, wenn man in Betracht zieht, daß seinerzeit und einige Nachbarstaaten ständig versuchten, die Grenzen zu ihren Gunsten zu verschieben.

In vielen Landesteilen werden ernsthafte Versuche unternommen die ›Betonpilze‹ zu zerstören, ein sichtbares Zeichen für den Genesungsprozess des Volkes!

Familie in Lëpushë in den Albanischen Alpen; Dominospieler
Fischrestaurant am Ohridsee; Gemüseverkauf am Straßenrand

Land und Leute

Auf dem Weg zur Demokratie

Zwei Tage nach Enver Hoxhas Tod wurde Ramiz Alia Generalsekretär der Kommunistischen Partei. Weniger charismatisch als Hoxha, hatte er sich während Hoxhas Diktatur eher im Hintergrund gehalten und war auf diese Weise den Säuberungen entkommen. Bei Antritt seines Erbes versprach Alia zunächst, die Politik im Sinne seines Vorgängers fortzusetzen. Hoxha wurde gebührend durch ein Denkmal auf dem Skanderbeg-Platz in Tirana geehrt. Außerdem wurde die Universität nach ihm benannt.

Doch schon bald zeigte Alias Politik eine Richtungsänderung. Diplomatische Beziehungen mit westlichen Ländern wurden aufgenommen und Wirtschaftskontakte mit dem Ausland geknüpft. Alia stellte, wenn auch zögernd, die Weichen für eine vollkommen neue politische Entwicklung.

In seiner Rede vor dem 19. Kongreß der Arbeiterpartei im November 1986, unterstrich Alia: »die Freiheitsliebe, die Bestrebungen der Völker Europas nach Demokratie und Frieden. Unser Land, gelenkt vom Grundsatz der Gleichheit, Nichteinmischung in innere Angelegenheiten, territoriale Einheit und nationale Souveränität, unterhält mit den meisten europäischen Ländern normale Beziehungen und versucht, diese Beziehungen für das Wohl der Allgemeinheit zu vertiefen!«.

Die nachbarlichen Beziehungen zu Belgrad verbesserten sich langsam, obgleich sie durch das ungelöste Kosovo-Problem weiterhin angespannt blieben. Griechenland beschloß im Jahre 1987, endlich den Kriegszustand aufzuheben, der seit 1945 zwischen beiden Ländern formal bestand.

Ein Jahr vor Zusammenbruch des kommunistischen Regimes in den Ostblockländern (1989) wurden einige soziale und wirtschaftliche Reformen in Albanien durchgeführt. Besonders das Beispiel der zahlreichen Aufstände in den Ostblockländern, der gewaltsame Tod Ceauşescus und seiner verhaßten Frau in Rumänien haben zweifelsohne auch der Führung in Albanien deutlich gezeigt, daß die Zeit zum Umdenken reif war.

Der Anstoß zu dieser Entwicklung kam vorwiegend von den Intellektuellen. Ismael Kadaré, der wohl bekannteste Autor Albaniens, äußerte sich auf einer Autorenkonferenz sehr kritisch zu der Einmischung der Regierung in Angelegenheiten der Literatur. Eine Regierung habe nicht das Recht, die schöpferische Freiheit eines Schriftstellers einzuschränken. 1989 erregte die Veröffentlichung eines Romans von Neshat Tozai Aufsehen, in dem die Verletzung der Menschenrechte durch das Innenministerium angeprangert wurde.

Die Atmosphäre der Freiheit brachte neues Gedankengut ins Land. Die Menschen mußten nicht mehr in Angst und Schrecken vor der Geheimpolizei leben.

Kritisches Denken sowie Diskussionen unter Studenten und Professoren trugen dazu bei, daß sich die Menschen mehr und mehr bewußt wurden, unter welch furchtbaren und unwürdigen Bedingungen sie zuvor gelebt hatten. Im November 1989 öffneten sich erstmalig nach fast 50 Jahren die Tore für einige politische Gefangene. Im Frühjahr 1990 entlud sich die aufgestaute Wut der Bevölkerung in Demonstrationen und Streiks, hauptsächlich in Tirana und Shkodër. Die Sigurimi ging heftig gegen die Demonstranten vor, doch mußte die Regierung erkennen, daß weitere Zugeständnisse notwendig waren, um die Massen zu beruhigen.

Albanien sollte zwar weiterhin ein atheistischer Staat bleiben, doch das Religionsverbot wurde aufgehoben, und die Menschen strömten zu Tausenden, besonders in Shkodër, in die ersten katholischen Messen seit 23 Jahren. Das Justizministerium, das 1965 abgeschafft worden war, wurde wieder eingerichtet und das Strafgesetzbuch überarbeitet. Pässe wurden ausgestellt, so daß Reisen ins Ausland theoretisch ermöglicht wurden. Doch aufgrund der wirtschaftlichen Not der meisten Albaner und wegen der Einwanderungsrestriktionen der westlichen Länder für Albaner blieben Reisen ins Ausland für die Mehrheit der Bevölkerung nach wie vor ein Traum.

Trotz zunehmender Liberalisierungsmaßnahmen nahmen die Unruhen im Land ständig zu. Im Juli 1990, als die Sicherheitskräfte in Tirana Demonstrationen gegen die Regierung gewaltsam unterdrücken wollten, suchten vier Albaner Zuflucht in der Botschaft der Bundesrepublik. In den nächsten Tagen folgten Tausende diesem Beispiel, stürmten die ausländischen Botschaften in der Rruga Skanderbeg und erzwangen Ausreisevisa.

Geldwechsler in Tirana

Im Frühjahr 1991 setzte eine Massenflucht ein. In den Häfen von Vlorë und Durrës wurden Schiffe gekapert, die Tausende zerlumpter, ausgehungerter und kranker Albaner nach Brindisi in Italien beförderten. Die meisten wurden repatriiert. Die Weltöffentlichkeit, mit dem Golfkrieg beschäftigt, sah zu und schenkte dem Massenexodus und dem Elend der Albaner wenig Beachtung.

Ramiz Alia hatte sich bis dahin gewehrt, dem Ruf nach Zulassung eines Mehrparteiensystems zu folgen, der in der Bevölkerung immer lauter wurde. Alia warnte die Bevölkerung vor verfrühter Demokratie im Lande, die nach seiner Ansicht zu Unsicherheit und Anarchie führen würde. Dadurch verlor er das Vertrauen der Studentenschaft und vor allem der gebildeten Schichten in den Städten. Als Ismael Kadaré 1990 das Land verließ und in Paris um Asyl bat, fühlten sich Studenten und Intellektuelle im Stich gelassen, und erneut griffen Hoffnungslosigkeit und Verzweiflung um sich. Die Unruhen wurden immer heftiger, und schließlich beschloß das Zentralkomitee der Partei, unabhängige politische Parteien zuzulassen.

Erste freie Wahlen

Am 12. Dezember 1990 wurde die Bildung der Demokratischen Partei Albaniens (DPA) ausgerufen, der ersten legalen Oppositionspartei seit den Tagen vor dem Zweiten Weltkrieg. Ihr Anführer war Sali Berisha. Berisha, ein Geg aus dem Tropjë-Distrikt im Norden Albaniens, stammt aus einer Bauernfamilie. Er ist Kardiologe und war Dozent an der Universität von Tirana. Bis 1990 war er Mitglied der Kommunistischen Partei Albaniens, trat aber angesichts der Notlage und der Flüchtlingswelle von Albanern aus der Partei aus. Er stützte sich auf die Bestimmungen der IHF (International Helsinki Federation for Human Rights), die die Selbstbestimmung der Völker vorsieht, und damit auf das Recht und die Freiheit, die eigene Meinung mit Hilfe des Mehrparteien-Systems zu äußern. Außerdem plädierte Berisha für die freie Marktwirtschaft, freie Wahlen und das Recht auf Privateigentum. Die Demokratische Partei Albaniens wurde finanziell von der albanischen Regierung, von Auslandsalbanern in Amerika, in der Schweiz und in der Bundesrepublik Deutschland unterstützt.

Im Frühjahr 1991 war die politische Krise in Albanien auf ihrem Höhepunkt angelangt. Studenten und Professoren traten in den Hungerstreik. Sie verlangten eine Namensänderung der Universität sowie die Abschaffung des obligatorischen Studiums der marxistisch-leninistischen Ideologie. Menschenmengen begaben sich in Tirana auf den Skanderbeg-Platz, das Zentrum der Hauptstadt. Dort rissen sie die riesige Bronzestatue Enver Hoxhas zu Boden, die anschließend an einem Lkw festgebunden, begleitet von Schimpfkanonaden, durch die Straßen geschleift wurde. Viele wunderten sich, wie leicht und hohl sie war! Die lang angestaute Wut der Bevölkerung machte sich nun Luft. Öffentliche Gebäude und Fabrikanlagen, Maschinen, Werkzeuge – alle Symbole des verhaßten Regimes fielen dem maßlosen Zorn der Bevölkerung zum Opfer. Die meisten dieser Anlagen stehen bis heute als verrostete und verfallene Ruinen im Land und erinnern in ihrer Trostlosigkeit an die vergangenen Jahre.

Angesichts dieser Ereignisse wurden für den 31. März freie Wahlen angekündigt. Außer der DPA hatten sich noch andere, kleinere Parteien für die Wahlen registrieren lassen. Die wichtigsten dieser neugegründeten Parteien waren die Republikanische Partei, die Bauernpartei, die Umweltpartei sowie die Demokratische Union der griechischen Minderheit im Süden (Omonia, später in Partei der Menschenrechte umbenannt).

Trotz der vorangegangenen Unruhen vollzogen sich die Wahlen friedlich. Fast 97 Prozent der wahlberechtigten Albaner gingen zu den Urnen. Dies ist bis heute die höchste Wahlbeteiligung, die es in einem osteuropäischen Land mit einem Mehrparteiensystem jemals gegeben hat. Die DPA konnte die Wähler in den städtischen Wahlbezirken für sich gewinnen, doch die Landbevölkerung – wenig aufgeklärt, konservativ und jeden Wandel fürchtend – wählte weiter die kommunistische Partei. Insgesamt gewann die Kommunistische Partei 162 der 250 Sitze im Parlament.

Westliche Beobachter hielten das Wahlergebnis für korrekt, obwohl die Vertreter der Demokratischen Partei von Zwangsmaßnahmen und Korruption bei den Wahlvorbereitungen sprachen. Tatsache war, daß die Kommunistische Partei eine große Macht über die Medien hatte und der Sieg hauptsächlich aus der Tatsache resultierte, daß die Landbevölkerung aufgrund mangelnder Infrastruktur und Kommunikationsmöglichkeiten wenig aufgeklärt und unterrichtet war, was eigentlich in Tirana vorging.

Eine neue Verfassung wurde erarbeitet. Der offizielle Name des Landes, Sozialistische Volksrepublik Albanien, wurde umgeändert in Republik Albanien. Der Staat wurde definiert als demokratischer Rechtsstaat, basierend auf sozialer Gleichheit, der Verteidigung der Freiheit und der Menschenrechte. Das Recht auf Privateigentum, Streikrecht, Demonstrationsrecht und das Recht auf Bewegungsfreiheit (Ausreise) wurden in der Verfassung garantiert. Der Präsident wurde mit einer Zweidrittelmehrheit von der Volksvertretung gewählt. Ramiz Alia wurde mit überwältigender Mehrheit für diesen Posten gewählt, die Deputierten der Opposition hatten hierzu ihre Stimme nicht abgegeben. Wie es die Verfassung vorschrieb (der Präsident des Staates darf keiner Partei angehören), trat Alia anschließend von seinem Posten als Parteisekretär zurück.

Gegen Anfang Mai 1991 wurde die neue Regierung, deren Ministerpräsident Fatos Nano war, von der Volksversammlung angenommen.

Wirtschaftliches Chaos

Alle Minister der neuen Regierung waren Mitglieder der Kommunistischen Partei, doch das von Nano vorgelegte Regierungsprogramm sah fundamentale Wirtschaftsreformen wie weitgehende Privatisierung und eine radikale Wendung zur freien Marktwirtschaft vor.

Vielleicht waren die plötzlichen Veränderungen des Systems zu drastisch. Die Inflationsrate stieg rasend schnell an und erreichte Werte bis zu 260 Prozent monatlich, die Arbeitslosenrate stieg auf über 70 Prozent. Streiks, die von den neu gegründeten, unabhängigen Gewerkschaften organisiert wurden, erschütterten das Land. Politische Unsicherheit und wenig Vertrauen in die neue Regierung kennzeichneten die Atmosphäre. Nach einem vierwöchigen Streik war die gesamte Wirtschaft lahmgelegt. Ramiz Alia rief zur Besonnenheit auf und schlug die Bildung einer Koalitionsregierung vor. Doch die Demokarten waren unerfahren in der Mehrparteienpolitik. Sie begrüßten diese chaotische Situation, die dem politischen Gegner nur Schaden zufügen konnte, und weigerten sich zunächst, mit den Kommunisten zusammenzuarbeiten – weniger um das Wohl des Landes und der Bevölkerung, als eher um die eigene Machtposition bemüht.

Im Juni dankte Fatos Nano ab. Einer seiner Minister, Ylli Bufi, wurde Vorsitzender eines Ministerrates, der vorläufig die Geschicke Albaniens bis zu Neuwahlen lenken sollte. In diesem Ministerrat waren sieben Mitglieder der Demokratischen Partei vertreten, die Kommunistische Partei erhielt zwölf und die Republikanische und die Bauernpartei zusammen fünf Ministerien.

Aufgeschreckt von den Mißerfolgen ihrer politischen und wirtschaftlichen Maßnahmen, versuchte die Kommunistische Partei an ihrem 10. Parteitag im Juni hastig, ihre Grundsätze und ihre ideologischen Ziele neu zu definieren. Viele kommunistische Hardliner verließen die Partei oder wurden ausgeschlossen. Die Partei wurde umbenannt in Sozialistische Partei Albaniens. Das Zentralkomitee war von jetzt an ein Direktionsausschuß, als dessen Vorsitzender Fatos Nano Vorsitzender gewählt wurde. Erneut wurden Wirtschaftsreformen angekündigt.

Ungeachtet all dieser Neuerungen, die vorerst nur Theorie blieben, hielten die Unruhen im Land an. Ein starkes Bevölkerungswachstum, mangelnde Nahrungsvorräte und chaotische Verhältnisse in der Landwirtschaft veranlaßten wiederum über 10 000 Albaner, nach Italien auszuwandern; sie wurden jedoch unverzüglich von der italienischen Regierung zurückgeschickt. Viele Bauern aus den Gebirgsgegenden, die wegen der immer noch nicht durchgeführten Landreformen ohne eigenes Land geblieben waren, verließen ihre Heimatdörfer, um sich eine bessere Existenz in den Städten aufzubauen. Vier aufeinander folgende Dürrejahre und ein besonders harter Winter hatten die Situation noch verschlimmert. Durch die steigende Landflucht bildeten sich überall in den Städten Elendsviertel. Ein

Land und Leute

Vielerorts sind die Folgen des wirtschaftlichen Niedergangs unübersehbar

Hilfsprogramm der G24-Staaten (Gruppe von 24 Industriestaaten) brachte nur vorübergehend Erleichterung. Die hungernde Bevölkerung stürmte Bäckereien und Lebensmitteldepots, unkontrolliert wurden Wälder abgeholzt – so auch viele wunderschöne, schattenspendende Ulmenalleen, die in der Zeit Zogus angepflanzt worden waren. Die Kriminalitätsrate im Land stieg steil an.

Im März 1992 wurden Neuwahlen ausgerufen. Die Demokraten erhielten 62 Prozent der Stimmen, die Sozialisten 25 Prozent. Wieder waren über 90 Prozent der wahlberechtigten Personen in Albanien zu den Urnen gegangen – ein Zeichen dafür, wie bereitwillig das Volk war, am Demokratisierungsprozeß des Landes teilzuhaben. Am 4. April legte Präsident Alia sein Amt nieder. Sali Berisha wurde sein Nachfolger. Zum neuen Regierungschef wurde der Archäologe Alexander Keksi ernannt. Die Demokraten hatten 14 Ministerien inne. Industrie- und Justizministerium wurden von unabhängigen Experten geleitet, die Sozialisten und die Republikaner erhielten je ein Ministerium.

Als erste Amtshandlung der Demokraten wurden der Leichnam Enver Hoxhas und die Leichname vieler anderer Mitglieder des ehemaligen Zentralkomitées der Partei vom Heldenfriedhof Albaniens in Tirana, am Fuße des Dajti-Gebirges, in einen öffentlichen Vorstadtfriedhof der Stadt verlegt. Die Exhumierung erfolgte in aller Stille und unter strenger Bewachung. Nur den nächsten Angehörigen der Toten war es gestattet, an der Umbettung teilzunehmen. So wurde symbolisch der Kommunismus erneut zu Grabe getragen, Enver Hoxha und seinen Anhängern wurde die Gemeinschaft mit den Helden der Nation verwehrt.

Im Anschluß an den Sieg seiner Partei im März 1992 rief Sali Berisha begeistert in die Menge, die sich am Skanderbeg-Platz in Tirana versammelt hatte: »Hallo Europa – Ich hoffe, wir begegnen uns!«

Demokratie – nur ein Traum?

Die wirtschaftliche Lage besserte sich nicht, die Arbeitslosen verschwanden nicht von den Bürgersteigen, das Volk litt weiter Hunger. Trotz Verbesserung der Lebensmittelversorgung, trotz des ansteigenden Warenangebotes waren die tatsächlichen Nutznießer der Liberalisierungsmaßnahmen nur einige wenige. Im Kommunismus waren alle arm gewesen. Jetzt gab es immer noch viele Arme, dafür aber einige, die reicher wurden. Die Kluft zwischen Arm und Reich wurde immer größer, weil langfristigen Perspektiven zur Verbesserung des allgemeines Lebensstandards fehlten. Die Frustration unter der Bevölkerung stieg. Kriminalität, Korruption, mafiöse Machenschaften, Drogen- und Menschenhandel sowie illegale Prostitution machten sich breit und brachten traditionelle Wertvorstellungen ins Wanken.

Kiosk unterwegs

Um von den innenpolitischen Schwierigkeiten abzulenken, konzentrierten sich die Demokraten darauf, alte Rechnungen zu begleichen. Ramiz Alia wurde unter Hausarrest gestellt, die 72jährige Witwe Enver Hoxhas, Nexhmije, wurde Anfang 1993 zu elf Jahren Gefängnis verurteilt. Angeblich hatte sie seit dem Tod ihres Mannes 1985 bis zum Ende des Regimes dem Staat Gelder in der Höhe von etwa 75 000 US-Dollar entwendet. Beinahe allen früheren Mitgliedern des Politbüros wurde der Prozeß gemacht. Es kam zu hohen Gefängnisstrafen.

Doch diese Maßnahmen konnten das Volk, das inzwischen zu einer gewissen politischen Kritikfähigkeit gelangt war, nicht darüber hinwegtäuschen, daß sich die Regierungsgeschäfte einmal wieder auf den Kampf zwischen Persönlichkeiten verschiedener politischer Richtungen beschränkten, während die dringend notwendigen Reformprozesse ausblieben. Durch sein Charisma und aufgrund seiner Akademikerlaufbahn konnte sich Sali Berisha zwar nach wie vor auf Unterstützung aus dem westlichen Ausland verlassen, doch die anhaltende politische Unsicherheit im Lande durch politisch motivierte Morde, das allgemeine Ansteigen der Kriminalität sowie die immer stärker um sich greifende Korruption schreckten ausländische Investoren zunehmend ab.

Die Demokratische Partei griff verstärkt zu autoritären Mitteln, um ihre Position zu festigen. Berisha hatte seine Macht seit seinem Wahlsieg auf eine Interimsverfassung aufgebaut, die ihm Verfügung über die Judikative gab. Somit hatte er eine legale Möglichkeit, seine politischen Rivalen zu beseitigen. Nunmehr drängten die Westmächte auf die Einführung einer neuen demokratischen Verfassung, die Bedingung für die Aufnahme Albaniens in den Europarat war.

In aller Eile wurde eine neue Verfassung erarbeitet, die wieder dem Präsidenten weitgehende Machtbefugnisse über die Ernennung von Ministern ohne Zustimmung des Parlaments einräumen sollte. Doch dieser Entwurf wurde abgelehnt, der Regierung das Mißtrauen ausgesprochen. Die Republikanische Partei verließ die Regierungskoalition, womit Berishas Position weiterhin geschwächt wurde.

Obwohl Tirana zu Beginn des Jahres 1995 einen gewissen wirtschaftlichen Aufschwung erlebt hatte und der Bauboom und ein reichliches Warenangebot nicht zu übersehen waren, so blieben doch sowohl der Norden als auch der Süden des Landes mehr oder weniger unterentwickelt. Infolge immer noch ungeklärter Besitzverhältnisse von Grund und Boden lagen weite Landstriche brach, und die Bauern verließen ihre Dörfer. Auch zunehmende Morde infolge von Blutrache über ungeklärte Besitzverhältnisse führten zu einer Flucht der männlichen Bevölkerung.

Vor diesem Hintergrund politischer Unsicherheit und sozialen Aufruhrs fanden im Mai 1996 allgemeine Wahlen statt. Beobachter der OSZE (Organisation für Sicherheit und Zusammenarbeit in Europa) stellten fest, daß 32 der 79 Artikel des Albanischen Wahlrechts nicht eingehalten worden waren und die Wahlen nicht europäischen Normen entsprachen. Dennoch erklärte sich Präsident Berisha selbst zum Wahlsieger. Noch immer hatte er die Unterstützung der westlicher Diplomaten, die sich auf die inzwischen wirtschaftlich erzielten Erfolge beriefen. Doch die Unruhen und Demonstrationen nach den Wahlen auf dem Skanderbeg-Platz sowie die Brutalität, mit der die Sicherheitskräfte gegen die Demonstranten vorgingen, ließen auch bei den westlichen Befürwortern des Berisha-Regimes Zweifel aufkommen.

Land und Leute

Der ›Pyramidenskandal‹

Nach den dubiosen Parlamentswahlen des Frühjahrs folgte eine relative Ruhe im Land. Die Menschen hatten einige Illusionen begraben müssen, Apathie machte sich breit. Das Volk wand sich seinen täglichen Problemen zu. Diese bestanden für die meisten darin, den Lebensunterhalt für sich und ihre Familien für den nächsten Tag zu sichern.

In diesen Jahren hatten sich überall in den Städten, vor allem im Süden des Landes, Investmentbanken angesiedelt, die der Bevölkerung unwahrscheinlich hohe Zinssätze in einer kurzen Zeitspanne versprachen. Die meisten Menschen in Albanien hatten keine Erfahrung mit Geldgeschäften. Die oft im Ausland (meistens in Griechenland) mit Schwerstarbeit verdienten kleineren oder größeren Ersparnisse wurden angelegt, in der Hoffnung auf einen schnellen Wohlstand. Manche Menschen verkauften ihre Häuser, um möglichst große Summen anlegen und wiedergewinnen zu können. Die dubiosen Investoren wirkten wie ein Magnet auf das ausgezehrte Volk und auf die Massen von Arbeitslosen.

Die Weltbank und der IMF (International Monetary Fund) hatten zwar gewarnt, dennoch kam die Krise schnell und – auch für die Regierung – unerwartet. Vefa Holdings und Sudja Holdings, zwei der bedeutendsten Investmentfirmen, brachen Anfang 1997 zusammen, andere folgten. Die angelegten Gelder wurden genauso wenig zurück-, wie die versprochenen Zinsen ausbezahlt. Ein sehr großer Teil der Bevölkerung stand wieder einmal vor dem Nichts. Präsident Berisha dementierte heftig die Beteiligung der Regierung an diesen Machenschaften, doch seine Position war unhaltbar geworden. Das Land glitt erneut in einen Zustand der Anarchie und des Chaos. Wieder versuchten Tausende von Albanern, den bürgerkriegsähnlichen Zuständen im Land zu entkommen, indem sie ins Ausland flüchteten.

Inmitten des Aufruhrs wurde Berisha am 6. März durch das von seiner Partei kontrollierte Parlament wieder zum Präsidenten gewählt. Doch im In- und Ausland nahm die Kritik an seiner Regierung zu. Mit seinen Anhängern aus dem Norden Albaniens versuchte Berisha verzweifelt, die Ordnung wieder herzustellen. Die NATO hatte ein Eingreifen in den Konflikt verweigert, doch wurde eine multinationale Friedenstruppe nach Albanien entsandt, um ein Übergreifen der Unruhen auf andere Balkanländer zu vermeiden.

Im März wurde Fatos Nano, der neue Märtyrer der Nation (forthin der ›albanische Mandela‹ genannt) aus dem Gefängnis befreit. Er übernahm wieder die Führung der Sozialistischen Partei. Im Juni 1997 wurden erneut Wahlen ausgerufen, um der Sozialistischen Regierung eine Chance zu geben, die Ordnung im Land wieder herzustellen und gegebenenfalls Berisha, der unhaltbar geworden war, zum Rücktritt zu bewegen.

Am Wahltag ereigneten sich zwar einige Gewaltakte mit Toten und Verletzten, doch berichteten OSZE-Beobachter, daß – entgegen den schlimmsten Erwartungen – die Wahlen selbst »geordnet und friedlich stattfanden. Die Menschen begaben sich in Massen zu den Wahlurnen, von dem Wunsch beseelt, durch diese Wahlen die gesamte Vergangenheit zu auszulöschen und die Probleme der Zukunft zu lösen«. Wie erwartet, gewannen die Sozialisten die zur Regierungsbildung erforderliche Zweidrittelmehrheit. Obwohl Fatos Nano Berisha zur Zusammenarbeit aufrief, um die nationale Einheit (zwischen Gegen und Tosken) weiter voranzutreiben, weigerte sich dieser. Am 23. Juli 1997 trat er zurück und legte ebenfalls sein Mandat als Abgeordneter der Demoktratischen Partei nieder.

Der neue Präsident Albaniens hieß Rexhep Mejdani. Die Sozialisten verfügten über 100 der insgesamt 155 Sitze im Parlament, die Demokraten über 27. Fatos Nano wurde Ministerpräsident.

Wirtschaft heute

Das Kommunistische Regime unter dem Diktator Enver Hoxha, das von 1944 bis 1990 dauerte, hatte in seinen Anfängen versucht, jene Schäden zu beheben, die die jahrhundertelange Besatzung durch die Türken, die nachfolgenden unruhigen Jahre des Ersten Weltkrieges, die ebenso instabile Interimszeit bis zum Zweiten Weltkrieg und die Partisanenkriege in Albanien verursacht hatten. So kann die Zeit von 1944 bis zum Jahre 1960 als Wiederaufbauphase bezeichnet werden.

Eine Agrarreform wurde durchgeführt, die die großen Landbesitzer ohne Entschädigung enteignete und zunächst jedem Kleinbauern ein Stück Land zusprach. Doch diese Maßnahme wurde durch die nachfolgende Kollektivierung der gesamten landwirtschaftlichen Produktion rückgängig gemacht.

Gleichzeitig versuchte das Hoxha-Regime, die Erzvorkommen wie Chrom, Eisen, Nickel, Kupfer sowie Erdöl und Kohle in riesigen Industrieanlagen zu fördern und zu verarbeiten. Albanien war damals der drittgrößte Chromförderer weltweit, und noch heute sind die Chromvorkommen in verschiedenen Regionen des Landes beträchtlich. Doch aufgrund der Unzugänglichkeit des Landes und wegen der häufig fehlenden Infrastruktur bedarf es erheblicher Investitionen, um diese Schätze zu fördern. Außerdem verfügt Albanien über reiche Bitumen-Vorkommen, sowohl in Form von natürlichem Bitumen, als auch in Form von bitumenhaltigem Sand.

Beim Bau der Industrieanlagen wurden Kriterien der Umweltverträglichkeit und der Wirtschaftlichkeit nicht selten ignoriert, was später zum wirtschaftlichen Kollaps und der großen Verarmung der Bevölkerung führte. Während der Unruhen am Ende der Hoxha-Ära und während des Pyramidenskandals Mitte der 90er Jahre des 20. Jahrhunderts wurden viele dieser Industrieanlagen zerstört. Sie beeinträchtigen heute vielerorts ganz erheblich die wunderschöne Landschaft.

In den Jahren des Wiederaufbaus wurde gleichzeitig die vollkommene Elektrifizierung Albaniens durchgeführt. 1957 wurde das Wasserkraftwerk in Ulza, 70 Kilometer von Tirana entfernt, gebaut. 1966 folgte das Kohlekraftwerk von Fier, 1970 das Wasserkraftwerk von Vau i Dejës (am Ende des Koman-Stausees, am Fluß Drin). 1976 schließlich wurde das Kraftwerk von Fierzë errichtet, das ebenfalls die Wasserkraft des Drin nutzt.

Das Potential an Wasserkraft in Albanien ist enorm. Gegenwärtig werden 80 Prozent der Stromerzeugung durch Wasserkraft gewährleistet. Daher ist es für ausländische Besucher nicht recht nachzuvollziehen, warum vielerorts ständig der Strom durch die staatliche Elektrizitätsgesellschaft abgestellt wird, was das private und das Geschäftsleben behindert und ausländische Besucher verärgert. Bis 1996 wurde sogar ein großer Teil des erzeugten Stroms exportiert.

Nach dem Bruch mit China verkündete Hoxha das Prinzip der Selbstversorgung und isolierte das Land nicht nur kulturell, sondern auch wirtschaftlich vollkommen von der Außenwelt. Die totale Zentralisierung der Wirtschaft und das Unterdrücken jeder Eigeninitiative in der Wirtschaft stürzten das Land von Jahr zu Jahr in größere Krisen. Die Bevölkerung verarmte vollkommen,

Albanien verfügt über ausreichend Wasserkraft, aber veraltete Infrastruktur schafft viele Probleme

und große Hungersnöte brachen über das Land herein. Das war das schwierige Erbe, das die neue demokratische Regierung 1992 mit ihrem Führer Sali Berisha antrat. Doch der Wille in der Bevölkerung nach Freiheit, Öffnung des Landes und Liberalisierung der Politik war groß.

Das Ziel der Regierung und der Bevölkerung war die radikale Privatisierung, eine Art Schock-Therapie, die aber (wie in vielen Ländern des ehemaligen kommunistischen Blocks) nicht unmittelbar die gewünschten Erfolge brachte. Der industrielle Sektor lag fast vollkommen lahm, die Verwaltung des Landes funktionierte mehr schlecht als recht, und die Arbeitslosenquote stieg von Jahr zu Jahr. Einen weiteren wirtschaftlichen Schock erlebte das Land 1996/97 mit dem sogenannten Pyramidenskandal, nach dem die Berisha-Regierung zurücktrat. Doch in den darauffolgenden Jahren stieg das BSP ständig, und heute kann eine Wachstumsrate von sieben bis acht Prozent jährlich verzeichnet werden.

Albanien erhielt Hilfe vom IWF, von der Weltbank und von der EU. Besonders im Bausektor sind sichtbare Erfolge zu verzeichnen. Die Infrastruktur des Landes ist erheblich verbessert worden, neue Straßen wurden gebaut, wie etwa die Strecken von Tirana bis Korçë oder Shkodër sowie der größte Teil der Straße, die über den Llogara-Paß führt. Überall im Land ist eine rege Bautätigkeit zu erkennen. Man könnte sogar sagen, daß das ganze Land einer einzigen Baustelle gleicht. Auch die Einkommen der Auslandsalbaner aus Griechenland, Italien, Großbritannien oder den USA, die ihre zurückgebliebenen Familien unterstützen, tragen dazu bei, den allgemeinen Lebensstandard im Land zu heben.

Auch im Tourismussektor ist eine ständig aufsteigende Tendenz zu erkennen. Albanien verfügt über kilometerlange Sandstrände an der Adria, über eine wunderschöne, in vielen Gegenden noch unberührte Natur und über zahlreiche historische Monumente – ein enormes Potential zur Anhebung der ausländischen Besucherzahlen und zur Arbeitsbeschaffung im Dienstleistungssektor.

Dennoch bleibt eine Menge zu tun. Die Arbeitslosenquote in Shkodër wird auf etwa 50 Prozent geschätzt. Es muß hinzugefügt werden, daß die statistischen Angaben oft derart voneinander abweichen, daß es schwerfällt, ihnen Glauben zu schenken! Sichtbar sind jedoch im Straßenbild die zahlreichen männlichen Landesbewohner, die ihre Zeit in den Cafés verbringen oder einfach in Gruppen irgendwo herumstehen und die Zeit totschlagen. Die Menschen vor den ausländischen Botschaften in Tirana, die Visumsanträge für das Ausland stellen, werden von Jahr zu Jahr weniger. Doch immer noch hegen zahlreiche junge Männer, die wenig Vertrauen in die eigene Regierung haben, den Wunsch, ihr Glück im reichen Ausland zu suchen.

Die Landwirtschaft ist zwar wieder privatisiert, doch sind große Flächen ungenutzt, weil die Eigentumsfrage noch nicht geklärt wurde. Zwischen Sarandë und Himarë gibt es riesige Olivenbaumplantagen. Im Sommer 2007 hatten Bauern mancherorts Ölpressen installiert und verkauften ihr eigenes Olivenöl am Straßenrand. Auch Honigverkäufer sieht man in dieser Gegend am Straßenrand. Noch immer sind viele Bauern Selbstversorger oder bauen kleinere Mengen Obst und Gemüse an, die sie auf den lokalen Märkten verkaufen. Wegen der vielerorts noch sauberen Umwelt sind die landwirtschaftlichen Erzeugnisse von sehr guter Qualität. Nur wenig Kleinbauern benutzen Chemikalien, weil sie sich diese nicht leisten können. Auch Fleisch und Fisch kommen frisch auf den Tisch, die Rinder in Albanien waren nie BSE-verseucht.

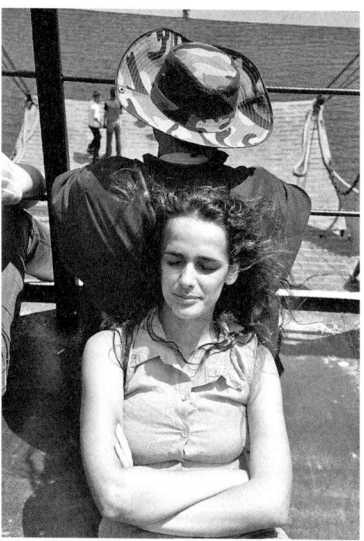

Auf der Fähre über den Koman-Stausee

Länder wie Italien, Griechenland und Deutschland haben Handelsabkommen mit Albanien. Italien gilt als der wichtigste Handelspartner. Mehr als 500 italienische Firmen haben in Albanien in der Textil- und Schuhindustrie investiert. Italienische Mode und italienisches Möbeldesign sind in albanischen Privathaushalten und auch in Hotels unübersehbar. Maschinen, vorwiegend Autos, werden größtenteils aus Deutschland importiert. Jeder Albaner ›schwört‹ geradezu auf die Marke Mercedes. Außerdem werden in Albanien Nahrungsmittel, Getränke, Tabak, Baumaterialien und Mineralstoffe eingeführt. Die wichtigsten Ausfuhrgüter sind Produkte wie Textilien und Schuhe, die zum großen Teil Reexporte sind und in Albanien lediglich veredelt werden.

Albanien hat einige wichtige Wirtschaftsabkommen mit Deutschland abgeschlossen. Obwohl der rechtliche Rahmen für wirtschaftliche Investitionen immer weiter ausgebaut wird, fürchten doch viele Investoren Rechtsunsicherheit. Mercedes-Benz und Volkswagen haben Vertretungen in Albanien, Preussag hat einen Vertrag mit Albanien zur Ölförderung abgeschlossen. Das deutsche Konsortium Hochtief hat den Neubau des internationalen Flughafens in Rinas vollendet, der im März 2007 eingeweiht wurde.

Die GTZ (Gesellschaft für Technische Zusammenarbeit) unterstützt, gemeinsam mit der Kreditanstalt für Wiederaufbau und der ProCredit-Bank, kleinere Unternehmen in Albanien. Die GTZ bemüht sich, den Tourismussektor weiter auszubauen und fördert beispielsweise Initiativen der Universität Shkodër bei der Weiterbildung von Studenten der Fakultät für Tourismus.

Kulturelles Erbe

Wegen seiner geographischen Position und aufgrund von geopolitischer Interessen war Albanien immer ein Schnittpunkt verschiedener Kulturen, ein Scheideweg zwischen Ost und West, zwischen abendländischen Überlieferungen und dem Islam. Nach der Besetzung durch die Römer, der Aufteilung des Landes in west- und oströmische Provinzen und nach der Invasion slawischer Stämme kehrte zunächst für einige Jahrzehnte unter Skanderbeg ein relativer Frieden ein. Skanderbeg hatte den Einfall der Osmanen zunächst gestoppt und galt damit auch im übrigen Europa als der Verteidiger des Christentums und der abendländischer Kultur. Doch nach seinem Tod 1468 erlebte das Land nach der endgültigen Besetzung durch das Osmanische Reich einen wirtschaftlichen und kulturellen Verfall. Die albanische Elite wanderte nach Italien aus, wo weiter die albanische Sprache gesprochen wurde und sich ein reges kulturelles Leben entwickeln konnte.

Literatur

Die wechselvolle Geschichte Albaniens, die Invasionen von außen und Schwierigkeiten im Innern des Landes haben tiefe Spuren auch in der Literatur hinterlassen.

Marin Barleti (1460–1513) ist der bekannteste Vertreter der nach Skanderbegs Tod emigrierten Intellektuellen. Er veröffentlichte in Rom einen Roman über die Geschichte Skanderbegs, der in viele Sprachen übersetzt wurde. Außerdem schrieb Barleti, der in Italien mit dem humanistischem Gedankengut der Renaissance in Berührung kam, das Buch ›Rrethimi i Shkodrës‹ (Die Belagerung Shkodërs), eine historische Chronik, die sehr berühmt wurde.

In Albanien selbst wurde der Widerstand gegen die Fremdherrschaft insbesondere in den Kirchen weitergeführt, wo Textbücher, vor allem mit biblischem Inhalt, in albanischer Sprache veröffentlicht wurden. Trotz erheblicher Widerstände und Verbote seitens der Okkupanten setzte sich die Tendenz fort, die albanische Sprache weiter zu pflegen. Ein wichtiger Vertreter dieser Richtung war der Theologe und Philosoph Pjetër Bogdani, der den Geist der Renaissance und des Humanismus in die albanische Kultur einbrachte. Sein ›Cuneus Phrophetarum‹ (Die Schar der Propheten) wurde 1685 in albanischer Sprache veröffentlicht.

Im 18. Jahrhundert wurden verschiedene Teile der Bibel ins Albanische übersetzt und Kostantin Kristoforidhi (1830–1895) veröffentlichte das Neue Testament in beiden Dialekten, dem Gegischen und dem Toskischen. Damit wurde die Grundlage für die Liturgie in albanischer Sprache geschaffen.

Die Akademie von Voskopojë war im 17. Jahrhundert ein Zentrum albanischer Kultur und brachte große Persönlichkeiten hervor, die bemüht waren, die albanische Sprache und Schrifttum in dieser Sprache zu drucken und zu verbreiten. Von hier aus fanden die Ideen der europäischen Aufklärung mit Philosophen wie Descartes und Leibniz Eingang in die albanische Kultur.

Im 19. Jahrhundert erwachte – wie überall in Europa, so auch in Albanien – das Nationalbewußtsein. Die osmanischen Herrscher hatten großes Interesse daran, ein albanisches Nationalbewußtsein zu unterdrücken. Sie fürchteten den Geist der Unabhängigkeit und der Freiheit, der auch während der vierhundertjährigen Besetzung Albaniens im Volk weitergelebt hatte und nun erneut mit aller Kraft hervorbrach.

Einmal mehr waren es zunächst die Auslandsalbaner – sie hatten weniger die Repressalien zu befürchten als die im Land verbliebenen Albaner – in Italien, Kairo, in den USA und in Bukarest, die Schriften und Poesie in albanischer Sprache verbreiteten.

In Italien wurde Jeronim de Rada (1814–1903) zu einem der bedeutendsten Vertreter dieser Richtung, die versuchte, den Geist der albanischen Helden aus dem Mittelalter, den Geist Skanderbegs sowie albanische Sitten und Gebräuche wieder zu beleben. De Rada schrieb episch-lyrische Poesie im Stil der albanischen Rhapsodien. Die bekanntesten sind ›Këngët e Milosaos‹ (Gesänge aus Milosao), ›Serafina Topia‹ und ›Skënderbeu i pafat‹ (Der unglückliche Skanderbeg).

Naim Frashëri, einer der drei bekannten Frashëri-Brüder, gilt als der bedeutendste Dichter dieser Epoche, der Zeit der Rilindja-Bewegung. Er schrieb unter anderem Liebesgedichte wie ›Lulet e Verës‹ (Sommerblumen), ›Bagëti e bujqësia‹ (Hirten und Bauern) und ›Histori e Skënderbeut‹ (Die Geschichte Skanderbegs). Da Naim Frashëri der französischen Sprache mächtig war, sind in seinem Werk Einflüsse französischer Philosophen wie Voltaire und Rousseau sowie französischer Dichter (insbesondere Lamartine) erkennbar.

Nach der Erklärung der Unabhängigkeit Albaniens im Jahre 1912 waren die Ziele der nationalen Idee erreicht, und andere Themen gewannen in der Literatur Bedeutung. Der Mensch, das Individuum, trat wieder in den Mittelpunkt.

Die albanische Fahne auf der Akropolis von Butrint

Die Brüder Frashëri

Viele Persönlichkeiten und Intellektuelle bereiteten die Unabhängigkeit des Landes vor und setzten sie letztendlich gegen alle Widerstände durch. Wohl zu den bekanntesten dieser Wegbereiter gehören die Brüder Frashëri. Zahlreiche Büsten und Denkmäler überall im Land erinnern an diese bedeutenden Männer. Die drei Brüder Naim, Sami und Abdul entstammten einer der wohlhabenden Familien im Süden Albaniens, aus dem gleichnamigen Dorf Frashëri. Dieses Dorf galt als Zentrum der Bektashi-Sekte, die sich vom Islam abgespalten hatte und versuchte, ihre Lehren überall auf dem Balkan zu verbreiten.

In Albanien fanden die Lehren der ›Babas‹ oder Derwische – so wurden die Priester dieser Sekte genannt – besonders viele Anhänger.

So erhielten auch Naim, Sami und Abdul ihren ersten Unterricht von geistlichen Vertretern dieser Sekte. Die Familie siedelte später nach Istanbul über, wo alle drei Brüder zu hohem Ansehen in der osmanischen Verwaltung gelangten.

Naim (1845–1900) trug weitgehend zur Verbreitung der albanischen Sprache bei. Er verfaßte eine Biographie über Skanderbeg und andere Helden dieser Zeit, um auf diese Weise das Selbstbewußtsein seines Volkes zu stärken. Naim war sehr sprachgewandt, übersetzte Homer und Lafontaine ins Albanische und gilt außerdem als einer der großen Dichter Albaniens.

Sami Frashëri (1850–1904) war einer der führenden Köpfe der Rilindja-Bewegung (siehe Kapitel Geschichte S. 48). Als Philologe tat er sich mit der Abfassung eines ethymologischen türkischen Wörterbuches hervor. Er übersetzte außerdem französische Literatur in die türkische Sprache. Ein wichtiges von Sami Frashëri veröffentlichtes Essay enthält demokratische Ideen, die in Albanien bis in die Neuzeit lebendig geblieben sind.

Abdul, der älteste der drei Brüder (1839–1892), spielte eine herausragende Rolle in der Liga von Prizren, deren Ziel der Widerstand gegen die Abtretung der albanischen Gebiete an die Nachbarländer war. Er versuchte, die Grundsätze und Zielsetzungen der Liga im Ausland bekannt zu machen. Als der Berliner Kongreß schon tagte, reiste er dorthin, um sich bei Bismarck Gehör zu verschaffen, hatte aber leider keinen Erfolg. Abdul Frashëri war lange Zeit Finanzverwalter der osmanischen Regierung im Distrikt von Ioannina.

Sami und Abdul Frashëri waren von der Hohen Pforte wegen Hochverrats zu langjährigen Zuchthausstrafen verurteilt worden.

Obwohl romantische Züge in der Literatur der folgenden Jahre noch zu erkennen sind, so war doch die Hauptrichtung der Realismus.

Im Werk des Dichters Gjergj Fishta (1871-1940), eines Franziskanerpriesters, sind noch romantische Züge zu erkennen. Sein wichtigstes Werk, ›Lahuta e malësisë‹ (Laute des Hochlands), beschreibt in epischer Form Leben, Traditionen und Mentalität der Albaner des Hochlandes. Fishta schrieb außerdem Dramen mit mythologischen Themen und nahm zwischen den beiden Weltkriegen aktiv Anteil am kulturellen Leben Albaniens.

Ein typischer Vertreter des albanischen Realismus ist Millosh Gjergj Nikolla, genannt Migjeni (1911-1938). Er verbrachte einige Jahre seines Lebens in Pukë als Lehrer, wo eine Schule nach ihm benannt ist. Seine Poesie und Prosa sind oft in der Bergwelt um Pukë angesiedelt und behandeln das Leben der Menschen aus den untersten Gesellschaftsschichten sowie den Kampf des Individuums gegen konservative, patriarchalische Moralvorstellungen. Migjeni brachte mit seinem rebellischen Geist eine neue Form und einen neuen Stil in die Literatur Albaniens und gilt als einer ihrer größten Reformer. Er starb im Alter von nur 27 Jahren an Tuberkulose.

Ein sehr vielseitiger Repräsentant der Albanischen Kultur ist Fan Noli (1882-1965). Er war nicht nur ein bedeutender Dichter und Übersetzer, sondern auch Diplomat und Staatsmann. 1906 emigrierte er in die USA und unterstützte von dort aus seine Landsleute im Kampf um die Unabhängigkeit Albaniens. Nach der

Ambulantes Notariat

Unabhängigkeitserklärung kehrte er in die Heimat zurück und war einige Monate Ministerpräsident einer demokratischen Regierung. 1908 wurde er zum Priester der orthodoxen Kirche ernannt und bemühte sich um die Unabhängigkeit der orthodoxen Kirche Albaniens, die schließlich 1922 Wirklichkeit wurde. Fan Noli machte sich ebenfalls einen Namen als Übersetzer von Shakespeare, Ibsen und Cervantes in die albanische Sprache. Nach seiner Flucht vor dem Zogu-Regime emigrierte er 1932 wiederum in die USA, wo er 1965 starb.

Mitrush Kuteli (Pseudonym für Dhimiter Pasko, 1907-1967) und Faik Konica (1875-1942) schrieben herausragende Prosa. Von Kuteli wurde besonders ›Tregtar flamush‹ (Der Flaggenhändler) bekannt, eine Geschichte aus seiner Heimatstadt Shkodër. Faik Konica, ein Universalgenie, das mehrere europäische und einige orientalische Sprachen beherrschte und von vielen ›die wandelnde Enzyklopädie‹ genannt wurde, war der Typ des westlichen Intellektuellen in der albanischen Kultur. Er schrieb nicht nur Romane, sondern auch Essays, literarische Kritiken und Übersetzungen und machte sich als Publizist mit der Zeitschrift ›Albania‹ einen Namen, die von 1897 bis 1900 in Brüssel und von 1902 bis 1909 in London herausgegeben wurde. Die letzten Lebensjahre verbrachte Konica als Botschafter des Albanischen Königreiches in Washington, wo er 1942 starb.

Nach dem Zweiten Weltkrieg erlebte das kulturelle Leben zunächst einen Aufschwung. Die Literatur wurde jedoch weitgehend von der kommunistischen Ideologie beeinflußt und konnte sich nur bedingt frei entwickeln. Dennoch gab es einige Autoren, die unerschrocken gegen die kommunistische Ideologie kämpften, in den meisten Fällen aber mit Schreibverbot oder Inhaftierung bezahlen mußten. Doch einige dieser Dissidenten – wie Ismael Kadaré und Dritero Agolli – gewannen soviel Einfluß bei der Bevölkerung, daß sie trotz ihrer oppositionellen Haltung gegenüber dem kommunistischen Regime weitgehend unbehelligt blieben.

Besonders erwähnenswert ist Ismael Kadaré, geboren 1936 in der südalbanischen Stadt Gjirokastër. Er gelangte zu Weltruhm, und seine Werke wurden in viele europäische Sprachen übersetzt. 1990 verließ Ismael Kadaré Albanien und emigrierte nach Paris, wo er noch heute lebt. Im Jahre 2005 wurde er mit dem britischen ›Man Booker International Prize‹ ausgezeichnet (siehe auch Seite 268).

Dritero Agolli bereicherte die Literatur Albaniens mit vielen Werken, darunter ›Shkëlqimi dhe rënia e shokut Zylo‹ (Aufstieg und Fall des Kameraden Zylo) und ›Njerëz të krisur‹ (Verrückte Leute). Agolli schrieb insbesondere Kurzgeschichten. Einige davon zeichnen sich vor allem durch die Schilderung des subtilen, sich bis zur Groteske hin ausweitenden Humor des albanischen Volkes aus.

Autoren, die in albanischer Sprache schreiben, im Kosovo oder in Westmakedonien leben, sind Ramiz Kelmendi, Esad Mekuli und Din Mehmeti. Themen ihrer Werke sind insbesondere die Zersplitterung der Gesellschaft und die Verzweiflung des Individuums zu Zeiten des Krieges.

Die moderne Literatur Albaniens befindet sich in einer Übergangsphase, in der die Öffnung zum Westen, aber auch zur übrigen Welt eine besondere Rolle spielt. Auch der innere und äußere Zwiespalt, den sowohl die Gesellschaft als auch das Individuum durch die Konfrontation mit den Wertvorstellungen des 21. Jahrhunderts erleben, ist von Bedeutung.

Bildungswesen

Schon in der Antike war die römische Provinz Illyricum, die etwa das Gebiet des heutigen Albanien umfaßte, ein Land, in dem Bildung, Forschung und Wissenschaft eine bedeutende Rolle spielten. Der römische Kaiser Augustus war illyrischer Herkunft und hatte in Apollonia studiert. Archäologische Funde in Dyrrhachion (Durrës), Buthrotum (Butrint) und Apollonia haben bewiesen, daß es hier schon damals Büchereien gab.

Im Mittelalter übernahmen kirchliche Institutionen die Erziehung und Ausbildung junger Menschen, die häufig im Ausland, beispielsweise in Padua oder Ragusa, studierten und später in ihr Land zurückkehrten, um dort als Geistliche, Lehrer oder Staatsdiener tätig zu werden.

Auch in der Zeit der osmanischen Besatzung Albaniens (von 1468 bis 1912) waren es religiöse Institutionen, die sich um die Erziehung und Ausbildung des Volkes kümmerten. Grundschulen (Mektepe) wurden eingerichtet, in denen muslimische Geistliche die Schüler lehrten, den Koran zu lesen. In größeren Städten wurden in Madrashas (einer Art Sekundarschule) arabische, türkische und persische Grammatik und orientalische Literatur unterrichtet. Unter der Schutzherrschaft des Patriarchen von Istanbul errichtete die orthodoxe Kirche in Klöstern Schulen. Franziskanermönche gründeten hauptsächlich im Norden Albaniens Grund- und Sekundarschulen, in denen Latein und Italienisch gelehrt wurde. Katholische Missionen unterrichteten andere Sprachen, die für die Albaner unverständlich waren. Die katholische Kirche gründete in verschiedenen Orten Albaniens Schulen, in denen von patriotisch gesinnten Geistlichen die albanische Sprache unterrichtet wurde. Diese Schulen haben sehr viel dazu beigetragen, das Nationalbewußtsein der Albaner zu stärken, das in der Zeit der osmanischen Herrschaft unterdrückt wurde. Papst Clement XI., albanischer Herkunft, unterstützte diese Initiativen.

Im frühen 18. Jahrhundert war die Stadt Voskopojë (in der Nähe von Korçë) federführend im Erziehungs- und Bildungswesen Albaniens. Im Jahre 1710 wurde dort ein Studienkolleg für Studenten aus Albanien und Makedonien gegründet und zehn Jahre später eine Druckerei eröffnet. Im Jahre 1774 gründete man dort ein Gymnasium, die Neue Akademie von Voskopojë, deren Lehrpläne denen der fortgeschrittenen Länder Europas angepaßt waren. Schüler mit einem Abschluß dieser Einrichtung konnten in Wien, Leipzig, Venedig oder Budapest studieren. Die Neue Akademie von Voskopojë brachte damals albanische Intellektuelle hervor, die mit herausragenden europäischen Philosophen wie Descartes, Locke und Leibniz in Verbindung standen.

Anfang des 19. Jahrhunderts wurden in Albanien, unabhängig von religiösen Institutionen, erstmals Privatschulen eröffnet. So zum Beispiel in Shkodër, Korçë und Manastir. Die albanische Sprache wurde zu jener Zeit in verschiedenen Alphabeten geschrieben: für Christen lateinisch, für Orthodoxe kyrillisch-griechisch und für Muslime arabisch.

Sowohl die Osmanen als auch die Orthodoxie übten erheblichen Druck aus, um das Erziehungs- und Bildungswesen in albanischer Sprache zu verhindern. Doch das aufkommende Nationalbewußtsein war stärker, und die albanische Sprache wurde weiterhin im geheimen unterrichtet, obwohl strenge Strafen bei Nichtbeachtung des Verbots verhängt wurden. Im Norden Albaniens waren insgeheim Franziskaner- und Jesuitenmönche aktiv, um mit dem Erlernen der albanischen Sprache das Nationalbewußtsein der Bevölkerung wieder zu beleben. In der Gegend um Korçë kämpften Intellektuelle, wie die Brüder Frashëri, mutig gegen die despotischen Gesetze der Besatzungsmacht.

1844 veröffentlichte Naum Veqilharxi die erste Fibel in albanischer Sprache. 1867 folgte die ›Fibel in albanische Sprache‹ von Konstantin Kristoforidhi, die sowohl den gegischen, als auch den toskischen Dialekt berücksichtigte. Sami Frashëri, einer der drei berühmten Frashëri-Brüder, veröffentlichte 1886 die erste albanische Grammatik.

Dank fortgesetzter Anstrengungen und erbittertem Widerstand gegen die osmanische Regierung sowie gegen die Unterdrückung durch die Orthodoxie konnte dann endlich am 7. März 1887 in Korçë die erste öffentliche Grundschule für Jungen eröffnet werden. Vier Jahre später folgte, ebenfalls in Korçë, die Eröffnung einer Grundschule für Mädchen. Alle Fächer wurden in albanischer Sprache unterrichtet. Bald darauf wurden weitere Grundschulen in albanischer Sprache in Pogradec, Kolonjë und in Prizren eröffnet. Heute ist im Gebäude der ersten öffentlichen Grundschule Albaniens in Korçë ein Museum für die Geschichte des albanischen Bildungswesens eingerichtet. Die liebevolle und sorgfältige Ausstattung dokumentiert, wie stolz die Albaner auf diese Errungenschaft sind, die zahlreiche mutige Menschen das Leben kostete.

In der Folgezeit wurden verstärkt Bücher und Zeitschriften in albanischer Sprache herausgegeben, und es wurde nötig, das Alphabet der albanischen Sprache zu vereinheitlichen. Zu diesem Zweck wurde vom 14. bis zum 21. November 1908 in Manastir ein Kongreß von Sprachwissenschaftlern einberufen, welche das Alphabet ausarbeiteten, das noch heute in Albanien Gültigkeit besitzt.

Land und Leute

Nach der Befreiung Albaniens von italienischen und deutschen Invasoren im Zweiten Weltkrieg war es eine der vordringlichsten Aufgaben des neuen Regimes, das Analphabetentum zu bekämpfen. In der damaligen Zeit, also nach 1944, waren etwa 80 Prozent der Bevölkerung Albaniens Analphabeten. Eine der wenigen Errungenschaften des kommunistischen Regimes unter Enver Hoxha ist die Abschaffung des Analphabetismus. Kinder und auch Erwachsene mußten damals oft nach harter Arbeit Lesen und Schreiben erlernen. Überall im Land wurden Grundschulen eröffnet, und das Bildungswesen im Sekundarbereich wurde ausgebaut. 1957 wurde die Universität von Tirana gegründet. Weitere Universitäten folgten in Shkodër, Korçë, Elbasan, Gjirokastër und Vlorë. In Tirana wurden im Stadtteil Kamze ein Polytechnikum und eine Hochschule für Agrarwissenschaft eingerichtet. Außerdem wurden zahlreiche Institute für Wissenschaft und For-schung eröffnet, die seit dem Ende des Kommunismus Verbindungen zu vielen wissenschaftlichen Instituten in anderen Ländern Europas aufrecht erhalten.

Der Unterricht an Grundschulen ist grundsätzlich kostenlos. Doch an vielen Schulen müssen Eltern für Bücher, Schreibmaterial und Uniformen Beiträge ent-richten, die bei dem insgesamt recht niedrigen Lebensstandard der Bevölkerung für viele Familien nur schwer aufzubringen sind. Die Einrichtungen und Ausstat-tungen der Schulen und Universitäten sind recht dürftig, Unterrichtsmaterialien nur unzureichend vorhanden.

Dennoch erlangen etwa 90 Prozent aller Jugendlichen einen Hauptschul-abschluß, etwa 85 Prozent besuchen Sekundarschulen und 60 Prozent der jungen Menschen streben nach der Sekundarschule einen Hochschulabschluß an. Insge-samt kann gesagt werden, daß die albanische Jugend sich durchaus der Tatsache bewußt ist, daß eine gute Ausbildung nicht nur für den Fortschritt des Einzelnen, sondern auch für eine bessere Zukunft des ganzen Landes sehr wichtig ist. Doch die finanziellen Hürden sind oft zu hoch. So gehen viele junge Männer ins Aus-land, um dort Geld für das Überleben der Familien zu verdienen. Immer mehr junge Frauen haben daher den Wunsch, sich weiterzubilden und möglichst einen Hochschulabschluß zu erreichen. Leider werden Lehrer an Grund- und Sekun-darschulen, aber auch Dozenten an den Universitäten sehr schlecht bezahlt. Aus diesem Grunde versuchen viele Akademiker, ihren Lebensstandard zu verbessern, indem sie andere Aufgaben übernehmen, sobald ihnen dazu die Möglichkeit gegeben wird. Die Lehrmethoden – sowohl an den Grund- und Sekundarschulen, wie auch an den Universitäten – sind eher veraltet und beruhen weitgehend auf Frontalunterricht. Doch es gibt Bemühungen, Schüler und Studenten aktiver zu beteiligen.

In Pogradec gibt es seit einiger Zeit ein Berufsschulzentrum zur Ausbildung im Tourismus, das ›Drini Cake‹. Neben Theorieunterricht wird hier praktischer Unter-richt erteilt, in dem die Studenten lernen, wie man Gäste bedient, wie ein Tisch

Skluptur in der Ausgrabungsstätte Butrint

gedeckt und wie Mahlzeiten serviert werden. Die Schüler arbeiten auf Teilzeitbasis in Hotels und Restaurants. Auch Kurse für Hotelmanager werden angeboten.

Folgende Universitäten gibt es in Albanien: Polytechnische Universität von Tirana (Sheshi Nënë Tereza, Tirana, Tel. 003 55/(0)4/22 79 96), Landwirtschaftliche Hochschule Tirana (Kamëz, Tirana, Tel. 003 55/(0)4/37 52 45, 37 52 46), Universität Luigi Gurakuqi in Shodra, Universität von Vlorë, Universität Elbasan, Universität Eqerem Cabej, Gjirokastër, Universität Fan S. Noli, Korçë.

Bildende Kunst

Die Bildende Kunst in Albanien geht bis auf die Zeit der Illyrer zurück. Zahlreiche Funde aus dem Neolithikum sind bei Ausgrabungen illyrischer Siedlungen entdeckt worden und in den verschiedenen Museen Albaniens zu besichtigen: Gebrauchsgegenstände aus Keramik und Terrakotta, Silberschmuck sowie Darstellungen auf Münzen.

Durch griechischen und römischen Einfluß entwickelte sich die Kunst der Bildhauerei, die jedoch eigene charakteristische Merkmale aufweist. Vor allem in Butrint, Apollonia und Durrhachium sind besonders wertvolle Skulpturen gefun-

Kunsthandwerk in Krujë

den worden, wie etwa die ›Göttin von Butrint‹ – ein klassisch schöner Frauenkopf aus Marmor, der den griechischen Statuen aus der Schule des Praxiteles ähnelt und im Nationalmuseum von Tirana ausgestellt ist.

Einige Mosaikdarstellungen aus dem 4. Jahrhundert vor Christus sind besonders bemerkenswert. So handelt es sich bei der ›Schönen von Durrës‹ um ein Mosaik aus vielen farbigen Steinen, das einen Frauenkopf zeigt. Auch das wunderschöne Mosaik mit den typischen Blumen- und Vogelmotiven aus der Taufkapelle von Butrint ist sehenswert. Beide Kunstwerke sind im Nationalmuseum von Tirana ausgestellt.

In der Zeit der byzantinischen Herrschaft in Albanien hatte die Bildhauerei wenig Bedeutung. An ihre Stelle traten Wandmalereien, die vor allem in den Kirchen angebracht wurden. Leider wurden viele dieser Kunstwerke in der Zeit des Kommunismus in Albanien zersört. Einige wenige Wandmalereien sind in Vau i Dejës, in Berat und Vlorë erhalten. Die Künstler sind allerdings unbekannt, da sie ihre Werke in der damaligen Zeit nicht signierten.

Der bedeutendste Vertreter der byzantinischen Malerei des 16. Jahrhunderts ist Onufri. Die Motive seiner Werke sind zwar religiöser Natur, doch heben sie sich besonders durch realistische Darstellungen, ethnographische Elemente und Alltagsszenen hervor. Der kräftige, rote Farbton, den Onufri (und später auch sein

Sohn Nikolla) verwendeten, galt als unnachahmlich. Beide Maler wirkten vor allem in Berat, stellten aber auch in Griechenland und Makedonien aus. Der größte Teil von Onufris Werken kann im Museum in Berat besichtigt werden, das dort 1986 in einer Kirche auf dem Festungsgelände einen würdigen Rahmen gefunden hat. Der holzgeschnitzte Altar in dieser Kirche ist bemerkenswert. Auch in Korçë und im Nationalmuseum in Tirana befinden sich Ikonen von Onufri und seinem Sohn.

Im 18. Jahrhundert wurde Onufris realistische Ikonenmalerei durch andere bedeutende Maler wie Konstantin Shpartaraku, David Selenica und Athanasas Zografi weiter entwickelt. Einige Werke von David Selenica sind in einem Kloster auf dem Berg Athos in Griechenland und in der Kirche des heiligen Nikolas in Voskopojë erhalten.

Eine ganz neue künstlerische Entwicklung begann im 19. Jahrhundert mit der Rilindja-Bewegung. Religiöse Motive verloren ihre Bedeutung, an ihre Stelle traten weltliche, realistische Darstellungen. Einhergehend mit dem aufkeimenden Nationalismus schufen die Maler der damaligen Zeit Werke mit patriotischem oder ethnographischem Charakter. Zwei Werke aus dieser Zeit errangen Bedeutung: ›Skanderbeg‹, ein Porträt des Nationalhelden (gemalt von Jorgji Panariti) und ›Schwester Tone‹ von Kolë Idromeno. Letzteres wird oft die ›albanische Mona Lisa‹ genannt. Der Künstler malte seine Schwester im Jahre 1883. Das Bild war mehrere Jahre im Privatbesitz, bis es 1954 in der Nationalen Kunstgalerie in Tirana ausgestellt wurde. Im Jahre 2005 befand es sich zu Restaurationsarbeiten in Frankreich. Idromeno (1860–1939) war der bedeutendste Maler dieser Zeit Er wurde in Shkodër, der Wiege der albanischen Rilindja-Malerei, geboren, wo er zunächst im Fotolabor von Marubi Grundwissen über Fotografie erwarb. Später studierte er in Venedig an der Kunstakademie. Idromeno war ein sehr vielseitiges Talent, das sich als Architekt, Bildhauer, Fotograf, Ingenieur und Maler betätigte. Er organisierte die erste Kunstausstellung in Shkodër im Jahre 1923 und war ebenfalls in der ersten Nationalen Kunstausstellung in Tirana vertreten. Sein Bild ›Schwester Tone‹ gilt als das bedeutendste Werk albanischer Malerei. Die meisten Werke von Kolë Idromeno sind in Shkodër oder in der Kunstgalerie in Tirana ausgestellt.

Korçë war von jeher ein kulturelles Zentrum Albaniens und hat auch einige bekannte Maler hervorgebracht. Vangjush Mio (1919–1957) ist als Landschaftsmaler berühmt geworden. In seinen Bildern sind impressionistische Elemente zu erkennen. Die albanischen Landschaften sind sehr farbenfroh, von Licht durchflutet und heiter dargestellt.

Auch die Bildhauerei erfuhr durch die Rilindja-Bewegung eine neue Blütezeit. Der wichtigste Vertreter ist Odhise Paskali (1903–1985). Geboren in Përmet, lebte er lange in Italien, wo er Philosophie und Literatur studierte und im Atelier eines italienischen Meisters die Bildhauerei erlernte. Pashkali schuf in Albanien viele Monumente und nahm an zahlreichen internationalen Ausstellungen teil.

1932, ein Jahr nach der ersten Kunstausstellung in Tirana, wurde eine Kunst-
schule eröffnet, die viele bekannte Künstler hervorgebracht hat. Viele neue junge
Talente machen hier ihr Diplom und setzen ihr Studium im Ausland fort. Die
Diplomarbeiten der jungen Studenten zeigen Szenen aus dem Alltagsleben in
Albanien, aber auch futuristische Motive, geboren aus den Träumen den jungen
Generation.

Nach 1990 wanderten viele junge Künstler aus und setzten ihr Schaffen im
Ausland fort. In Venedig gründeten sie eine eigene Kunstschule, die Scuola degli
Albanesi. Besonders bekannt geworden ist Ibrahim Kodra, ein Künstler dieser
albanischen Diaspora, der zur Zeit in Italien lebt. In Athen wurde 1985 ein Album
der albanischen Künstler in Griechenland veröffentlicht. Diese Gruppe wurde
unter dem Namen ›Arvanitas‹ bekannt.

Die Sprache

Im Jahre 1854 veröffentliche der deutsche Sprachwissenschaftler Franz Bopp ein
Werk mit dem Titel ›Über das Albanesische in seinen verwandtschaftlichen Bezie-
hungen‹. In diesem Buch versuchte Bopp wissenschaftlich zu erklären, daß das
Albanische zur Familie der indogermanischen Sprachen gehört. Bis heute ist die
Frage nach dem Ursprung dieser Sprache nicht vollständig geklärt, doch die Mehr-
zahl der Sprachwissenschaftler neigt dazu, den Ursprung dieser Sprache im
Illyrischen zu suchen. Demnach wäre Albanisch die älteste indogermanische
Sprache.

Obwohl der Gebrauch des Albanischen im Laufe der Jahrhunderte von den
Besatzungsmächten unterdrückt wurde, ist die Sprache im Gebiet des heutigen
Albaniens ständig gesprochen worden. Doch die Schriftsprache konnte sich
nur langsam entwickeln. Im Laufe der Rilindja-Bewegung gelang es mehreren
patriotisch gesinnten Albanern, Wörterbücher und auch Grammatiken für ihre
Muttersprache herauszugeben. Aber erst im Kongreß von Manastir (das heutige
Bitola in Makedonien) wurde im Jahre 1908 endgültig das lateinische Alphabet als
allgemeingültiges für die albanische Sprache angenommen. 1920 legte dann der
Kongreß von Lushnjë orthographische Regeln fest, und unter dem Enver-Hoxha-
Regime wurde der toskische Dialekt, der südlich des Flusses Shkumbin gesprochen
wird, zum Schriftalbanisch erklärt. Enver Hoxha stammte aus Gjirokastër, im
südlichen Albanien gelegen.

Im Norden Albaniens und im Kosovo wird der gegische Dialekt gesprochen,
benannt nach dem Volksstamm der Gegen, die vorwiegend in diesem Gebiet leben.
Das Gegische im Kosovo weicht vom Gegischen in Nordalbanien etwas ab. So
erkennt ein Nordalbaner einen Kosovaren sofort an dessen Aussprache. In den

albanischen Siedlungen in Süditalien spricht man Arberisch, benannt nach den Arberern, die nach Skanderbegs Tod 1468 in das Nachbarland auswanderten und dort ihre Sprache bis heute beibehielten.

Obwohl es Unterschiede in der Aussprache (das Gegische hat im Unterschied zum Toskischen einen nasalen Klang) und in der Grammatik der verschiedenen Dialekte gibt, so verstehen sich die Albaner selbstverständlich untereinander. Für einen Ausländer jedoch, der das Toskische (also das Hochalbanische) gelernt hat, ist es zunächst schwierig, das Gegische zu verstehen. Auch innerhalb der verschiedenen Dialekte, gibt es unterschiedliche Ausspracheformen, die unter den Albanern nicht selten emotionale Reaktionen (um nicht zu sagen: Spannungen) hervorrufen.

Albanisch wird – außer in Albanien, im Kosovo und in Italien – auch in Teilen Makedoniens und Montenegros sowie im nördlichen Griechenland (Epirus) gesprochen. Da die Albaner ein ausgeprägtes Gemeinschaftsgefühl haben, pflegen sie ihre Sprache auch in der albanischen Diaspora außerhalb Europas, in Kanada, Amerika in der Türkei und in Ägypten.

Fremde Länder – fremde Sitten

Abgesehen von der fremden Umgebung und der fremden Sprache, entsteht für einen deutschen Touristen in Albanien nicht unbedingt der Eindruck, daß die Albaner zu einem fremden Volk gehören, zumal die Menschen dem Besucher den Aufenthalt im Land durch ihre Hilfsbereitschaft und ihre Freundlichkeit sehr erleichtern. Sie geben sich außerdem sehr viel Mühe, dem Fremden über die Hürden der vertrackten albanischen Sprache zu helfen. Es wird Ihnen nie passieren, daß man sich über Ihre mangelnden Albanischkenntnisse lustig macht oder sich taub stellt, weil Sie die Sprache nicht sprechen.

Im Norden des Landes oder auch in Tirana sprechen viele Albaner Italienisch. In Tirana werden Sie immer Menschen finden, die der englischen, der französischen oder auch der deutschen Sprache mächtig sind. In Shkodër wird an der Universität Deutsch gelehrt, so daß Sie auch dort Menschen mit deutschen Sprachkenntnissen treffen können. In Tirana und auch in einigen anderen Landesteilen ist im Geschäftsleben – in Banken oder Restaurants – das Englische sehr verbreitet. Vor allem jüngere Leute sprechen diese Sprache häufig recht gut. An der Grenze zu Griechenland oder zu Makedonien sprechen viele Menschen Griechisch – ich weiß allerdings nicht, ob Ihnen damit geholfen wäre!

Sollte es mit der Sprache einmal nicht klappen: Die Albaner verfügen über ein gutes Einfühlungsvermögen für jeden Fremden, versetzen sich erstaunlich schnell in dessen Lage und verstehen seine Bedürfnisse. Diese Fähigkeit der Albaner hat mich immer wieder in Erstaunen versetzt. So passierte es mir einmal in einem Restaurant, daß ich in meiner Handtasche nach einem Papiertaschentuch suchte, weil es sehr heiß war und ich mir das Gesicht trocknen wollte. Noch bevor ich meine eigenen Taschentücher gefunden hatte, erschien der Kellner und reichte mir mit einem verständnisvollen Lächeln ein neues Paket! Apropos lächeln – tun Sie es ruhig! In unseren Breitengraden mag das nicht sehr üblich sein, doch öffnet es Ihnen viele Türen.

Obwohl die Menschen uns nicht sehr fremd erscheinen, so sollten wir doch einige Dinge beachten, die von unseren Lebensgewohnheiten und von unserer Mentalität abweichen. Zwar wird man es Ihnen nicht verübeln, wenn Sie sich mit

In Tirana

den Sitten und Gebräuchen nicht so gut auskennen, doch ist es natürlich leichter, sich einzufügen und akzeptiert zu werden, wenn man die Lebensweise der Einheimischen kennt und respektiert.

So wird es Sie vielleicht wundern, daß sich die Männer auf der Straße sehr herzlich begrüßen, sich umarmen oder küssen. Freundschaften unter Männern sind sehr wichtig. Nach der Anzahl der Küsse und Umarmungen kann man abschätzen, wie lange sich die Menschen nicht gesehen haben. Sie bekunden ihre Wiedersehensfreude recht lebhaft und klopfen sich dabei mehrere Male auf die Schulter. Dieses Schulterklopfen wird Ihnen vielleicht auch einmal zuteil werden. Es ist eine Sympathiebekundung und sollte keinesfalls als plumpes Anbiedern gedeutet werden. Das liegt den stolzen Albanern fern! Die Frauen umarmen sich liebevoll, wenn sie sich lange nicht getroffen haben.

Beim täglichen ersten Begrüßen schüttelt man sich die Hand, ebenso beim Abschied. Wenn Sie im Norden Albaniens bei Privatleuten zu Gast waren und sich verabschieden, wird der Hausherr oder die Hausfrau so lange an der Tür stehen bleiben und Ihnen nachwinken, bis Sie außer Sichtweite sind. In den meisten Fällen wird man Sie zu Ihrer nächsten Fahrmöglichkeit begleiten. Betreten Sie ein Haus, ziehen Sie bitte die Schuhe aus. Man wird Ihnen Pantoffeln oder Sandalen geben. Es ist in Albanien nicht üblich, eine Wohnung mit Straßenschuhen zu betreten. Auch in den Hotels stehen für Sie in der Regel Pantoffeln oder bequeme Sandalen zur Verfügung.

Junge Albanerinnen aus Sarandë

Ein Kopfnicken bedeutet keinesfalls eine Zustimmung – im Gegenteil, das Wort ›jo‹ (nein) wird meistens mit einem leichten Anheben des Kopfes bekräftigt. Je mehr der Kopf angehoben wird, umso stärker ist die Verneinung. Manchmal wird dieses Anheben des Kopfes noch mit einem leichten Schnalzen der Zunge begleitet, und in diesem Falle dürfen Sie nicht darauf hoffen, daß Ihr Gegenüber seine Meinung ändern wird!

Das Wort ›po‹ (ja) hingegen wird mit einer leichten Wendung des Kopfes nach rechts bekräftigt, was auch schon ohne Worte eine Zustimmung ausdrückt.

Wenn Sie in ein Haus kommen oder eingeladen sind, wird man Ihnen zunächst die besten Pantoffeln zur Verfügung stellen und dann den bequemsten Platz zuweisen. Daraufhin wird erst einmal Konversation gepflegt. So werden Fragen nach dem eigenem Befinden und dem der Familie gestellt und durchaus auch einige Male wiederholt. Man wird Ihnen ein Getränk und Süßigkeiten servieren. Anschließend folgen allgemeine Gesprächsthemen, wie etwa das Wetter oder Ihre Reise, um die Unterhaltung sozusagen in Schwung zu bringen. Erst danach sollten Sie es wagen, Ihr eigentliches Anliegen (so Sie eines haben) vorsichtig vorzubringen. Fallen Sie also nicht sofort mit der Tür ins Haus! Ein Albaner wird eine Ablehnung nicht in eindeutiger oder gar schroffer Form aussprechen, sondern diese sehr diplomatisch verpacken – was Sie gegebenenfalls ebenso versuchen sollten, falls man Sie umgekehrt um etwas bittet, das Sie nicht erfüllen können. Die Menschen haben im Laufe ihrer Geschichte Diplomatie gelernt (oder sie liegt ihnen einfach im Blut).

Wenn man Sie noch nicht kennt, wird man Sie nach Ihrem Privatleben fragen. Die erste Frage betrifft meistens den Familenstand, die nächste die Anzahl der Kinder. Sind Sie verheiratet und haben Sie bereits für den Fortbestand der Menschheit Sorge getragen, ist die Welt in Ordnung. Sollten Sie unverheiratet sein und keine Kinder haben, wird man sich sehr wundern und Sie eindringlich fragen, warum das wohl der Fall sein könnte. Dies ist nicht aufdringlich gemeint, und wenn Sie höflich oder auch humorvoll darauf hinweisen, oder auch durch ihre Persönlichkeit unter Beweis stellen, daß Sie dennoch ein durchaus normaler Mensch sind, sind Sie akzeptiert. Eine Familie zu haben, ist für den Albaner ganz einfach eine sehr wichtige Lebensaufgabe.

Bei längeren Fahrten im Bus, im Furgon oder im Taxi kann es passieren, daß Mitreisende versuchen, mit Ihnen ins Gespräch zu kommen, um Sie kennenzulernen. Ein Busfahrer, der Chauffeur eines Minibusses, aber auch ein Taxifahrer wird sich für Sie verantwortlich fühlen, denn Sie sind Gast in seinem Land. Ganz selten passiert es, daß Taxifahrer überhöhte Preise verlangen. Obwohl die Taxis über keine Taxameter verfügen, gibt es doch feste Preise für bestimmte Strecken innerhalb einer Stadt. Taxifahrer erwarten kein Trinkgeld, obwohl sich natürlich jeder über ein kleines Extra freut, wenn der Service besonders gut war.

Wenn Sie Menschen auf der Straße nach dem Weg fragen, wird man versuchen, Sie bis zu Ihrem Ziel zu begleiten oder auch jemanden anderes bitten, Sie zu begleiten.

In den Restaurants sind zehn Prozent Trinkgeld üblich. Sind Sie in einer Gruppe in einem Restaurant, bezahlt einer für alle. Es gilt als sehr unfein und unhöflich, wenn jeder für sich bezahlt. Ein Mann bezahlt grundsätzlich für eine Frau. Es käme einem Verlust seiner Ehre gleich, wenn er es nicht täte.

Wundern Sie sich nicht, wenn Sie in einem Restaurant nicht sofort bedient werden. Man läßt dem Gast meistens erst ein wenig Zeit, sich an das Umfeld zu gewöhnen. Allerdings ist es für alleinreisende Frauen mancherorts unangenehm, allein in einem Café zu sitzen, in dem sich nur männliche Gäste befinden. Ein einziges Mal ist es mir passiert, daß ich in einem solchen Lokal nicht bedient wurde und verärgert den Raum verließ. Eine Frau, die ganz alleine ein Restaurant besucht, ist eben in manchen Gegenden Albaniens doch noch ein eher seltener Anblick.

Im Großen und Ganzen gibt sich die Männerwelt jedoch sehr viel Mühe, alleinreisende Damen zu beschützen, und zwar auf eine angenehme, durchaus nicht aufdringliche Art. Sexuelle Anmache habe ich während all meiner Reisen nicht ein einziges Mal erlebt – dafür aber sehr viel menschliches Interesse, und häufig sogar Bewunderung.

Eine wichtige Eigenschaft, die Sie mitbringen oder sich angewöhnen müssen, ist Geduld. Das albanische Wort hierfür ist ›durim‹. In diesem Land ticken die Uhren anders als in Deutschland! Zu einer festen Zeit eine Verabredung zu treffen, ist eher unüblich. Wenn Sie es doch tun sollten, erwarten Sie nicht unbedingt Pünktlichkeit. Es kann auch durchaus vorkommen, daß Ihr Partner den Termin vergessen hat oder daß ihn anderweitige Aktivitäten abgehalten haben. Ereifern Sie sich nicht, und, vor allem: Schimpfen Sie nicht und werden Sie nicht beleidigend! Das ist hier vollkommen unüblich. Finden Sie sich lieber mit dem Tatbestand ab und tun Sie ganz einfach etwas anderes. Seien Sie flexibel! Man wird auch Ihnen gegenüber großzügig und verständnisvoll sein, falls Sie einmal nicht pünktlich sein sollten.

FKK-Strände gibt es in Albanien nicht, und Nacktkörperkultur ist verboten. Zwar sind die jungen Frauen in Albanien oft recht sexy gekleidet, doch Sexismus ist verpönt. Es gibt kaum Reklame, die versucht, auf diese Weise Käufer zu gewinnen.

Die Gesellschaft

Das albanische Gewohnheitsrecht, der Kanun, hat tiefe Spuren im Leben der Albaner hinterlassen. Besonders im Bergland des Nordens werden noch viele alten Gewohnheiten beibehalten, die der Kanun vorschreibt. So hat das gegebene Wort in wichtigen Fragen des Lebens, das Ehrenwort (›Besa‹), noch heute einen recht bedeutenden Stellenwert im Zusammenleben der Menschen, obwohl auch dieses entlegene Gebiet nicht ganz von Einflüssen des modernen Zeitalters verschont geblieben ist.

Ein anderer Moralbegriff, der aus dem Kanun überliefert ist, ist die persönliche Ehre. In der Tat sind die Albaner in dieser Hinsicht sehr empfindlich, reagieren heftig, oft zu hitzig, auf persönliche Beleidigungen durch Worte, auf Beleidigungen, die sie als solche empfinden oder auch auf körperliche Übergriffe, die sie nie oder nur selten verwinden oder verzeihen können. Nur Rache oder sogar Blutrache kann die verlorene Ehre wieder herstellen!

Obwohl viele Vorschriften des Kanun für den Besucher unverständlich oder veraltet erscheinen mögen, so ist doch ein grundlegendes, allgemein gültiges Gesetz des Kanun, nämlich die Gleichheit aller Menschen, der Respekt vor jedem menschlichen Wesen, auch für Nicht-Albaner nachvollziehbar – bildet doch dieser Leitsatz ebenfalls die Grundlage der Charta der Menschenrechte und der Verfassung westlicher Zivilisationen.

Allerdings macht der Kanun kleine Unterschiede: Die Kirchen und ihre Vertreter genießen Sonderrechte, während die Frauen so gut wie keine Rechte besit-

Die Familie ist das Wichtigste

zen, sondern total in der Abhängigkeit der Männer leben. Zwar kann die moderne albanische Gesellschaft immer noch als patriarchalisch bezeichnet werden, doch vor allem in den größeren Städten sieht man zunehmend Frauen in wichtigen Funktionen. Mehr und mehr Frauen streben ein Studium an, um sich auf diese Weise eine finanzielle Unabhängigkeit vom männlichen Geschlecht zu erlangen. Einige bleiben freiwillig unverheiratet. Immer mehr Frauen machen den Führerschein – vor einigen Jahren war dies noch undenkbar!

Die Liebe zur Familie, besonders zu den Eltern, mit denen ein ewiges Band besteht, ist ein besonderes Merkmal jeden Albaners und jeder Albanerin. So werden alte Menschen sehr geliebt und respektiert und bleiben in den meisten Fällen bis zum Tode bei einem der Kinder. Söhne und Töchter bleiben in der Regel solange in der eigenen Familie oder bei einem Elternteil, bis sie sich verheiraten. Das Zusammenleben von Mann und Frau ohne Trauschein ist so gut wie ausgeschlossen.

In früheren Zeiten wurden Hochzeiten durch Vermittler zwischen zwei Familien arrangiert. Mädchen wurden oft schon kurz nach der Geburt einem Bräutigam verlobt. Es wurde als ein Unglück angesehen, wenn ein Mädchen geboren wurde. Die Frau stieg in der Achtung des Ehemannes und der Sippe, wenn sie Söhne zur Welt brachte. Es war durchaus nicht unüblich, daß eine Heirat aus Interessensgründen stattfand – entweder, um zwischen zwei Familien durch diese Bindung eine Blutfehde aus der Welt zu schaffen, oder auch aus materiellen Gründen, die der Clan bestimmte. In ländlichen Gegenden ist es immer noch Brauch, daß Mädchen sehr früh heiraten, oft schon im Alter von 15 Jahren. Auch legen die meisten Männer Wert darauf, Jungfrauen zu ehelichen.

Im modernen Albanien finden sich Paare aus Liebe. Doch das Einverständnis beider Elternpaare ist sehr wichtig. Hochzeitsgesellschaften sind sehr groß und werden mit sehr viel Pomp zelebriert, üblicherweise an einem Samstag. Bis zu 200 geladene Gäste sind nichts Ungewöhnliches, auch in ärmeren Familien. Scheidungen sind in Albanien relativ selten, jedoch ist in den Städten eine steigende Tendenz zu beobachten. Geschiedene Frauen haben nicht nur gesellschaftlich einen schweren Stand, sondern auch finanziell. Sie werden nur unter schwierigen Bedingungen einen anderen Ehemann finden. Nicht selten bieten sie sich in den größeren Städten in Zeitungsannoncen als Geliebte von Ehemännern an, um ihre finanzielle Situation zu verbessern.

Wie Hochzeiten, so werden auch Trauerfeierlichkeiten mit sehr viel Aufwand begangen. 40 Tage nach dem Tod kommen Familienmitglieder und enge Freunde erneut zusammen, um die Erinnerung an den Verstorbenen wachzuhalten. Dabei werden reichhaltige Mahlzeiten abgehalten. Das Andenken an die Toten und an die Vorfahren ist dem Albaner heilig. Die zahlreichen Gedenksteine an den Straßen, die an einen Unfall erinnern (meistens mit einem Foto des Verunglückten), sind stets liebevoll geschmückt.

In Krisenzeiten hat sich immer wieder die große Solidarität der Albaner untereinander bewiesen. In der Kosovo-Krise wurden mehr als 700 000 Flüchtlinge ohne großes Aufhebens in Albanien untergebracht – meistens in Familien, die ihre Brüder freiwillig bei sich aufnahmen, bis diese wieder unbeschadet in ihr Land zurückkehren konnten.

Zur Zeit der Judenverfolgung durch die Nationalsozialisten war Albanien das Land Europas, das offiziell flüchtige Juden aufnahm und ihnen Gastfreundschaft und Schutz gewährte. Nicht ein einziger Jude ist in der damaligen Zeit an die Deutschen ausgeliefert worden, obwohl die Gestapo während der Besatzung des Landes im Zweiten Weltkrieg keinesfalls zimperlich mit sogenannten Verrätern umging.

Mut, Zivilcourage, Entschlußfreudigkeit und Risikobereitschaft sind besondere Merkmale des albanischen Volkes, das aus den vielen Kämpfen gegen äußere Feinde im Laufe der Geschichte gestärkt hervorging und sich die Lebensfreude und den Glauben an die Zukunft des Landes erhalten hat.

Lord Byron, der bekannte englische Dichter, der im 19. Jahrhundert Albanien bereiste, sagte über das Land: »A shore unknown, which all admire, but many dread to view!« (Ein Land, das viele bewundern! Doch viele fürchten sich, es kennenzulernen).

Wovor fürchten Sie sich noch?

Land und Leute

Die Blutrache

Es ist sehr schwierig, mit Albanern
über das Thema Blutrache zu
sprechen. Viele Menschen aus Südalbanien klagen die Nordalbaner
an, bis heute an diesem Gewohnheitsrecht festzuhalten, während die
Nordalbaner in den meisten Fällen
den Tatbestand leugnen oder
ihn nur zögernd zugeben. Ganz offensichtlich schämt man sich dieser
Realität im 21. Jahrhundert!
Mehrere Regierungen, angefangen
von Skanderbeg im 15. Jahrhundert
bis hin zu König Zogu und Enver
Hoxha, haben versucht, diese Form
der Selbstjustiz auszurotten, die
ihre Wurzeln wahrscheinlich in
Gebräuchen der Illyrerzeit hat. Doch
bis heute gibt es nach meinen
Informationen im Bergland von Pukë,
also im Gebiet des Dukagjin, noch
einige Familien, die ›im Blute stehen‹,
was bedeutet, daß sie schwerwiegende Streitigkeiten mit dem Mittel
der Blutrache (gjakmarrje) austragen.
Der Kanun des Leke Dukagjin
begriff die Blutrache als ein Mittel,
Mord oder Totschlag zu verhindern
und auf diese Weise das Leben in
der Gemeinschaft zu schützen. Doch
die Blutrache verselbständigte
sich im Laufe der Jahrhunderte. In
der Tat waren die Folgen so schwer-
wiegend für viele Familien, daß
ganze Sippen dezimiert wurden. In
den betroffenen Familien verschließen
sich die männlichen Mitglieder
aus Angst, getötet zu werden, in den

Häusern, und schulpflichtige Jungen
werden nicht in die Schule geschickt.
Der Kanun nahm Frauen und
minderjährige Knaben von der Blutrache aus. Im Übrigen wurde detail-
liert festgelegt, auf welche Weise
der Racheakt ausgeführt werden
mußte. In der deutschen Übersetzung
des Kanun von Marie Amelie Freiin
von Godin sind die einzelnen Bestimmungen nachzulesen. Auch der
Roman ›Der Zerrissene April‹ von
Ismael Kadaré, in deutscher Übersetzung erschienen im Ammann-Verlag
Zürich, erläutert sehr ausführlich
den Ablauf eines Falles von Blutrache
und die damit verbundenen Folgen
für die betroffenen Familien.
Die Albaner sind seit jeher sehr
empfindlich, was ihre persönliche
Ehre oder die Ehre der Familie
anbetrifft. Eine Verletzung der Ehre
eines Mannes durch wörtliche
Beleidigungen oder Übergriffe auf
die körperliche Unversehrtheit konnte
nur durch das Blut des Beleidigers
wieder hergestellt werden.
Dessen Familie wiederum war
verpflichtet, den Tod ihres Mitgliedes
zu rächen. So entstand ein Teufels-
kreis, dessen Ursache über die
Generationen hinweg zwar meistens
ins Vergessen geriet, doch aufgrund
dieser fatalen Gesetzmäßigkeit
immer mehr Opfer forderte.
Wurde ein Paar beim Vollzug eines
Ehebruchs entdeckt und sofort
getötet, so blieb dieser Mord unge-
sühnt. Tötete ein Ehemann seine
Ehefrau aus einem ›triftigen‹ Grund –

wie zum Beispiel Ehebruch –, so hatte diese Tat weder Blutrache noch eine andere Strafe zur Folge.

In der Zeit des Kommunismus wurde Blutrache verboten, so daß sie fast zum Stillstand kam. Doch die abgelegenen Bergregionen in der Mirdita und im Dukagjin haben sich nie vollständig den Gesetzen aus Tirana verpflichtet gefühlt. Obwohl gesagt wird, alle in Privatbesitz befindlichen Waffen seien von der heutigen Regierung eingesammelt worden, ist doch keineswegs auszuschließen, daß viele Menschen noch im Besitz von Waffen sind.

Bis heute hat die Regierung in Tirana keine effektive Kontrolle über die nördlichen Gebiete des Landes. Die schwierigen politischen Verhältnisse beim Zusammenbruch des kommunistischen Systems Anfang der 90er Jahre, der Pyramidenskandal 1996 sowie die Armut und Arbeitslosigkeit in vielen Gebieten Albaniens haben in manchen Orten dazu geführt, daß die Kriminalitätsrate anstieg. In den Grenzgebieten zu Montenegro – besonders in einigen Vororten von Shkodër, wo die Arbeitslosenrate besonders hoch ist – floriert der Handel mit Drogen und blüht die Prostitution. Die Bestimmungen des Kanun werden herangezogen, um Morde, bei denen es sich um einfache Racheakte handelt, mit dem Gewohnheitsrecht der Blutrache zu rechtfertigen. Zum Kanun gehörte der Ältestenrat, der festlegte, ob, wie und wann ›gjakmarre‹

stattfinden durfte. Dieses Element fehlt in der modernen, zerrissenen Gesellschaft Albaniens, die häufig ihrer Vorbilder beraubt wurde, in der die traditionellen ethischen Grundlagen zerstört und (noch) keine neuen an deren Stelle getreten sind.

Die Kirchen – allen voran die katholische Kirche mit dem Jesuiten- und Franziskanerorden und eine kirchliche Gruppe aus der Schweiz –, die in Shkodër arbeiten, versuchen durch tatkräftige Hilfe, den Menschen wieder christliche Wertvorstellungen zu vermitteln und haben mit ihrer Arbeit durchaus Erfolge zu verzeichnen.

Da es sich hier um inneralbanische soziale Probleme handelt, werden die Besucher bzw. die Touristen mit diesen Tatbeständen nur dann konfrontiert und vertraut gemacht, wenn sie Interesse für die Gesellschaft bekunden. Im Großen und Ganzen gesehen ist Albanien ein sicheres Land – auf jeden Fall sicherer als etwa die Gegend rund um den Bahnhof von Frankfurt am Main.

Meiner Meinung nach sollte ein Tourist versuchen, die Menschen, mit denen er lebt – wenn auch nur für einen begrenzten Zeitraum – zu verstehen, bevor er sich ein Urteil über bestimmte Verhaltensweisen oder Zustände erlaubt. Denn letztendlich sind auch Völkerverständigung und Dialog der Kulturen Ziele des modernen Tourismus.

Die albanische Küche

Mahlzeiten sind in Albanien ein wichtiges gesellschaftliches und kulturelles Ereignis. Gemeinsam ein gutes Essen zu genießen oder einen Kaffee zu trinken, sich dabei über Familie, Politik oder Gott und die Welt zu unterhalten, gehört zum Tagesablauf wie die Morgentoilette. Die Albaner bezeichnen dies als ›kuvendim‹, was so viel bedeutet wie Gedankenaustausch und Kommunikation zu pflegen.

Morgens nimmt man im allgemeinen kein umfangreiches Frühstück zu sich, sondern trinkt lediglich einen starken Kaffee. Dem Gast wird man jedoch zum Frühstück nicht nur Kaffee, sondern auch Eier, Brot, vielleicht Fleisch, Obst, Kos (eine Art Joghurt), und Feta-Käse servieren. Feta-Käse wird vor allem auf dem Lande zu jeder Mahlzeit gereicht und stellt ein wichtiges Grundnahrungsmittel dar.

Zum Mittag (zwischen 14 und 16 Uhr) wird eine warme Mahlzeit gegessen, wobei Fleisch oder Fisch nicht fehlen dürfen. Das Gleiche wiederholt sich abends recht spät (vor dem Schlafengehen).

Byrek (ein mit Feta-Käse, Zwiebeln, Porree, Fleisch oder Spinat gefüllter Blätterteig) ist eine beliebte Zwischenmahlzeit. Der Original-Byrek, wie er in den Familien zubereitet wird, ist rund. In Dreiecksform kann man ihn im Schnellimbiß kaufen. Andere Spezialitäten sind Qoftë (eine Art Frikadelle) und Pita (eine Blätterteigpastete). Beide werden auch an Straßenkiosken verkauft.

In den Restaurants der größeren Städte sind – neben albanischen oder auch griechischen Spezialitäten – sehr häufig auch italienische Gerichte auf der Speisekarte zu finden. Spezielle Pizza-Restaurants oder Imbisse, in denen die Pizzen meistens vortrefflich saftig schmecken, gibt es ebenfalls in jeder Stadt.

Da die Albaner, wie schon erwähnt, ein kontaktfreudiges Völkchen sind und sehr gern in der Gemeinschaft mit anderen leben, sind die Cafés und Restaurants immer sehr gut besucht. Besonders die Cafés sind schon in den frühen Morgenstunden mit (meistens männlichen) Besuchern gefüllt. In Tirana sieht man wohl auch weibliche Gäste, die ihren Morgenkaffee im Café trinken, doch sehr selten sind Frauen allein unterwegs, wenn sie ausgehen. Dies geschieht eher in Begleitung von Freundinnen oder Freunden. Daher wird eine alleinreisende Frau meistens unverhohlen neugierig (jedoch nicht auf unangenehme Art) gemustert, wenn sie allein in einem Restaurant auftaucht.

Zeit für eine Unterhaltung ist immer

Land und Leute

Rakibrennerei in Theth

Da Albanien für Reisende aus anderen europäischen Ländern ein preiswertes Land ist, sind die Preise für eine gute Mahlzeit in den Restaurants durchaus erschwinglich. Mit gutem frischem Brot und Getränken bezahlt man für eine Mahlzeit mit zwei Gängen selten mehr als zehn Euro Die Preise in mittleren und guten Restaurants weichen nicht sehr viel voneinander ab.

Zu Gast bei Familien auf dem Lande zu sein, bedeutet in den meisten Fällen, den ganzen Tag über gefragt zu werden, ob man Hunger habe. Zu den Mahlzeiten ist der Tisch (selbst bei nicht sehr wohlhabenden Familien) für den Gast immer reichlich gedeckt mit frischem Fleisch oder Fisch, Kartoffeln oder Reis, Salaten, Käse, Eiern, Gemüse und Brot. Nach jeder Mahlzeit wird Raki zur Verdauung gereicht – auch in moslemischen Familien.

Raki ist ein klarer Schnaps, der aus Weintrauben, Maulbeeren oder auch aus Pflaumen hergestellt wird. Manche trinken ihn als Wachmacher schon am frühen Morgen (auch Muslime!). Oft wird er als Willkommensgetränk, meistens aber nach dem Essen gereicht. Vielerorts wird das Getränk in den Familien hergestellt, wobei jede Familie behauptet, gerade der von ihr hergestellte Raki sei der beste.

Die albanische Küche ist reich an Gemüse und Gewürzen, wie sie auch in anderen Mittelmeerländern verwendet werden: Paprika, Tomaten, Zwiebeln, Gurken, Auberginen, Zucchini und Oliven. Knoblauch wird seltener verwendet. In den Wintermonaten ersetzen Kohl und Karotten die Sommergemüse, die wenig oder überhaupt nicht eingeführt werden. Gemüsekonserven oder Tiefkühlkost kommen kaum auf den Tisch. Für den Winter wird das Gemüse in Essig eingelegt. Da Nahrungsmittel nicht chemisch behandelt werden und in der Sonne reifen, schmeckt alles köstlich frisch und gesund. Besonders Salate werden liebevoll aus vielen Zutaten angerichtet und sind sehr zu empfehlen.

Fleisch ist sehr wichtig für den Albaner. Schaf-, Hammel- und Ziegenfleisch schmecken gegrillt oder geröstet besonders gut. Tiefkühlfleisch ist unüblich in der albanischen Küche. Da die Rinder in Albanien BSE-frei sind, kann auch bedenkenlos Rindfleisch genossen werden. Innereien von Schafen (Herz, Leber, Nieren, Hirn) sind sehr beliebt. Gerichte aus Geflügel sind, abgesehen von Hühnerfleisch, eher selten. Als kräftigende Zwischenmahlzeit bei längeren Fahrten mit dem Bus oder mit dem Furgon wird in vielen Cafés Pilaf (Reis mit einer Fleischsoße) oder Qebab (geschnetzeltes, mariniertes und am Spieß geröstetes Lamm-, Schwein- oder Rindfleisch) angeboten.

Fisch gibt es überall in Albanien. Er schmeckt ebenfalls ausgezeichnet, da er garantiert frisch gefangen auf den Teller kommt. In den Gebirgsbächen und in vielen Flüssen gibt es Forellen. Ohrid- und Prespa-See sind bekannt für ihre reichhaltigen Koran-Vorkommen. Dieser Fisch ist wegen seiner zarten Konsistenz sehr beliebt. An der Küste sind selbstverständlich alle anderen Fischarten erhältlich, die im Mittelmeer vorkommen, wie etwa Barsch, Brasse und Seehecht. Im See von Butrint, in der Nähe von Sarandë, werden Miesmuscheln gezüchtet, die in der Stadt in einigen Restaurants gebraten als Zwischenmahlzeit mit Toast und Weißwein angeboten werden.

Nachtisch ist unüblich in Albanien. Bei besonderen Gelegenheiten werden Halva (eine von den Türken übernommene Süßspeise), Xupa (Nußpudding) oder Sheqerpare (in Butter gebackene, süße Teigbällchen) serviert.

In einigen Gegenden Albaniens, zum Beispiel bei Korçë, Berat und Shkodër, wird Wein in kleineren Mengen angebaut, der auch in den Supermärkten der Städte verkauft wird. Ein bekannter und guter Kognak ist der Skanderbeg-Kognak, der preiswert zu kaufen ist und sich hervorragend als Mitbringsel eignet.

Kaffee gehört zum Leben der Albaner wie der Tee zu den Engländern! Beim Kaffeetrinken wird Politik gemacht, werden Ländereien verkauft, Familienangelegenheiten diskutiert oder einfach nur Kontakte gepflegt. Zum Kaffeetrinken benötigt man Zeit, denn es geht nicht nur darum, den Durst zu stillen, sondern auch darum, den Gegenüber kennenzulernen, zu unterhalten, und darum, gemeinsam entspannte Momente zu verbringen.

Von den Türken haben die Albaner die Sitte übernommen, den Kaffee auf türkische Art (Kafe turke) zu trinken. Dazu wird sehr fein gemahlener Kaffee zusammen mit Zucker und Wasser einige Male aufgekocht, bis er schäumt. Man trinkt ihn entweder sade (ungesüßt), e mesme (mit Zucker), me pak sheqer (mit wenig Zucker) oder ëmbël (sehr süß). Daneben gibt es in allen Restaurants, auch in den kleineren Orten, sehr guten Espresso. Cappuccino und Latte macchiato sind auch in Albanien nicht unbekannt, vor allem in den größeren Städten, wie sich auch der Einfluß Italiens in der albanischen Küche nicht verkennen läßt.

Rezepte

Bei allem internationalen Einfluß gibt es Gerichte, die für die albanische Küche typisch sind. Einige Köstlichkeiten, die mir besonders gut geschmeckt haben, sind zum Nachkochen empfohlen. Hier die Rezepte:

Albanisches Lamm
Zutaten: 1 kg Lammfleisch, 4 Eßlöffel Butter, 4 Eier, 4 Becher Joghurt, 4 Eßlöffel Mehl, 4 Eßlöffel Reis, Salz, Pfeffer, Petersilie und Dill.

Zubereitung: Nachdem das Fleisch in dünne Scheiben geschnitten ist, wird es in der Butter braun angebraten und mit Fleischbrühe übergossen. Fleisch herausnehmen. Das in etwas Butter geröstete Mehl wird zum Andicken in den Bratensaft gegeben. Die Soße wird auf kleiner Flamme etwa eine halbe Stunde gekocht, danach ausgekühlt. Nach dem Auskühlen werden Joghurt, Eier, Salz, Pfeffer und gehackte Kräuter eingerührt.
In der Zwischenzeit läßt man den Reis nicht zu weich kochen und belegt damit den Boden einer vorher gefetteten Form. Auf den Reis wird das gebratene Lammfleisch geschichtet, darüber die Bratensaft-Kräuter-Joghurt-Mischung gegeben. Butterflöckchen oben drauf, und hinein in den Ofen! Wenn das Gericht mit einer leichten Bräune überzogen ist, kann es serviert werden.
Ju befte mire! (Wohl bekomm's!)

Kürbis- oder Zucchinikuchen
Zutaten: 1 kg Kürbis oder Zucchini, 4 Eier, 1 ½ Esslöffel Zucker, 3 Eßlöffel Mehl, 1 Kaffeelöffel Backpulver, etwas Salz (zwei Fingerspitzen), 100 Gramm Butter.

Zubereitung: In sehr kleine Stücke geschnittener Kürbis oder Zucchini werden zusammen mit Eiern, Zucker, Mehl, Backpulver und Salz zu einem Teig verrührt. Eine größere, flache Auflaufform oder Pfanne mit Butter einfetten. Die vorbereitete Teigmasse in die Pfanne geben, die Butter (eventuell geschmolzen) über die Teigmasse gießen und das Ganze bei 200 Grad Celsius etwa eine halbe Stunde im Backofen backen.

Land und Leute

Marktfrau in Shkodër

Tirana ist das unange-
fochtene Zentrum
des Landes, eine
bunte und lebendige
Großstadt, in der
allerorten Aufbruch-
stimmung herrscht.
Von hier aus lassen sich
zahlreiche Ausflüge in
die Landesmitte unter-
nehmen.

Tirana und die Landesmitte

Tirana – die junge Hauptstadt

Tirana liegt 110 Meter über dem Meeresspiegel, am Fuße des Dajti-Gebirges, das sich bis zu einer Höhe von 1612 Metern erhebt. Als die Vertreter des jungen albanischen Staates am 8. Februar 1920 im Kongreß von Lushnjë Tirana zu ihrer Hauptstadt wählten, hatten sie in erster Linie die geographische Lage der

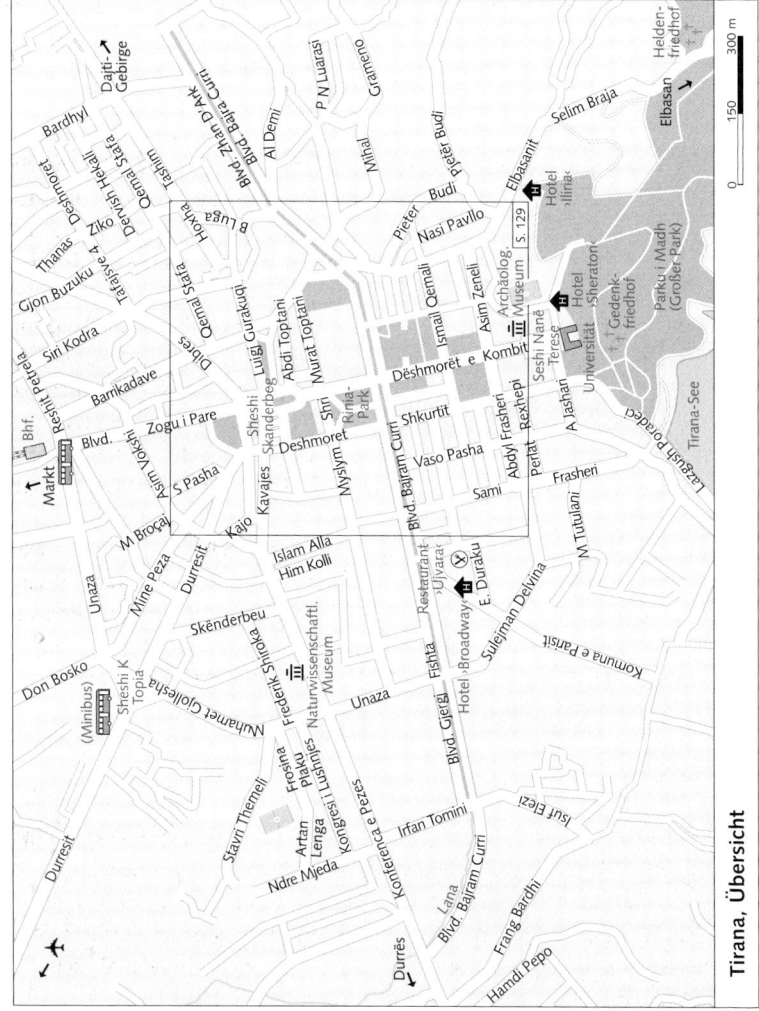

Tirana, Übersicht

Stadt im Zentrum des Landes sowie die Nähe zur Sprachgrenze zwischen dem gegischen und dem toskischen Dialekt im Auge.

Das moderne Tirana – heute eine Stadt mit ungefähr einer Million Einwohnern – ist ein eigenartiges Gemisch aus vielen Stilelementen. Der jetzige Bürgermeister der Stadt, Edi Rama, hat viel dazu beigetragen, daß das resignative Grau zahlreicher Wohnsilos aus der kommunistischen Ära durch bunte Fassaden ersetzt wurde, die die optimistische Aufbruchstimmung der Bewohner widerspiegeln und der Stadt ein fröhliches Antlitz verleihen. Diese Initiative – aus der Not und dem Hunger nach Schönheit und Farbe entstanden – ist wohl einzigartig in einer europäischen Hauptstadt. Sogar die französische Kunstzeitschrift ›stradda‹ brachte Photos und einen langen lobenden Artikel über Edi Rama und ›sein‹ Tirana in ihrer Ausgabe vom April 2007.

Vom Café des Opernhauses oder des Hotel ›International‹ läßt sich das lebhafte Treiben auf dem Sheshi Skanderbeg, dem Zentrum der Stadt, gut beobachten. Die größeren Boulevards zweigen von diesem Platz sternförmig in alle Richtungen ab. Pkw (die meisten der Marke Mercedes), Fahrräder, Fußgänger und die roten Stadtbusse beleben den Kreisverkehr. In den frühen Abendstunden, zur Zeit des traditionellen Xhiro (Abendbummel) der Albaner, sind das Riesenrad und die Go-Cart-Bahn Anziehungspunkte für Kinder mit Eltern und Großmüttern. Morgens wedeln Geldwechsler mit ihren Banknoten herum und Schuhputzer warten auf Kundschaft. Über allem erhebt sich hoch zu Roß in majestätischer, angriffsbereiter Pose der Nationalheld Skanderbeg. Die Bronzestatue wurde von dem albanischen Künstler Odhisë Paskali aus Përmet entworfen und 1968, anläßlich Gjergj Kastriotis 500. Todestag, enthüllt. Hinter dem Denkmal lädt eine gepflegte Grünanlage zum Ausruhen ein.

Außerhalb des Zentrums ähnelt die Stadt einer riesigen Baustelle. Leider mußten einige wunderschöne, alte Bäume am Sheshi Karl Thopia (am Ende der Rruga Durrëst) modernen Hochhäusern mit glitzernden Glasfassaden weichen. Die alten Männer, die hier oft im Schatten der Bäume auf dem Gras saßen und Domino spielten, mußten sich daher einen anderen Platz für ihr Freizeitvergnügen suchen.

Anreise

Aufgrund ihrer zentralen Lage ist die Stadt von allen Landesteilen aus gut erreichbar. Vom Ausland aus gibt es viele Möglichkeiten dorthin zu gelangen.

Von Düsseldorf und Frankfurt aus fliegt Austrian Airlines, ab Frankfurt Albanian Airlines. Wenn Sie bei guter Sicht in Albanien ankommen, werden Sie sofort einen überwältigenden Eindruck von der eigenartig wilden Schönheit der Bergwelt bekommen.

Der Flughafen ›Nanë Terese‹, benannt nach der albanischen Friedensnobel-
preisträgerin Mutter Teresa, ist international als Flughafen Rinas bekannt, wie der
kleine Ort in der Nähe heißt, trotz der futuristischen neuen Stahlkonstruktion, die
von der deutschen Firma Hochtief gebaut wurde.

Wenn Sie in der etwas undiszipliniert scheinenden Warteschlange der Ankom-
menden ihren Weg durch die Paßkontrolle gefunden haben, sind an einem
besonderen Schalter zehn Euro Einreisegebühr zu zahlen. Dafür erhalten Sie den
Einreisestempel und haben eine offizielle Aufenthaltsdauer von vier Wochen.

Wohnhaus in Tirana

Vor dem Flughafen warten Taxis, die sich sehr um Fahrgäste bemühen. Achten
Sie auf die gelb-roten Nummernschilder, denn nur diese Fahrer haben eine Lizenz.
Das Taxischild läßt sich leicht anbringen und entfernen!

Die Fahrt in die Stadt sollte höchstens 25 Euro kosten. Handeln Sie den Preis
vor der Abfahrt aus, damit Sie bei der Abrechnung keine unangenehme Überraschung erleben. Die Taxis haben keine Taxameter, und nicht alle Fahrer sprechen
Englisch oder eine andere Sprache außer Albanisch. Im allgemeinen wird man
nicht betrogen, doch das albanische Sprichwort ›Nuk ka pyll pa dera!‹ (kein Wald
ohne Schweine) trifft wie überall auch hier zu.

Der Flughafen ist von Tirana etwa 30 Kilometer entfernt, die Fahrt dauert bei
günstigen Verkehrsbedingungen eine halbe Stunde, kann bei Staus vor der Stadt

- was nicht selten vorkommt - auch länger dauern. Doch die Straße bis in die Stadt ist inzwischen sehr gut ausgebaut.

Orientierung und öffentlicher Nahverkehr

Falls Sie keine Lust verspüren, die ganze Stadt zu Fuß zu erobern: An verschiedenen Taxiständen am Sheshi Skanderbeg und an mehreren wichtigen Kreuzungspunkten warten Taxis. Normalerweise kostet eine Fahrt innerhalb der Stadt 400 Lek (Stand Ende 2007). Die Taxis haben keine Taxameter; wenn Sie eine längere Strecke fahren, kann es durchaus auch 500 Lek kosten. Wollen Sie die Stadtgrenze verlassen, sollten Sie den Preis vorher in jedem Fall mit dem Taxifahrer aushandeln, um späteren Ärger zu vermeiden. In den meisten Fällen sind die von den Taxifahrern genannten Preise angemessen.

Es gibt einige zuverlässige Taxiunternehmen, die über die Telefonnummern 24 44 44 und 37 77 77 zu erreichen sind.

Es gibt auch Stadtbusverkehr in Tirana. Die Busse sind recht veraltet und können wohl auch einmal während der Fahrt eine Panne haben. Wenn der Fahrer sich dann einen Kaffee genehmigt, ereifern Sie sich nicht, das verschlimmert die Situation nur noch – gehen Sie stattdessen einfach zu Fuß weiter. Auch Albaner nehmen diese Dinge gelassen und mit Humor. Obwohl die Busse in den Hauptverkehrszeiten oft recht voll werden können, wird erfreulicherweise nicht rücksichtslos gedrängelt. Ein Kontrolleur sammelt den Fahrpreis ein, der umgerechnet weniger als 50 Cent kostet (in Lek zu bezahlen). Damit können Sie soweit fahren, wie Sie wollen! Die Busse verkehren von morgens 6 Uhr bis abends 20 Uhr.

Es gibt zwei Buslinien. Eine ist die ›Unanza‹. Hier umkreist der Bus die Stadt in nördlicher Richtung, bis zur Lana – und umgekehrt. Die Linie ›Tirana e Re‹ wiederum hat ihren Ausgangspunkt in der Nähe des Bahnhofs und durchfährt die Stadt bis zum Bulevard Abdul Frashëri, in der Nähe der Universität.

Leider werden die Straßennamen und Hausnummern in Tirana nicht immer angezeigt. Die Bewohner der Stadt wissen sehr häufig nicht die Namen der Straßen, doch die Taxifahrer kennen sich aus. Wundern Sie sich bitte auch nicht, wenn einige Menschen Ihnen keine Auskunft geben können oder bei Ihrem Anblick vielleicht verstört wirken. Viele Menschen vom Land kommen täglich in die Stadt, um Arbeit zu suchen. Oft sind sie den Anblick von Ausländern aus den Industrienationen nicht gewöhnt.

Damit Sie Anschriften besser verstehen, hier ein Beispiel: Rr. Abdyl Frahsëri, Pall./P 7, Shk. 2, Ap. 7. Rr. bedeutet Rruga (Straße). Pall. oder P. bedeutet Pallati (Häuserblock bzw. Gebäude). Shk. bedeutet Shkallë (Eingang). Ap. bedeutet

Wohnung. Manchmal wird noch irgendeine Ortsbezeichnung zu der Anschrift hinzugefügt, um die Suche zu erleichtern, wie beispielsweise prane (in der Nähe von) oder përballë (gegenüber).

Geschichte der Stadt

Es gibt verschiedene Theorien über die Entstehung des Namens der Hauptstadt. Einige besagen, der Name sei abgeleitet von ›Tirkan‹. So hieß ein altes Schloß aus dem ersten Jahrhundert vor Christus, dessen Überreste am Fuße des Dajti-Gebirges entdeckt wurden. Andere sind der Meinung, daß Sulejman Pasha Mulleti, der Tirana im Jahre 1614 gründete, den Ort in Anlehnung an die Stadt Teheran im heutigen Iran ebenfalls Teheran genannt haben soll, was sich später zu Tirana verformte. Dem Gründer der Stadt ist an der Kreuzung zwischen der Rruga Luigj Gurakuqi und der Rruga Barrikadave ein Denkmal errichtet worden.

Skanderbeg-Denkmal mit Uhrturm und Moschee in Tirana

Zunächst gab es in Tirana nur eine Moschee, ein Badehaus und verschiedene Läden für die von Osten nach Westen durchziehenden Händler. Doch schon in der Mitte des 17. Jahrhunderts entwickelte sich der Ort zu einem wichtigen Zentrum für Handel und Handwerk. Werkstätten für Metall- und Lederwaren, Silberschmuck, Textilien aus Baumwolle und Seide und Keramikartikel entstanden.

Der Bau der Et'hem-Bey-Moschee, die bis heute am Sheshi Skanderbeg erhalten geblieben ist, wurde 1789 begonnen und 1821 beendet. Im Jahre 1830 wurde der 35 Meter hohe Uhrturm gleich hinter der Moschee errichtet. In der damaligen Zeit waren Taschen- und Armbanduhren noch ein enormer Luxus. So gab es in jedem größeren Ort einen Uhrturm, der für alle Bewohner die richtige Zeit anzeigte. Die Uhr im Uhrturm wurde in Deutschland hergestellt. Sowohl die Moschee, als auch der Uhrturm gelten bis heute als Wahrzeichen der Hauptstadt.

Im 19. Jahrhundert bildete sich der mächtige Familienclan der Toptanis heraus, die viel zur Entwicklung der Stadt beitrugen. Das Wohnhaus der Toptani-Familie ist in der Nähe des Stadtzentrums, in der Rruga Abdi Toptani, zu besichtigen.

Als Tirana 1920 zur Hauptstadt des Landes bestimmt wurde, hatte sie nicht einmal 20 000 Einwohner und ähnelte einem großen Dorf. Doch schon zehn Jahre

Die Pyramide war einst als Mausoleum für Enver Hoxha geplant

später wurde das Zentrum Tiranas von den italienischen Architekten Florestano de Fausto und Armando Brasini ausgebaut. Die wichtigsten Regierungsgebäude – die Nationalbank, die Stadtverwaltung, der Königspalast in der Rruga Elbasanit, das Dajti-Hotel am Bulevard Dëshmorët e Kombit (Boulevard der Helden der Nation) und der Skanderbeg-Platz – wurden in dieser Zeit deutlich erkennbar nach italienischem Vorbild gestaltet.

1939 fielen die italienischen Faschisten und vier Jahre später die deutschen Nationalsozialisten in Tirana ein. Doch am 17. November 1944 wurde die Stadt durch die Partisanen befreit, und am 28. November desselben Jahres zog die neue kommunistische Regierung Albaniens in ihre Hauptstadt ein.

In der Ära des Kommunismus wurden viele alte Gebäude aus der osmanischen Zeit rund um den Skanderbeg-Platz zerstört. Dort entstanden das Opernhaus, das Nationalmuseum und das Hotel ›International‹. Am Bulevard Dëshmorët et Kombit fällt ein Bauwerk auf, das einer Pyramide ähnelt und auch so genannt wird. Die Tochter Enver Hoxhas, die Architektin Pramvera Hoxha, entwarf diese außergewöhnliche Konstruktion, die ihrem Vater als Mausoleum dienen sollte. Doch das Schicksal verhinderte diesen Plan. Heute wird das Gebäude als Kultur- und Konferenzzentrum sowie als Disco genutzt. Man sagt, es sei das teuerste Gebäude, das jemals in Albanien errichtet wurde. Die im Winkel von 30 Grad abfallenden Mauerstreben eignen sich bestens zum Klettern und Heruntergleiten – ein Abenteuerspiel für waghalsige Jungendliche, das Enver Hoxha sicher nicht eingeplant hatte.

Entlang des Bulevardi Dëshmorët e Kombit

Der Skanderbeg-Platz (Sheshi Skanderbeg) ist ein guter Ausgangspunkt für Rundgänge oder -fahrten durch die Stadt. Bekanntlich sind Spaziergänge am besten geeignet, um die Menschen zu beobachten und die Atmosphäre eines Ortes in sich aufzunehmen. Ziehen Sie auf Spaziergängen bequeme Schuhe an! Im Sommer ist es in der Stadt sehr heiß und staubig, bei Regenwetter schmutzig. Tirana ist eine sichere Stadt, wenn man einmal von den Unebenheiten und ungesicherten Gully-Öffnungen in manchen Stadtteilen oder bei Baustellen absieht. Die Menschen sind sehr hilfsbereit. Ein Fremder wird sofort als solcher erkannt und wohlwollend neugierig beobachtet. Die Straßenhändler und die Geldwechsler auf der Straße sind nie aufdringlich. Man wird Ihnen bereitwillig Auskunft geben, wenn Sie nach dem Weg fragen und nicht den Eindruck vermitteln, Eroberungspläne im Gepäck mitzuführen. Nicht selten sprechen die Menschen Englisch, Französisch, Italienisch oder auch Deutsch.

Vom Sheshi Skanderbeg nach Süden führt der großzügig angelegte Bulevardi Dëshmorët e Kombit (Boulevard der Helden der Nation), an dessen Ende sich am Sheshi Nanë Terese das weiße Gebäude der Universität befindet, die 1957 gegründet wurde.

Am Beginn des Boulevards, auf dem zur Zeit der Besatzung Albaniens durch die Italiener die Paraden der Faschisten abgehalten wurden, befinden sich mehrere Regierungsgebäude, die unter der Herrschaft König Zogus gebaut wurden: rechts das Wirtschafts-, Landwirtschafts- und Verteidigungsministerium, links das Rathaus, das Ministerium für Straßenbau und Tourismus sowie das ehemals so gefürchtete Innenministerium.

Nachdem Sie die Regierungsgebäude hinter sich gelassen haben, säumen schattenspendende Bäume den breiten Boulevard, auf dem immer dichter Verkehr herrscht. Rechts befindet sich der Rinia-Park. Ein Springbrunnen mit einem großen Wasserbecken belebt die Grünanlage. Es ist erfreulicherweise nicht verboten, die Rasenflächen zu betreten. Hinter der Springbrunnenanlage laden Cafés und Restaurants zum Ausruhen ein.

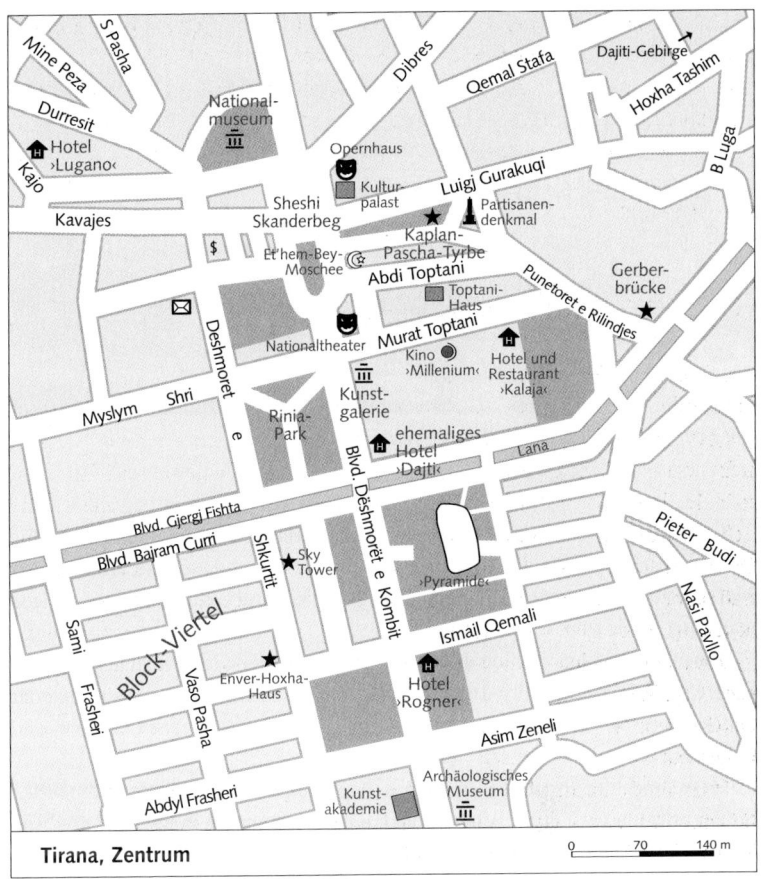

Tirana, Zentrum

An der linken Seite geht es vorbei am etwas verwittert wirkenden Hotel ›Dajti‹, in dem während der kommunistischen Ära sicher viele Ränke geschmiedet wurden. Damals hatten gewöhnliche Bürger keinen Zugang zu diesem Hotel. Hier wohnte der ›General der Toten Armee‹, der Protagonist in Ismael Kadarés gleichnamigem Roman. Dieser Roman beruht auf Tatsachen, von denen sich der Autor inspirieren ließ. Italien schickte nach dem Krieg einen General nach Albanien, der beauftragt war, die Gebeine der gefallenen Italiener zu suchen und nach Italien zu überführen. Im Jahre 2007 war das Hotel nicht mehr in Betrieb.

In der Nähe des Hotels finden Sie die Nationale Kunstgalerie, in der nicht nur Werke aus der Ära des Kommunismus, sondern auch einige zeitgenössische Maler sowie Ikonen von Onufri ausgestellt sind.

Der Skanderbeg-Platz ist das Herz Tiranas

Etwas abseits der Straße (nachdem Sie die Brücke über das Flüsschen Lana überquert haben) fällt die Pyramide auf, dieser schon erwähnte Kultbau aus Marmor aus der Enver-Hoxha-Zeit. Auch hier lädt eine Grünanlage mit einigen hübschen Cafés zum Verweilen ein.

Die moderne Konstruktion des Glockenturms in der Nähe springt ins Auge. Im Innern befindet sich die Friedensglocke (Këmbana e Paqes). Kinder aus Shkodër halfen dabei, die Glocke aus mehreren Tausend eingeschmolzenen Gewehr- und Pistolenkugeln zu gießen.

Gegenüber der Pyramide, also an der rechten Seite des Boulevards, sehen Sie drei Büsten berühmter Albaner. Es handelt sich um die Büsten der drei Brüder Frashëri, die in der albanischen Rilindja-Bewegung eine bedeutende Rolle spielten.

Auf der linken Seite ist die Residenz des Ministerpräsidenten nicht zu übersehen. In der Enver-Hoxha-Zeit war dieses Gebäude das Hauptquartier der Kommunistischen Partei. Rechts gegenüber tagt das Parlament. Im gleichen Gebäude sind das Verfassungsgericht und das Ministerium für Sport, Jugend und Kultur untergebracht.

Falls Sie zu den glücklichen Menschen gehören, die über ein stattliches Bankkonto verfügen, könnten Sie einen Besuch im ›Rogner-Hotel Europark‹ (linksseitig des Boulevards) einplanen. Es ist eines der schönsten und teuersten Hotels in Tirana mit einer wunderschönen Gartenanlage und einem Swimmingpool; es gehört einem Österreicher.

Am Ende des Boulevards, ebenfalls an der linken Seite, fällt ein recht modernes Gebäude mit riesigen Glasfassaden auf. Es handelt sich um den Kongreßpalast, der für Parteiversammlungen errichtet wurde. Heute finden dort Konzerte, Messen und Ausstellungen statt.

Gegenüber – versteckt in einem Park und streng bewacht sowie für Blicke von der Straße fast unsichtbar – befindet sich der Palast des Staatspräsidenten. Bis zum Jahre 1961, als die diplomatischen Beziehungen mit der Sowjetunion abgebrochen wurden, war hier die sowjetische Botschaft untergebracht.

Gleich dahinter, am Sheshi Nanë Terese, liegt die Kunstakademie, die von einladenden Gartencafés umgeben ist, und gegenüber das Archäologische Museum.

Die Universität von Tirana, die 1957 gegründet wurde, begrenzt diesen Platz im Süden. Das Sportstadion gegenüber der Universität trägt den Namen des früh verstorbenen Partisanenkämpfers Qemal Stafa.

Hinter der Universität sehen Sie den überdimensionalen Bau aus Beton und Glas des ›Sheraton-Hotels‹ aufragen, in dessen Nähe auch das von wohlhabenden Leuten viel besuchte Restaurant ›Juvenilja‹ liegt. Rund um die Universität gibt es – wie überall in Tirana – sehr viele kleinere oder größere Restaurants und Cafés, die zu jeder Tageszeit gut gefüllt sind.

Das grüne Tirana

Eine Oase der Ruhe und Entspannung inmitten der quirligen Hauptstadt ist der Große Park (Parku i Madh), gleich hinter der Universität. An den Wochenenden und während der Ferien ist der Park sehr belebt. Hier suchen die Bewohner von Tirana Erholung, veranstalten Picknicks oder gehen einfach spazieren. Für die Mehrheit der Albaner sind Urlaubsreisen, wie sie sich Menschen aus den Industrienationen leisten können, noch ein Traum. Selbst ein Ausflug mit der ganzen Familie zu diesem Park reißt für viele Menschen schon ein beträchtliches Loch in die Haushaltskasse. Der Park ist sicher, doch wie in jeder europäischen Stadt ist es nicht ratsam, Nachtspaziergänge einzuplanen.

Im Park befinden sich einige interessante Gedenkstätten. Der Friedhof für im Zweiten Weltkrieg in Albanien gefallene britische Staatsangehörige fand in der kommunistischen Ära wenig Beachtung, weil Großbritannien als imperialistischer Staatsfeind galt. Doch jetzt werden alljährlich am 11. November von der britischen Botschaft auf diesem Friedhof Gottesdienste abgehalten, an denen jeder teilnehmen kann. Auch eine Gedenkstätte für deutsche und österreichische Soldaten aus der Zeit der Besatzung während des Zweiten Weltkrieges befindet sich hier. In der Nähe dieses Friedhofs sind die drei Gebrüder Frashëri bestattet. Auf der gegenüberliegenden Seite können Sie eine antifaschistische Gedenkstätte erkennen.

Der See von Tirana ist ein künstlicher See, an dessen Ufern die Bewohner Tiranas gern entspannte Momente verbringen. Ein Spazierweg führt rund um den

See. Bei schönem Wetter sind die umliegenden Cafés meist voll besetzt. Leider sind im Park auch Motorräder und Autos zugelassen.

Das Aquadrom, Tiranas recht modernes Schwimmbad an der anderen Seite des Sees, ist von Anfang Mai bis Ende Oktober geöffnet (Eintritt für Erwachsene: 500 Lek; ab 14 Uhr 300 Lek).

Beliebt bei Familien mit Kindern ist der Zoo, in dem jedoch nicht sehr viele exotische Tiere zu sehen sind (Öffnungszeiten: 9 bis 18 Uhr, Eintritt: 50 Lek).

Interessanter für Besucher mag der Botanische Garten sein (Öffnungszeiten: 14 bis 18 Uhr; Eintritt: 50 Lek).

Der ehemalige Palast König Zogus wird heute vom Militär genutzt und kann nicht besichtigt werden.

Der Friedhof der Helden der Nation (Varreza e Dëshmorëve) in der Rruga Elbasanit grenzt an den Großen Park. Wie schon der Name sagt, wurden hier die sterblichen Überreste von 900 Helden der Nation begraben, über denen die zwölf Meter hohe, weiße Statue von Mutter Albanien wacht. Enver Hoxha und Mehmet Shehu, sein Genosse aus den Partisanenkämpfen, lagen hier bis zum Ende des Kommunismus begraben. Sali Berisha ließ beide Leichname nach seinem Amtsantritt auf einen öffentlichen Friedhof überführen. Vom Friedhof der Helden der Nation haben Sie einen wunderschönen Blick auf die Stadt und auf das Dajti-Gebirge im Osten der Ebene.

Das türkische Erbe Tiranas

Ausgangspunkt dieses Spaziergangs ist wieder der Sheshi Skanderbeg, wo es sich lohnt, einen Blick in die Et'hem-Bey-Moschee zu werfen, die während all der Wirren, die Tirana erlebt hat, erhalten geblieben ist. Sogar der Atheist Enver Hoxha hat es nicht gewagt, dieses Kunstwerk mit den schönen Wandmalereien im Innern weltlicher Nutzung zuzuführen. Die Moschee war in der kommunistischen Ära geschlossen. Am 18. Januar 1991 jedoch wurde sie ohne offizielle Erlaubnis wieder eröffnet, und einige Tausend Menschen strömten ins Innere, ohne daß die Polizei eingriff. Dieses Ereignis war ein Zeichen für die Wiedergeburt der religiösen Freiheit in Albanien. Das Minarett ist während der Partisanenkriege teilweise zerstört, aber später restauriert worden.

Bedenken Sie, daß Moscheen nicht mit Schuhen betreten werden dürfen und daß Sie angemessene Kleidung tragen sollten. Rechts vom Haupteingang befindet sich eine Treppe für Frauen, die in einem separaten Bereich oberhalb beten können. Fotografieren ist in der Moschee erlaubt (Öffnungszeiten: im Sommer von 8 bis 22 Uhr, im Winter von 8 bis 19 Uhr; Islamische Gemeinde Tirana, Tel. 22 37 01).

Die Et'hem-Bey-Moschee

Wenn Sie Glück haben, wird Sie der Muezzin bis zur Spitze des Minaretts begleiten. Von dort aus bietet sich ein schöner Blick über die Stadt. Auch der Uhrturm kann bestiegen werden (Öffnungszeiten: Mo, Mi, Sa von 9 bis 13 Uhr und von 16 bis 18 Uhr).

Von der Et'hem-Bey-Moschee biegen Sie in die Rruga Luigj Gurakuqi ein. Wenn Sie sich hier an der rechten Seite halten und den Taxistand passiert haben, werden Sie bald eine Grünfläche bemerken. Leider wirkt dieser Platz etwas vernachlässigt, und aus diesem Grund kann es leicht passieren, daß man das aus acht Säulen bestehende Grabmal (Tyrbe e Kapllan Pasha) übersieht. Kaplan Pasha regierte Tirana zu Anfang des 19. Jahrhunderts, und die ihm geweihte Tyrbe stammt aus dem Jahre 1817. Es ist verständlich, daß die Albaner die Zeit der türkischen Besatzung aus ihrem Gedächtnis auslöschen möchten. Wahrscheinlich werden aus diesem Grunde die Bauwerke aus dieser Zeit nicht gerade pfleglich behandelt, dem Verfall anheim gegeben oder sogar bewußt zerstört.

Gegenüber der Tyrbe erinnert (wie in vielen größeren Orten Albaniens) eine Bronzestatue an den unbekannten Soldaten. Hier handelt es sich um ein Denkmal für den unbekannten Partisanenkämpfer, der im Zweiten Weltkrieg gegen die Besatzung durch die Faschisten – zuerst die Italiener, dann die Deutschen – kämpfte. Obwohl Albanien niemandem den Krieg erklärt hatte, tobte hier der Krieg wie in anderen Ländern Europas, kostete viele Menschen das Leben und stürzte das Land in Elend und Armut. Vormittags halten sich viele Männer rund um das Denkmal des unbekannten Partisanen auf. Die meisten warten hier auf eine Gelegenheit, sich durch einen Tagesjob ein bißchen Geld zu verdienen.

Biegen Sie an dem Denkmal rechts ab in die Rruga Punetoret e Rilindjes, und dann gleich wieder rechts in die Rruga Abdi Toptani. Hinter der ersten Linksabbiegung befindet sich der Sitz der Demokratischen Partei, eine recht moderner Bau aus Stahl und Beton. Etwas weiter ist versteckt – hinter einer hohen alten Mauer und großen Bäumen – noch ein sehr gut erhaltenes Haus aus der osmanischen Zeit zu bewundern, das die einflußreiche Tiraner Familie der Toptani 1780 erbauen ließ. Leider ist es nicht zu besichtigen.

Haus der Familie Toptani

Falls Sie inzwischen hungrig geworden sein sollten: Das Restaurant ›Kalaja‹ (Schloß) in der Nähe ist zwar nicht ganz billig, verfügt jedoch über eine recht gute Küche. Vormals befand sich hier ein Schloß, welches der byzantinische Kaiser Justinian im 6. Jahrhundert bauen ließ.

Wenn Sie noch einen kleinen Verdauungsspaziergang durch die schattige Rruga Murat Toptani anschließen möchten, kehren Sie zurück zur Rruga Punetoret e Rilindjes, in Richtung Bulevard Gjergj Fishta. Wo die Rruga Punetoret e Rilindjes auf den Bulevard Gjergj Fishta trifft, ist noch eine kleine, alte Steinbrücke für Fußgänger aus dem 19. Jahrhundert erhalten geblieben, die Ura e Tabakëve (Brücke der Gerber).

Bei einem guten Espresso (der Espresso ist überall in Tirana sehr gut!) in einer der zahlreichen Bars können Sie die Eindrücke aus der bewegten Geschichte Albaniens noch einmal Revue passieren lassen.

Der Markt

Zur Atmosphäre einer Stadt und eines Landes gehören zweifelsohne die Märkte. Auch in Tirana gibt es einen Markt. Man nimmt wieder den Sheshi Skanderbeg als Ausgangspunkt und geht den Bulevard Zogu I. bis ans Ende. Von hier aus fahren Busse, Minibusse und auch die Eisenbahn in verschiedene Richtungen des Landes.

Sie gehen noch etwas weiter geradeaus und können den Markt mit den verschiedenen Hallen nicht verfehlen, wenn Sie durch einige enge Gassen gegangen sind, in denen Straßenhändler (darunter viele Roma) ihre Waren anbieten. Sicher ist es ratsam, in dieser Gegend etwas mehr auf den eigenen Geldbeutel oder die Handtasche aufzupassen und nicht unbedingt eine teure Kamera zur Schau zu stellen. Angefangen von abgetragenen und neuen Schuhen oder Kleidungsstücken bis hin zum Kugelschreiber oder Lehrbuch für Englisch oder Albanisch finden Sie hier alles mögliche. Wie überall in Albanien, darf auch hier gefeilscht werden, wobei die Preise im allgemeinen nicht allzu hoch sind.

Interessanter ist der Lebensmittelmarkt mit dem reichhaltigen Angebot an Gemüsen, Obst, verschiedenen Sorten Raki und Fleisch vom Schaf, von der Ziege und vom Rind. Garantiert frisch ist alles - für empfindsame Gemüter vielleicht sogar etwas zu frisch. Denn nicht jeder sieht gerne das frische Blut von den aufgehängten Tierleibern tropfen oder Hühner, die – lebend an den Beinen zusammengebunden – auf ihren sicheren Tod warten.

Wenn Sie Ihren Rundgang beendet haben und Hunger verspüren, ist das Restaurant ›Frashëri‹ in der Rruga Asim Vokshi, gegenüber vom Justizministerium, zu empfehlen. Es ist etwas schwierig zu finden, aber die Suche lohnt sich wirklich. Die italienischen Nudelgerichte und der frische Fisch sind ausgezeichnet. Sollten Sie das Restaurant ›Frashëri‹ (sonntags ist es übrigens geschlossen) nicht gefunden haben: An der Ecke der Rruga Durrëst/Skanderbegplatz kann man in einem Schnellrestaurant sehr gute Pizza und andere Schnellgerichte bekommen.

Auch das Restaurant ›Napoli‹ in der Nähe der Rruga Skanderbeg (Botschaftsviertel) ist zu empfehlen. Es führt eine italienisch beeinflußte, gute Küche und hat ein angenehmes Ambiente. Die Bedienung ist äußerst zuvorkommend.

Anschließend gibt es ein sehr leckeres Eis in der Rruga Durrëst. Die Auswahl ist groß, ein riesiger Becher kostet 300 Lek.

Die Museen Tiranas

Nationalmuseum (Muzeu Historik Kombëtar)

Der Bau des Museums aus der kommunistischen Epoche (das Museum wurde 1981 eingeweiht) beeindruckt durch die Mosaikfassade am Eingang, die den Sieg des albanischen Volkes über die Besatzungsmächte und den Marsch in die Unabhängigkeit darstellt. Leider wurde das Museum während der Kriegswirren ausgeplündert, doch es ist auf jeden Fall einen Besuch wert. Da nicht alle Ausstellungsstücke in englischer Sprache beschriftet sind, wäre eine dolmetschende Begleitung hilfreich. Einige Damen im Museum sprechen leidlich Englisch. Vielleicht können Sie in der Universität fragen. Sicher finden sich Studenten, die Ihnen für ein kleines Trinkgeld gern behilflich sind.

Die berühmte ›Göttin von Butrint‹, die im Theater der südalbanischen Ausgrabungsstätte Butrint gefunden wurde, und die ›Schöne von Durrës‹, das riesige Mosaik eines Frauenkopfes aus dem ehemaligen Dyrrachium, dem heutigen Durrës, sind wohl die schönsten Ausstellungsstücke im unteren Stockwerk. Dieses beherbergt außerdem Exponate aus der prähistorischen, der illyrischen und der römischen Epoche.

Das Mittelalter ist durch Landkarten repräsentiert, die die verschiedenen Stadien der osmanischen Besatzung zeigen. Auch der ständige Widerstand der Albaner gegen die Osmanen ist dargestellt. Die Originale von Skanderbegs Schwert und

Wasserspiele im Zentrum

seinem Helm mit dem Ziegenkopf befinden sich im Kunsthistorischen Museum in Wien. Was Sie hier sehen sind leider nur Nachbildungen. Man versucht zur Zeit, die Originale wenigstens für einen bestimmten Zeitraum im Jahr als Leihgabe für das Museum oder für das Museum in Krujë zu bekommen.

Die Rilindja-Bewegung und der Kampf um die Unabhängigkeit sind durch Fotografien und Zeichnungen dargestellt.

Im obersten Stockwerk wird die kommunistische Epoche mit ihren Greueln wieder lebendig. Persönliche Gegenstände, Fotografien und Zeitungsausschnitte erinnern an die Opfer der Diktatur. Sie alle lassen auf eindrucksvolle Weise das Elend der Menschen, die unter der brutalen Zwangsherrschaft zu leiden hatten. Sehr bedrückend ist eine Gefängniszelle, welche die fürchterlichen Bedingungen zeigt, unter denen die Gefangenen leben mußten.

Das Museum ist (außer an Sonn- und Feiertagen) vormittags von 8 bis 13 Uhr sowie (außer Samstags) nachmittags von 17 bis 19 Uhr geöffnet (Eintritt: 100 Lek). Da sich die Öffnungszeiten ändern können, sollten Sie sich sicherheitshalber vorher informieren (Tel. 22 83 89). Eine junge Albanerin, die in Deutschland studierte, und recht gut Deutsch spricht, führt Sie nach Terminvereinbarung gern durch das Museum, wenn Sie möchten auch durch die Stadt: Alketa Sulova, Tel. 069/206 45 56.

Archäologisches Museum (Muzeu Arkeologijk)

Dieses Museum finden Sie in der Nähe der Universität, am Sheshi Nanë Terese. Es zeigt eine große Anzahl von Ausstellungsstücken aus den verschiedenen Epochen der Geschichte Albaniens. Auch hier sind nicht alle Exponate in englischer Sprache beschriftet. Funde aus der Stein-, Bronze- und Eisenzeit sind in den ersten beiden Räumen ausgestellt. Danach sehen Sie Ausstellungsstücke aus der Zeit der Illyrer. Tongefäße, Tierdarstellungen aus Bronze und Schmuckgegenstände aus dieser Zeit sind besonders interessant. Aus der Zeit der hellenistischen Epoche fällt ein überdimensionaler, tönerner Vorratskrug aus dem 2. Jahrhundert vor Christus auf. Im letzten Raum befinden sich Funde aus der Römerzeit, Reste von Statuen, gläserne Behälter und Vasen sowie Grabsteine.

Das Museum ist montags bis freitags von 10.30 bis 14.30 Uhr geöffnet (Eintritt: 100 Lek; Tel. 22 65 41).

Naturwissenschaftliches Museum (Muzeu i Shkencave Të Natyrës)

Es befindet sich in der Rruga e Kavajës, gegenüber der Polyklinik. Da nirgends auf das Museum hingewiesen wird, ist es ratsam, sich durchzufragen. Das Personal ist sehr hilfsbereit, doch es wird nur wenig Englisch gesprochen.

Bei den ausgestopften Tieren (hauptsächlich Vögel und Meerestiere) ist ein Dalmatinischer Pelikan zu sehen. Ein Raum ist Insekten gewidmet, und in einem weiteren finden sich Skelette von Säugetieren.

Dieses Museum ist ebenfalls an Samstagen und an Sonntagen geschlossen. An den Wochentagen können Sie es von 8 bis 14 Uhr besichtigen (Tel. 22 90 28).

Nationale Kunstgalerie (Galleria e Arteve)

Wenn Sie sich für Kunst im allgemeinen und für die Künstler Albaniens im Besonderen interessieren, sollten Sie diese Galerie in der Nähe des ›Dajti‹-Hotels besuchen. Seit der frühere Kultusminister Edi Rama Bürgermeister von Tirana ist, wird diese Galerie von der Stadt besonders gepflegt.

Werke aus dem Realismus der sozialistischen Epoche überwiegen, doch auch albanische Impressionisten des 20. Jahrhunderts und zeitgenössische Werke sind zu sehen. Ein Raum ist Onufri gewidmet, dem bekannten Ikonenmaler aus dem Mittelalter. Im Erdgeschoß finden des öfteren Ausstellungen statt.

Die Galerie ist von Dienstag bis Sonntag von 9 bis 12 Uhr und von 16 bis 20 Uhr geöffnet (Eintritt: 100 Lek).

Auch private Kunstgalerien freuen sich über Besuch aus dem Ausland. In der Rruga e Durrêst 114 wartet die Galerie Te&Ge auf Ihren Besuch, in der Rruga Dëshmorë et 4 Shkurtit die Galerie Gjikondi. Die Eintrittspreise hier sind höher als in den öffentlichen Galerien.

Unterhaltung

Freunde klassischer Musik kommen in Tirana voll auf ihre Kosten. Das Opernhaus am Skanderbeg-Platz und die Akademie der Künste in der Nähe der Universität haben das ganze Jahr über Konzerte albanischer und ausländischer Künstler auf dem Programm. Die Eintrittspreise sind sehr günstig (meist etwa 300 Lek; besondere Vorstellungen können etwas teurer sein).

Alljährlich im November findet das Herbstfestival statt, bekannt als Vjesta e Tiranës. Dieses gibt dem Publikum die Gelegenheit, moderne albanische Musik kennenzulernen.

Einige europäische Botschaften und kulturelle Vereinigungen aus Europa und Albanien haben gemeinsam das Allegretto Albania ins Leben gerufen, das im Winter und im Frühjahr Konzerte für Musikliebhaber veranstaltet.

Die beiden modernen Kinos in der Stadt, Millenium I in der Rruga e Kavajës, und das Millenium II in der Rruga Murat Toptani, zeigen größtenteils Hollywoodfilme in englischer Sprache mit albanischen Untertiteln.

Prachtvolle Fassaden an der Lana

Die Albaner begeistern sich für Fußball. Selbst wenn Sie kein Fußballfan sind, ist der Besuch eines Fußballspiels sicher interessant, um die Reaktionen der Menschen zu beobachten. Der Deutsche Ex-Profi Hans Peter Briegel war längere Zeit Trainer der Nationalmannschaft – und bis zu seinem Ausscheiden im Frühjahr 2006 unter den Einheimischen offenbar auch sehr beliebt: Einige männliche Neugeborene wurden auf den Vornamen Briegel getauft.

Versäumen Sie nicht, im ›Block‹ von Tirana einige Cafés oder Restaurants zu besuchen. Dieser Stadtteil mit schönen, alten Villen, vielen Gärten und schattigen Straßen westlich des Bulevardi Dëshmorët e Kombit war in der kommunistischen Zeit Angehörigen des Regimes vorbehalten. Hier befindet sich Enver Hoxhas ehemaliges Wohnhaus; es kann heute von Privatleuten für Familienfeiern oder dergleichen angemietet werden. Der damalige Staatschef, der auf seine Fahnen das Wohl der Arbeiterklasse geschrieben hatte, erlaubte keinem Arbeiter, dieses Viertel zu betreten, geschweige denn in die Nähe seines Hauses zu kommen. Heute ist hier der Fußgänger König. Eine Bar neben der anderen, ein Restaurant neben dem anderen, die Bürgersteige bevölkert von fröhlichen Menschen, die ihre neu gewonnene Freiheit genießen – eine quirlige, lebensfrohe Atmosphäre kennzeichnet das Blockviertel.

Nutzen Sie die Gelegenheit, um auf den Sky Tower im Blockviertel hinaufzufahren. Oben befindet sich eine Bar, von der Sie einen sehr schönen Blick über die Hauptstadt haben.

Auch das riesige Vergnügungszentrum ›Taiwan‹ ist einen Besuch wert. Hier gibt es unzählige Möglichkeiten, sich die Zeit mit sinnvollen und sinnlosen Spielchen zu vertreiben – auch eine Kegelbahn ist vorhanden. Danach kann man eine Pizza essen und einen Cappuccino oder Espresso genießen. Für westeuropäische Verhältnisse sind dieses nicht einmal sehr teure Vergnügungen.

In einigen Kneipen können Sie an den Wochenenden Live-Musik, gespielt von modernen Bands, erleben. In der Rruga Gjin Bue Shpata im ›BoomBoom Room‹ und in der Rruga Luigj Gurikuqi im ›Rozafa-Zentrum‹ geht es nicht gerade leise zu. Auch im ›Lux‹ (hinter dem Kulturpalast) ist der Geräuschpegel häufig recht hoch.

 Vorwahl Tirana: 003 55/ (0)04.

Leider gibt es noch kein Informationsbüro für Touristen in Tirana.

Die meisten Reisebüros – viele befinden sich in der Rruga e Durrësit – geben Ihnen jedoch gern Auskunft.

 Die meisten Geschäfte akzeptieren Euros oder US-Dollar. In vielen Hotels sind die Preise in Euro angegeben. Es ist jedoch günstiger, in Lek zu bezahlen (1 Euro: 120 Lek; Stand Ende 2007).

▶ Wechselstuben gibt es überall in der Stadt. Auch den Geldwechslern in den Straßen kann man im allgemeinen vertrauen. In den Banken drohen oft lange Warteschlangen.

▶ In größeren Hotels können Sie mit Kreditkarte bezahlen, in den Läden werden in der Regel keine Kreditkarten akzeptiert.

▶ Geldautomaten gibt es mittlerweile bei jeder größeren Bank.

 Das Zentralgebäude der Post befindet sich hinter der Nationalbank am Sheshi Skanderbeg, in der Rruga Çamëria. Briefe von Tirana nach Deutschland benötigen eine Woche, aus den übrigen Landesteilen sehr viel länger.

▶ Telefonkarten können Sie in der Post oder in den Wechselstuben kaufen, aber auch bei Straßenhändlern, die sich meistens in der Nähe der Telefonzellen aufhalten. In der Post sind die Telefonkarten etwas günstiger. Es gibt viele Telefonzellen in der Stadt, doch nicht alle sind jederzeit betriebsbereit.

▶ Prepaid-Karten für Mobiltelefone sind in den zahlreichen Handyläden oder ebenfalls in den Wechselstuben erhältlich.

 Tirana bietet Unterkunftsmöglichkeiten für jeden Geldbeutel. Die Preise für Doppelzimmer mit Frühstück bewegten sich 2007 zwischen 220 Euro (Kategorie 1) und 30 Euro (Kategorie 4) pro Nacht. Es empfiehlt sich, etwas tiefer ins Portemonnaie zu greifen, um sicher zu sein, daß Tag und Nacht fließend Wasser und Elektrizität garantiert sind. In den größeren Hotels dürfte dies kein Problem sein. Wenn Sie jedoch weniger als 30 Euro pro Nacht zahlen, müssen Sie damit rechnen, daß vor allem in den Mittagsstunden Strom und Wasser abgestellt werden.

Kategorie 1

▶ ›Sheraton‹, Sheshi Italia, Tel. 27 47 07, Fax 27 47 11, tirana@starwoodhotels.com, www.starwood.com.

▶ ›Rogner Europark‹, Blv. Dëshmorët e Kombit Tel. 23 50 35, Fax 23 50 50, info@tirana.rogner.com, www.rogner.com.

▶ ›Chateau Linza‹, Komuna e Dajtit, Qesarak, Linze, Tel./Fax 82 01 98-5, -6, -7, Mobil: 069/203 00 09. Schöne Hotelanlage etwas außerhalb östlich der Stadt, am Fuß des Dajti-Nationalparks.

▶ ›Tirana International‹, Sheshi Skanderbeg, Tel. 23 41 85, Fax 23 25 21, tihsale@adanet.net, www.hotel-tirana.albnet.net.

Kategorie 2

▶ ›Mondial‹, Rr. Muhamet Gjollesha, Tel. 23 23 72, Fax 25 81 22, hotelmondial@albamail.com.

▶ ›Broadway‹, Rr. Emin Duraku 8, Tel. 26 71 19, Fax 24 39 67, broadway@icc-al.org, www.hotel-broadway-tirana.com.

Kategorie 3

▶ ›Iliria‹, Rr. e Elbasanit, Tel./Fax 37 17 00.

Kategorie 4

▶ ›Firenze‹, Blv. Zogu I. 72, Tel. 24 90 99, Fax 27 20 77.

▶ Hotel ›Kruja‹, Rr. Mine Peza, Tel. 23 81 06, Fax 23 81 08

▶ Unterkunft für Rucksacktouristen: Rruga e Elbasanit, Tel. 068/222 23 04, backpacker@hotmail.com. Alte restaurierte Villa mit persönlichem, angenehmen Ambiente, Küche und Waschmaschine vorhanden. Ca. 15 Euro pro Nacht, Reservierung ist unbedingt erforderlich, da sehr begehrt bei jugendlichen Touristen.

 Üblicherweise werden in Restaurants und Cafés 10 Prozent Trinkgeld gezahlt. Unüblich ist es, das Trinkgeld auf dem Tisch zurückzulassen.

▶ ›Akademia‹, hinter der Kunstakademie, in der Nähe der Universität am Sheshi Nanë Terese.

▶ ›Berlin‹, Rruga Vaso Pasha 7, hier gibt es Schnitzel!

▶ ›Casa Mia‹, hinter dem Hotel ›Tirana International‹, italienisch.

▶ ›Efendi‹, Rruga Sami Frashëri, türkische Küche.

▶ ›Elton‹, Rruga Adem Jashari, albanische Spezialitäten.

▶ ›Era‹, Rruga Ismail Qemali, traditionelle albanische Küche.

▶ ›Frashëri‹, Rruga Asim Vokshi, ausgezeichnete italienische Gerichte, frischer Fisch.

▶ ›Juvenilja‹, die Restaurant-Kette hat Filialen in der Rruga Sami Frashëri und hinter dem ›Sheraton‹-Hotel.

▶ ›Napoli‹, Rruga e Durrësit, Botschaftsviertel, italienische Küche.

▶ ›Ujvara‹, Rruga Emin Duraku, angenehmes Ambiente, gute Küche.

Die Umgebung Tiranas

Tirana ist ein guter Ausgangspunkt, um die Landesmitte zu erkunden. Einige
Ziele wie das Dajti-Gebirge, das von Tirana aus zu sehen ist, die Burg Petrele oder
Elbasan lassen sich gut während eines Tagesausflugs besuchen.

Auch ein Besuch in der Kleinstadt Krujë, dem Zentrum des Widerstands des
Nationalhelden Skanderbeg gegen die Türken, läßt sich gut im Rahmen eines
Tagesausflugs von Tirana aus bewältigen.

Das Dajti-Gebirge

Das Gebirge ist einer der schönsten Nationalparks Albaniens, ungefähr 30 Kilometer östlich von Tirana gelegen. Da er von allen Nationalparks am einfachsten
zu erreichen ist, lohnt es sich, einen Tag dort einzuplanen und fernab von Groß-
stadtlärm und Abgasen bei Spaziergängen in den schönen Wäldern frische Luft

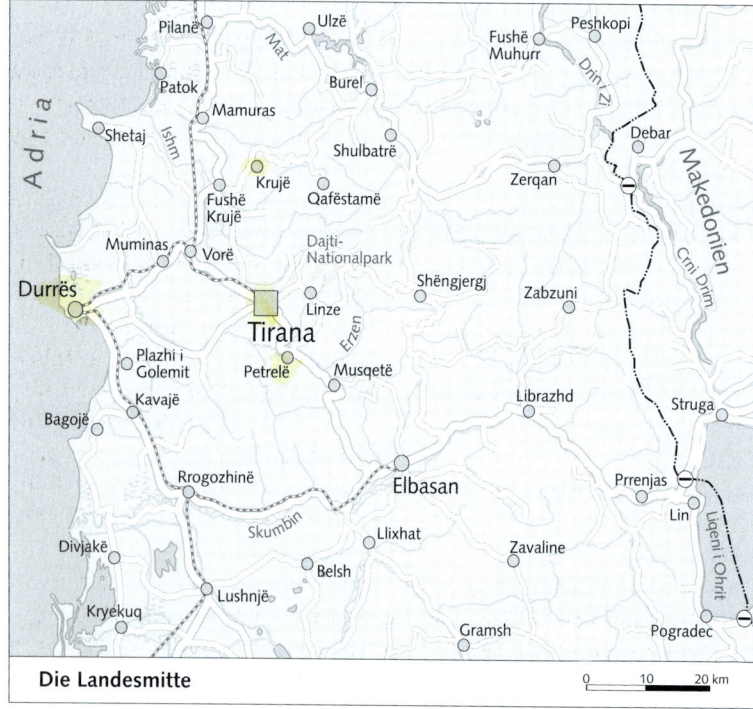

Die Landesmitte

Tirana und die Landesmitte

Das Dajti-Gebirge

einzuatmen. Für albanische Verhältnisse ist das Gebirge mit einer Höhe von 1610 Metern nicht sehr hoch. Man kann nicht bis zum Gipfel vordringen, da dieser für militärische Zwecke abgesperrt ist. Es gibt keine ausgewiesenen Wanderwege oder Hinweisschilder, insofern müssen Sie sich auf Ihren Orientierungssinn verlassen.

Laubwälder, vorwiegend Buchen, und immergrüne Nadelwälder bedecken die Berghänge. Wegen der Nähe zu Siedlungsgebieten leben hier zwar keine größeren Wildtiere, doch gibt es viele Wiesel, Marder, Füchse, Hasen und Eichhörnchen.

Seit Herbst 2005 gibt es die Dajti-Seilbahn (Teleferik), die von einer österreichischen Firma gebaut wurde. Für 500 Lek werden Sie bis auf eine Höhe von etwa 1200 Meter des Dajti-Gebirges befördert, vorausgesetzt natürlich, daß die Wetterverhältnisse es zulassen. Nicht selten weht es dort oben ziemlich heftig. Die Auffahrt dauert knapp 15 Minuten. Tickets für Gruppen sind billiger (etwa 300 Lek pro Person), sollten aber reserviert werden. Tel. 04/37 01 11. Die Bodenstation der Seilbahn befindet sich in einem Vorort von Tirana, am Ende der Rruga Qemal Stafa. Fragen Sie Taxifahrer nach dem Weg – es ist für Ausländer nicht leicht zu finden!

Nach etwa 15 Kilometern außerhalb der Stadt, vorbei am ›Chateau Linza‹, einer der schönsten Hotelanlagen in Tiranas Umgebung, führt eine mehr oder weniger befestigte Straße bis zum Eingangstor, an dem eine Eintrittsgebühr von 100 Lek zu zahlen ist. Wundern Sie sich nicht über etwas unerfahren wirkende Autofahrer! Die

Straße ist ein inoffizielles Übungsgelände für potentielle Führerscheinerwerber. Das Wasser an den kleinen Wasserfällen am Weg ist trinkbar.

  Einige Kilometer vom Parkeingang entfernt, finden Sie (nach einer Linksabbiegung) die Hotelanlage ›Fshati Turkish Paradise‹, bestehend aus Holzhütten mit je zwei Betten und einer Dusche. Ein Restaurant befindet sich ebenfalls in der Anlage, Tel. 04/23 63 93.
▶ Weiter oben lädt das Restaurant ›Gurra e Perrisë‹ zum Forellenessen.

▶ ›King-Park-Resort‹, Parku Kombetar i Malit te Dajtit, Tel. 04/27 23 85 Fax 25 15 69, www.kingparkalbania. com. Schöne Ferienanlage im Dajti-Gebirge. Sie ist im Sommer und Winter geöffnet und bietet neben modern eingerichteten Zimmern ein vorzügliches Restaurant und Sportmöglichkeiten. Der Transport von der 2 km entfernten Bergstation der Seilbahn bis zur Anlage ist gratis.

Petrele

Auf der Straße nach Elbasan fällt, rechtsseitig auf einer Bergspitze hockend, die Burg Petrele auf. Sie ist eine der am besten erhaltenen Burgen Albaniens. Die Festung wurde unter dem byzantinischen Kaiser Justinian gebaut, um die Stadt Dyrrachium (Durrës) zu verteidigen. Der mittlere Turm wurde etwa 500 nach Christus erbaut. Zur Zeit Skanderbegs diente das Schloß ebenfalls militärischen Zwecken, um das Land gegen die Osmanen zu verteidigen. Skanderbegs Schwester Mamica lebte hier und verteidigte die Burg. Doch nach Skanderbegs Tod fiel die Festung in die Hände der Osmanen.

Am besten können Sie mit einem Taxi dorthin fahren. Die Hin- und Rückfahrt sollte nicht mehr als 3000 Lek kosten. Das letzte Wegstück muß erklettert werden – bei Höhenangst ein etwas waghalsiges Unternehmen, da der Weg nicht abgesichert ist.

Doch der Aufstieg lohnt sich. In der Burg befindet sich ein sehr stilvoll eingerichtetes Restaurant mit einer guten Küche. An den Wochenenden ist dieses Lokal sehr gut besucht. Von oben haben Sie einen wunderschönen Ausblick auf die Hauptstadt und auf die Gebirge im Osten.

Am Skanderbeg-Platz in Tirana; Das Nationalhistorische Museum in Tirana
In Korçë; Wohnhaus in Tirana

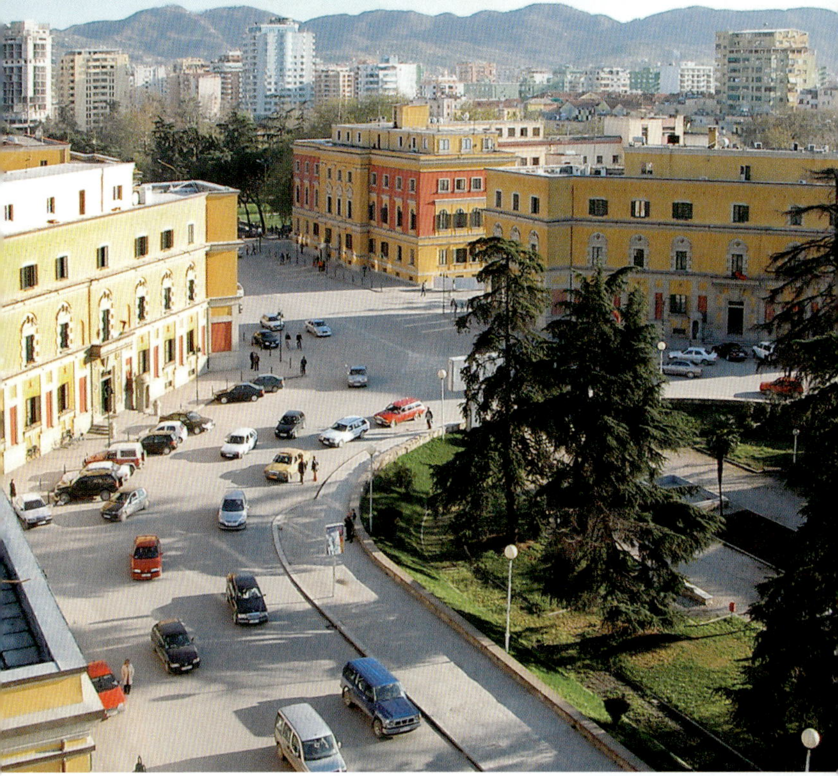

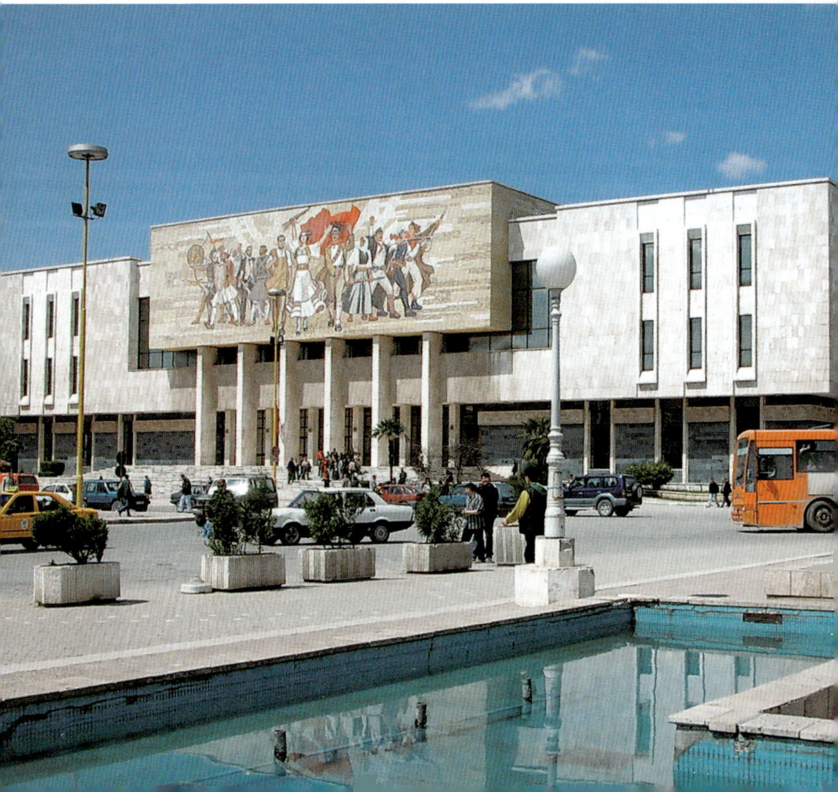

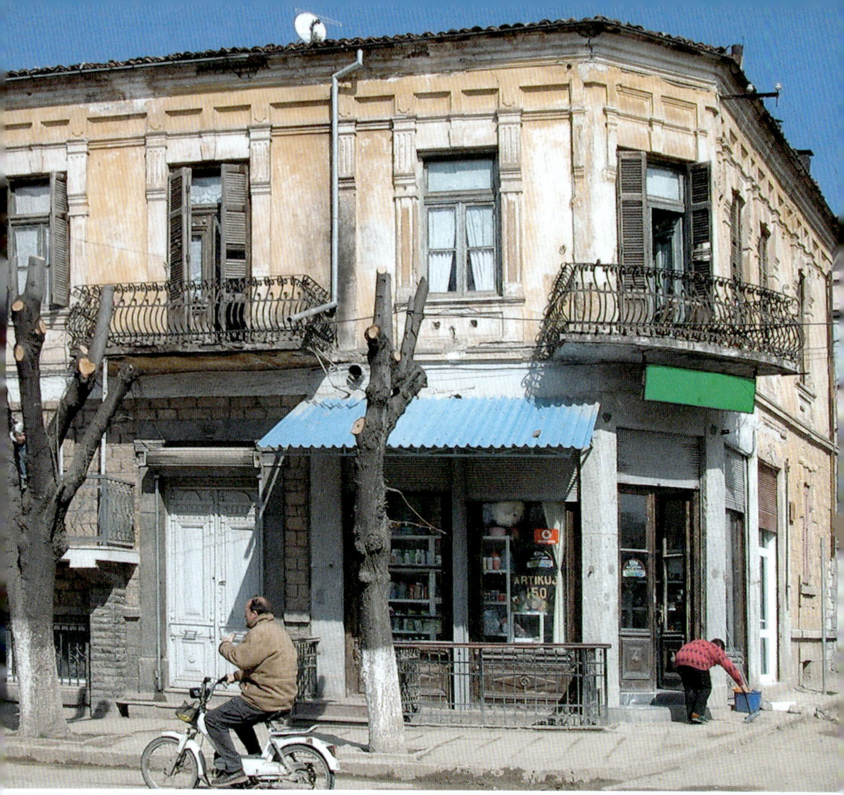

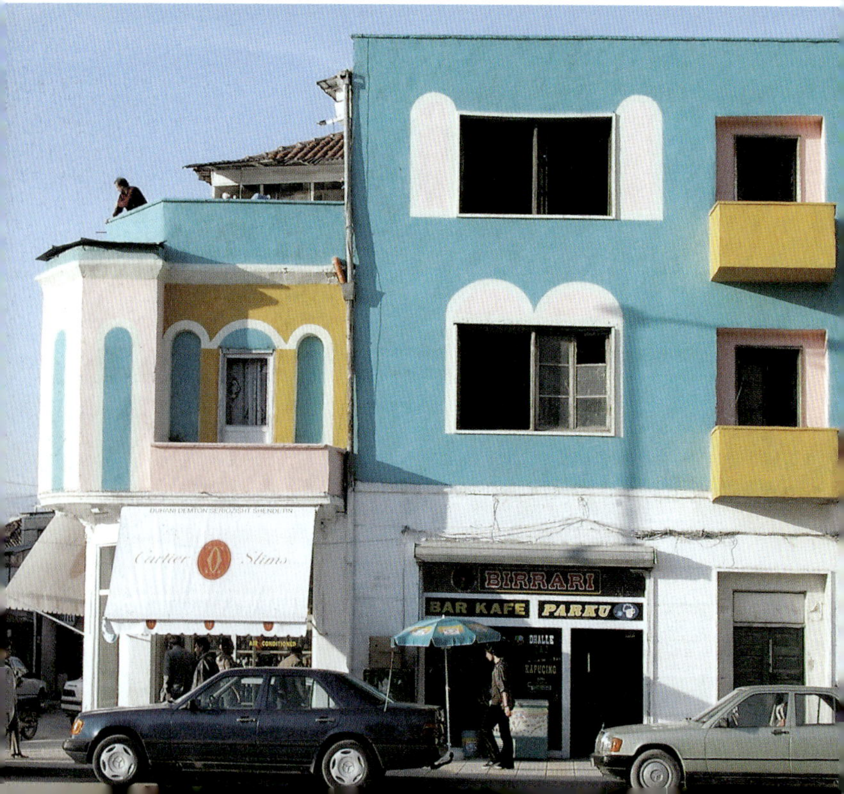
Cartier Slims
BIRRARI
BAR KAFE
PARKU

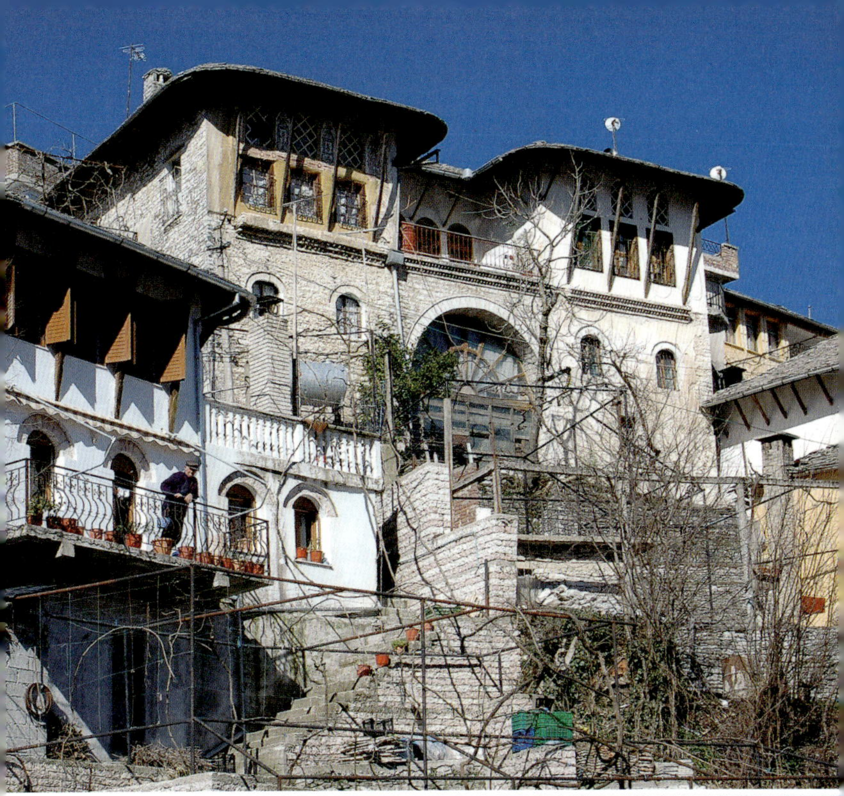

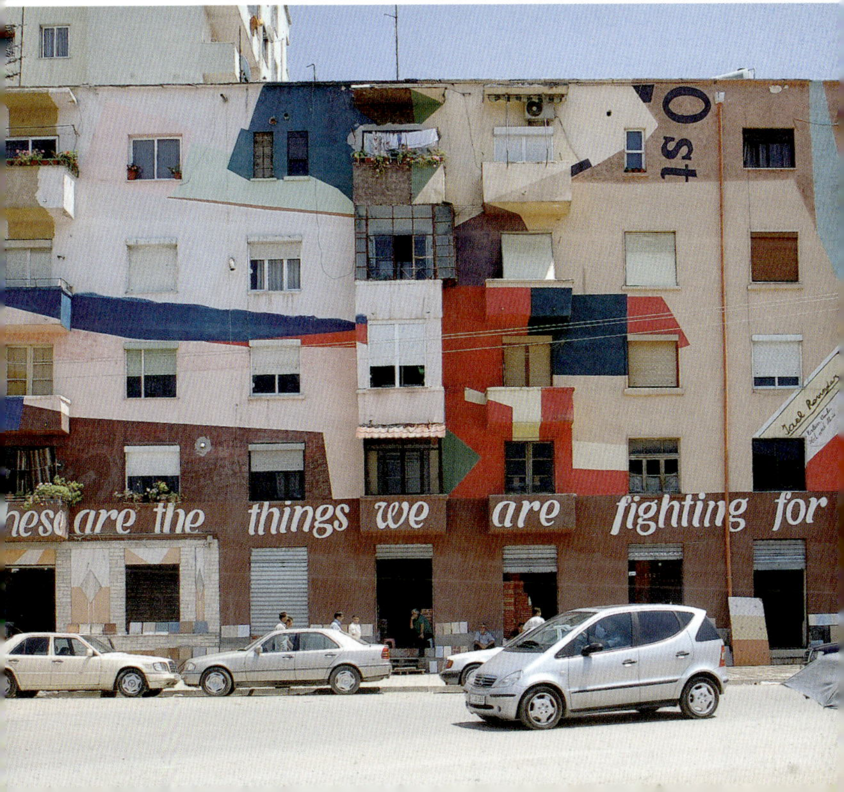
hese are the things we are fighting for

Elbasan

Eine besonders belebte Straße in Tirana ist die Rruga Elbasanit, die – wie der Name schon sagt – nach dem ebenso belebten Elbasan führt, knapp 50 Kilometer in südöstlicher Richtung von Tirana entfernt. Es gibt eine Bahnverbindung von Tirana über Elbasan bis Guri i Kuq, in der Nähe von Pogradec. Der Zug (Treni) sieht von weitem sehr romantisch aus. Wenn Sie die Absicht haben, unterwegs schöne Landschaftsphotos zu machen oder Geld sparen wollen, dann ist dieses Transportmittel die richtige Wahl. Der Zug fährt dreimal täglich in jeder Richtung – erste Abfahrt ab Tirana 5.55 Uhr. Der Zug fährt über Durrës und benötigt bis Elbasan knapp 5 Stunden! Fahrpreis: 160 Lek (Stand Ende 2007). Wie schon gesagt: sehr preisgünstig! Albaner, die etwas auf sich halten, nehmen dieses Verkehrsmittel nicht, schämen sich fast seiner Existenz.

Die Alternative sind Minibusse, die in der Nähe der Rruga Elbasanit abfahren, manchmal auch in der Nähe des Skanderbeg-Platzes. Da in Tirana häufig Bauarbeiten stattfinden, werden die Haltestellen der Minibusse oft verlegt. Vielleicht gibt es auch andere Gründe, auf jeden Fall sollten Sie sich in einem Hotel oder auch bei Passanten vor Ihrer Abfahrt erkundigen.

Von Tirana bis Korçë – also fast an der Grenze zu Makedonien – beträgt der Fahrpreis mit dem Minibus 650 Lek, bis Elbasan etwa 400 Lek (etwa 1,50 Euro).

Gleich am Ende der belebten Rruga Elbasanit steigt die Straße durch das Krraba-Gebirge steil an. In der Nähe des Ortes Mullet sehen Sie rechts auf einem hohen Felsen die Festung Petrele liegen, eine der Burgen, die Skanderbeg – er begegnet uns im ganzen Land – als Stützpunkt diente. Hier soll seine Lieblingsschwester gewohnt haben.

Nach dem Ort Mulleti geht es wieder in Haarnadelkurven über den Krraba-Paß hinauf bis auf etwa 1000 Meter Höhe. Die Landschaft rechts und links bietet, wie fast überall in Albanien, faszinierende Ausblicke. Die Gegend ist nahezu unbewohnt, das Erzen-Tal (rechts von der Straße) ist durchsetzt mit einzelnen kleinen Anwesen. Kurzum: eine wilde, fast unberührte Schönheit.

Wenn Sie auf der Paßhöhe angekommen sind, sehen Sie alsbald unten im Tal Elbasan liegen. In der kommunistischen Ära war dieser Ort der Stolz der Partei, denn hier wurden die Erzvorkommen aus der Nähe des Ohridsees zu Stahl verarbeitet. Einige Tausend Arbeiter fanden in dem Stahlwerk, das mit chinesischer Technologie und äußerst umweltschädlich konstruiert wurde, Lohn und Brot. Heute ist das riesige Werk fast verlassen. Eine Firma aus der Türkei hat es über-

Tirana und die Landesmitte

In Gjirokastër; Aufbruchstimmung an einem Plattenbau in Tirana
Straße in Gjirokastër; Ein-Mann-Bunker aus kommunistischer Zeit

nommen und verarbeitet nur noch Alteisen, denn die technischen Anlagen sind total veraltet. Das Werk trug den bezeichnenden Namen ›Stahl der Partei‹.

Wie viele Städte in Albanien, so hatte auch Elbasan im Lauf der Geschichte mehrere Namen. Im 1. Jahrhundert vor Christus wurde der Ort etwas weiter südlich vom heutigen Elbasan (unter dem Namen Scampa) von Illyrern gegründet. In der römischen Epoche entwickelte sich der Ort durch den Bau der Via Egnatia, die hier – von Apollonia und Durrës kommend – zusammenlief und weiter bis nach Byzanz führte. Elbasan war damals ein wichtiger Verkehrsknotenpunkt zwischen Italien und der Balkanhalbinsel sowie ein bedeutendes Handelszentrum.

In der byzantinischen Epoche hieß der Ort Neo Kastron (Neues Kastell) und schließlich unter osmanischer Besatzung El-Basan, die annähernde türkische Übersetzung für Festung. Doch im Gegensatz zu anderen Festungsgründungen in Albanien lag diese nicht auf einem Berg, sondern in einem Wassergraben, und war daher von potentiellen Invasoren leichter zu erobern.

Im 16. und 17. Jahrhundert wurde Elbasan berühmt wegen seiner handwerklichen Erzeugnisse aus Leder, Holz, Seide und Silber. Die Silberschmiede und Opankenhersteller (ehemalige Fußbekleidung der Albaner) von Elbasan waren im ganzen Land bekannt. Schon in der damaligen Zeit waren die Handwerker in Zünften oder Gewerkschaften mit schriftlichen Statuten organisiert.

Einer der Reformer des albanischen Alphabets, der Lehrer Todhri Haxhi Filipi, bekannter unter dem Namen Dhaskal (Lehrer) Todhri, wurde in Elbasan geboren. Außerdem ist die Stadt Geburts- und Grabstätte von Konstantin Kristoforidhi, der sich ebenfalls um die Erhaltung der albanischen Sprache verdient machte. Die Erinnerung an diesen albanischen Gelehrten wird mit einer Büste wachgehalten, die in der Nähe des Theaters aufgestellt ist.

So ist es wenig verwunderlich, daß in Elbasan im Jahre 1909 eine Lehrerfortbildungsanstalt gegründet wurde, die noch heute existiert. Elbasan hat auch eine Universität, die nach dem in Albanien bekannten Dichter und Publizisten Aleksander Xhuvani benannt ist.

Der albanische Partisanenheld und früh verstorbene kommunistische Jugendführer Qemal Stafa wurde in Elbasan geboren (1921–1942).

Heute ist Elbasan eine Stadt von etwa 100 000 Einwohnern, die hauptsächlich von kleineren Industriebetrieben der Holzverarbeitung, Tabakproduktion und der Herstellung von Baumaterialien (Zement) leben.

In der Stadt gibt es ein archäologisches Museum, das Funde aus der illyrischen Zeit ausstellt. In der Nähe des Hotels ›Scampa‹ befindet sich noch ein altes türkische Bad – ein Hamam, in dem Sie sich in einer Bar und in einem Restaurant von Ihrem Stadtrundgang erholen können.

Das Ethnographische Museum in Elbasan zeigt besonders alte Werkzeuge, außerdem verschiedene Wohnräume mit typischen regionalen Ausstattungen.

Von der Festung, die zuletzt von Ali Pasha Tepelene restauriert und erneuert worden war, ist nicht mehr viel übrig geblieben, denn die Türken ließen sie im Zuge ihrer Auseinandersetzungen mit Ali Pasha schleifen.

Wenn Sie einige Tage in Elbasan verbringen möchten, bietet die Umgebung noch einige interessante Ausflugsmöglichkeiten.

In südlicher Richtung, etwa 20 Kilometer entfernt, befinden sich die heißen Schwefelquellen von Llixhat, die in der Zeit des Kommunismus Ziel für erholungsbedürftige Arbeiter aus dem Hüttenkombinat waren. Die Anwendungen versprechen Linderung bei Rheumaleiden und Muskelschmerzen.

Rund 30 Kilometer in südwestlicher Richtung von Elbasan liegt, eingebettet in eine landschaftlich anmutige grüne Ebene, der Ort Belsh.

  Allzu groß ist die Auswahl nicht:

▶ Hotel ›Akileda‹, Tel. 054/5 30 51. Das Hotel hat ein Restaurant.

▶ Hotel ›Universi‹, Tel. 054/561 93. Restaurant und Swimmingpool vorhanden. Beide Hotels haben modern ausgestattete, bequeme Zimmer mit Klimaanlage und Fernsehen.

▶ In Llixhat gibt es die Thermal-Hotels ›Qosja‹, Information über www. turisalba.com, und ›Iliria‹, www.thermaliliria.com.

Krujë

Wer Albanien bereist und Krujë nicht gesehen hat, hat das Wichtigste versäumt: das Nationalheiligtum der Albaner!

Es ist sehr leicht, von Tirana aus dorthin zu kommen. Die Entfernung beträgt nicht einmal 50 Kilometer. Das bequemste Verkehrsmittel ist natürlich ein Taxi, das (verglichen mit deutschen Verhältnissen) nicht besonders teuer ist. Sie müssen den Preis vorher aushandeln, aber es dürfte für die Hin- und Rückfahrt nicht mehr als 4000 Lek kosten, Wartezeiten nicht eingerechnet. Im allgemeinen wird der Begriff ›Wartezeit‹ in Albanien recht großzügig interpretiert. Dennoch sollten Sie den Preis vorher verhandeln. Dies verhindert, daß es später zu Mißverständnissen oder unangenehmen Auseinandersetzungen kommt! Sie können aber auch für die Rückfahrt in Krujë ein neues Taxi nehmen.

Billiger (und meiner Meinung nach auch interessanter) ist die Fahrt mit einem Furgon (Minibus). Die Minibusse nach Krujë fahren von Tirana aus den ganzen Tag und warten am Ende der Rruga e Durrëst, in der Nähe des Sheshi Karl Topia. Da hier oft größere Baustellen vorhanden sind, werden Sie die Minibusse auf jeden

Fall in der Nähe finden. Fragen Sie einfach Passanten, die Menschen werden Sie sicherlich bis zur Haltestelle führen.

Die Minibusse von Krujë nach Tirana halten in der Nähe des Skanderbeg-Denkmals in Krujë und zirkulieren ebenfalls den ganzen Tag. Eine Fahrt kostet 350 Lek und dauert eine gute Stunde – vorausgesetzt, am Ausgang von Tirana herrscht kein Verkehrschaos. Leider kommt das wegen der zahlreichen Baustellen häufiger vor.

Per Pkw, Taxi oder Minibus geht es zunächst in westlicher Richtung. Kurz vor Vorë biegt man rechts in nördlicher Richtung ab (die Straße links führt nach Durrës). Bald werden Sie links auf einer Anhöhe die ehemalige Festung Preza erkennen können, die zur Zeit der Kämpfe Skanderbegs gegen das Heer der Osmanen eine wichtige strategische Bedeutung hatte. Hier hielt sich Skanderbegs Heer hinter den Berghöhen versteckt und wartete ab, bis die feindlichen Truppen sich zurückzogen. Hätte Skanderbeg damals ein Mobiltelefon gehabt, dann wäre die Verständigung natürlich einfacher gewesen. In der damaligen Zeit aber benutzte man von Festung zu Festung Rauchzeichen. Sobald Skanderbeg also ein entsprechendes Signal erhielt, griff er mit seiner kleinen, aber todesmutigen Kavallerie aus dem Hinterhalt die Türken an, die sich auf dem Rückzug befanden. Eine geschickte Strategie, denn auf diese Weise erlitten die schwerfälligen Heere der Türken, die den Albanern sowohl an Anzahl als auch an Ausrüstung weitaus überlegen waren, erhebliche Verluste. Die Fushë-Krujë, das ›Feld von Krujë‹, war der Schauplatz dieser blutigen Auseinandersetzungen, die sich vor etwa 500 Jahren dort ereigneten.

In dem Ort Fushë-Krujë biegen Sie rechts ab. Nach etwa zehn Kilometern geht es steil bergauf bis in die Stadt Krujë. Auf einer Höhe von 560 Metern über dem Meeresspiegel gelegen, zieht sich die Stadt an dem schroffen Felsabhang des Sari-Salltiku-Berges empor.

Schon gegen Ende des 3. Jahrhunderts vor Christus war die Gegend von Illyrern besiedelt, was die typischen Mauerreste – nämlich riesige Quader, ohne Mörtel zusammengesetzt – der Festungsanlage Alban beweisen, die in der Nähe des Ortes Zgerdesh, etwas südlich von der heutigen Stadt Krujë, gefunden wurden. Ptolemäus, der bekannte Geograph der Antike (etwa 150 v. Chr.), beschreibt diese Stadt, die er Albanopolis nannte. Im 4. Jahrhundert unserer Zeitrechnung verließen die Einwohner von Alban den Ort und siedelten sich in dem heutigen Krujë an, welches leichter gegen Eindringlinge zu verteidigen war. (Krujë – alb. Krua: Quelle) Der Name ›Albanien‹ leitet sich von diesem Illyrerstamm her ab.

Bis gegen Ende des 12. Jahrhunderts gehörte Krujë zu Byzanz. Doch schon in dieser Zeit bildete sich das erste mächtige albanische Fürstentum in der Gegend, das unter dem Namen Arberia bekannt wurde und fast das gesamte nordalbanische Gebiet umfaßte. Das Gebiet um Krujë wurde mehrere Male von den Osmanen besetzt. Doch 1443 kehrte Skanderbeg von Istanbul nach Krujë zurück und hißte dort seine Flagge.

Nach dem Sieg Skanderbegs wurde die Festung wiederum viermal von den Osmanen belagert, doch immer siegte die mutige Schar der Albaner und trieb die Feinde zurück. Schließlich, nach Skanderbegs Tod im Jahre 1468, fiel die Liga von Lezhë auseinander. Die Türken kamen 1478 unter ihrem neuen Sultan Mehmed II. zurück. Nur durch Aushungern der Albaner gelang es den Türken schließlich, die Festung zu erobern.

Die Mehrheit der Bewohner von Krujë trat zum Islam über – einige vielleicht tatsächlich aus Überzeugung. Andere wiederum ganz einfach deshalb, weil Christen mit recht hohen Steuern und Abgaben belastet wurden. Insofern war es einfacher, Muslim zu werden, um das eigene Überleben zu sichern.

Wie viele andere Städte Albaniens, war auch Krujë nach der Belagerung geplündert, verarmt und vollkommen zerstört. Es dauerte Jahrhunderte, bis sich die Stadt wieder erholte.

Krujë ist seit einigen Jahrhunderten Mittelpunkt der islamischen Bektashi-Sekte, die in der Türkei verfolgt wurde und sich ins albanische Bergland zurückzog, wo sie ihren Glauben verbreitete und viele Anhänger fand. Im Jahre 1925 wurde diese Sekte gänzlich in der Türkei verboten, und ein Hauptquartier, eine Bektashi Teqe, wurde nach Krujë verlegt, eine der ältesten Teqen in Albanien. Bei guter Sicht können Sie auf einem der Felsen hinter dem Skanderbeg-Denkmal die Reste des heute verlassenen Bektashi-Klosters von Sari Saldik erkennen.

Heute ist Krujë eine Kleinstadt von etwa 12 000 Einwohnern, die vom Handwerk, vom Handel und vom Tourismus leben. Wenn Sie mit dem Minibus ankommen, wird Ihnen zunächst das imposante Reiterstandbild Skanderbegs auffallen, das 1959, also in der sozialistischen Zeit, von dem Künstler Janaq Paco geschaffen wurde. Den Hintergrund zu diesem Monument bildet ein schwarzgraues, recht bedrohlich und unbezwingbar wirkendes Felsengebirge, in dem im Laufe der wechselvoller albanischen Geschichte immer wieder Freiheitskämpfer, Partisanen oder auch Verbrecher Unterschlupf fanden. Eine interessante und sehr charakteristische Fotokulisse!

Skanderbeg-Museum und Ethnographisches Museum

Von dort sind es nur einige Schritte zum Skanderbeg-Museum, das auf dem ehemaligen Festungsgelände erbaut wurde. Auch dieser eindrucksvolle Bau, der an eine Festung erinnert, wurde in der Zeit des kommunistischen Regimes erbaut. Die Tochter Enver Hoxhas, Pranvera Hoxha (alb. pranvera – Frühling), entwarf das Gebäude, in dem ein sehr gut ausgestattetes Museum untergebracht ist.

Tirana und die Landesmitte

Zwar haben Museen immer etwas Feierliches an sich, doch vermittelt diese
Gedenkstätte geradezu den Eindruck eines Heiligtums. Eine geschlossene Schar
von Kämpfern – in Stein gemeißelt – umgibt die Person des Helden und seiner
Lieblingsschwester Mamica, die sich auf Sie zuzubewegen scheinen, wenn Sie in
das Museum eintreten.

In den verschiedenen Pavillons wird der heroische Kampf Skanderbegs gegen
die Türken in den einzelnen Schlachten dargestellt. Nachbildungen von Möbeln aus
der Zeit, verschiedene Gegenstände, Bilder, Landkarten, Bücher – alles erinnert an
Skanderbeg. Im dritten Pavillon befindet sich ein 182 Quadratmeter großes Wand-
gemälde eines albanischen Malers, auf dem Skanderbegs Kampfstrategie dargestellt
wird. Vor diesem Gemälde liegen eine Nachbildung seines sagenhaften Schwertes
aus Damaskus mit arabischer Inschrift und seines Helmes mit dem Ziegenkopf. Die
Originale befinden sich im Kunsthistorischen Museum in Wien und sind, trotz
mehrfacher Bemühungen der Regierung in Tirana, bislang noch nicht wieder nach
Albanien zurückgegeben worden.

Von dem Ziegenkopf auf dem Helm Skanderbegs wird eine interessante Legende erzählt. Demnach gerieten die Albaner aufgrund der großen feindlichen Über-
macht in der zweiten Schlacht gegen die türkische Belagerung in arge Bedrängnis.
Nur eine List konnte die Menschen in der Festung noch retten. In einer Nacht trieb
Skanderbeg eine Ziegenherde, auf deren Hörnern angezündete Kerzen befestigt
worden waren, in eine enge geheime Schlucht. Die Türken ließen sich tatsächlich
täuschen. Im sicheren Glauben, den Feind erkannt zu haben, folgten sie der Ziegenherde bis in die Schlucht. Als sie von Skanderbegs Truppen von hinten angegriffen
wurden, gab es kein Entrinnen. Die Verwirrung der feindlichen Truppen war so
groß, daß es den Albanern mühelos gelang, sie zu bezwingen. Seit diesem Ereignis
befestigte Skanderbeg auf seinem Helm einen Ziegenkopf.

Etwas unterhalb der Skanderbeg-Gedenkstätte befindet sich das Ethnographische Museum, das Sie auf jeden Fall besichtigen sollten. Es ist in einem charakteristischen Wohnhaus von Krujë untergebracht, das 1764 erbaut wurde. Besitzer
war die bekannte albanische Familie Toptani.

Wenn Sie den Eingang durch ein schönes, großes Holztor gefunden haben – er
ist nicht sehr deutlich gekennzeichnet –, dann gehen sie durch einen schattigen
Garten bis in das Erdgeschoß des Hauses, in dem Haustiere, Zisternen, Getreide-
und Ölvorräte und alle möglichen Gerätschaften untergebracht waren. Auch die
Hirten der Haustiere schliefen in diesem Bereich.

In den oberen Stockwerken befanden sich die Wohnräume der Großfamilie.
Nicht selten lebten damals mehr als zwanzig Personen unter einem Dach. Besondere Bedeutung hatte in jedem Haus der Empfangsraum für (männliche) Gäste, der
besonders reichhaltig ausgestattet war. Auch ein türkisches Bad – ein hamam – ist
in diesem Haus zu sehen. Des weiteren finden sich Trachten aus Krujë, Küchen-

Das Skanderbeg-Museum

geräte, Musikinstrumente und Waffen. Die Zimmerdecken sind aus Edelhölzern geschnitzt und reich verziert.

Ein sympathischer älterer Herr, der gut Englisch spricht und sehr gut informiert ist, wird Sie gerne durch das Museum führen. Mit einem entschuldigenden Lächeln den westlichen Besucherrinnen gegenüber weist er besonders auf moslemische Traditionen hin, die ja bekanntlich von weiblicher Emanzipation oder Gleichberechtigung nicht viel halten – und die Frauenwelt in die Küche verbannen.

Der Basar

Eine weitere Attraktion für Touristen, die nach Krujë fahren, ist ohne Zweifel der Basar.

In den 60er Jahren wurde die Straße neu hergerichtet, ohne daß jedoch viel an der Architektur geändert wurde. Die Häuser sind aus Holz, mit weit vorgezogenen Dächern und Dachrinnen, aus denen Regen oder Schnee in die Mitte der Abflußrinne im alten Kopfsteinpflaster fließt. Dieses Kopfsteinpflaster, das sicherlich nicht für glatte Schuhsohlen oder Stöckelabsätze geeignet ist, hat Jahrhunderte überdauert.

Schon in der Zeit der osmanischen Besetzung Albaniens waren die Albaner bekannt als geschickte Kopfsteinpflasterer. Sogar in Istanbul gibt es heute noch Straßen, die von Albanern gepflastert wurden. Handwerker aus Albanien sind heute in Griechenland sehr gefragt zur Errichtung von Steinhäusern oder Steinmauern, die sehr sorgfältig mit der Hand gearbeitet werden müssen, dafür aber auch ›steinalt‹ werden – und, wie der Basar in Krujë, Jahrhunderte überdauern.

Leuchtend rote Farben beleben die Straßen – rot, die Farbe der albanischen Flagge, die man auf roten T-Shirts und Sportbekleidung finden kann. Daneben finden Sie hier handgewebte Teppiche und Stoffe. In einem der Läden können Sie die Frauen am Webstuhl bei der Arbeit beobachten. In einem anderen Laden werden die typischen Filz-Kopfbedeckungen der Männer aus Nordalbanien, die Qeleshe, hergestellt. Handgemachter, sehr schön verarbeiteter Silberschmuck läßt sich hier ebenso günstig kaufen wie Schmuckgegenstände aus Alabaster und Filigranarbeiten.

Handeln gehört zur Balkanmentalität, das ist hier durchaus legitim. Doch Sie werden bald merken, daß sich die geforderten Preise in den meisten Fällen nicht allzu weit herunterhandeln lassen. Man wird aber nicht versuchen, sie ›übers Ohr zu hauen‹, auch unangenehme Aufdringlichkeit liegt den stolzen Albanern fern!

Auf dem Gelände der Burg gibt es einige hübsche Restaurants, von denen aus Sie bei klarem Wetter den Blick bis an die Adriaküste genießen können. Die Restaurants hier (und auch die Restaurants auf dem Basar) bieten vorzügliche frische Gerichte zu erschwinglichen Preisen. Das Restaurant ›Karakteristik‹ verfügt über – wie der Name schon sagt – eine besonders charakteristische Atmosphäre und bietet unter anderem eine Spezialität der Region an: ›Fergese‹, eine recht scharfe Angelegenheit, die aus Eiern, Leber, Joghurt und rotem Pfeffer zubereitet wird. Wenn Sie sich lieber auf Althergebrachtes verlassen wollen, essen Sie eine Pizza. Die ist sehr gut – wie überall in Albanien.

Falls Sie ausreichend Zeit zur Verfügung haben, dann lohnt sich ein Ausflug in den etwa zehn Kilometer entfernten Ort Qafështamë. Dies ist ein Luftkurort mit dichten Wäldern, klarem Bergwasser und reiner Luft. Shtamë liegt auf 1400 Metern Höhe und bietet einen eindrucksvollen Blick ins Tal. Schon die Fahrt dorthin auf einer gewundenen Bergstraße ist ein Erlebnis.

Hotel ›Panorama‹, in der Nähe des Basars.

▶ Hotel ›Skanderbeg‹. Nahe dem Reiterstandbild, Tel. 05 11/23 59.

Durrës und Umgebung

Heute ist Durrës mit etwa 100 000 Einwohnern eine der größten Städte und der größte Seehafen Albaniens. Hier haben sich, auch mit Hilfe ausländischer Investoren, einige Industrien angesiedelt. Wegen der Nähe zu Italien überwiegen italienische Firmen.

Nicht nur als Wirtschaftsstandort hat Durrës heute Bedeutung. Die langen Sandstrände an der Adria, an denen wegen des sanft abfallenden Meeresbodens sehr gute Bademöglichkeiten bestehen, locken alljährlich einheimische und ausländische Touristen an. Vor allem an den Wochenenden suchen viele Menschen aus Tirana hier Entspannung und Erholung. Die Strände in unmittelbarer Nähe der Stadt sind daher im Sommer sehr belebt.

Leider hat in den vergangenen Jahren ein rücksichtsloser Bauboom große Teile der Strandlandschaft zerstört. Planlos und in leichtfertiger Unbesonnenheit wurde ein Hotel neben das andere gesetzt, die Überreste der Bauarbeiten liegen teilweise noch in der Gegend herum und hinterlassen einen sehr negativen Gesamteindruck.

In südlicher Richtung, bis hin zur weltbekannten Karavasta-Lagune, sind die Strände weniger überlaufen und die Natur noch intakt. Hier kann man einen Strandaufenthalt unbeschwerter genießen.

Geschichte

Waren es Griechen aus Korfu, die – angelockt durch die illyrischen Silberminen – hier siedelten und die Stadt Epidamnus nannten, oder geht dieser Name auf den illyrischen König Epidamnos zurück, der die Stadt 627 vor Christus gegründet haben soll und den Hafen nach seinem Enkel ›Dyrrah‹ benannte?

Diese Frage wird wohl nie mit vollkommener Gewißheit beantwortet werden können. Viele Griechen sind bis heute der Meinung, die albanische Küste von Sarandë bis Durrës gehöre eigentlich zu Griechenland. Natürlich verweisen die Albaner auf ihre illyrische Abstammung und auf die zahlreichen archäologischen Funde, die die Existenz illyrischer Königreiche auf dem Boden des heutigen Albanien nachweisen.

Wie dem auch sei: Es ist eine unumstößliche historische Tatsache, daß Griechen an den albanischen Küsten gesiedelt, mit den Illyrern Handel getrieben und Spuren ihrer Kultur hinterlassen haben, daß dieses Gebiet jedoch ursprünglich von Illyrern besiedelt wurde und daß die Mehrheit der dortigen Bevölkerung illyrischen Ursprungs ist.

Der Gjiri i Durrëst, der Golf von Durrës, bildet einen natürlichen Hafen, in dem schon seit der Antike Schiffe geankert haben. Während der römischen Besatzung Albaniens war diese Stadt, damals unter dem Namen Dyrrachium bekannt, von vitaler Bedeutung. Hier begann die Via Egnatia, die über Tirana, Elbasan und Pogradec weiter nach Konstantinopel führte. In dieser Zeit erlebte die Stadt eine wirtschaftliche und kulturelle Blütezeit. Gemäß Cicero, der gern seine Ferien in Dyrrachium verbracht hat, soll sie damals 100 000 Einwohner gehabt haben. Als im Jahre 345 nach Christus ein Erdbeben das Gebiet an der Adriaküste erschütterte, wurden auch große Teile Dyrrachiums zerstört, die Stadt verfiel.

Blick auf Durrës

Doch die günstige geographische Lage trug dazu bei, daß Dyrrachium auch in der Zeit des Reiches von Byzanz erneut Bedeutung erlangte. Im Mittelalter herrschten in der Stadt abwechselnd Normannen, Kreuzritter, Venezianer und die Herzöge von Anjou. Nach der Unabhängigkeitserklärung Albaniens hatte der deutsche Prinz Wilhelm von Wied einige Monate seinen Regierungssitz in Durrës, wie bis heute der moderne Name der Stadt lautet. Die Einwohnerzahl betrug zur Zeit des Prinzen von Wied etwa 15 000.

Da die Stadt seit dem Mittelalter durchgängig besiedelt ist, ist es schwierig, Ausgrabungen durchzuführen, denn bis heute ist das Stadtgebiet bebaut. Der Untergrund von Durrës wurde zum Kulturdenkmal erklärt, und Neubauten können nur mit besonderer Genehmigung errichtet werden.

Sehenswürdigkeiten

Nur durch Zufall wurde 1966 das römische Amphitheater entdeckt, als ein Bewohner der Stadt seinen Garten umgraben wollte. Als Archäologen weitergruben, stießen sie auf die Überreste des größten Amphitheaters auf dem Balkan, in dem bis zu 20 000 Personen Platz fanden. Die Römer errichteten dieses riesige Bauwerk im 2. Jahrhundert vor Christus und veranstalteten hier ihre berühmt-berüchtigten Gladiatorenkämpfe, die erst in der Zeit Kaiser Justinians verboten wurden. Das Amphitheater hatte einen Durchmesser von fast 140 Metern, die Wände waren 120 Meter hoch. Durch die tunnelartigen Gänge unter den Sitzreihen gelangten die Gladiatoren in die Arena. In der Nähe der Tunnel kann man heute noch die Verschläge sehen, in denen sich die wilden Tiere, meistens Löwen, aufhielten, bis sie zum Kampf mit dem Gladiator in die Arena getrieben wurden. Während der Ausgrabungsarbeiten wurden mehrere Skelette mit gebrochenem Genick gefunden. Es könnten die Skelette getöteter Gladiatoren sein – oder auch von Menschen, die während des großen Erdbebens verschüttet wurden.

Unten in den Gewölben befindet sich eine byzantinische Kapelle mit Fresken an den Wänden. Als im 6. Jahrhundert die Gladiatorenkämpfe verboten wurden, wurde das Amphitheater nicht mehr genutzt. In der Kapelle fanden Begräbnisfeierlichkeiten statt. Der Brunnen am Eingang, durch den ein Taufbecken mit Wasser versorgt wurde, ist jetzt abgedeckt. Man sagt, ein Kind sei einmal darin ertrunken. Das Amphitheater kann bis 17 Uhr besichtigt werden (Eintritt: 100 Lek).

Rund um das Amphitheater sind noch einige gut erhaltene Mauerreste aus der Zeit der byzantinischen Herrschaft sichtbar. Die alte Stadtmauer wurde während des großen Erdbebens im Jahre 345 nach Christus fast vollkommen weggerissen. Einige Mauerreste stammen aus der Zeit der Venezianer, die bis zum Einfall der Türken im 16. Jahrhundert in Dyrrachium herrschten. Der alte Befestigungsturm der Stadtmauer, der in der Nähe des Hafens noch erhalten geblieben ist, beherbergt nun eine geschmackvoll eingerichtete Bar mit dem wohlklingenden italienischen Namen ›La Torra‹.

Das Archäologische Museum von Durrës – nicht weit vom Amphitheater, an der Hafenpromenade Taulantja gelegen – enthält viele Fundstücke, die während der Ausgrabungsarbeiten entdeckt wurden. Aus der hellenistischen Periode stammen einige Terrakotta-Köpfe, die die griechische Göttin der Liebe, Aphrodite, darstellen, sowie eine beachtliche Münzsammlung mit Motiven aus der griechischen Kultur Korfus. Diese Münzen wurden ebenfalls von den Illyrern benutzt – ein Beweis dafür, daß Griechen und Illyrer in dieser Zeit Handel miteinander trieben. Auch einige Säulen, architektonisch griechischen Ursprungs, sind mit illyrischen Eingravierungen versehen. Es hat hier ganz sicher nicht nur ein wirtschaftlicher, sondern auch ein kultureller Austausch zwischen beiden Volksstämmen stattge-

Tirana und die Landesmitte

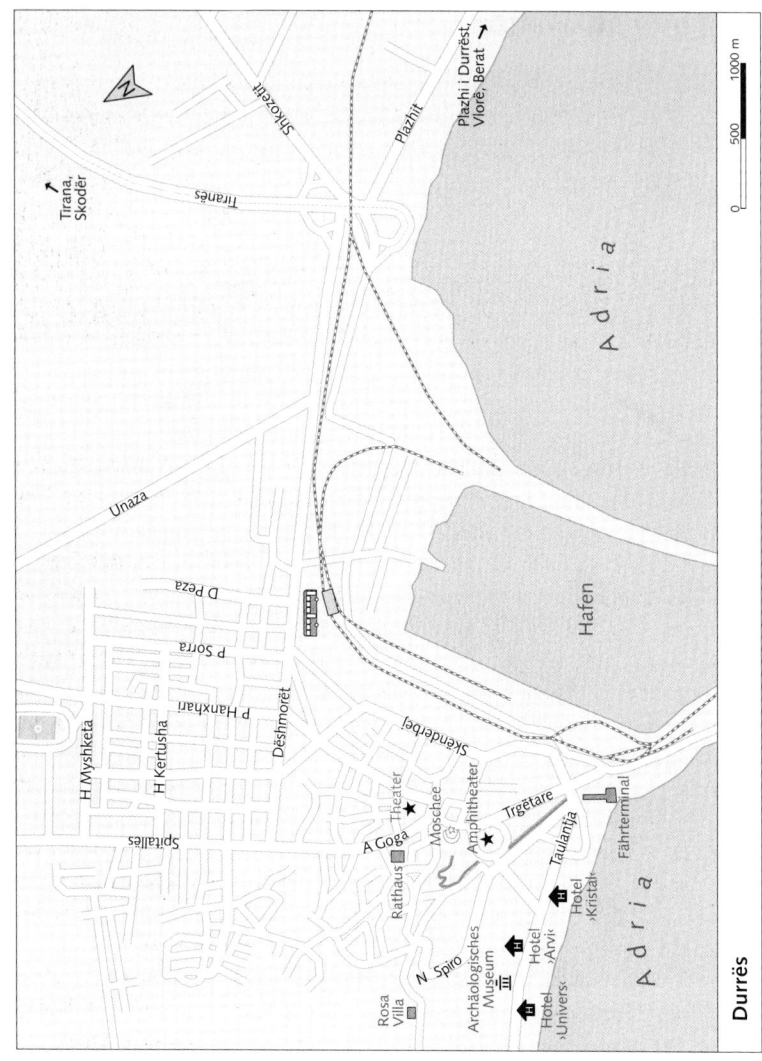

funden. Einige Amphoren, die zur Aufbewahrung von Wein oder Olivenöl benutzt wurden, weisen ebenfalls Merkmale hellenischer Kultur auf.

Aus der Römerzeit finden sich einige Grabstelen mit lateinischen Inschriften. An einem Strand von Durrës wurde ein alter Brennofen für Töpferwaren gefunden.

In einem der Schaukästen fallen schlanke, elegante Glaskrüge auf. Man sagt, daß hier die Tränen gesammelt wurden, die Angehörige eines Toten bei seinem

Durrës vom Meer aus gesehen

Begräbnis vergossen haben. Die Glasgefäße wurden dem Toten mit auf den Weg ins Totenreich gegeben. Das Museum ist außer montags und dienstags von 9 bis 15 Uhr geöffnet (Eintritt: 200 Lek).

Im Zentrum von Durrës, gegenüber dem Rathaus, befindet sich das Theater. Direkt hinter dem Theater stand ein römisches Badehaus, dessen Ruinen noch zu erkennen sind. Das Badehaus wurde mit einer Fußbodenheizung erwärmt.

Die Moschee im Stadtzentrum wurde zur Erinnerung an Sultan Mehmet I., der Durrës im Jahre 1501 eroberte, die ›Moschee des Eroberers‹ oder Fatih-Moschee genannt. In der Atheismus-Kampagne wurde das Gebäude stark beschädigt. Ein Erdbeben im Jahre 1979 richtete weitere große Schäden an. Erst nach dem Fall des Kommunistischen Regimes im Jahre 1990 wurde die Moschee vollkommen renoviert.

Die Rosa Villa auf dem Hügel, von wo aus man einen herrlichen Blick auf den Golf von Durrës hat, wurde von König Zogu gebaut. Während der Pyramiden-Unruhen 1996/97 wurde sie vollkommen geplündert. Heute wird das Haus von den Zollbehörden genutzt und ist für die Öffentlichkeit nicht zugänglich.

Auch vom anderen Hügel über der Stadt, auf dem der Leuchtturm steht, kann man bei schönem Wetter diesen wunderbaren Rundblick genießen. Wie an vielen geographisch besonders exponierten Punkten, ließ Enver Hoxha auch hier Betonbunker bauen, von denen aus die Stadt Durrës vor potentiellen Invasoren geschützt werden sollte.

In einem antiken Wohnhaus von Durrës wurde während Ausgrabungsarbeiten ein wunderschönes Fußbodenmosaik aus Kieselsteinen in verschiedenen Farben entdeckt. Es zeigt einen mit einem Blumenkranz geschmückten Frauenkopf. Das Mosaik, das die Blumengöttin Flora darstellt, wurde daher ›Die Schöne von Durrës‹ genannt. Das Original ist im Nationalhistorischen Museum in Tirana zu sehen.

Die Strände in der Umgebung von Durrës

Bei den wenigen Albanern, die sich einen Urlaub mit Hotelaufenthalt leisten können, sind die Strände in Durrës sehr beliebt. Auch Wochenendausflügler aus Tirana lieben Durrës und freuen sich auf sauberes Wasser, weißen Sand und das rege Nachtleben in Plazhi i Durrëst – jenem Strand, der am schnellsten von der Stadt aus erreichbar ist. Folglich herrscht hier im Sommer reges Treiben. Doch die zahlreichen Hotels mittlerer bis unterer Preiskategorie haben viel von der natürlichen Schönheit zerstört. Die Aussicht auf schnelles Geld hat die Sorge für die Zukunft und den Erhalt der Umwelt in den Hintergrund treten lassen – in Anbetracht der schwierigen Vergangenheit des Landes und der Armut unter der Bevölkerung eine verständliche Einstellung, die sich jedoch für die Zukunft unheilvoll auswirken kann.

In Plazhi i Currilave, dem nördlich von Durrës gelegenen Strand, gibt es kleinere Felsbuchten, die trotz der guten Restaurants weniger stark frequentiert sind.

Einige Kilometer südlich der Stadt beginnen die Strände mit den schönen Pinienwäldern. In Plazhi i Golemit, das in einer Entfernung von ungefähr zehn Kilometern von Durrës liegt, gibt es gute Hotels und Restaurants. Shkëmbi i Kavajes (der Felsen von Kavajes), südlich von Plazhi i Golemit, spielte im römischen Bürgerkrieg eine wichtige Rolle. Hier soll Cäsar im Jahre 48 vor Christus eine seiner Schlachten gegen seinen Gegner Pompeius geschlagen haben.

Wenn Sie mit dem Wagen oder mit einem Taxi unterwegs sind, fahren Sie bis Rrogozhinë. Dort biegt eine Nebenstraße, die einige Kilometer parallel zum Shkumbin läuft, nach Divjakë ab. Dies ist ein schöner, kleiner Ort inmitten von Pinienwäldern, in dessen Nähe ein langer Sandstrand zum Baden einlädt.

Wenn Sie schon einmal hier sind, versäumen Sie nicht, einen Abstecher zu den bekannten Karavasta-Lagunen zu machen, die durch einen schmalen Sandstreifen vom Meer abgetrennt sind. In der inneren Lagune gibt es mehrere kleine und recht flache Inseln, auf denen zahlreiche Vogelpopulationen leben. Die Lagunen stehen zwar unter Naturschutz, werden aber leider nicht ausreichend geschützt. Obwohl es verboten ist, wird hier gejagt und mit Dynamit gefischt. Der Dalmatiner Pelikan, der beinahe vom Aussterben bedroht war, hat sich in diesem Gebiet wieder erholt. Die Pelikane überwintern hier und können das ganze Jahr über beobachtet werden. In der Karavasta-Lagune sind mehr als 45 000 verschiedenen Vogelarten gezählt worden

Sollten Sie die Absicht haben, hier einige Tage zu verbringen, bieten neben dem Hotel ›Kampi i Punëtorëve‹ einige kleinere Hotels Übernachtungsmöglichkeiten.

Decken Sie sich aber unbedingt mit Mückenspray ein, denn in diesem (wie in jedem anderen) Feuchtgebiet wimmelt es geradezu von diesen Plagegeistern.

Vorwahl: 003 55/(0)52

  Innerhalb Albaniens gibt es Bus- und Minibusverbindungen von allen Städten nach Durrës. Auch mit der gemächlichen romantischen Eisenbahn können Sie Durrës im Schneckentempo von Vlorë, Shkodër oder von Tirana aus erreichen und dabei viele Fotos aus dem Fenster schießen. Von Tirana aus fahren Busse und Minibusse den ganzen Tag über nach Durrës und von dort bis zum späten Nachmittag zurück nach Tirana. Haltestelle in Tirana: am Ende des Bulevard Zogu; Haltestelle in Durrës: am Bahnhof.

 ›Arvi‹, Rruga Taulantja, Tel. 304 03, Mobil 069/ 228 54 53, Fax 260 79, arvishpk@cs.com; DZ zwischen 50 und 100 Euro. Sehr schöne Lage, nahe dem Stadtzentrum. Alle Räume mit Blick aufs Meer, moderne Einrichtung, Fernsehen, Klimaanlage und Telefon, Minibar.
▶ Hotel ›Kristal‹, Rruga Taulantia, Tel. 299 94; DZ ab 2500 Lek. Direkt am Meer, zentrumsnah. Einer der Besitzer hat lange in Deutschland gelebt und ist sehr hilfsbereit.
▶ ›Lido‹, Rruga A. Goga, Tel./Fax 279 41; DZ mit Frühstück zwischen 40 und 55 Euro. Im Stadtzentrum gelegen, ausgezeichnetes Restaurant, alle Räume mit Klimaanlage, Fernsehen, Telefon und Minibar.

▶ Am Plazhi i Durrëst gibt es zahlreiche Hotels verschiedener Preiskategorien, z.B. Hotel ›Adriatik‹, Tel. 608 50, 608 51; DZ mit Frühstück zwischen 30 und 90 Euro. Alle Räume mit Klimaanlage und TV, sehr guter Standard.

Hotels an der Küste südlich von Durrës:
▶ ›Besani‹, Shkëmbi i Kavajës, Tel. 068/203 57 81; DZ 40 Euro. Alle Zimmer mit Balkon und Meerblick, Bad, Fernsehen, gutes Restaurant.
▶ ›Mal i Robit Tourist Complex‹, Mal i Robit, Tel. 05 54/38 06, DZ 55 Euro, Schwimmbad, Sauna, Tennisanlage, Restaurant, Bar, Disko. Alle Räume mit Balkon, Klimaanlage, Fernsehen.
▶ ›Delsa‹, etwas abseits der Hauptstraße zwischen Golemi und Mali i Robit Tel. 057/92 20 27; DZ 2000 Lek, teurer im Sommer. Schöne Lage inmitten von Pinienwäldern, geräumige Zimmer mit Bad und Balkon, Fernsehen und Kühlschrank. Restaurant inmitten der Pinienwälder, Privatstrand.
 Überall in Durrës und am Strand gibt es viele Restaurants. Die Speisekarten enthalten vor allem italienische Pasta-Gerichte und Pizzen sowie schmackhafte Fischgerichte.

Tirana und die Landesmitte

Im Norden Albaniens liegt nicht nur die Großstadt Shkodër, sondern mit den Albanischen Alpen sicherlich die spektakulärste Naturschönheit des Landes. In den dünnbesiedelten Bergtälern haben sich traditionelle Lebensweisen erhalten, die unser Albanienbild bis heute beeinflussen.

Der Norden

Shkodër und Umgebung

Shkodër ist mit etwa 100 000 Einwohnern die drittgrößte Stadt Albaniens nach Tirana und Durrës. Zweifelsohne ist sie eine der interessantesten Städte in Albanien, wenn sie auch zur Zeit leider etwas vernachlässigt wirkt.

In den letzten Jahren der Regierung der Sozialistischen Partei ist dort wenig unternommen worden, um das Stadtbild zu verschönern oder die Straßen und die Infrastruktur zu verbessern. Doch seit dem Beginn des grenzübergreifenden Tourismus mit Montenegro im Jahre 2005 beginnt sich das langsam zu ändern. Die Einwohner Shkodërs haben sich im Laufe der Geschichte durch einen freiheitsliebenden Geist ausgezeichnet, der sich bis heute – trotz der mannigfachen historischen Rückschläge – nicht beugen ließ und auch dem Enver-Hoxha-System viele Schwierigkeiten bereitete. Viele Menschen aus dieser Stadt – meistens Intellektuelle – verbrachten lange Zeit in den berüchtigten Gefängnissen des kommunistischen Regimes.

Die Stadt erstreckt sich über etwa 1150 ha im Nordwesten Albaniens in einer Tiefebene um den Skutarisee, den flächenmäßig größten See des Balkans, der zum größten Teil zu Montenegro gehört. Die Tiefebene um Shkodër wird unterteilt in ›Nenshkodër‹ (übersetzt: ›Niedrigshkodër‹ – etwa neun Meter über dem Meeresspiegel) und ›Mbishkodër‹ (›Obershkodër‹ – etwa 20 Meter über dem Meeresspiegel gelegen), das hügelige Vorland der Albanischen Alpen. Im Nordosten begrenzen die hohen Gipfel des Malësia e Madhe, des Albanischen Hochgebirges, die Ebene.

Der Zusammenfluß von Kiri und Drin

Mehrere Flüsse – der Drin, die Buna und der Kiri – bewässern die Ebene. Der Drin hat zwei Quellen, eine davon liegt im Kosovo. Sie bildet den Weißen Drin – Drini i Bardhe. Der Schwarze Drin – Drini i Zi – kommt aus dem Ohridsee. Beide Flüsse fließen bei Kukës zusammen und bilden den mit 282 Kilometer längsten und wasserreichsten Fluß Albaniens. Er fließt bei Shkodër in das Adriatische Meer. Die Buna entspringt im Scutari-See und ist etwa 44 Kilometer lang. Bei Shkodër fließt sie in den Drin. Der Kiri kommt aus den Hochalpen und fließt ebenfalls bei Shkodër in den Drin.

Shkodër hat warme Sommer, in denen die Durchschnittstemperatur in den heißesten Monaten bei etwa 26 Grad Celsius und im Januar, im kältesten Monat des Jahres, bei etwa 5 Grad Celsius liegt. Dank der Nähe des Meeres und des Skutarisees ist das Klima hier auch im Sommer sehr angenehm. Im Frühjahr gibt es nach der Schneeschmelze im Umland Shkodërs oft heftige Überschwemmungen. Da das Gebiet um den Skutarisee tektonischen Ursprungs ist, können auch hier Erdbeben vorkommen.

Der Norden

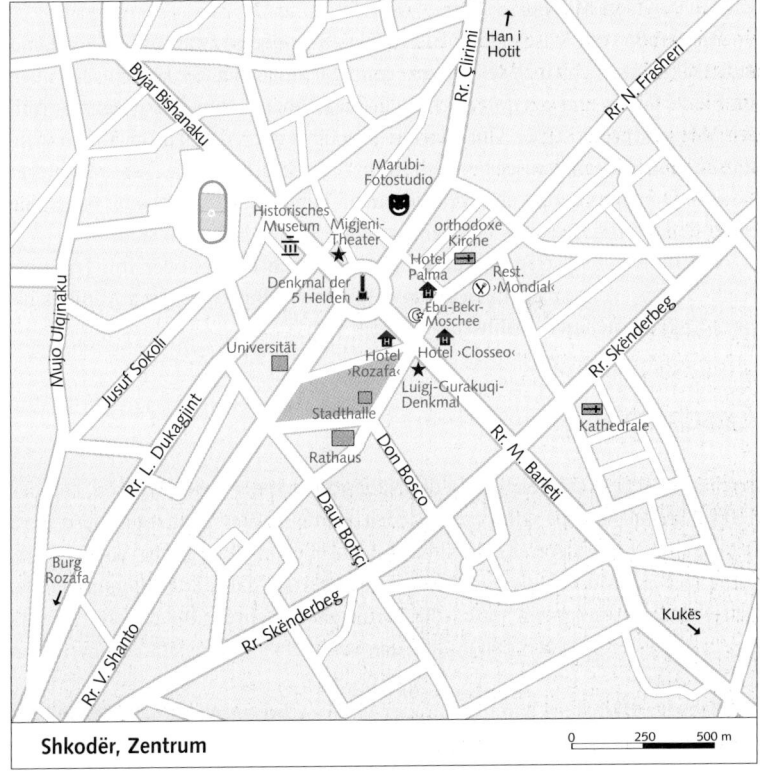

Shkodër, Zentrum

0   250   500 m

Anreise

Sollten Sie mit dem Auto über Montenegro anreisen, dann überqueren Sie in Hani i Hoti die Grenze nach Albanien. Von dort haben Sie noch etwa eine Stunde Autofahrt bis nach Shkodër zurückzulegen. Die Straße befindet sich bis einige Kilometer vor der Stadt in relativ gutem Zustand. Auch warten an der Grenze in Hani i Hoti meistens Taxis aus Albanien, die Sie gerne nach Shkodër bringen werden.

Falls Sie mit dem Flugzeug in Tirana-Rinas landen, können Sie natürlich auch am Flughafen ein Taxi mieten. Handeln Sie vorher den Preis mit dem Taxifahrer aus, denn die Taxis in Albanien haben keine Taxameter. Normalerweise dürfte der Preis 60 Euro nicht übersteigen.

Von Tirana aus fahren Minibusse nach Shkodër. Sie warten am Ende der Rruga e Durrëst, in der Nähe vom Sheshi Karl Topia, und fahren vom frühen Morgen bis zum späten Nachmittag. Die Fahrtkosten mit dem Minibus betragen 400 Lek. Die Fahrt dauert etwa zweieinhalb Stunden. Die Straße bis nach Shkodër ist sehr gut ausgebaut. Auch in umgekehrter Richtung verkehren den ganzen Tag über Minibusse.

Die Straße vom Kosovo über Kukës nach Shkodër ist zwar sehr gebirgig und äußerst kurvenreich, doch seit kurzem recht gut ausgebaut. Sie können aber auch bis Fierzë fahren und von dort die Koman-See-Fähre nehmen. Diese legt sehr früh am Morgen (gegen sieben Uhr) dort ab und fährt duch den landschaftlich wunderschönen Koman-Stausee bis nach Koman. Es empfiehlt sich, früh am Anleger zu sein. Die Fahrt dauert etwa zwei Stunden. Von Koman bis Shkodër haben Sie anschließend mit dem Pkw noch eine knappe Stunde Fahrt vor sich.

Von Italien aus fahren Fähren von Bari bis nach Durrës oder von Triest bis nach Durrës. Von dort können Sie ebenfalls einen Bus oder einen Minibus bis nach Shkodër nehmen, wahlweise auch ein Taxi.

Geschichte

Archäologische Ausgrabungen in der Nähe von Shkodër haben ergeben, daß das Gebiet schon im Paläolithikum besiedelt wurde. In der Bronzezeit, also etwa 3000 Jahre vor unserer Zeitrechnung, lebte hier ein illyrischer Volksstamm, die Labeaten. Münzfunde aus dieser Zeit beweisen, daß dieser Stamm Handel getrieben hat. Außerdem waren die Illyrer als Seefahrer (Piraten) im Adriatischen Meer berühmt-berüchtigt. Shkodër war damals Hauptstadt des illyrischen Königreiches.

Nach der Besatzung durch die Römer 168 vor Christus wurde Shkodër Teil des Römischen Imperiums. Nach der Teilung des Römischen Reiches im Jahre 395 in Ost- und Westrom gehörte das Gebiet zwar formal zu Byzanz (also Ostrom), doch konnte der byzantinische Einfluß die kulturelle Einheit und die illyrischen Traditionen nicht unterdrücken. Es bildeten sich starke regionale Fürstentümer, die sich selbst verwalteten und über ihre eigene Gesetzgebung verfügten.

In der zweiten Hälfte des 14. Jahrhunderts war die Stadt weitgehend unabhängig, hatte eine Selbstverwaltung und eigene Münzen. Das bekannteste Fürstenhaus dieser Zeit waren die Ballshas, die regen Handel mit Venedig und mit anderen Anrainerstaaten des Adriatischen Meeres trieben und die Unterstützung der Venezianer genossen.

Nach dem Tod Skanderbegs 1468 wurde Shkodër von den Türken besetzt. Sieben Monate lang verteidigten lediglich 1600 Männer die Stadt gegen 100 000 Türken, die unter dem Oberbefehl Memeths II. standen. Schließlich mußten die Shkodraner die Stadt an die Türken übergeben. Dieser heldenhafte Kampf ist von dem emigrierten albanischen Historiker Marin Barleti in dem Buch ›Die Belagerung Shkodërs‹ sehr eindrucksvoll beschrieben worden.

Wirtschaftlicher und kultureller Niedergang waren die Folge der Zerstörung der Stadt und der Unterdrückung der Bevölkerung durch die Fremdherrschaft, die zwei Jahrhunderte dauerte. Doch im 16. Jahrhundert erholte sich Shkodër allmählich. Im 17. Jahrhundert schließlich war die Stadt wieder ein blühendes kulturelles und wirtschaftliches Zentrum der Region, in dem traditionelle Kostüme gefertigt und Waffen und Gegenstände aus Kupfer sowie Silberschmuck hergestellt wurden. Im 18. Jahrhundert genoß die Region weitgehende Unabhängigkeit unter der Herrschaft der Bushatis, die in der Region um Shkodër ihr eigenes Pashalik regierten.

In den beiden Balkankriegen vor der Erklärung der Unabhängigkeit Albaniens wurde Shkodër von den Montenegrinern und Serben besetzt. Die Shkodraner kämpften heldenhaft zusammen mit mutigen Menschen aus dem Hochland (darunter Isa Boletini , Bajram Curri und viele andere). Als sich die fremden Truppen zurückzogen, konnte am 28. November 1913 auch in Shkodër die Flagge Skanderbegs gehißt werden. Erneute Invasionen von Montenegrinern und Serben fanden im Ersten Weltkrieg statt. Nach den Kriegswirren wurde Shkodër von der neuen albanischen Regierung verwaltet, die von den Siegermächten eingesetzt worden war.

Unter dem Zogu-Regime (1924–1939) erholte sich die Stadt erneut, und einige administrative Reformen wurden durchgeführt. Im Zweiten Weltkrieg brachte die Besatzung durch die Italiener und die Deutschen wieder kulturelle und wirtschaftliche Rückschläge mit sich. Für die nachfolgende Diktatur Enver Hoxhas war Shkodër mit seiner freiheitsliebenden Bevölkerung immer ›ein Pfahl im Fleisch‹, der vernachlässigt wurde. Die tausendjährige Kultur und Identität der Stadt wurde unterdrückt.

Der Norden

Aufgrund seiner geographischen Position war Shkodër schon immer ein ›Fenster zum Westen‹. Vor allem der Einfluß Italiens war stets sehr stark. Da die katholische Kirche sehr viel dazu beitrug, daß sich die albanische Sprache, das Erziehungswesen und das Gesundheitswesen entwickeln konnten, erhielt Shkodër bald den Beinamen ›Rom des Balkans‹. Franszikaner- und Jesuitenorden sind noch heute in und um Shkodër sehr aktiv. So sind hier noch heute viele Menschen anzutreffen, die der italienischen Sprache mächtig sind. Auch für Österreich-Ungarn (heute Österreich) war und ist Shkodër ein wichtiges Eingangstor zu den übrigen Balkanländern.

Die Stadt hat heute 22 Kindergärten, 19 Grundschulen, drei Sekundarschulen und eine Universität. Die Luigj-Gurakuqi-Universität wurde als zweite Universität Albaniens (nach Tirana) im Jahre 1957 gegründet. Zunächst gab es nur ein Pädagogisches Institut, das ständig erweitert wurde. Seit 1991 hat die Universität fünf verschiedene Fakultäten (Sozialwissenschaften einschließlich Literatur, Geschichte, Geographie und Sprachen, Recht, Naturwissenschaften, Volkswirtschaft und Pädagogik). Seit einigen Jahren gibt es auch Studiengänge für Tourismus. Die Universität unterhält bilaterale Abkommen mit verschiedenen westlichen Universitäten.

Der größte Teil der Bevölkerung in Shkodër ist katholisch, etwa 30 Prozent sind Muslime; ein geringer Teil der Bevölkerung ist griechisch-orthodox. Der Pragmatismus der Albaner und die Kultur der religiösen Toleranz garantieren ein friedliches Zusammenleben der Religionen. Fanatismus in religiösen Dingen ist dem Albaner fremd. So leben oft Katholiken und Muslime in einer Familie friedlich zusammen und feiern christliche und muslimische Feste gemeinsam.

Sehenswürdigkeiten

Zwei Moscheen, eine katholische Kathedrale und eine orthodoxe Kirche verschönern das Stadtbild. Auch das Gebäude der Stadtverwaltung im italienischen Baustil sowie die Stadthalle sind recht gut erhalten. Von der Altstadt Shkodërs rund um den Hügel, auf dem hoch über der Stadt die Burg Rozafa ragt, sind jedoch nur noch einige Häuser erhalten.

Im 19. Jahrhundert wurden viele Gebäude errichtet, die von italienischer Architektur beeinflußt sind.

Empfehlenswert ist ein Bummel vom Zentrum aus: beginnend am Hotel ›Rozafa‹, das in einem sehr vernachlässigtem Zustand ist, an der wunderschönen Ebu-Bekr-Moschee vorbei, hinein in die Hauptstraße der Stadt, die Rruga 13 Dhetori. Deren Häuser wurden von dem Architekten Kole Idromeno entworfen. Man beginnt, die Häuser, die während der Unruhen nach dem Umsturz des Kommunismus zerstört wurden, wieder zu restaurieren, um die Harmonie der klassizistischen

Architektur wieder zur Geltung zu bringen. Reich verzierte Balkone und Fenster sowie sorgfältig gearbeitete Holztüren erinnern an die kulturelle Blütezeit der Stadt. In den vielen Gäßchen und Nebenstraßen befinden sich kleinere Häuser – meist mit einer hohen Mauer umgeben und nur durch ein großes hölzernes Tor zugänglich, das oft in einen idyllischen Garten mit dem Wohnhaus führt.

In der Nähe des Denkmals der ›Fünf Helden‹ befindet sich das Migjeni-Theater. Es wurde nach dem früh verstorbenen Dichter aus Pukë benannt. Die erste Vorführung ging hier im Jahre 1879 über die Bühne. Bis heute führt das

Das Migjeni-Theater

Amateur-Ensemble die Tradition der Schauspielkunst fort. Es ist auch außerhalb Albaniens bekannt. In der kommunistischen Ära wurden viele Stücke von Bertolt Brecht aufgeführt. Bis 1919 durften keine Frauen mitspielen, alle weiblichen Rollen mußten von Männern übernommen werden – darin waren sich alle Angehörigen der Geistlichkeit einig, Popen und Mullahs gleichermaßen.

Die Erinnerung an viele bekannte Persönlichkeiten aus Shkodër und Umgebung wird durch zahlreiche Monumente wach gehalten. So finden Sie im Stadtzentrum das Denkmal der ›Fünf Helden‹, ein eindrucksvolles Monument im sozialistischen Stil für fünf albanische Partisanen, die vergeblich versucht hatten, in der Mirdita die Menschen zum Kommunismus zu bekehren und dort getötet wurden, und etwas weiter in Richtung Universität ein sehr modernes Denkmal für vier junge Menschen, die sich gegen die kommunistische Diktatur auflehnten und dafür mit dem Leben bezahlen mußten.

Der Norden

In der Nähe des ›Grand Café‹ (Kafja e Madhe), das in der Blütezeit Shkodërs Treffpunkt der Geschäftsleute aus den übrigen Balkanländern war (heute ist es geschlossen und macht, wie viele andere Gebäude in der Stadt, einen verwahrlosten Eindruck), finden Sie eine Statue von Luigj Gurakuqi, nach dem die Universität Shkodërs benannt wurde. Luigj Gurakuqi (1879–1925) war einer der Unterzeichner der albanischen Unabhängigkeitserklärung vom 28. November 1912 in Vlorë. Er war Direktor der ersten Oberschule Albaniens in Elbasan, wirkte 1908 am Kongreß von Manastir (heute Bitola in Makedonien) bei der Reform des albanischen Alphabetes mit und war Minister für Erziehung der ersten unabhängigen Regierung Albaniens. Da er eng mit Fan Noli zusammenarbeitete, wurde er in der Zeit der Monarchie Albaniens von König Zogu verfolgt, flüchtete nach Italien und wurde 1925 dort von Zogus' Agenten ermordet.

Auch in Gedenken an den Dichter Gjergj Fishta, der aus Shkodër stammte, ist in der Stadt ein Denkmal errichtet worden.

Im Historischen Museum von Shkodër

Da die Straßen in Shkodër in eher schlechtem Zustand sind, ist es bei trockenem Wetter oft recht staubig. Die meistens sehr freundliche und aufmerksame Bedienung in den Cafés und Restaurants und ein kühles Getränk werden dazu beitragen, Ihre Müdigkeit zu vertreiben, Sie für die Museumsbesuche zu erfrischen und Sie mit manchen Tatbeständen – wie überfüllten Mülltonnen, schlechten Straßen und den leider, leider verwahrlosten (doch so wunderschönen) Häuserfronten der Stadt versöhnen.

Wenn Sie noch vor der Dunkelheit einen Stadtbummel machen wollen, versuchen Sie im schattigen Garten des Cafés ›Palma‹ einen Platz zu erhaschen. Es dient als Treffpunkt bekannter Persönlichkeiten der Stadt und vieler junger Menschen. Auf dem Wege dorthin sind von etwa sieben bis neun Uhr abends die Straßen verstopft von Spaziergängern. Man sieht und will gesehen werden. Die jungen Mädchen sind festlich aufgeputzt – eine Shkodranerin sagte mir, sie seien auf dem Heiratsmarkt, denn immer noch sei es das wichtigste Ziel der meisten jungen Frauen, geheiratet zu werden und Kinder zu bekommen. Meistens gehen Gruppen von Frauen oder Mädchen und Gruppen von Männern getrennt spazieren, oder aber eine ganze Familie mit Großmutter, Mutter, Vater, Enkelkindern und Kindern ist unterwegs. Nur vereinzelt kann man Paare beobachten. Das Leben in Albanien spielt sich in der Familie, in der Gemeinschaft, ab.

Ein Phänomen, das mich in Shkodër immer sehr beeindruckt hat, ist ein Polizeiauto bzw. ein Polizeimotorrad, das häufig in der Mitte des großen Platzes vor dem Rozafa-Hotel abgestellt ist und ehrfurchtsvoll von allen Verkehrsteilnehmern umfahren wird. Auf meine diesbezügliche Frage erhielt ich die Erklärung, daß auch die Polizisten ein Recht auf Unterhaltung und Freizeit hätten. So sitzen oder sitzt der jeweilige Polizist, der zu dem Fahrzeug gehört, sicherlich in einem der nahen Cafés oder unter einem Baum und diskutiert angeregt mit andern Shkodranern politische Ereignisse oder sonstige Tagesthemen. ›Liri‹ und ›kuvendim‹ (Freiheit und Unterhaltung) sind eben wichtige Charakteristika albanischer Kultur.

Das Historische Museum

Das Historische Museum befindet sich ganz in der Nähe des Migjeni-Theaters. Wenn Sie ein Taxi nehmen, fragen Sie nach dem Ramiz-Alia-Haus. Unter diesem Namen ist das Museum heute in Shkodër bekannt, denn Ramiz Alia, der Nachfolger Enver Hoxhas, wurde hier geboren.

Wie viele Häuser in Shkodër, so ist auch dieses Gebäude mit einer hohen Mauer umgeben. Dies ist charakteristisch für Häuser aus dem 19. Jahrhundert. Ein großes, hölzernes Tor mit einem interessanten Türklopfer führt in einen gepflegten Garten, in dem archäologische Funde ausgestellt sind, die aus der Gegend rund um Shkodër aus der Illyrer- und Römerzeit stammen.

Über eine Treppe gelangt man zu einer aus Holz gebauten Terrasse, von der aus verschiedene Türen in die Innenräume führen, die mit geschnitzten Holzwänden und Decken reich dekoriert sind. Das Zentrum des Eßzimmers bildet ein origineller Kamin, um den herum die männlichen Gäste Platz nahmen. Oben auf der Galerie durften die Frauen sitzen, die Männer beobachten – und vor allem dienstbereit sein, wenn einer der Herren einen Wunsch äußerte.

Der Norden

Wenn Sie das Museum besichtigen wollen, setzen Sie sich vorher mit der Stadt-verwaltung in Verbindung (Tel. 02 24/37 20). Zwar gibt es regelmäßige offizielle Öffnungszeiten (montags bis freitags von 8.30 bis 12 Uhr), doch ist es besser, einen Termin zu vereinbaren, damit Sie eine kompetente, sprachkundige Führung durch das Museum begleiten kann. Es lohnt sich, auf diese Weise zu erfahren, wie die Menschen noch vor einigen Jahrzehnten in Shkodër gelebt haben.

Das Historische Museum im Ramiz-Alia-Haus von Shkodër

Das Marubi–Fotostudio

Pietro Marubbi war ein politischer Flüchtling aus Italien, der 1836 (nach der Nie-derlage Garibaldis) nach Shkodër kam, seinen Namen in Pjeter Marubi änderte und das Fotostudio gründete, welches noch heute seinen Namen trägt.

Das erste Foto in Albanien wurde 1858 von Marubi aufgenommen. Heute beherbergt das Studio eine interessante Sammlung von Fotografien, die Menschen aus dem Hochland zeigen, reiche Bürger aus Shkodër, einfache Leute aus der Stadt sowie zahlreiche Landschaftsaufnahmen aus allen Regionen Albaniens. Auch ein Foto von der Hochzeit König Zogus wurde vom Marubi-Studio aufgenommen.

Die Fotosammlung gibt einen interessanten Überblick über das Leben in Shkodër und in Albanien seit dem 19. Jahrhundert.

Die Kunstgalerie

In der Nähe der orthodoxen Kirche befindet sich die Kunstgalerie. Die Schönen Künste, besonders die Malerei, waren in Shkodër immer sehr populär. Wenn Sie durch die Straßen bummeln, können Sie in verschiedenen Häusern Hobby-Maler bei ihrer Tätigkeit beobachten und eventuell auch Bilder kaufen. Oft sind die Ateliers ebenerdig, Türen und Fenster geöffnet.

In der Kunstgalerie sind etwa 700 verschiedene Bilder, Skulpturen, Graphiken und ähnliches ausgestellt. Die meisten Werke stammen aus der Zeit der Rilindja-Bewegung, also aus dem 19. Jahrhundert. Eine Skanderbeg-Büste aus Holz, die sich in Wien befand, wurde 1914 wieder nach Albanien gebracht und befindet sich ebenfalls hier. In der Kunstgalerie werden ständig Ausstellungen von zeitgenössischen ortsansässigen Malern oder Bildhauern organisiert. Auch hier ist es empfehlenswert, sich mit der Stadtverwaltung wegen eines Besuches in Verbindung zu setzen (Tel. 02 24/37 20).

Die Rozafa-Burg

Am südlichen Eingang der Stadt liegt auf einem 130 Meter hohen Felsen die Rozafa-Burg, das Wahrzeichen der Stadt Shkodër. Sie sollten es unbedingt besuchen. Der Felsenhügel, auf dem das Schloß erbaut wurde, befindet sich oberhalb des Zusammenflusses von Drin, Buna und Kiri, und ein wunderschöner Blick auf diese Flußlandschaft entschädigt für den mühsamen Aufstieg. Sie können aber auch mit einem Taxi bequem bis vor das Burgtor fahren, denn die Straße ist überwiegend gut befestigt. Nur der letzte Teil des Aufstiegs besteht aus Kopfsteinpflaster.

Der Sage nach wollten drei Brüder gemeinsam das Schloß bauen. Doch die Mauern, die sie tagsüber aufrichteten, stürzten immer wieder in der Nacht ein. Ein weiser Mann riet ihnen, den Bau mit einem Menschenopfer haltbar zu machen – und zwar mit einer Frau. Die Gattin des jüngsten Bruders, genannt Rozafa, fügte sich willig in ihr Schicksal und ließ sich lebendig einmauern. Doch bat sie darum, ihre rechte Brust freizulassen, damit sie ihren neugeborenen Sohn stillen konnte, ihre rechte Hand, damit sie ihn streicheln konnte, und ihren rechten Fuß, damit sie ihn in seiner Wiege schaukeln konnte. Man gewährte ihr die Bitte, und solange sie lebte, stillte sie ihren Sohn, streichelte ihn und schaukelte seine Wiege. Seit dieser Zeit fließt eine weißliche Flüssigkeit aus einer Öffnung im Torbogen, die ›Milch der Rozafa‹. Bis zum heutigen Tag pilgern noch Frauen zu dieser Burg und bitten um Fruchtbarkeit und männliche Nachkommenschaft.

Diese Burg wurde in der Zeit der Illyrer erbaut. Noch einige riesige Steine, die ohne Mörtel zusammengesetzt wurden (ein charakteristisches Merkmal der Bauten

Der Norden

Relief der Rozafa mit Kind im Museum der Burg

aus der Illyrerzeit), gleich hinter dem Eingangstor, sind von diesem ersten Bau übriggeblieben. Die Burg war der Sitz der illyrischen Könige. Gentius, der letzte König der Illyrer, wurde hier von den Römern gefangengenommen. Der größte Teil der Burgruine stammt aus dem Mittelalter und aus der Zeit der Venezianer, als die Burg erneut befestigt und ausgebaut wurde. Auch die osmanischen Herrscher bauten die Burg weiter aus.

Der innere Teil der Burg läßt sich in drei Abschnitte unterteilen, die jeweils durch Tore verbunden waren. Im ersten Abschnitt waren die Soldaten untergebracht, im zweiten Wohngebäude, Wasserzisternen, Lagergebäude für Nahrungsmittel und ein Gefängnis. Der dritte Abschnitt diente als Festung und ist etwas höher gelegen als die beiden anderen Abschnitte. Zahlreiche unterirdische Gänge, die heute jedoch geschlossen sind, führten von der Burg in die Stadt. Die Ruine an der rechten Seite war ehemals eine Kathedrale, wurde aber in der Zeit der osmanischen Herrschaft in eine Moschee umgebaut. Bis zum Jahre 1913 diente die Burg noch militärischen Zwecken, als Shkodër von den Montenegrinern besetzt war.

Von der Burg aus können Sie einen wunderschönen Blick auf die Stadt und auf die umliegende Flußlandschaft genießen, die im Westen vom Skutarisee sowie von der Bergkette Montenegros begrenzt wird. Unten im Tal erkennt man, unweit des Rozafa-Schlosses, die ›Bleimoschee‹ (eine große sowie 19 kleinere Kuppeln bestehen aus Blei). Sie wurde 1773 von Mehmet Pasha Bushati (nach dem Vorbild der Großen Moschee in Istanbul) erbaut. Eine große Kuppel und 19 weitere kleinere Kuppeln bestehen aus Blei, daher der Name. Ab Mitte des 19. Jahrhunderts verlagerte sich die Stadt weiter nach Norden, weil verheerende Überschwemmungen das Umland zerstörten. Dies hatte zur Folge, daß die Moschee verfiel.

Ein Teil der Burg wurde restauriert und als Museum hergerichtet. Am Eingang des Museums befindet sich die Skulptur einer in Stein gemeißelten Frau, die ihr Baby stillt – eine Erinnerung an die Sage, nach der die Burg ihren Namen erhalten hat. Das Museum enthält eine interessante Sammlung von Karten, historischen Dokumenten und anderen Gegenständen aus der Illyrerzeit und aus der Zeit der römischen Besatzung Albaniens. Die Epoche der Ballshas sowie der heroische Kampf der Shkodraner gegen das Vordringen des osmanischen Heeres am Ende des 15. Jahrhunderts werden sehr lebendig dargestellt.

Vom Restaurant innerhalb der Burg haben Sie einen wunderschönen Blick auf die Stadt und auf den Zusammenfluß von Drin und Buna.

Das Restaurant ›DEA‹ an der Straße von Shkodër nach Vau i Dejes

Der Norden

 Vorwahl: 003 55/(0)22.

 Im Zentrum von Shkodër gibt es einige Hotels, die alle nicht sehr weit von den wichtigsten Sehenswürdigkeiten entfernt sind.

▶ Zu empfehlen ist das ›Colosseo‹, gegenüber der Ebu-Bakr-Moschee, Tel. 475 13 oder 068/205 28 62, Fax 475 14, www.colosseohotel. com; DZ etwa 60 Euro inklusive Frühstück. Normalerweise werden zehn Prozent vom Preis reduziert, wenn das Zimmer nur von einer Person benutzt wird. Es ist modern ausgestattet und hat durchgehend Elektrizität, Klimaanlage und ist im Winter beheizbar. Es empfiehlt sich, vorher zu reservieren.

▶ ›Rozafa Hotel‹, Tel. 427 97, Fax 435 90; EZ etwa 16 Euro, inkl. Frühstück. Der quadratische Bau aus der Ära des Kommunismus liegt direkt gegenüber dem Denkmal der ›Fünf Helden‹. Einst Treffpunkt der oberen Funktionäre aus der Enver-Hoxha-Zeit, macht es jetzt einen sehr heruntergekommenen

Eindruck. Die Zimmer sind ein-
fach und nicht immer sauber.
Zwischen 13 und 17 Uhr werden oft
Strom und Wasser abgestellt.
▶ Hotel ›Palma‹, Rruga 13 Dhjetori,
Tel. 437 61; DZ 25 Euro. Ebenfalls
ganz in der Nähe der Ebu-Bakr-
Moschee, die Zimmer sind bequem
und nicht teuer. Das Hotel ist recht
sauber. Es gibt ein gutes Restaurant
und einen schönen Cafégarten.
▶ Hotel ›Europa‹, Sheshi 2 Prilli,
gegenüber der Universität,
Tel. 412 11, Fax 474 70, www.euro-
pagrandhotel.com.
▶ ›Kolping-Haus‹, Rr. Skenderbeg,
Tel./Fax 454 92, Mobil
068/402 17 59, kolpingshkoder@
yahoo.it. Gute und preiswerte Übernachtungsmöglichkeit.

 In und um Shkodër gibt es
zahlreiche Restaurants.
Der Normalpreis für ein gutes Essen
mit Getränken liegt in Shkodër
zwischen 8 und 12 Euro. Natürlich
sind nach oben keine Grenzen
gesetzt.
▶ Im Zentrum ist das ›Mondial‹
empfehlenswert, das albanische
Spezialitäten, aber auch Pizza und
italienische Gerichte anbietet.
▶ Das ›Colosseo‹ bietet vor allem
italienische Gerichte an.
▶ Fragen Sie nach ›Tradita G&T‹ in
der Rruga Skanderbeg, Tel. 405 37.
Dieses Restaurant ist nicht nur
außerordentlich originell im traditionellen nordalbanischen Stil eingerichtet, sondern hat auch eine
ausgezeichnete Küche. Etwas teurer

als die anderen Speiselokale, aber ein
Besuch lohnt sich. Das Restaurant
gleicht einem Museum, und der
Besitzer wird Ihnen gerne die zahlreichen Gegenstände erklären, die
er mit viel Liebe gesammelt hat.
▶ Am Eingang Shkodërs, von Tirana
kommend, finden Sie etwas versteckt unter Bäumen das ›Legjenda‹,
das ebenfalls für seine ausgezeichnete Küche bekannt ist.
▶ An der Ausfahrtsstraße nach Vau i
Dejes sollten Sie das Restaurant
›DEA‹ besuchen. Es wurde auf
einem Gelände errichtet, auf dem
in der Kosovo-Krise über 10 000
Kosovo-Flüchtlinge in Zelten untergebracht waren. Hier kann man gut
einen Nachmittag verbummeln, sich
verwöhnen lassen, einen Rundgang
um den künstlichen See oder eine
Bootsfahrt machen. Das Restaurant
ist malerisch um diesen kleinen
Kiessee herumgebaut worden, mit
einzelnen kleinen Häusern, schattigen Plätzen am See und einem Adler-
gehege, in dem ein echter Adler,
das Wahrzeichen Albaniens, lebt.
▶ An der Straße, die aus Tirana
kommend in die Stadt führt, haben
sich rechts am Drin-Ufer mehrere
kleine Restaurants und Bars angesiedelt, in denen man abends am
Ufer des Flusses herrlich sitzen kann.
Der Platz am Flußufer mit den
hohen Bergen der Mirdita im Hintergrund bieten eine wunderschöne
Kulisse für angeregte Gespräche oder
›shaka me kripe‹ (geistreiche Witze)
in den Abendstunden.

Velipojë

Der Bezirk Velipojë mit dem 13 Kilometer langen Sandstrand und dem umliegenden Naturschutzgebiet liegt an der Adriaküste, etwa 30 Kilometer von Shkodër entfernt. Bevor Sie von Tirana nach Shkodër hinein fahren, müssen Sie links abbiegen.

Velipojë ist nicht nur der Name der Ortschaft, sondern auch des etwa 700 Hektar großen Naturschutzgebietes und der Lagune. Hier leben Hasen, Kaninchen, Wildschweine, Fasane und viele Arten von Wildenten. Die Bewohner von Velipojë schwören bei allen Göttern der Illyrer, daß ihr Honig der beste der Welt sei.

Der wunderschöne Sandstrand, das azurblaue Wasser und die sich im Osten erstreckende Bergkette könnten den Aufenthalt zu einem einmaligen Naturerlebnis machen, wenn nicht besonders hier an diesem schönen Fleckchen Erde die Bausünden und der – verständliche – Wunsch der Albaner nach dem ›schnellen Geld‹ dem Land sowohl optisch als auch in gesundheitlicher Hinsicht erhebliche Schäden zugefügt haben.

Ein schöner Platz zum Mittagessen ist das Restaurant in der Viluni Lagune, einem etwa 300 Hektar großem Salzsee, der durch einen Kanal mit der Adria verbunden wird. Die Lagune ist ein Paradies für verschiedene Seevögel, u.a. ist sie ein Futterplatz für den Dalmatiner Pelikan.

Sollten Sie sich trotz der nicht zu übersehenden Umweltschäden entschließen, im Velipojë-Distrikt einige Tage zu verbringen, so sei Ihnen das Hotel ›London‹, empfohlen. Es liegt ziemlich im Zentrum von Velipojë und es gehört einem Auslandsalbaner, der als Waise in Shkodër aufwuchs, nach England auswanderte und es mit viel Ausdauer, Fleiß, Mut und auch Glück zu einem ansehnlichen Vermögen brachte, Tel. 02 67/802 13, Fax 02 67/802 14, infolondonhotel@yahoo.com.

Am Strand von Velipojë

Der Norden

In einigen Ortschaften des Bezirkes bieten Privathaushalte Übernachtungs-möglichkeiten an. Erkundigen Sie sich in Velipojë bei dem katholischen Pfarrer Don Marian. Fragen Sie nach ihm – alle Menschen kennen ihn. Er wird Ihnen die verschiedenen Familien nennen, die bereit sind, Gäste zu empfangen.

Zogaj und Shirokë

Am Ufer des Skutarisees gelegen, im Süden vom Tarabosh-Gebirge begrenzt, laden diese idyllischen Orte nach einem anstrengenden Tag mit Stadtbummel, Muse-umsbesuchen und Kultur zur Erholung ein. Nicht mehr als etwa zehn Kilometer von Shkodër entfernt, erreichen Sie Zogaj und Shirokë bequem mit einem Taxi oder mit dem eigenen Wagen.

Die Natur hat hier nicht mit dem Tuschkasten gespart – azurblau für den Skutarisee, kräftiges Grün für die Wälder am Hang des Gebirges und daneben Wild-blumen in allen Regenbogenfarben. Auf den Wiesen der Berghänge wachsen zahl-reiche Heilkräuter, und die Tierwelt im See und in den Wäldern hat sich bis heute ungestört entwickeln können. Im See hat man 65 verschiedene Fischarten gezählt, in der umliegenden Landschaft mehr als zweihundert verschiedene Vogelarten.

Die Einwohner von Zogaj sind fast alle Muslime. Die 60 Familien, die im Ort wohnen, leben vom Fischfang und von der Kleintierhaltung. Die Bodenbeschaffen-heit erlaubt keinen Ackerbau, doch wird hier sehr gutes Olivenöl hergestellt.

Die in Zogaj gewebten Wollteppiche sind für ihre Farbenpracht bekannt.

Zogaj und Shirokë wurden in historischen Dokumenten zum ersten Mal im 15. Jahrhundert erwähnt. In beiden Orten finden Sie noch die traditionelle Bau-weise der Region – sogenannte Turmhäuser aus Stein, die drei Stockwerke umfas-

Landschaft am Skutarisee

sen. In vielen Gebäuden gibt es noch Brunnen für Trinkwasser. König Zogu schätzte diese Region sehr und ließ sich hier einen seiner schönsten Paläste bauen.

Im Ort gibt es ein Hotel und Privatzimmer. Einige idyllische Restaurants am Ufer des Skutarisees bereiten ausgezeichnete Gerichte mit garantiert frischem Fisch zu. Gleich hinter der Brücke über die Buna, nach dem Wohnviertel der Roma, an einem Hang an der linken Seite in einem Wäldchen liegt das Hotel ›Marku‹. Von dort haben Sie eine schöne Aussicht auf den See. Die Zimmer sind komfortabel und preiswert, Tel. 02 40/154, Mobil 068/202 41 38.

Sowohl tektonischen als auch karstischen Ursprungs, bildet der Skutarisee ein sehr kompliziertes hydrologisches System. Der ›Bodensee des Balkans‹, wie er oft genannt wird, ist mit einer Fläche von 368 Quadratkilometern der größte See der Balkanhalbinsel. Von der Gesamtfläche des Sees gehören 149 Quadratkilometer zu Albanien, der Rest zu Montenegro. An seiner tiefsten Stelle wurden 60 Meter

Der Norden

Der Norden

gemessen. Besonders interessant ist der See wegen der reichhaltigen Wasserflora; es gibt hier alleine 700 verschiedene Algenarten, außerdem 50 verschiedene Fischsorten. Noch ist das Ökosystem recht gut erhalten.

Die Ortsansässigen erzählen sich gerne eine Legende über den Ursprung des Skutarisees. Wo sich heute der See befindet, gab es in früheren Zeiten eine Quelle, die immer dann sprudelte, wenn die Frauen vom Ufer Wasser holen wollten. Waren die Krüge der Frauen gefüllt, mußten sie die Quelle wieder sorgfältig schließen. Einmal füllte eine Frau ihre Krüge, als eine Nachbarin herbei eilte, um ihr zu berichten, daß ihr Ehemann, der lange in einem fernen Land geweilt hatte, wieder heimgekehrt sei. Voller Freude über diese Nachricht ließ die Frau ihre Krüge stehen, eilte nach Hause und vergaß, die Quelle zu verschließen. Seit dieser Zeit bildete die Quelle den immer größer werdenden Skutarisee.

Drishti und die Brücke von Mesi

Eine halbstündige Autofahrt in nordwestlicher Richtung bringt uns in den Ort Drishti. Archäologische Funde haben bewiesen, daß dieser Ort bereits in der Zeit der Illyrer, also ungefähr 400 bis 200 vor Christus, besiedelt war. Auf einem Hügel in einer Höhe von etwa 800 Metern über dem Meeresspiegel, in Mes, finden sich noch Reste einer alten, illyrischen Burg.

Von besonderem Interesse ist die Mesi-Brücke (Ura e Mesit), die im 18. Jahrhundert von Mustafa Bushati Pascha wahrscheinlich auf den Resten einer älteren Brücke aus dem 17. oder gar 15. Jahrhundert erbaut wurde. Die Brücke ist ein sehr gutes Beispiel für die weit entwickelte Brückenbaukunst der Skipetaren, die die häufig vorkommenden Hochwasser der Flüsse aus dem Gebirge (hier: des Kiri) in die Architektur einplanten. Die Brücke hat eine Länge von 108 Metern und ist 3,4 Meter breit. Sie ruht auf 13 Bögen. Der mittlere Bogen ist zwölf Meter weit und spannt sich in einer Höhe von 18 Metern über das Flußbett des Kiri.

Lezhë

Wenn Sie von Shkodër aus in südlicher Richtung fahren, sind Sie in einer knappen Stunde in Lezhë, einer der ältesten Städte Albaniens. Im 4. Jahrhundert vor Christus wurde die Stadt Lis (lat. Lissus) von den Illyrern gegründet. Sie war in der damaligen Zeit ein wichtiges Handelszentrum und ein bedeutender Hafen. In der Zeit der Besetzung Albaniens durch die Römer fanden in Folge des römischen Bürgerkriegs auch hier Auseinandersetzungen zwischen Caesar und Pompeius statt. Im 9. Jahrhundert nach Christus gehörte Lezhë zu Byzanz.

Grabstätte Skanderbegs in Lezhë

Der Norden

In der Zeit Skanderbegs erreichte die Stadt für Albanien historische Bedeutung. Am 2. März 1444 wurde hier die berühmte Liga von Lezhë gegründet, ein Zusammenschluß aller Nordalbanischen Fürsten unter der Führung von Gjergj Kastrioti Skanderbeg. Die Liga verteidigte 24 Jahre lang erfolgreich die Unabhängigkeit Albaniens unter Skandenbegs Oberkommando. Dieser starb am 17. Januar 1468 in Lezhë und wurde in der dortigen Kathedrale beigesetzt. Nach Skanderbegs Tod fielen die Osmanen erneut in Nordalbanien ein, zerstörten die Kathedrale und plünderten Skanderbegs Grab. Es heißt, daß sie aus seinen Gebeinen Amulette herstellten, um sich auf diese Weise dessen Kraft und dessen Mut einzuverleiben.

Auf den Trümmern der Kathedrale wurde eine Gedenkstätte für Skanderbeg errichtet, die von der Hauptstraße aus gut sichtbar ist. Eine bronzene Büste des Volkshelden, Nachbildungen seines Schwertes und seines Helmes sind dort vor seiner Flagge ausgestellt (die Originale seiner Waffen und seines Helmes befinden sich im Kunsthistorischen Museum in Wien). An den Wänden hängen 25 Abbildungen mit den Daten der verschiedenen Schlachten, die er gegen die Türken kämpfte. Von der Gedenkstätte Skanderbegs aus gut sichtbar, befinden sich auf einem Hügel die Ruinen einer alten Burg aus der Illyrerzeit. Diese wurde in der Zeit Skanderbegs ausgebaut und, wie andere Kastelle in der Umgebung (beispielsweise Shkodër, Krujë und Petrele), bei seinen Kämpfern als Befestigung und Verteidigungszentren benutz. Von den verschiedenen Burgen aus konnten Leuchtfeuer aus als Nachrichten gesendet werden, wenn Gefahr im Verzug war.

Die Stadt Lezhë hat heute etwa 12 000 Einwohner. Es gibt kleinere Fabriken zur Herstellung von Papier und Baumaterialien. Aus Sonnenblumen wird Öl hergestellt, und auch eine kleine Fabrik für Fischkonserven befindet sich in der Stadt.

Lezhë bietet recht gute Übernachtungsmöglichkeiten.
Hotel ›Uldedaj-Liss‹, Tel. 02 15/48 49.

▶ Hotel ›Ermir‹, Tel. 068/253 10 39
oder 068/226 65 25. Schattiger
Garten, gutes Restaurant.

Shëngjin

Der Hafen von Shëngjin wurde schon zur Zeit der Besetzung durch die Römer
von Julius Cäsar benutzt, der mit seinen Truppen hier landete, um gegen seinen
Rivalen im Bürgerkrieg, Pompeius, zu kämpfen. Heute ist der Hafen Endpunkt
oder Ausgangsort der Fährverbindung zwischen Bari in Italien und Shëngjin.

Shëngjin ist nicht nur Hafen, sondern schon seit etwa 1960 ein Ziel vieler
Touristen aus den umliegenden Städten, aus dem Kosovo und aus Makedonien.
Shëngjin befindet sich etwa sieben Kilometer von Lezhë entfernt. Sie erreichen
den Ort mit Bussen, Minibussen oder auch mit einem Taxi. Die Straße dorthin
ist in relativ gutem Zustand.

Vom südlichen Strandende bis zur Mündung des Drin finden Sie den Nationalpark von Kuna-Vaini, mit vielen Lagunen in der Drin-Mündung, in der zahlreiche
Entenarten leben. In den umliegenden Wäldern leben Fasane und viele andere
Vogelarten. Einige Zugvögel überwintern hier oder bilden Zwischenstationen auf
ihrem Weg nach Afrika. Eine besondere Attraktion ist der Pelikan. Die Lagunen
sind sehr fischreich und beherbergen unter anderem auch Aale. Aufgrund der
hervorragenden Lage, der guten Bade- und Sportmöglichkeiten sowie der vielfältigen Flora und Fauna hat sich der Tourismus in diesem Gebiet bereits recht gut
entwickelt.

 Hotel ›President‹, Tel. 068/
222 28 02. Modern ausge-
stattet, gutes Restaurant.
▶ ›Hoteli i Gjuetise‹, in Ishulli Lezhës,
3 km südlich von Lezhë, nur wenig
Räume, aber sauber und preiswert,
Mobil 069/217 08 98.
▶ Mehrere Familien bieten preiswerte
Unterbringung mit Frühstück an.

 Restaurant ›Shkreli‹, Fischspe-
zialitäten.
▶ In der Nähe der Lagune hinter
dem Wildreservat baute Mussoli-
nis Schwiegersohn, Graf Galeazzo
Ciano, in den 30er Jahren des
20. Jahrhunderts ein Jagdhaus, das
wegen seiner luxuriösen Innen-
ausstattung sehr gern besucht
wurde. Während der Unruhen
1997 wurde es zerstört, inzwischen
aber wieder aufgebaut. Das Restaurant im Innern führt eine gute
Küche mit frischem Fisch und vielen
italienischen Gerichten.

Die Albanischen Alpen

Der größte Teil der Albanischen Alpen befindet sich im Bezirk Shkodër, ein weiterer, kleiner Teil im Nordosten, an der Grenze zum Kosovo, im Bezirk Tropojë.

Schon in der Antike wurden viele Orte der Albanischen Alpen als Erholungsszentren genutzt. In der Zeit des Kommunismus wurden in einigen Tälern Hotels für Funktionäre gebaut, die in den unruhigen Jahren nach dem Zusammenbruch der Enver-Hoxha-Ära vom Volk zerstört wurden oder in der Zwischenzeit dem Verfall anheimgegeben sind.

Bergfluß in den Albanischen Alpen

Der Norden

Bis heute ist dieses Gebiet für den modernen Tourismus noch sehr wenig erschlossen. Die Unzugänglichkeit der Region mit ihren schroffen Felshängen macht menschliche Intervention fast unmöglich. Daher hat sich die wildromantische, atemberaubende Schönheit, die Unberührtheit der Natur mit der vielfältigen Flora und Fauna, den klaren Gebirgsbächen und den zahlreichen Wasserfällen bis heute erhalten können.

Die Berge hier erreichen Höhen bis zu 2700 Metern (Jezerca 2695 Meter). Die höchsten Gipfel sind oft das ganze Jahr über mit Schnee bedeckt. Im Sommer sind die Temperaturen in den Tälern erfrischend. Abends kann es kühl werden. Insgesamt ist die Luft dort rein, das Wasser aus den Flüssen trinkbar, das Klima sehr gesund. Da es sich um ein erdgeschichtlich junges Gebirge handelt, gibt es hier noch Erdbeben. Das letzte Erdbeben (Stärke sechs auf der Richterskala) ereignete sich im Juli 2005 im Bezirk Tropojë. Es zerstörte einige Häuser, doch glücklicherweise waren keine Todesopfer zu beklagen. Das Epizentrum lag bei Bajram Curri.

Die Menschen, die noch in dieser Region leben, haben viele traditionellen Sitten und Gebräuche beibehalten, die sie bis in die heutige Zeit hinein pflegen. Allerdings sind viele wegen der schwierigen Lebensbedingungen in andere Landesteile Albaniens gezogen oder ins Ausland emigriert. Die Bewohner dieser Region gelten als ehrenhaft, stolz, unbeugsam, mutig und tapfer, selbstbewußt – und sehr gastfreundlich. Sie haben im Ausland weitgehend das mystisch verklärte Bild vom tapferen Skipetaren geschaffen, dem die Ehre wichtiger ist als das eigene Leben.

Da das Interesse von Naturfreunden an dieser schönen Bergwelt immer größer wird, haben sich auch hier einfache Übernachtungs- und Verpflegungsmöglichkeiten eröffnet. Die GTZ (Gesellschaft für Technische Zusammenarbeit) versucht gemeinsam mit Studenten der Universität, den Bergbewohnern neue Perspektiven im Tourismus zu eröffnen. Am Eingang des Gebirgsdorfes befindet sich ein Hotel mit relativ bequem eingerichteten Zimmern, einer schönen Terrasse mit Blick auf die Berge sowie einem Restaurant.

Bogë und Theth

Sie sollten unbedingt mit einem Fahrer fahren, der den Weg kennt, wenn Sie Wert darauf legen, unversehrt in Theth anzukommen. Eine Umweltorganisation aus Shkodër, die Ruajtja e Pyjeve dhe Mjedisi i Gjelber (Gesellschaft zum Schutz der Wälder und des Grünlandes, Tel. 022/432 17) oder Petrit Imeray aus Shkodër (Mobil 069/216 63 34 oder 069/206 52 05) vermittelt gerne zuverlässige Fahrer und Führer im Gebirge. Auch Edlira Kruja, Koordinatorin der GTZ (Gesellschaft für Technische Zusammenarbeit) in Shkodër, hilft gerne weiter (Mobiltel. 069/208 87 95). Die Kosten für ein Taxi von Shkodër nach Theth (etwa 70 Kilometer) sollten vorher ausgehandelt werden. Mit einem Minibus betragen die Kosten

Bäuerin mit Hausschwein in Theth

ca. 1000 Lek (acht Euro) für die Hin- und Rückfahrt. Sorgen Sie gleichzeitig für den Rücktransport, denn weder von Bogë noch von Theth fahren regelmäßig Minibusse, geschweige denn Autobusse. Auch eine andere Rückfahrgelegenheit werden sie dort kaum finden. Seit 2006 ist es möglich, per Mobiltelefon Kontakt mit der Außenwelt aufzunehmen. Es gibt in Theth allerdings weder einen Arzt noch eine Apotheke. Es ist also ratsam, sich mit Verbandmaterial und vielleicht mit notwendigen Medikamenten für den Notfall auszurüsten. Tragen Sie bequeme Kleidung, und vor allem: feste Schuhe. Abends und in der Nacht kann es dort recht kühl werden, insofern empfiehlt sich die Mitnahme entsprechender Kleidung.

Von Shkodër geht es zuerst in nördliche Richtung. Bis nach Koplik fährt man zunächst durch die Vororte von Shkodër. Hier herrscht überall reges Leben. Straßenhändler und Händlerinnen bieten ihre Waren an, die auf einfachen Ständen oder direkt auf dem Boden ausgelegt sind; daneben befinden sich ›Gomisterien‹, wo geschickt alte Reifen wieder ›aufgemöbelt‹ werden. Mit Viehfutter beladene Esel und zweirädrige Pferdekarren kreuzen den Weg. Ab und an kann durchaus einmal eine Kuh gemächlich die Fahrbahn überqueren, um auf der anderen Straßenseite ihre Tagesration Gras zu suchen. Kinder ziehen mit Großmüttern oder Müttern zu Fuß die Straße entlang. Die einfachen Cafés – die bisweilen nur aus einem einzigen Tisch sowie einigen Stühlen bestehen – sind stets gut besetzt mit männlichen Kaffee- bzw. Rakitrinkern.

In der fruchtbaren Ebene um den Skutarisee (links der Straße) befinden sich kleinere Maisfelder und Gemüsegärten. Auf der rechten Seite, wo das Land sanft am Fuß der Albanischen Alpen ansteigt, sind einige gepflegte, farbenfrohe Einfamilienhäuser zu sehen, meistens von Gemüsegärten oder kleineren Feldern umgeben.

In Koplik biegt man rechts in nordöstlicher Richtung ab. Die nächsten 20 Kilometer bis Deday ist die Straße noch asphaltiert und relativ gut befahrbar. Aber bald steigt sie steil an, ist nur mit Schotter bedeckt und erfordert nicht nur geschickte Fahrer, sondern auch zuverlässige Autos. Gropa, gropa – Loch an Loch!

Nach etwa 50 Kilometern Fahrt von Shkodër aus erreichen Sie Bogë, ein Gletschertal in der Form eines Amphitheaters. Es wird durch 2000 Meter hohe Berge begrenzt. Das Tal liegt 700 Meter über dem Meeresspiegel und wurde schon seit der Antike wegen der Schönheit der Landschaft, der reinen Luft und seinem sauberen Wasser gerne besucht. Besonders interessant in und um Bogë sind die zahlreichen Kalksteinhöhlen (die noch nicht alle erforscht sind). Viele endemische Pflanzen und seltene wilde Tiere wie Gemsen, Wölfe, Wildkatzen und Wildschweine leben hier. In den höheren Lagen können Sie mit ein bißchen Glück auch Adler bewundern.

Der Norden

Da der Tourismus hier noch nicht allzu weit entwickelt ist, gibt es keine Hotels. Doch die Bewohner des Tales bieten Unterkunft in ihren Häusern an. Hier werden Sie mit Sicherheit wie ein Ehrengast empfangen. Wenn Sie auch nicht der Service und die Bequemlichkeit der Hotels in den Industrieländern erwartet, so können Sie doch die Warmherzigkeit, Gastfreundschaft, Loyalität und den Stolz der Bergbewohner kennenlernen – Werte, die besonders in Nordalbanien bis heute aufrechterhalten werden. Die Familienmitglieder werden sich zudem geradezu rührend um Ihr Wohlergehen besorgt sein und sich für Sie verantwortlich fühlen.

Hinter Bogë steigt die Straße sehr steil an, denn jetzt muß der Qafa e Terthorës (Terthorës-Paß) bewältigt werden, der schwierigste Teil der Anfahrt nach Theth. Doch die Mühe lohnt sich. Die Paßstraße, 1630 Meter hoch, bietet unvergleichlich schöne Ausblicke auf die Albanischen Alpen. Schroffe, oft schneebedeckte Berggipfel, tiefe Täler, steil abfallende Hänge, mit Laub- oder Tannenwald bedeckt, ungeschützte Straßenränder (keine Angst – die Albaner, die den Weg kennen, sind ausgezeichnete Autofahrer!) machen schon die Anfahrt nach Theth zu einem besonderen Erlebnis. Nach der Paßhöhe führen zahlreiche Haarnadelkurven bis in das Tal des Shala-Flusses, an dem der Ort Theth liegt. Die Fahrt von Shkodër nach Theth dauert etwa vier bis fünf Stunden.

Wenn Sie gern mit der Bevölkerung in Berührung kommen möchten, schlage ich die Anfahrt mit einem Minibus vor. Dort finden sich die unterschiedlichsten Menschen zusammen. Die Shkodraner und die Menschen im Gebirge sind für ihren Humor bekannt. Wenn Sie Glück haben, wird einer dieser hochgewachsenen Bergbewohner mit der typischen ›Adlernase‹ mitfahren; zunächst wirken die Menschen stolz und unnahbar. Doch öffnen Sie Ihr Herz – und nach wenigen Minuten werden Sie trotz Sprachschwierigkeiten feststellen können, daß diese urwüchsigen Menschen vor Intelligenz sprühen, das Herz auf dem rechten Fleck und den Schalk im Nacken haben.

Da die Menschen in Albanien keinerlei Berührungsängste haben, werden Sie sehr schnell in die Fahrgemeinschaft aufgenommen, auch wenn Sie der albanischen Sprache nicht mächtig sind. Man wird versuchen, Sie auf die eine oder andere Weise in die Gemeinschaft einzubinden. Wundern Sie sich nicht über indiskrete Fragen nach ihrem Familienstand, ihrer Kinderzahl oder nach Ihrem Liebesleben. An besonders gefährlichen Straßenstellen wird meistens ein geistreicher Witz (shaka me kripë) gemacht, so daß die Fahrgemeinschaft vor Lachen die Gefahr der Situation vergißt. Die Albaner sind es gewohnt, täglich mit gefährlichen Situation umzugehen.

Wegen der Abgeschiedenheit und Unzugänglichkeit der Region sind viele Bewohner von Theth nach Koplik oder nach Shkodër gezogen oder sogar ins Ausland emigriert. Die wenigen Menschen, die hier heute noch leben, besitzen Ziegen, Schafe, Kühe oder Schweine oder bewirtschaften kleinere Anbauflächen.

Der Norden

Blutturm in Theth

Der Dorfälteste (›Kryeplaku‹) ist etwa 30 Jahre alt! Wenn Sie in seinem Haus nach Auskunft fragen, wird Sie eine Kinderschar an der Pforte empfangen und ins Haus begleiten.

Die Region um Theth ist Nationalpark, und das Dorf ist zum Museumsdorf erklärt worden. In der Ära des Kommunismus war der Ort Ferienziel für viele Albaner. Es scheint, als hätten die umliegenden Berggipfel das Dorf geschützt und bisher seine wildromantische Einzigartigkeit erhalten. Die höchsten Erhebungen um Theth sind die Jezerca (2695 Meter), der Arapi (2317 Meter) und Radohima (2567 Meter). Das Wasser des Flusses Shala ist klar, sauber und trinkbar.

Die kleinen Häuser sind aus grauen Steinen gebaut und haben Holzdächer. Die Attraktion des Dorfes ist das ›Turmhaus‹ (Kulla e njugimit), eines von den wenigen dieser Art, die noch erhalten sind. In diesen Häusern suchten männliche Mitglieder einer Familie Schutz, die von der Blutrache betroffen waren. Die Männer schlossen sich in diesen Türmen ein bis ein ›besa‹, also ein Versöhnungsabkommen zwischen betroffenen Familien, erreicht worden war. Ein riesiges schweres Tor bildet den einzigen Zugang zum Haus. Eine Leiter führt zum ersten Stock hinauf, wo die betroffenen Männer oft monatelang verharrten. An jeder Wand im zweiten Stock gibt es Lichtschlitze, die auch zur Verteidigung dienten, und von wo aus jeder gesehen werden konnte, der sich dem Blutturm näherte. Die Schlitze sind zusätzlich noch durch eine Art Steinkästen geschützt. Frauen waren von der Blutrache ausgeschlossen.

In der Vergangenheit gab es in Nordalbanien mehrere dieser Bluttürme. Viele wurden jedoch von König Zogu und auch Enver Hoxha zerstört. Beide waren bemüht, die Blutrache, die viele Familien dezimierte, auszurotten. Dies gelang nur bedingt, denn bis heute gibt es noch Fälle von Familien, die das Recht des Kanun in vielen Bereichen beibehalten haben.

Unterhalb des Blutturms befinden sich eine interessante alte Wassermühle, eine mit Holz bedeckte Kirche sowie ein verlassenes Schulgebäude mit einer malerischen Wasserstelle.

Alpaufzug bei Kelmend

Die Bevölkerung in Theth war und ist bis heute katholisch. Der Islam hat hier zur Zeit der osmanischen Herrschaft in Albanien aufgrund der Abgelegenheit der Region und der Unbeugsamkeit seiner Bewohner nicht Fuß fassen können.

Im Norden des Dorfes befindet sich in einem wunderbar schattigen Buchenwald die Quelle des Flusses Shala. Von dort führt ein Pfad über den Peja-Paß (Qafa e Pejës) nach Montenegro. Normalerweise wird die Grenze nicht bewacht; in früheren Zeiten begaben sich die Bewohner von Theth ins Nachbarland, um sich mit Lebensmitteln oder anderen Gütern zu versorgen.

Über den etwa 2000 Meter hohen Valbonë-Paß gibt es ebenfalls einen Fußweg bis in den Tropojë-Distrikt. Doch dieser Weg sollte nie ohne eine kompetente Führung unternommen werden. Er führt durch enge Schluchten und über recht steile Hänge. In dieser Gegend leben Adler, und sollte man diesen Weg zu Fuß gehen, hat man große Chancen, einen dieser selten gewordenen Riesenvögel, das Wahrzeichen Albaniens, zu bewundern. Auch andere seltene Wildtiere sind hier anzutreffen.

In den Wintermonaten sind die Bewohner von Theth total von der Umwelt abgeschnitten, denn die Zugangsstraßen sind nicht befahrbar. Schnee bedeckt bis zu drei Meter hoch das Land von etwa November bis Ende März. Sogar Im Juni kann in höheren Lagen noch Schnee fallen.

Im Jahre 2005 gab es in Theth noch keine Hotels, doch die Bewohner nehmen jeden Gast freundlich auf. Am Eingang des Dorfes lebt die Familie von Mhille

Carku, die auf Besucher eingestellt ist und zwei saubere Zimmer für Gäste zur Verfügung hat. Die Dorfbewohner nennen dieses Haus ›Hotel‹. Geheizt wird hier an einem offenen Feuer im Wohnzimmer, wo Sie das Familienleben miterleben können und zu Tisch gebeten werden. Dieser wird für jeden Gast reichlich gedeckt: mit frischem Fleisch, frischem Gemüse, Feta-Käse, Kos (hausgemachter Joghurt), Milch sowie Raki zur Verdauung und zum Aufwärmen. Übernachtungsmöglichkeiten gibt es auch bei Roza Rupa (8 Betten, Mobil 069/205 59 70) und bei Gjon Deda (20 Betten, Mobil 069/311 86 93 und 068/219 14 05).

Bei Redaktionsschluß des vorliegenden Reiseführers war am Dorfeingang ein Hotel im Bau. Leider wird aber nur selten daran gedacht, die Architektur im Einklang mit der Landschaft zu gestalten.

Handeln Sie bei Ihren Gastgebern vorher den Preis aus. Normalerweise sollte eine Übernachtung nicht mehr als 1000 bis 1500 Lek (eine Mahlzeit 500 Lek, ein Frühstück 300 Lek) kosten.

Es gibt Pläne, ältere Häuser im Dorf bequemer herzurichten, in denen Touristen wohnen und sich mit Hilfe der Dorfbevölkerung selbst versorgen können. Man will auf diese Weise verhindern, daß noch mehr Dorfbewohner den Ort verlassen bzw. die anderen motivieren, in ihr Dorf zurückzukehren. Sie sollen dort eine neue Möglichkeit finden, ihren Lebensunterhalt zu bestreiten.

Falls Sie einige Tage in Theth verbringen möchten, können sie noch mehrere traditionelle Gebäude besuchen. So etwa das Museum, das aber nicht immer geöffnet ist. Fragen Sie den ›Kryeplaku‹! Außerdem lohnt sich ein Spaziergang zum etwa 25 Meter hohen Thethi-Wasserfall hoch und zur ›Bira e Rrathëve‹ – einer Höhle mit unterirdischen Seen, Stalaktiten und Stalagmiten.

Razma und Lëpushë

Ihr Ausgangspunkt ist wahrscheinlich Shkodër. Wieder einmal nehmen Sie die Ausfahrtsstraße in Richtung Norden, in die ›Malësia e Madhe‹, das Albanische Hochgebirge. Dieses Mal fahren Sie durch Koplik bis an den Ort Hani i Hoti (Herberge von Hot), wo der Skutarisee in einer schmalen Bucht endet. In der Mitte des Sees verläuft die Grenze zu Montenegro, die sich durch die Alpen in Richtung Norden weiter fortsetzt. Noch einige Kilometer ist die Straße asphaltiert, aber auch hier müssen Sie schon bald mit Schotterbelag vorlieb nehmen – und einmal wieder durch gropa, gropa, wie die Albaner sagen, Loch an Loch, bis an Ihr Ziel hoppeln.

Sie kommen jetzt in das Albanische Hochland, eine Gegend mit ethnographischen Besonderheiten, traditionellen Trachten und Festen, malerischen alten Dörfern, dichten Wäldern und blumenreichen Alpenwiesen. Die älteste Tracht für

Der Norden

Frauen ist eine Art Glockenrock aus Wolle, die Xhubleta; die Tracht für Männer besteht aus weißen Wollhosen mit schwarzen Seitenstreifen, der Tirqtë, und einer weißen Wollmütze, der Qeleshe.

Aus dieser Gegend stammen die legendären epischen Gesänge, die von einer oder zwei Personen vorgetragen und mit der Lahuta (einem Zupfinstrument, mit einer Saite aus Rosshaar) begleitet wurden – und heute noch werden!)

Etwas abgelegen von der Hauptstraße (und über eine Querverbindung zu erreichen) liegt Razma, in der Ära des Kommunismus ein bevorzugter Urlaubsort für kommunistische Funktionäre. In den Jahren der politischen Unruhen nach dem Zusammenbruch des totalitären Systems wurden viele der Gebäude vom wütenden Volk zerstört, doch sind einige inzwischen durch Privatinitiativen wieder aufgebaut worden und stehen als Unterkunftsmöglichkeiten für Touristen zur Verfügung. Wie die übrigen Orte in den Albanischen Alpen bietet auch Razma sehr viele Naturschönheiten, reine Luft und klares Wasser. Neben sportlichen Aktivitäten – Bergsteigen, Jagen, Fischen, Wandern (Ausrüstung ist mitzubringen!) – fallen auch in diesem Tal Flora und Fauna sehr üppig aus. Interessante Höhlen lassen sich bei Bedarf mit kompetenten Führern besichtigen.

Auf halben Weg nach Vermosh und Lëpushë liegt Tamarë, ein ›Verkehrsknotenpunkt‹ mit einem ›Bahnhof‹ für Minibusse sowie einigen einfachen Cafés. Hier werden Sie sehr zuvorkommend bedient und können ausgezeichneten Espresso trinken. Sie können Ihren Durst aber auch ganz einfach an einer Quelle mit frischem Wasser löschen.

Auf einer Höhe von 1260 Metern ist Lëpushë der am höchsten gelegene und zugleich der abgelegenste Ort Albaniens. Lëpushë gehört zur Gemeinde Kelmend, in der Nähe der Grenze zu Montenegro. Die Landschaft um Lëpushë ist gebirgig. Die Durchschnittstemperatur im Sommer beträgt 16 Grad Celsius, im Winter –3 Grad Celsius. Im Winter blockieren heftige Schneefälle den Zugang zum Ort. Heute gibt es dort 25 Haushalte mit einer Einwohnerzahl von insgesamt etwa 100 Personen. In den vergangenen zehn Jahren sind viele Menschen ausgewandert, die meisten nach Griechenland und Italien, nach Großbritannien und in die USA. Wie in den übrigen Gebieten Nordalbaniens, hat sich auch hier der Islam nicht verbreiten können. Die Einwohner sind bis heute katholisch geblieben. Sie sprechen den nordalbanischen Dialekt, das Gegische.

Jeder Haushalt verfügt über eigene Haustiere wie Kühe, Schweine, Schafe, Ziegen und Hühner. Man pflanzt Kartoffeln, Gemüse und Kohl und, soweit es der Boden erlaubt, etwas Getreide an. Die tägliche Ernährung besteht hauptsächlich aus Kartoffeln, Gemüse, Fleisch und hausgemachten Milchprodukten wie Joghurt, Sahne und verschiedenen Käsesorten.

Der Ort ist besonders interessant wegen der Kenntnisse der Bevölkerung in Bezug auf die unterschiedlichsten Heilkräuter, denn im Ort gibt es keinerlei ärztliche Versorgung. Im Jahre 2004 wurde eine internationale wissenschaftliche Studie zum Thema Kräuterheilkunde durchgeführt. Ergebnis: Die traditionelle Anwendung von Heilkräutern in den Balkanländern, insbesondere in Lëpushë, kann auch in heutiger Zeit wertvolle Erkenntnisse für die moderne Medizin liefern sowie mit entsprechender Unterstützung dazu beitragen, den Lebensstandard der Bevölkerung in Lëpushë und anderen Ortschaften der Albanischen Alpen anzuheben.

Vermosh

Wenn Sie weiterfahren in Richtung Norden, erreichen Sie Vermosh, das im nördlichsten Zipfel der Albanischen Alpen gelegen ist. Auch hier sind die Bewohner weitgehend Selbstversorger – wenn man davon absieht, daß einige Familien Unterstützung von Familienangehörigen bekommen, die nach Kanada, in die USA oder nach Großbritannien ausgewandert sind. Da die Grenze nach Montenegro sehr nahe ist, besteht hier ein reger Austausch zwischen der Bevölkerung von Vermosh und den montenegrinischen Einwohnern hinter der Grenze, die sehr häufig außer ihrer eigenen Sprache ebenfalls den gegischen Dialekt sprechen.

Der Norden

Großfamilie in Vermosh

Vermosh ist ein sehr weitläufiger Ort mit weit auseinander liegenden Häusern und kleinen Gehöften, wo Kleinvieh, wie Kühe, Ziegen, Schafe, Schweine und Hühner zur Selbstversorgung gehalten werden. Schweine werden hier nicht in Ställen gehalten, sondern laufen auf den Höfen und auf den umliegenden Wiesen frei herum und folgen selbst Fremden wie ein Haushund. Einige Bäche durchrauschen den Ort, über die notdürftige Holzstege führen. Saftige Wiesen mit einer überwältigenden Blumenpracht ziehen sich an den Hängen empor und umgeben die Wohnhäuser.

Einige Einwohner besitzen Jeeps, mit denen sie Sie gern für ein geringes Entgelt im Ort spazierenfahren, denn die Wege sind oft steil, und es bedarf einiger Übung, um nicht zu ermüden. Wenn Sie nicht vorsichtig sind, können Sie sich leicht den Fuß verstauchen.

Die Bewohner sind erstaunlich geschickt beim Aufstieg bzw. Abstieg der Weiden und Berghänge. Kinder fahren steil abfallende, holprige Wege oft in einem halsbrecherischen Tempo, doch unwahrscheinlich sicher, mit dem Fahrrad hinunter oder reiten ohne Sattel durch die Wiesen, Bäche oder ins Gebirge hinauf. Versuchen Sie nicht, es ihnen gleichzutun, wenn Sie nicht geübt sind. Es könnte schiefgehen!

Vermosh besitzt ein Schulgebäude und eine katholische Kirche. Einige Bewohner planen den Umbau alter Häuser, damit diese zu touristischen Zwecken genutzt werden können. Auch hier können Sie, wie in den übrigen Ortschaften der Nordalbanischen Alpen, die grenzenlose und beispielhafte Gastfreundschaft der Bevölkerung genießen, die sich ungemein glücklich schätzen wird, Sie beherbergen zu dürfen. Wenn Sie dann noch einige Wörter oder Sätze in der albanischen Sprache verlauten lassen, ist die Freude übergroß und Sie werden Freundschaften für lange Zeit schließen können.

Sind Sie inzwischen müde vom albanischen Fernsehprogramm, so haben Sie in Vermosh Gelegenheit, montenegrinisches Fernsehen zu sehen. Wenn ab und zu der Strom abgestellt wird, sorgt der Hausherr mit einem Generator für die weitere Stromversorgung. Nicht in allen Häusern gibt es Toiletten. Das muß dann eben in der Landschaft erledigt werden. Einmal etwas anderes! Für Männer zugegebenermaßen etwas einfacher als für Frauen.

Der Ort Vermosh wird einmal wöchentlich von einem Arzt aufgesucht. Doch verlassen Sie sich nicht auf ärztliche Hilfe! Nehmen Sie die nötigsten Arzneimittel lieber mit, außerdem vielleicht auch Kalt- oder Warmkompressen.

Die Fahrt mit dem Furgon von Shkodër nach Vermosh (ca. 100 Kilometer) kostet etwa 2000 Lek für die Hin- und Rückfahrt und dauert – eine Kaffeepause in Tamarë eingerechnet – etwa sechs bis acht Stunden, je nach Straßenverhältnissen. Wenn Sie ein Taxi (besser: einen Jeep) anheuern können, haben Sie die Gelegenheit, unterwegs wunderschöne Fotos zu machen. Die Landschaft ist sehr vielfältig und bietet einzigartige Ausblicke. Sie sollten nicht ungeduldig werden, wenn Ihr Furgon- bzw. Taxifahrer einem liegengebliebenen Fahrzeug hilft. In dieser unwegsamen Gegend ist jeder auf den anderen angewiesen. Es könnte Ihnen oder Ihrem Fahrzeug durchaus passieren, daß Sie Hilfe benötigen. Die Solidarität der Reisenden in dieser Gegend ist insofern wirklich beispielhaft.

Albaniens schwörende Jungfrauen

In der nordalbanischen Bergwelt sind Sitten und Gebräuche erhalten geblieben, die für Westeuropäer unverständlich sind. Sie beruhen auf den Regeln des Kanun oder dem ›Recht der Berge‹ (s. Seite 212). Die tragende Säule des Verhaltens des Einzelnen in der Gesellschaft ist das ›besa‹ – der Eid bzw. das Ehrenwort. (Artikel 529–692 im Kanun des Leke Dukagjin). Jeder, der einen solchen Eid schwört, ist daran sein Leben lang gebunden. Derjenige, der ihn bricht, muß mit der Ächtung der gesamten Gesellschaft rechnen. Nicht nur der Eidbrecher als Individuum, sondern seine ganze Familie, seine Sippe ist bis in die siebte Generation geächtet (Kanun Art. 589).

Ein in Europa einzigartiges Phänomen ist das ›besa‹ des Jungfrauendaseins, also der Eid, den Frauen ablegen, nie in ihrem Leben sexuelle Kontakte zu erleben, nie zu heiraten.

Es gibt verschiedene Gründe, warum einige Frauen in Nordalbanien diesen Eid geschworen haben. Sie könnten zum Beispiel ein Leben als ›schwörende Jungfrau‹ einem Leben mit einem ungeliebten Mann vorziehen, der von der Familie ausgesucht wurde. Meist entschließen sich die Frauen jedoch zu einem Jungfrauendasein nur dann, wenn es in der Familie kein männliches Mitglied gibt oder dieses nicht in der Lage ist, die Rolle des Haushaltsvorstandes zu übernehmen.

Die Frau, die einen derartigen Eid ablegt, übernimmt die Aufgabe des Haushaltsvorstandes mit allen Konsequenzen, die damit verbunden sind. Sie kleidet sich wie ein Mann, darf rauchen, nimmt wie ein Mann an Festlichkeiten der Familie teil, zu denen die Frauen normalerweise keinen Zutritt haben, sie verrichtet die gleichen schweren Arbeiten wie ein Mann und sie ist verantwortlich für den Schutz der Familie, was bedeutet, daß sie auch mit der Waffe umgehen muß, falls notwendig. Außerdem ist sie berechtigt, ein Erbe anzutreten, was Frauen nach dem Kanun des Leke Dukegjin ansonsten untersagt ist.

Diese Frauen sind nach Jahren eines derartigen Lebens auch äußerlich fast nicht mehr von Männern zu unterscheiden, da sie sich nicht nur kleiden wie Männer, sondern auch männliches Gebahren annehmen. Ich hatte das Vergnügen, einer von diesen mutigen Frauen zu begegnen, als ich einmal mit einem Minibus von Theth nach Shkodër fuhr. Es handelte sich um Pashke, wie ich später erfuhr, die einem Haushalt in der Nähe von Theth vorsteht.

Wenn es auch hart und voller Verantwortung und Mühsal ist, bedeutet das Leben als Mann und die Aufgabe der weiblichen Sexualität für diese Frauen offensichtlich keineswegs ein Opfer, sondern eine Ehre, da diese Frauen alle Privilegien genießen, mit denen sonst nur die Männer in Nordalbaniens patriarchalischer Gesellschaft ausgestattet sind.

Der Norden

Über den Koman-See nach Fierzë

In Anbetracht der Tatsache, daß der Ministerpräsident Fatos Nanno und die meisten seiner Kabinettsmitglieder, die bis zum Juli 2005 die Regierung Albaniens bildeten, aus dem Süden des Landes stammten, wurde der Norden bisher leider recht vernachlässigt, was die Infrastruktur, insbesondere den Straßenbau, anbelangt. Im letzten Jahr vor den Wahlen ist hier einiges geändert worden. Doch die Straße, die aus Shkodër heraus in südlicher Richtung nach Vau i Dejës führt, ist noch in einem lamentablen Zustand.

Lassen Sie sich also ein bißchen durchschütteln – etwa bis zum Dorf Guri i Zi (Schwarzer Stein). Ein riesengroßer, dunkelgrauer Felsbrocken an der rechten Straßenseite ist das Wahrzeichen des Ortes. Sie werden hier mit Sicherheit noch Frauen in Trachten sehen können, denn hier haben sich traditionelle Sitten und Gebräuche zum großen Teil bis heute erhalten. Wenn Sie ein Taxi nehmen, können Sie Ihren Fahrer bitten, anzuhalten. Die Damen lassen sich in den meisten Fällen gerne fotografieren.

Nach dem Ort Gomsiqe biegen Sie in eine scharfe Linkskurve in nordöstlicher Richtung ab, und es geht einmal mehr steil bergauf. An der linken Straßenseite sehen Sie das Wasserkraftwerk Vau i Dejës, eines der größten Wasserkraftwerke Albaniens. Es wurde zwischen 1971 und 1975 an der untersten Aufstauung des Drin erbaut.

Mitten im Stausee liegt das römische Kastell von Shurdahu. Gegen Ende des 6. Jahrhunderts fielen zum ersten Mal slawische Stämme in das Land ein. In diesem Gebiet sollen die Albaner heftigen Widerstand gegen die Invasoren geleistet

Die Fähre über den Koman-See

haben. Es muß sehr blutige Auseinandersetzungen gegeben haben, denn bevor das Wasser des Stausees anstieg, erforschten Archäologen das Gebiet und stießen auf der Insel von Shurdahu auf unzählige Skelette von Gefallenen, die nahe der Festung begraben worden waren.

Sie fahren zügig weiter bis Koman, vorbei an einem weiteren Wasserkraftwerk in der Nähe von Koman, denn normalerweise legt die Fähre bis nach Fierzë um 10 Uhr ab. Hoffentlich haben Sie mit dem Fotografieren nicht zuviel Zeit vertrödelt! Wenn Ihr Chauffeur gute Beziehungen zum Kapitän der Fähre hat – die meisten Menschen kennen sich in dieser Gegend –, können Sie telefonisch bitten, daß man auf Sie wartet, denn die Fähre fährt nur einmal täglich. In der Sommersaison fährt sie zweimal: um 10 und um 16 Uhr. Man wird aber im Zweifelsfall mit Sicherheit auf Sie warten, denn das ist man ausländischen Gästen hier schuldig – eine sehr sympathische Einstellung: Der Mensch, vor allem der Gast, ist wichtiger als der Fahrplan.

Bevor Sie den Anlegeplatz der Fähre erreichen, fahren Sie durch einen Tunnel, an dessen Ausgang der Fähranleger am ›Liqeni Komanit‹, dem See Koman, liegt (dieser wird vom Fluß Drin gebildet).

Sollte Ihr Taxifahrer für Sie den Fahrpreis bezahlen (vielleicht hat er dies auch bei der Berechnung des gesamten Fahrpreises bereits mit einkalkuliert), so können Sie diese freundliche Geste ohne Skrupel annehmen und den Fahrer später zum Essen oder zu einem Drink einladen. Erschrecken Sie nicht – diese Fähre kann nicht mit den europäischen Standards mithalten. Sie wirkt recht archaisch, doch die anderen Gäste sind ja auch eingestiegen und wollen ebenfalls heil ankommen. Auch Ihnen wird dies gelingen! Bei schönem Wetter ist die etwa zweistündige Fahrt bis Fierzë ein unvergeßliches Erlebnis, sicher einer der schönsten Ausflüge ihres Albanien-Urlaubs.

Bleiben Sie oben an Deck! Rechts und links des jadegrünen Wassers erheben sich malerische steile Klippen, die sich im klaren Wasser spiegeln. Der See bzw. Fluß windet sich durch enge steilwandige Täler, und an jeder Kurve bietet sich Ihnen erneut ein wunderschöner Ausblick auf die umliegenden Berge. An manchen Steilhängen befinden sich allein liegende, kleine Häuser, deren Bewohner dem steinigen Boden kleine Gärten zur Selbstversorgung abgerungen haben. Ein in einer engen Bucht festgemachtes Boot ist ihr einziges Transportmittel. Bei schlechtem Wetter sind diese Menschen von jeglicher Zivilisation, von Läden, Schulen, Kirchen oder medizinischer Versorgung abgeschnitten.

Wundern Sie sich nicht, wenn Kinder halsbrecherische Klettertouren auf der Fähre veranstalten. Da die Abfahrrampe nicht eingezogen wird, sondern ins Wasser hineinragt, haben die Kinder einen enormen Spaß daran, zu erproben, wer sich am dichtesten an den Rand der Rampe wagt. Unten in der ›Bar‹ gibt es Erfrischungsgetränke, Süßigkeiten und Kaffee. Wenn es Ihnen Spaß macht, können Sie im lärmigen, verrauchten Aufenthaltsraum mit den Männern eine Partie Domino, Karten oder Schach spielen. Man wird Sie sicher dazu einladen.

Dem Besucher wird es nicht unbedingt behagen, daß der Boden im Aufenthaltsraum übersät ist mit Abfall. Da keine bzw. nur fast unsichtbar versteckte Papierkörbe vorhanden sind, wirft man seinen Müll einfach auf den Boden. Und nicht nur das: manch einer wirft Plastikflaschen, Plastiktüten oder anderen Abfall in dieses wunderschöne grüne Wasser! Wenn möglich, sollten Sie es vermeiden, die Toiletten auf der Fähre zu benutzen – ein weiterer Wermutstropfen auf dieser schönen, aber aufregenden Reise. Nach etwa zwei Stunden legen Sie in Fierzë an, am Ende des Liqeni Komanit.

In Fierzë gibt es einen schönen Dorfplatz mit Bars und einem Restaurant, dort kann man nach einer Übernachtungsmöglichkeit in einem einfachen Feldsteinhaus fragen (Lesertip).

Viele Reisende auf dem Wege nach Tropojë oder in das Kosovo nehmen von Koman bis Fierzë die Fähre, weil die Straße östlich Pukë über Kukës außerordentlich schwierig zu befahren ist. Im Winter ist diese Straße gesperrt.

Das Valbonë-Tal

Von Fierzë fahren Sie weiter durch das Tal der Valbonë bis in die Stadt Bajram Curri. Da es noch früh ist, suchen Sie in Bajram Curri eine Abzweigung, die Sie in das malerische Tal der Valbonë bis Dragobi führt. Fragen Sie im Ort, denn es gibt keine Beschilderungen. Doch den Ausflug in dieses schöne Tal sollten Sie keinesfalls aus Ihrem Reiseprogramm ausklammern.

In einer Höhle in der Nähe des Dorfes Dragobi wurde 1925 der leblose Körper des Volkshelden Bajram Curri gefunden, der wahrscheinlich von Gendarmen des Königs Zogu ermordet worden war, weil er sich dessen Politik widersetzte.

Wie viele andere schöne Gebirgstäler war auch Valbonë zur Zeit des Kommunismus ein Erholungsort für die Funktionäre, die hier ein Hotel gebaut hatten. Während der Unruhen nach dem Ende des Kommunismus in Albanien zerstörten die Menschen auch dieses Gebäude. Die Ruine ist noch nicht weggeschafft worden und bildet, wie vieles andere aus dieser Zeit, ein häßliches Monument, das die Landschaft verunstaltet. Doch abgesehen davon, können Sie in diesem Tal eine herrliche Ruhe, wunderbar saubere Luft und klares Gebirgswasser genießen. Wasserfälle, parkähnlicher Laubwald, alte Häuser, malerische Holzstege und groteske Felsbildungen werden überragt von einem der höchsten Gipfel der Albanischen Alpen, der Jezerca (2695 Meter).

Am Eingang des Tales haben sich durch Privatinitiative einige kleine Gaststätten angesiedelt – sehr schöne, geschmackvoll im Einklang mit der Landschaft gestaltete Holzhäuser, wo Sie im Garten unter riesigen, schattenspendenden Ahornbäumen eine typisch albanische Mahlzeit mit frischem Fleisch, Gemüse, Milch, Feta-Käse und Kos (sowie natürlich Raki zur Verdauung) genießen können. Und das alles zu einem Preis von nicht mehr als etwa fünf Euro (700 bis 800 Lek). Auch können Sie im Valbonë-Fluß fischen, falls Sie eine Angel mitgebracht haben. Eine Erlaubnis ist nicht erforderlich. Wenn Sie robustes Schuhwerk angezogen haben, lohnt sich ein kleiner Aufstieg zur Fusha e Gjedhevë (Viehweide) oder zu einem kleinen malerischen See durch einen Waldweg. Gegen eine kleine Gebühr wird man Sie sicher dorthin begleiten, wenn Sie die Bewohner am Ort fragen. Lunchpakete können Ihnen die Bewohner ebenfalls herrichten, denn diese Flecken Erde eignen sich vorzüglich für ein Picknick.

Rastmöglichkeit im Valbonë-Tal

Der Norden

Bajram Curri

Nach dem Essen fahren Sie weiter nach Bajram Curri – eine häßlich-charmante Stadt, die ihren Namen dem Volkshelden Bajram Curri verdankt. Dieser kämpfte mutig für die Unabhängigkeit des Kosovo und entwickelte, zusammen mit der Regierung Fan Noli, demokratische Pläne für sein Land. Er wurde aber leider ein Opfer der Politik des Königs Zogu.

Häßlich sind in erster Linie die in der Ära des Kommunismus gebauten, phantasielosen Wohnblocks, die einen etwas verwahrlosten Eindruck machen. Wie viele Orte Albaniens, verdankt auch Bajram Curri seinen Charme den umliegenden Bergen. Tagsüber ist in den Straßen ein reges Leben zu beobachten. Textilien,

Schuhe, Haushaltsgegenstände – alle Waren befinden sich auf den Bürgersteigen, inmitten von Cafés und kleinen Imbißständen, die Byrek oder Pizza anbieten. Am Ortseingang erinnert ein Denkmal an den Unbekannten Soldaten. In der Stadt selbst steht im Zentrum eine Statue, die zum Gedenken an Bajram Curri vor dem Museum aufgestellt ist. Im Zentrum finden Sie auch ein Postamt, Büros für Geld-Transfers durch Western Union, ein Kulturzentrum und eine Schule. In dem Museum, das leider sehr vernachlässigt wirkt, war einst das Leben Bajram Curris, Isa Boletinis, Suleyman Vkshis und Mic Sokolis dargestellt – alles Mitstreiter Bajram Curris im Kampf gegen die Jungtürken und gegen die serbischen Besatzer in den Balkankriegen vor dem Ersten Weltkrieg. Heute ist das Museum leider fast leer.

Da die Fähre erst am nächsten Morgen gegen 8 Uhr wieder nach Koman zurückfährt, ist es ratsam, in Bajram Curri zu übernachten. Sie können dies im Hotel ›Ermal‹ im Ortszentrum. Es verfügt über einen großen Parkplatz vor dem Hotelgebäude und über ein schönes Gartenrestaurant, in dem Sie recht gut frische Forellen essen können. Hier gibt es auch andere traditionelle Mahlzeiten. Die Zimmer im Hotel sind einfach, aber sauber eingerichtet, verfügen über Dusche, Klimaanlage und TV. In einigen gibt es sogar Kühlschränke. Ein Einzelzimmer kostet etwa 2000 bis 2500 Lek, ungefähr 18 Euro. Eine Mahlzeit können Sie für 7 bis 8 Euro bekommen. Abends auf der Terrasse des Hotels zu sitzen und einige Drinks vor dem Schlafengehen zu sich zu nehmen, ist sehr romantisch. Die Hitze des Tages ist vorüber, eine sanfte Luft weht, und Glühwürmchen (xixellonja) beleben mit ihren phosphoreszierenden Flügeln die Dunkelheit.

Manchmal ist es für den Touristen unverständlich, daß Albaner für Hotelzimmer und Essen weniger bezahlen als Ausländer. Aber dies gehört zur östlichen Mentalität und sollte einfach so hingenommen werden. Ändern können Sie daran ohnehin nichts! Aus Sicht der der Einheimischen ist dies durchaus berechtigt. Denn nur wenige Albaner können es sich überhaupt leisten, im Hotel zu übernachten.

Tropojë

Sollten Sie noch Zeit haben, dann besuchen Sie Tropojë, den Geburtsort des ersten und jetzigen Ministerpräsidenten Sali Berisha, der etwa 15 Kilometer nordöstlich von Bajram Curri liegt. Tropojë ist nicht nur der Name eines Ortes, sondern auch eines Distriktes im äußersten Nordwesten Albaniens. Aufgrund hoher Berge und nur mangelhaft ausgebauter Straßen ist er vom Zentrum und von der Hauptstadt Tirana aus nur schwer zu erreichen. Darum bestand eine rege Verbindung zu den Nachbarstädten im Kosovo, Gjakova, Peja und Prizren. Doch in der Zeit des Kommunismus war Tropojë von diesen Städten total abgeschnitten, obwohl viele Bewohner des Distriktes Verwandte, Freunde und nähere Familienangehörige im Kosovo haben – eine fatale Folge der Beschlüsse der Botschafterkonferenz von London im Jahre 1913, die bei der Festlegung der Grenzen auf dem Balkan ethnische Gegebenheiten wenig oder überhaupt nicht berücksichtigte. Auch in den ersten Jahren der Demokratie Albaniens – Tropojë war eines der Zentren der Demokratiebestrebungen – war die Grenze für die Bewohner geschlossen. So bildeten sich Schmuggel und Kriminalität, und Tropojë erhielt den Ruf eines der unsichersten Distrikte des Landes. Doch diese Zustände haben sich in der Zwischenzeit geändert, da die Menschen wieder ›kommunizieren‹ können. Wegen der landschaftlichen Schönheit ist auch dieser Distrikt einen Besuch wert.

Aufgrund der mannigfaltigen Anbaumöglichkeiten ist der Tropojë-Distrikt durch traditionelle Gerichte bekannt. Hier wird vorzügliches Maisbrot gebacken, und hausgemachte eingelegte Pickles, die im Winter gegessen werden, schmecken besonders gut. Spezialitäten sind Bozë (ein säuerliches Erfrischungsgetränk aus gegorenem Maismehl) und Çorba (eine Suppe aus gekochten Gedärmen von Ziegen, Kühen oder Schafen, die mit Joghurt oder Buttermilch zubereitet wird). Nicht unbedingt jedermanns Sache! Doch Sirup aus Birnen und Kompott aus getrockneten Pflaumen oder Äpfeln sind sehr lecker.

Der Distrikt von Tropojë hat etwa 60 000 Einwohner. Er ist berühmt für den Anbau von Eßkastanien. Hier gibt es landesweit die größten Plantagen. Außerdem gibt es Plantagen mit Walnuß-, Apfel- und Pflaumenbäumen.

Die Gegend verfügt über Erzvorkommen, insbesondere Chrom, Bauxit und Kupfer. Diese Erze werden jedoch wegen der fehlenden Infrastruktur heute nicht mehr abgebaut. Kaolinvorkommen werden auch heute noch zur Porzellanherstellung ausgebeutet.

Unterbringungsmöglichkeiten gibt es in Privathäusern. In der Zukunft soll auch hier mehr getan werden, um den ausländischen Tourismus zu fördern.

Pukë

Man verläßt Shkodër nach Südosten Richtung Vau i Dejës. Aber dieses Mal biegt man in Gomsiqe nicht scharf links ab, sondern fährt weiter in östlicher Richtung. Die Straße steigt wieder einmal ziemlich steil an bis nach Pukë. Sie ist zwar schmal, doch auf dem größten Teil der Strecke relativ gut ausgebaut. Leitplanken gibt es an den Steilabhängen auch hier nicht, doch kümmert dies die albanischen Autofahrer wenig – wie schon erwähnt, sind sie es gewohnt, mit schwierigen Situationen jeder Art fertig zu werden. Wie die Menschen im täglichen Leben, so reagieren auch die Autofahrer in diesem Land sehr flexibel und tolerant. Nicht einmal habe ich es erlebt, daß sich ein Fahrer bei einem Fehlverhalten eines anderen erlaubte, auch nur einen Vogel zu zeigen. Selbstherrlichkeit und Arroganz sind in diesem Land

Der Norden

Hotel in Pukë

nicht verbreitet. Für die etwa 70 Kilometer lange Fahrt von Shkodër bis Pukë
braucht man ungefähr drei Stunden. Die Gegend ist hier sehr dünn besiedelt.
Rechts und links der Straße sind viele der Berghänge, die nach dem Kommunismus
unkontrolliert abgeholzt wurden, wieder aufgeforstet worden. Da der größte Teil
der Strecke bergauf führt, kann Ihr Fahrer – sei es nun ein Taxifahrer oder ein Fur-
gonfahrer – nicht besonders schnell fahren, wohingegen die entgegenkommenden
Fahrzeuge bei der Abfahrt oft ein recht schneidiges Tempo vorlegen.

Die Straße von Shkodër über Pukë bis nach Niš war schon in der Antike eine
wichtige Verbindungsstraße bis in den östlichen Teil des Balkans. Sie wurde von
den Römern gebaut, einer alten Verbindungsstraße der Illyrer folgend. Wahrscheinlich läßt sich der Name Pukë aus der Antike, aus dem Lateinischen via
publica, ableiten.

Der Bezirk Pukë erstreckt sich auf einer Höhe zwischen 450 und 1400 Metern
über dem Meeresspiegel auf einem Hochplateau. Im Norden sind die höchsten
Erhebungen der Albanischen Alpen sichtbar, die mit ihren schneebedeckten
Gipfeln das Landschaftsbild mit den ausgedehnten Laub- und Nadelwäldern
einzigartig schön abrunden. Pukë hat ein sehr gesundes Klima. Die Durchschnittstemperatur beträgt im Sommer etwa 20 Grad und im Winter –3 Grad Celsius. Im
Winter fällt sehr viel Schnee, was die Anfahrt schwierig gestaltet.

In der Antike wurde hier Kupfer abgebaut und verarbeitet. Der Ort Delmacë
und der nahegelegene Friedhof aus dem 6. und 7. Jahrhundert waren Zentren
dieser Handwerkskunst. Viele der hier gefundenen, wertvollen Objekte werden

in Museen in Rom, Wien, London, Paris, Berlin und St. Petersburg ausgestellt. Diese Kultur wurde unter dem Namen ›Die Kultur von Koman – Delmacë/Pukë‹ bekannt und belegt, daß die Region schon seit mehr als tausend Jahren besiedelt wurde und ein hohes kulturelles Niveau hatte. Pukë war ein wichtiges administratives Zentrum, das von den Prinzen des Dukagjin Pal, Lekë und Nikoll Dukagjin regiert wurde. Dem Prinzen Lekë Dukagjin, einem Kampfgenossen Skanderbegs, wurde das Werk des ›Kanun‹ zugeschrieben. Bei diesem handelt es sich um ein Gesetzeswerk von etwa 300 Seiten, in dem alle Bereiche des täglichen Lebens geregelt wurden – unter anderem auch ›Besa‹ (das Ehrenwort) und ›Gjakmarrje‹ (die Blutrache). Dieses Gewohnheitsrecht wurde von Generation zu Generation mündlich überliefert und hat zum großen Teil bis heute Gültigkeit behalten. Die Ruinen des Sitzes dieses mächtigen Fürstengeschlechtes befinden sich auf einem der Hügel, die zusammen mit dem Hochplateau den Bezirk Pukë bilden.

Nur etwa 100 Hektar der Fläche um Pukë sind Ackerland. Das Land um Pukë herum besteht hauptsächlich aus Weideland, der größte Teil sind Tannen- und Kiefernwälder. Aber auch Buchen und Eichen kommen vor. Die Harzgewinnung aus Kiefern war vor einigen Jahrhunderten ein wichtiger Erwerbszweig der Region. Das Harz, das zur Herstellung von Retsina verwendet wurde, wurde an die Adriaküste und nach Griechenland exportiert. Vom 2. bis zum 4. Jahrhundert unserer Zeitrechnung war dies ein sehr wichtiges Exportgut aus der antiken Stadt Epicaria/Pezhë, die etwa vier Kilometer südlich von Pukë lag. Heute existiert diese Stadt nicht mehr.

Auf den Wiesen und in den Wäldern wachsen nicht nur viele Heilkräuter, sondern auch Pilze, die in der einheimischen Küche nicht verwendet werden. Sie werden hauptsächlich nach Italien exportiert. Wegen der Kräuter und der Vielfalt an Wiesen- und Waldblumen ist die Bienenzucht und die Honigproduktion ein wichtiger Erwerbszweig der Bevölkerung. Kastanien- und Nußbäume, Obstbäume (Äpfel, Kirschen) und auch Traubenanbau sind möglich. Die Erzeugnisse werden nicht chemisch behandelt und sind aufgrund der geringen Umweltbelastung von äußerst guter Qualität. Eine Verbesserung der Infrastruktur um Pukë könnte mit Hilfe dieser Erzeugnisse den Lebensstandard der Bevölkerung heben und dazu beitragen, die dort bestehende, hohe Arbeitslosenziffer zu verringern.

Der Bezirk Pukë hat heute etwa 7000 Einwohner. Viele Menschen sind wegen der Arbeitslosigkeit ausgewandert. Großbritannien ist bis heute für viele das Traumland, denn es ist die Heimat Edith Durhams, die dieses Gebiet bereiste und besonders liebte.

Der albanische Dichter Migjeni (1919–1938) hat hier gelebt und unterrichtet. Eine Schule in Pukë ist nach ihm benannt. Auch ist ihm in Pukë ein Museum gewidmet. Die wichtigsten Werke Migjenis haben Pukë zum Hintergrund. Es gibt außerdem ein Kulturzentrum mit einer Bücherei, Leseräumen und Räumen, die für

Der Norden

andere kulturelle Aktivitäten zur Verfügung stehen. Auch existieren in Pukë zwei Krankenhäuser, eine Grund- und eine Sekundarschule sowie ein Kindergarten.

In der Zeit der Kosovo-Krise leistete die Gemeinde Pukë, wie viele andere Städte in Albanien, einen erheblichen Beitrag zur Aufnahme von Flüchtlingen aus dem Kosovo und stellte ihren Sinn für Solidarität unter Beweis.

Wie in Bajram Curri verunstalten leider auch am Eingang von Pukë einige häßliche, verwahrlost aussehende Wohnblocks aus der Ära des Kommunismus das Stadtbild. Bedauerlicherweise werden die Abwässer eines Krankenhauses in einen landschaftlich sehr schön gelegenen See abgeleitet.

Das Hotel ›Turizem‹ im Ortszentrum ist inzwischen modernisiert worden und bietet außer behaglichen Zimmern und modernen sanitären Anlagen ein gutes Restaurant (Tel. 021 22/870/2/3, Mobil 069/207 03 07, H.T.Puka@yahoo.com). Da Pukë an der Hauptverbindung zum Kosovo liegt, gewinnt der Ort mehr und mehr an Bedeutung, und es wäre wünschenswert, für weitere Unterbringungsmöglichkeiten in Familien oder in kleineren, der Landschaft angepaßten Wohneinheiten oder Hotels Sorge zu tragen, um der Bevölkerung eine weitere Möglichkeit zu eröffnen, ihren Lebensstandard zu verbessern und den Ort für den Tourismus noch attraktiver zu gestalten.

Im weiter westlich gelegenen Fushë-Arrëz kann man sehr gut Lammbraten, der am Spieß geröstet wurde, essen.

Flora und Fauna der Albanischen Alpen

Dieses Kapitel ist mit Unterstützung der Ruajtja e Pyjeve dhe Mjedisi i Gelber (Gesellschaft zum Schutz der Wälder und des Grünlandes), einer Umweltorganisation in Shkodër (Tel. 022/432 17), erarbeitet worden, der Petrit Imeray angehört (Mobil 069/216 63 34). Herr Imeray, der selbst viele Regionen der Albanischen Alpen durchwandert hat, hat seine Kenntnisse der Flora und Fauna dieses Gebietes in einem Buch in Albanischer Sprache veröffentlicht. Dieses Kapitel erhebt nicht den Anspruch auf Vollständigkeit, doch seien einige Beispiele genannt, um die Vielfalt der Tier- und Pflanzenwelt deutlich zu machen.

Flora

Da es in den Albanischen Alpen fast keine Umweltverschmutzung gibt, sind die Wälder gesund und gut erhalten. An den Gebirgshängen wachsen hauptsächlich Buchen. Auch sind Eichen und vereinzelt Tannenwälder anzutreffen. In den Tälern (in der Nähe von Wasserläufen) kann man Weiden und auch Erlen finden. In höheren Lagen bis zur Baumgrenze (bei etwa 1700 Metern) finden sich Bergkiefern, vor allem pinus mugo, eine Kiefernart, die auch in anderen Balkanländern zu finden ist. Doch die sogenannte Heldreich-Kiefer (pinus heldreichii) kommt ausschließlich in den Albanischen Alpen vor.

Mehr als 1000 verschiedene Pflanzenarten sind hier gezählt worden. Viele der endemischen Pflanzen sind vom Aussterben bedroht und sollten daher geschützt werden. Dazu gehört vor allem die Albanische Lilie (lilium albanicum), eine 30 bis 70 Zentimeter hohe Blume mit orangefarbenen Blüten. Sie ist noch am Peja-Paß und im Radohima-Bergstock zu finden. Die wulfenia baldacci, eine primelartige blaue Blume, wächst auf Höhen bis zu 1700 Metern über dem Meeresspiegel. Das ›Veilchen des Dukagjin‹ (viola ducagjinica) kann man ebenfalls im Radohima-Gebirge antreffen. Diese Blume ist leider ebenfalls vom Aussterben bedroht.

Heilkräuter

Besonders in den abgelegenen Bergregionen und Dörfern ist die Heilkräutermedizin sehr verbreitet. Heilkräuter können auf den Märkten der Dörfer und Städte oder auch am Straßenrand gekauft werden. Hier sollen nur einige genannt werden. Sollten Sie ein spezielles Interesse auf diesem Gebiet haben, können Sie sich ebenfalls an Herrn Imeray wenden oder auch unter folgender Anschrift Näheres erfahren: SCH Group, Department of Social Sciences, Wageningen University and Research Centres, Postbus 8060, NL-6700 DA Wageningen, The Netherlands, Fax +44/221/952 54 84, a.pieroni@netcologne.de (A. Pieroni)

Die Rinde von Ulmenbäumen (ulmus) wird, zerbröselt und aufgekocht, zur Heilung von Verbrennungen verwendet.

Vom Eibisch (althaea officinalis) werden Wurzelwerk und Blätter zu einer Infusion gekocht und gegen Husten und Magenschmerzen verwendet. Die zerriebenen Blätter dienen ebenfalls zur Wundheilung.

Tee aus Lindenblüten (tilla cordat) dient zur Heilung von Grippe und Halsentzündungen.

Die Früchte der Hundsrose (rosa canina) werden bei Grippe, Verdauungsstörungen und als Anti-Rheumatikum eingesetzt.

Früchte und Blätter der Lule sebastane (verbascum ssp.pl.) haben blutstillende Wirkung.

Margeriten und Gänseblümchen (achellea millefolium), auf Albanisch Lule e bardhe, werden zum Haarfärben und gegen Augenerkrankungen verwendet.

Enzian (gentiana lutea), auf Albanisch Kshanza, hat Wurzeln und Blätter, die – getrocknet und als Infusion getrunken – Herzkrankheiten vorbeugen.

Lule basani (hypericum perforatum) heilt Beschwerden des Verdauungstraktes, der Atmungsorgane und hat auch bei Nierenerkrankungen heilende Wirkung.

Der Norden

Roßkastanien (aesculus hippocastanum), auf Albanisch Gështenja e kalit, wachsen in Albanien wild. Der Samen ist giftig, doch zerriebene Rinde und Blätter, als Infusion getrunken, werden bei Kreislaufbeschwerden eingesetzt.

Diese Aufzählung macht deutlich, wie wichtig die Pflanzenheilkunde in Albanien auch heute noch ist. Sollten Sie in abgelegenen Tälern der Albanischen Alpen gesundheitliche Beschwerden haben, können Sie sich ohne Bedenken von den Einheimischen beraten lassen, denn in vielen Fällen verfügen diese über große Kenntnisse der Heilkräuter, da sie bei Krankheiten selbst oft ausschließlich auf diese angewiesen sind.

Transport in den Albanischen Alpen

Die Tierwelt

Vom Großwild ist wohl das eindrucksvollste Tier der Braunbär (ursus arctos) der in höheren, waldreichen und abgelegenen Lagen der Albanischen Alpen anzutreffen ist. Es kann vorkommen, daß die Bären bei besonders strengen Wintern in die Nähe der Dörfer kommen und abgeschossen werden müssen. Außerdem findet man Luchse (lynx linnaeus), Wildkatzen (felis silvestris) und Wölfe (canis lupus). Gemsen (rupicapra linnaeus) leben in sehr hohen Gebirgslagen. Füchse, Wiesel, Dachse, Hasen und Wildschweine gibt es, wie überall in Albanien, auch in den Albanischen Alpen sehr häufig. In den Bergen leben Raubvögel, vor allem der Adler (alb. shqiponja), der dem Land den heutigen Namen gegeben hat (Shqiperia) und als Symbol Albaniens die Flagge des Landes ziert. Auch Auerhähne, Falken, Bussarde und Geier sind mit etwas Glück anzutreffen.

In der Gegend um Theth finden Sie eine große Vielfalt von Singvögeln, wie den Specht, das Rebhuhn, die Lerche, den Kuckuck oder das Rotkehlchen. Schleiereule, Kauz und Uhu sind durchaus keine Seltenheit in Theth und in den übrigen Gebirgstälern. Auch viele Fledermausarten oder wunderschöne, seltene Schmetterlinge wie den Apollo können Sie beobachten.

Schildkröten, viele Eidechsenarten, Frösche und Schlangen gibt es in den feuchten Lagen. Auch lebt hier – wie in allen albanischen Flüssen – der Fischotter. Bei der Anfahrt ins Gebirge und auf den Wegen im Gebirge kreuzen häufig Schildkröten den Weg.

Die Gebirgsbäche sind reich an Forellen und anderen eßbaren Fischarten. Fischen ist ohne Erlaubnis bis jetzt noch möglich. Was die Jagd anbetrifft, sollten Sie sich bei der einheimischen Bevölkerung nach den Bedingungen erkundigen.

Der Kanun des Lekë Dukagjin

Dieses Kapitel ist größtenteils dem ›Kanun‹, dem albanischen Gewohnheitsrecht, entnommen (ins Deutsche übersetzt von Marie Amelie Freiin von Godin). In Tirana ist das Buch in der Buchhandlung ADRION LTD am Sheshi Skanderbeg erhältlich.

Der ›Kanun des Lekë Dukagjini‹ (alb. Kanun i Lekë Dukagjinit), stellt die bekannteste Zusammentragung des albanischen Gewohnheitsrechtes dar. Dieses ursprünglich ungeschriebene Rechtssystem bestimmte die wesentlichen Aspekte des Sozialverhaltens in abgelegenen und sonst gesetzlosen Gegenden Nordalbaniens. Es wird seit Jahrhunderten in vielen Landesteilen des Nordens eingehalten, auch heute noch. Das Kernland des Kanun ist Dukagjin, nämlich das Hochland von Lezhë, Mirdita, Shala, Shoshi und Nikaj-Merturi, sowie die Dukagjin-Ebene im heutigen westlichen Kosovo.

Lekë Dukagjin (1410–1481) soll ein Fürst und Weggefährte des albanischen Nationalhelden Skanderbeg (1405–1468) gewesen sein. Ob er den Kanun zusammenstellte oder ihm lediglich seinen Namen gab, ist nicht zu ermitteln. Der Albanologe Max Lambertz vermutete, daß das Wort ›lekë‹ vom lateinischen lex (Gesetz) abgeleitet worden ist und mit dem Fürsten Lekë nichts zu tun hat.

Der Kanun wurde von den Stämmen des Nordens streng beachtet und hatte Vorrang vor anderen Rechtssystemen, egal ob staatlicher oder kirchlicher Art, die man im Lauf der Zeit im Hochland zur Geltung zu bringen versuchte. Er stellte sowohl eine Ergänzung, öfter aber auch ein Konkurrenzrecht zum staatlichen Rechtssystem dar. Mit Hilfe dieses alten Systems konnten die Gebirgsstämme auch während der fünf Jahrhunderte, als sie zumindest formal Teil des Osmanischen Reichs waren, ihre Identität, ihre Autonomie und ihre Lebensart bewahren.

Der Norden

Aus den nachfolgenden Auszügen aus dem Kanun geht hervor, wie wichtig den Menschen im Bergland die persönliche Ehre und das Gastrecht sind. Viele Bestimmungen sind für die Besucher westlicher Zivilisationen unverständlich, sollten jedoch bei einem Besuch der Bergbewohner beachtet werden. Wenn auch einige Bestimmungen – zum Beispiel das Ablegen der Waffen – heute keine Gültigkeit mehr haben, so sollte doch der übertragene Sinn dieser Bestimmung beachtet werden, das heißt: Die Ehre des Hausherrn und seiner Hausgenossen – wir würden es vielleicht den Respekt vor dem Gastgeber nennen – sollte nicht verletzt werden.

Besonders befremdlich wirkt für den westlichen Besucher, besonders für Besucher des weiblichen Geschlechts, die Stellung der Frau. Die moderne Verfassung Albaniens garantiert den Frauen Gleichberechtigung, doch eine jahrhundertelange Tradition läßt sich mit Sicherheit nicht mit einer Gesetzesverordnung aus der Welt schaffen. Die Frau wird zwar geschützt, und als alleinreisende Frau hat man in Albanien keine Probleme und ist keinerlei sexuellen Belästigungen ausgesetzt. Doch ist es für Außenstehende sehr schwierig zu beurteilen, inwieweit der Respekt vor der Frau auch im Zusammenleben und in der Familie, gewahrt wird, inwieweit sie tatsächlich gleichberechtigt ist.

Albanien befindet sich nicht nur in politischer Hinsicht in einer Übergangsphase. Auch in gesellschaftlicher Hinsicht gestaltet sich dieses Transitionszeit nicht problemlos. In den größeren Städten machen die jungen Mädchen und Frauen einen durchaus emanzipierten und selbstbewußten Eindruck, doch bei näherem Hinsehen ist erkennbar, daß Gleichberechtigung keineswegs an der Tagesordnung ist. So kann es durchaus passieren, daß eine Frau allein in einem Café, in dem sich ausschließlich Männer befinden (besonders in den Städten im Norden) ganz einfach nicht bedient wird. Für junge Frauen ist es fast unmöglich, alleine zu leben, und zwar nicht nur aus finanziellen, sondern auch aus sozialen Gründen. Dennoch sind heutzutage in den Städten viele junge Mädchen und Frauen anzutreffen, die es vorziehen, einen Beruf zu erlernen oder zu studieren, um nicht in die wirtschaftliche Abhängigkeit des Mannes zu geraten.

Die ethischen Wertvorstellungen vieler Völker beruhen auf ›heiligen Büchern‹, wie der Bibel oder dem Koran. In Albanien hatten immer die Grundsätze der Ahnen, die von einer Generation zur anderen überliefert wurden, Vorrang vor allen anderen Rechtssystemen. So ist der Kanun auch nicht denkbar ohne den Ältestenrat und die Versammlung (Kuvend) der ältesten Männer in einer Gemeinschaft, die nach gemeinsamer Beratung im Sinne des Kanun Recht sprechen. Daher vertreten viele moderne Rechtsgelehrte die Ansicht, daß der Kanun älter ist als die Dukagjin-Dynastie, denn schon frühere menschliche Gemeinschaften lebten nach Gewohnheitsrechten, deren Bestimmungen von einer zur anderen Generation überliefert wurden und für alle Mitglieder der jeweiligen Gemeinschaft bindend waren.

Auszug aus dem Kanun

2. Buch: Die Familie

Die Familie ist eine Gemeinschaft aus
Gliedern, die unter einem Dach leben;
eine Gemeinschaft, deren Zweck
die Vermehrung der Menschheit durch
Heirat ist, die Entwicklung der
Menschheit nach Körper und Geist.
Die Familie begreift die Leute des
Hauses. Vermehren sie sich, so teilen
sie sich in Bruderschaften, diese
schließen sich zu Sippen zusammen,
die Sippen zu Stämmen; und alle
bilden eine große Familie, die man
Volk nennt und die ein gemeinsames
Vaterland hat, ein Blut, eine Sprache,
einen Brauch...

Auszug aus dem 3. Buch: ›Die Heirat‹:

Sich nach dem Kanun verheiraten
heißt, ein Haus gründen oder das
Haus um ein Glied vermehren, sowohl
für die Arbeit, als auch für die
Vermehrung der Nachkommenschaft.
Hat der Jüngling Eltern, hat er nicht
das Recht:
seine eigene Heirat zu bedenken,
den Vermittler zu bezeichnen,
sich in die Verlobungsverhandlungen
einzumischen.
Wenn das Mädchen auch keine Eltern
hat, so hat es doch kein Recht,
sich mit der eigenen Heirat zu
befassen; das Recht ist in der Hand
der Brüder oder Vettern.
Das Mädchen hat kein Recht:
den eigenen Gefährten zu wählen.

Sie wird zu dem gehen, mit dem sie
sie verloben;
Das Mädchen hat kein Recht, sich in
Vermittlung oder Verlöbnis einzumischen.

▶ Das Erbe der albanischen Frau

Die albanische Frau hat kein Erbteil
der Eltern, weder Grund noch Haus.
Der Kanun hält die Frau als einen
Überschuß, ein Anhängsel im Haus.
Die Eltern haben keine Aussteuer,
kein Heiratsgut für die Tochter zu
bedenken; er, der sie nimmt, wird für
sie sorgen. Die Eltern des Jünglings,
der das Mädchen nimmt, werden
alles bedenken, was für ihre Hochzeit
nötig ist. Die Frau gilt als anvertraut
für ihren Unterhalt.
Sie ist shakull (Schlauch), in dem
die Ware trasnportiert wird, d.h. sie
ist dazu bestimmt, die Kinder
eines fremden Mannes (eines nicht
Blutsverwandten) zu tragen, sonst
aber, dem Blute nach, gehört sie
ihrem Elternhause, wohin sie als
(kinderlose) Witwe wieder zurück-
kehrt.
Für zwei Dinge hat die Frau die
Patrone im Rücken, und für einen
Grund darf ihr die Quaste abgeschnitten und sie entlassen werden:
1) für Untreue
2) für Verletzung der Freundschaft.
Für diese beide Taten tötet der
Gatte die Frau; sie bleibt ohne Schutz,
ohne Gottesfrieden (die Eltern sind
ihr nicht zur Treue verpflichtet),
und ihr Blut wird nicht gefordert ...

Der Norden

8. Buch Die Ehre

▶ Die persönliche Ehre

Der Kanun der albanischen Berge unterscheidet nicht den Menschen vom Menschen. Die Seele für die Seele – das Äußere schenkte Gott. Der Gute und der Böse haben Vermittlung bricht; indem man ihm die Frau schändet oder entführt; indem man im die Waffen des Armes oder Gürtels schändet; indem man ihm das Brot schändet, durch Beleidigung des Freundes, des Dieners;

Bauernstube in Nordalbanien

denselben Wert: Der Kanun nimmt sie beide für Männer. Der Gute stammt vom Bösen ab, der Böse vom Guten ...

Die Ehre wird dem Manne geraubt: indem ihm jemand vor den im Rat versammelten Männer sagt, er lüge; indem man ihn bespuckt, bedroht, stößt oder schlägt; indem man ihm die Treue oder

indem man ihm das Haus erbricht, die Hürde, Scheuer oder Milchkammer; indem man ihm Darlehen oder Verpflichtung vorenthält; indem man ihm die Herdplatte (oder den Herdstein) entfernt; indem man vor dem Freunde einen Bissen zu sich nimmt, und so dem Freund die Ehre raubt; indem man ihm vor dem Freund den Tisch schändet; wenn der Herr des

Hauses die Pfanne auskratzt oder den Teller ausleckt.

▸ Die gemeinsame Ehre

Der Freund
Man begrüßt sich mit dem Freund, nimmt ihm die Waffen ab, führt ihn ins Haus.
Dem Freund wird mit Brot, Salz und Herz Ehre erwiesen.
Das Brot, Salz und Herz, den Holzblock und Streu für das Lager findet der Freund zu jeder Stunde des Tages und der Nacht.
Dem müden Freund wird aufgewartet mit Diensten und Ehrbezeugung.
Dem Freunde werden die Füße gewaschen.
Für jeden Freund braucht es die Speise, an die er selbst gewöhnt ist.
Für den guten Freund braucht es Kaffee, Branntwein und gedeckten Tisch mit einer Speise des Überflusses.
Betritt dir der Freund dein Haus, hat er dir seine Schuldigkeit bezahlt.
Kommt dir der Freund ins Haus und er schuldet dir selbst Blut, du wirst ihm sagen: ›Gut, daß du kamst.‹
Der Freund wird begleitet, so weit er begleitet zu sein bittet.

10. Buch: Der Kanun gegen das Verbrechen

Der Mord – Der Täter
Der Täter ist jener, der mit eigener Hand tötet. Der Täter wird, sobald er jemanden tötete, Bescheid senden, daß er ihn tötete, damit die Familie des Getöteten nicht in Irrtum falle.
Kann der Täter selbst den Getöteten hereinbringen, so ist es gut. Sonst muß er jenem, dem er begegnet, sagen, daß er gehen soll, jenen zu bergen und ihm die Waffe ans Haupt zu legen.
Der Täter darf nicht wagen, selbst die Waffe des Erschlagenen zu nehmen; tut er diese Schandtat, so fällt er in zwei Blute. Der Täter hat die Nacht zur Flucht und dort, wo ihn der Tag ereilt, wird er sich verbergen.

▸ Der Gottesfriede ›besa‹

Der Gottesfriede – ›besa‹ – ist eine Frist der Freiheit und Sicherheit, die das Haus des Getöteten dem Täter und seinen Hausgenossen gewährt, um ihn nicht sofort und vor einer bestimmten Frist für das Blut zu verfolgen (ehe noch die Ältesten den Fall untersuchen konnten). Jemanden um Gottesfrieden zu senden, ist Kanun: den Gottesfrieden zu gewähren, Pflicht der Männlichkeit.
Wenn das Haus des Erschlagenen dem Täter Gottesfrieden gewährt, so wird dieser, obschon er ihn erschlug, an Totenfeier und Klage teilnehmen und ihn zu Grabe geleiten und zum Totenessen bleiben. – Dieser Gottesfrieden währt 24 Stunden.

Der Norden

Kukës

Im Jahre 1976 wurde die alte Stadt Kukës von einem riesigen Stausee überflutet, der heute das Kraftwerk von Fierzë mit Wasser beliefert. Die Bewohner wurden nach Kukës i Ri (Neu-Kukës), einer vollkommen neu erbauten Stadt, umgesiedelt, die oberhalb des Stausees in einer landschaftlich wunderschönen Szenerie angesiedelt ist.

Kukës liegt in einer Entfernung von nur etwa 40 Kilometern von Prizren im Kosovo entfernt. Im Zuge der ethnischen Auseinandersetzungen flüchteten während der Kosovo-Krise 1999 zahlreiche Kosovaren nach Albanien. Kukës, eine Stadt von damals etwa 20 000 Einwohnern, nahm noch einmal so viele Flüchtlinge aus dem Kosovo auf und stellte damit die beispielhafte Solidarität und Gastfreundschaft der Albaner unter Beweis. Die Anreise von Prizren nach Kukës dauert eine knappe Stunde. Beim Grenzübertritt sind zehn Euro Einreisegebühr zu entrichten

Wenn Sie innerhalb Albaniens reisen, können Sie von Bajram Curri über Krumë bis nach Kukës fahren. Von Bajram Curri bis Krumë fahren Minibusse, eventuell müßten Sie in Krumë in einen anderen Minibus bis Kukës umsteigen. Die Straße ist sehr schlecht, doch führt sie durch eine wilde und unberührte

Wildes Wasser im Norden

Landschaft. Von der Straße aus können sie noch einige traditionelle Turmhäuser (Kullas) sehen. Zwischen Krumë und Kukës bieten sich Ihnen spektakuläre Ausblicke auf den Drin-Stausee.

Von der Stelle, an der sich das ehemalige Hotel ›Tourismus‹ befand, haben Sie einen sehr schönen Blick auf den Zusammenfluß des Weißen Drin, der im Kosovo entspringt, mit dem Schwarzen Drin, der, vom Ohridsee kommend, in nördlicher Richtung bis Kukës fließt.

 In Kukës gibt es recht gute Übernachtungsmöglichkeiten. Das bekannteste Hotel ist das ›Amerika‹. Hier übernachtete Kofi Annan während der Kosovo-Krise. Alle Zimmer sind mit Klimaalage und TV ausgestattet, Tel. 02 42/32 78. ▶ Kleinere Hotels sind das ›Dardania‹, Tel. 02 42/43 43, und das ›Europa-Hotel‹, Tel. 069/229 33 91.

Der Norden

Der Schwarze Drin

Die Strecke von Kukës bis Peshkopi, entlang dem Tal des Schwarzen Drin, ist eine der abenteuerlichsten im ganzen Land. Der Fluß bahnt sich seinen Weg durch tiefe, zerrissene Schluchten einer atemberaubenden Berglandschaft, die links von Ihnen Höhen über 2000 Meter erreicht. Wenn Sie Glück haben, werden Sie hier Adler oder andere Raubvögel sehen, die hier noch recht zahlreich sind. Kleine Dörfer mit Häusern, die Trutzburgen ähneln, ziehen sich an den Hügeln empor.

Nur widerstandsfähige Autos mit Vierradantrieb oder stabile Minibusse mit erfahrenen Fahrern, die nicht eine Minute lang unkonzentriert sein dürfen, kommen hier unbeschadet ans Ziel. Doch keine Angst – die Albaner, die die Strecke kennen, kennen auch die Risiken, die sie eingehen. Zall-Dardhë, auf der Hälfte der Strecke bis nach Peshkopi gelegen, hat ein Restaurant, in dem Sie sich stärken können.

Zwischen Zall-Dardhë und Peshkopi liegt rechtsseitig der Lura-Nationalpark. Zwar ist dieser schwer zu erreichen (es gibt keine öffentlichen Verkehrsmittel dorthin), doch die landschaftliche Schönheit dieses Gebietes ist einmalig. Vor allem die 24 Gletscherseen im Park bilden eine besondere Attraktion. Acht dieser Seen führen das ganze Jahr über Wasser, während im Sommer einige ausgetrocknet sind. Das Lura-Gebirge ist bis zu 1700 Meter hoch, der höchste Gipfel, Kurora e Lures (Krone der Lura), befindet sich auf 2112 Metern.

Riesige Buchenwälder und in den höheren Lagen ausgedehnte Wälder mit Nadelbäumen bedecken die Berge bis zur Baumgrenze bei etwa 1700 Metern. Die Makedonische Kiefer (pinus peuce), die vom Aussterben bedroht ist, gibt es nur noch in diesem Park. Wölfe, Braunbären, Luchse, Wildkatzen, Eichhörnchen, Rehwild sowie viele Raubvögel, auch Adler, sind hier zu finden.

Die bekanntesten Seen sind der Liqeni i Madh, der Große See, der Liqeni i Zi, der Schwarze See, der Liqeni i Luleve, der Blumensee, der mit Wasserlilien bedeckt ist, sowie der Liqeni i Lopeve (See der Kühe).

Am Eingang zum Lura-Nationalpark gibt es ein Hotel mit einem Restaurant, in dem Sie sich mit Nahrungsvorräten versorgen können, bevor Sie die Wanderung im Park beginnen. Zelten ist nicht verboten, doch sollten Sie Ihren Zeltplatz sorgfältig aussuchen, damit Sie vor eventuellen Überraschungen durch Holzfällerarbeiten geschützt sind. Zur Zeit wird hier tüchtig abgeholzt, was teilweise zu sehr gravierenden Bodenerosionen geführt hat.

Peshkopi

Peshkopi (auch Diber oder Dibër) ist eine der abgelegensten Städte Albaniens und Mittelpunkt des Bezirks Diber. Da die Stadt in der Londoner Botschafterkonferenz von 1913 (wie auch Tropojë) von Albanien abgetrennt wurde, geriet der ganze Bezirk ins Vergessen. Doch in den letzten Jahren sind hier durch Privatinitiativen und auch einige ausländische Investoren Verbesserungen der Infrastruktur vorgenommen worden, die die Stadt zu einem angenehmen Aufenthaltsort machen.

In der Altstadt (Lagja Sehit Najdini) sind noch einige Häuser aus der Zeit der osmanischen Herrschaft zu sehen. Interessant ist der Markt, auf dem die Menschen aus den umliegenden Dörfern ihre Produkte anbieten, vor allem Obst und Gemüse aus der fruchtbaren Region sowie viele verschiedene Milchprodukte, für die diese Gegend berühmt ist.

In der Rruga Elez Isuf Ndreu befindet sich eine ständige Ausstellung mit verschiedenen Objekten aus der Handwerkskunst der Umgebung, Holzschnitzereien oder traditionellen Kostümen.

In den letzten Tagen im Oktober findet alljährlich ein Festival für Traditionelle Musik aus Albanien statt, die Oda Diberna. Da diese Veranstaltung immer Besucher aus dem ganzen Land, aus dem Kosovo und aus Makedonien nach Peshkopi zieht, ist es empfehlenswert, vorher für Unterbringungsmöglichkeiten zu sorgen.

Etwas außerhalb der Stadt finden Sie das ›Llixhat‹, ein Spa-Hotel. Die Wasseranwendungen in diesem Hotel werden gegen Rheuma- und Arthritis empfohlen.

 Gute Übernachtungsmöglichkeiten bietet das ›Korabi-Hotel‹, Tel. 02 18/24 81; DZ mit Frühstück etwa 20 Euro. TV, Zimmer im Winter beheizbar, recht günstige Preise.

Das Balkan Peace Park Project

Ohne Zweifel gehört der Gebirgsstock, der von den Nordalbanischen Alpen, dem Süden von Montenegro und dem östlichen Kosovo gebildet wird, zu einer der eindrucksvollsten Gebirgslandschaften Europas. Steile Berghänge, die bis zu einer Höhe von mehr als 2000 Metern aufragen, sind umgeben von tiefen Schluchten, durch die wilde Gebirgsbäche rauschen.

Auf Bergwiesen wächst eine Vielfalt von endemischen Pflanzen, und in ausgedehnten Laub- und Nadelbaumwäldern gibt es eine Tierwelt, die nur in wenigen Gegenden Europas noch so intakt ist.

Um diese einzigartige Landschaft auch für die kommenden Generationen zu schützen und zu erhalten, verantwortungslosem Tourismus vorzubeugen und die Abwanderung der Bewohner in die Städte zu verhindern, hat das ›Balkan Peace Park Project Committee‹ seit 2003, gemeinsam mit verschiedenen Nichtregierungsorganisationen, zahlreiche Initiativen ergriffen und Wanderungen in diese Gegend mit interessierten Menschen aus aller Welt organisiert.

Gemäß den Richtlinien der IUCN (International Union for the Conservation of Nature – Welt-Naturschutzunion), die 1948 gegründet wurde und ihren Hauptsitz in Gland in der Schweiz hat, ist ein ›Peace Park‹ ein Gebiet mit einer wilden, wunderschönen Landschaft, welches sich über mehrere Länder erstreckt und in dem Menschen und Tiere sich in vollkommener Freiheit, ungehindert durch Grenzen, zu Fuß fortbewegen können. Die biologische Vielfalt dieser Gebiete, die natürliche und kulturellen Eigenarten sollen erhalten und geschützt und Frieden und Zusammenarbeit zwischen den Bewohnern gefördert werden. Weltweit gibt es etwa 600 geschützte Gebiete. Hier die bekanntesten:

▶ Cordillera del Condor (zwischen Peru und Ecuador)
▶ Limpopo Peace Park (zwischen Südafrika und Mozambik)
▶ Morokulia (zwischen Schweden und Norwegen)
▶ Parque La Amistad (zwischen Costa Rica und Panama)

Das Zentrum des ›Balkan Peace Park‹ in Albanien ist das einzigartige Bergdorf Theth in den Nordalbanischen Alpen (höchster Gipfel Jezerca mit 2693 Metern), im Kosovo das Gebiet um Rugova (höchster Gipel Gjeravica mit 2656 Metern), und in Montenegro Prokletija (höchster Gipfel Karaufil mit 2480 Metern). Im Stadtzentrum von Shkodër, in der Rruga Marin Barleti, gibt es ein Informationszentrum des, welches Ihnen weiterhilft, falls Sie sich in dieses Gebiet begeben wollen. Hier hilft man Ihnen mit Transport- und Unterbringungsmöglichkeiten sowie mit Kartenmaterial und Literatur. Tel. 02 25/704, Mobil 069/206 52 05 oder 069/216 63 34, E-Mail: bppinfo_al@yahoo.com.

Der Norden

Der griechisch beein-
flußte Süden Albaniens
lockt mit den traum-
haften Stränden
der Albanischen Riviera
zwischen Vlorë und
Sarandë, antiken
Ausgrabungen und
geschichtsträchtigen
Orten im gebirgigen
Hinterland.

Der Süden

Sarandë und Umgebung

Noch vor wenigen Jahren war diese südlichste Stadt Albaniens ein kleines, verschlafenes Nest mit wenigen Übernachtungsmöglichkeiten für Touristen. Inzwischen gibt es viele Hotels verschiedenster Preisklassen.

Die Stadt liegt an einer wunderschönen Bucht des Ionischen Meeres, gegenüber der griechischen Insel Korfu. Diese Bucht mit langen Sandstränden, einem wunderschönen Blick auf die gegenüberliegende Insel und einem prächtigen Sonnenuntergang ist allerdings auch schon das Schönste, was diese Kleinstadt an Sehenswürdigkeiten zu bieten hat.

Ganz anders sieht es im Umland von Sarandë aus. Von hier aus lassen sich Tagesausflüge nach Butrint (nahe der griechischen Grenze), zum Kloster Mesopotami, nach Syri i Kalter oder an die Albanische Riviera unternehmen.

Anreise

Von der Stadt Korfu auf der gleichnamigen Insel legen täglich Autofähren und auch ein Katamaran (Flying Dolphin) nach Sarandë ab. Dieser wird von der griechischen Reederei Petrakis Linie betrieben, die ein Büro in der Nähe des Hafens unterhält. Der Katamaran legt morgens gegen 9.30 Uhr ab. Man sollte eine Stunde vor der Abfahrt dort sein, um ausreichend Zeit für die Erledigung der Zollformalitäten zu haben. Tagestouristen brauchen die Einreisegebühr nach Albanien in Höhe von zehn Euro nicht zu entrichten. Ein albanisches Boot legt etwas früher ab (die Fahrkarten sind am Kiosk in der Nähe der Anlegestelle erhältlich). Der Preis für die Überfahrt beträgt 17,50 Euro. Nach meiner Erfahrung sind die griechischen Zollbeamten und die Hafenpolizei in Korfu wenig hilfsbereit, wenn Reisende Informationen über Albanien haben möchten. Man muß schon hartnäckig sein, um sein Ziel zu erreichen. Man wird Ihnen nur widerwillig die Abfahrtszeiten der albanischen Boote nennen. Die Fahrt mit dem Die Fahrt mit dem roten Katamaran der Albaner und auch die mit dem griechischen Katamaran dauert eine gute halbe Stunde, die mit der Autofähre etwas länger. Das albanische Boot erkennen Sie an der roten Flagge mit dem schwarzen doppelköpfigen Adler. Wenn Sie Kontakt mit Albanern bekommen und sich bereits jetzt auf die Kultur des Landes einstimmen möchten, dann sollten Sie dieses Boot wählen. Der Kapitän ist äußerst hilfsbereit und freut sich über jeden ausländischen Gast.

Im modernisierten Hafen von Sarandë sind nach der Passkontrolle 10 Euro Einreisegebühr zu entrichten. Taxis vor der Hafeneinfahrt bringen Sie ins Stadtzentrum. Der Fußweg dauert etwa 15 Minuten.

Zwischen Gjirokastër und Sarandë verkehren täglich (bis zum frühen Nachmittag) Minibusse und Busse. Die Strecke über das Gebirge Mal i Gjere wird in etwa zwei Stunden bewältigt.

Von Tirana aus fährt einmal täglich ein Bus vom Busbahnhof von der Rruga e Kavajës ab. Die Fahrt bis Sarandë dauert etwa neun Stunden und ist sehr ermüdend. Ein Schaffner sammelt das Geld (etwa 1000 Lek) im Bus ein.

Auch von Vlorë aus verkehren zweimal täglich Busse über den Llogara-Paß nach Sarandë, und zwar gegen 7 Uhr morgens und gegen 13 Uhr. Die Fahrt durch den Llogara-Naturpark und entlang der Albanischen Riviera ist wegen der spektakulären Aussichten auf das Ionische Meer und die wilden Naturschönheiten im Naturpark besonders zu empfehlen.

Da es keine offiziellen Fahrpläne gibt, ist es ratsam, sich am Tag vor der Reise nach den Abfahrtszeiten und den Haltestellen zu erkundigen. Die Minibusse fahren erst dann ab, wenn sie genug Reisende eingeladen haben. Auch die offiziellen Abfahrtszeiten der Busse werden nur bedingt eingehalten. Man sollte sich jedoch zur offiziellen Abfahrtszeit, besser sogar etwas früher, einfinden.

Geschichte

Die ersten Siedler in Sarandë waren die Chaonen, ein illyrischer Stamm, der wegen seiner Tapferkeit und Kriegskunst berühmt war Die Stammesburg der Chaonen befand sich in Finiq, in der Nähe von Sarandë. Bis zum Einfall der Römer im 2. Jahrhundert vor Christus lebten die Illyrer in diesem Landstrich gemeinsam mit hellenischen Kolonisten. Die Akropolis der Stadt Phoinike, einer illyrisch-griechischen Siedlung, war im 4. Jahrhundert eine der größten in der antiken Welt. Phoinike war die Hauptstadt von Epirus, das in der damaligen Zeit zu Albanien gehörte. Das Land erreichte zu dieser Zeit seine größte Ausdehnung. In Finiq wurden bei archäologischen Ausgrabungen viele Monumente aus der Antike gefunden und Grabstätten freigelegt. Einige Skulpturen, die man dort fand, sind im Museum von Butrint ausgestellt. Das Albanische Institut für Kulturdenkmäler in Tirana erklärte das Gebiet um Finiq als besonders schützenswert.

Sarandë war in der Antike unter dem Namen Onchesmus bekannt, das Phoinike als Hafen diente. Selbst während der Besatzung durch die Römer blieb Onchesmus eine freie Stadt, die durch eine fast 900 Meter lange und sechs Meter hohe Mauer geschützt war. In der Nähe des heutigen Busbahnhofs sind noch einige Mauerreste zu sehen.

Erst seit Beginn des 20. Jahrunderts trägt die Stadt den Namen Sarandë (griech. saranda – vierzig). Auf einem Hügel in der Nähe der Stadt befand sich eine Kirche

Der Süden

aus dem 10. Jahrhundert, die 40 christlichen Legionären gewidmet war, die 320 nach Christus ihr Leben verloren.

Innerhalb von Sarandë wurden ebenfalls Ausgrabungen vorgenommen, bei denen Überreste von antiken Siedlungen gefunden wurden. In einer Basilika aus dem 5. oder 6. Jahrhundert unserer Zeitrechnung entdeckte man ein schönes Fußbodenmosaik.

Bis heute haben die Griechen nicht verwunden, daß Sarandë zu Albanien gehört. Die Stadt war wegen der schönen Lage und des geschützten Hafens für das Nachbarland immer sehr attraktiv.

Sarandë heute

Bis vor wenigen Jahren war Sarandë eine unbedeutende kleine Stadt, in der ab und an Jungvermählte ihre Flitterwochen verbrachten und den schönen Sonnenuntergang beobachteten, und in dem einige Regierungsbeamte oder ausländische Gäste der Regierung sich von ihren Geschäften erholten. Doch in den vergangenen Jahren hat sich die Stadt mit ihren etwa 30 000 Einwohnern zu einem lebendigen Kurort mit zahlreichen Hotels und Restaurants entwickelt. In den Abendstunden herrscht an der weitläufigen Strandpromenade mit den blühenden Oleandersträuchern reges Leben.

Blick auf Sarandë

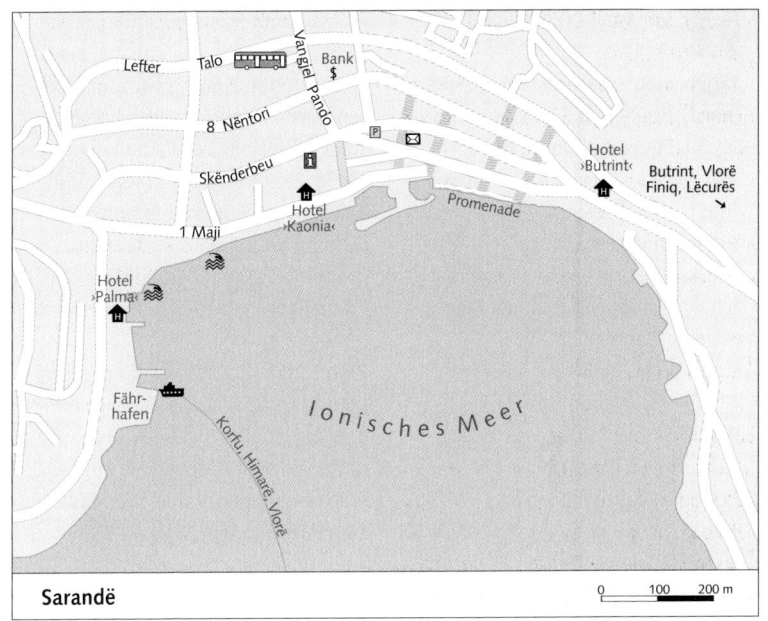

Sarandë

0   100   200 m

Der Süden

Wenn Sie von Korfu aus mit dem Schiff in Sarandë ankommen, sehen Sie die Stadt, deren Häuser sich terrassenartig an den steilen Hängen emporziehen. An der malerischen Bucht haben sich viele Hotels, Restaurants und Cafés angesiedelt, die in den Abendstunden immer voll besetzt sind.

Sarandë hat nicht sehr viele Sehenswürdigkeiten zu bieten. Doch das milde Klima mit fast 300 Sonnentagen im Jahr und milden 30 Grad Celsius im Sommer sowie das klare, blaue Wasser des Ionischen Meeres locken viele Besucher aus dem In- und Ausland an.

Versäumen Sie es nicht, einen Abstecher auf den Berg Lëkurës zu machen, der sich einige Kilometer östlich der Stadt befindet. Sie können mit dem Taxi dorthin fahren. Hier stand in früheren Zeiten ein Kloster, auf dessen Grundmauern inzwischen ein wunderschönes Restaurant eröffnet worden ist. Von der Terrasse aus haben Sie einen einzigartigen Blick auf Korfu, auf die Stadt Sarandë, die Ksamil-Insel und den See von Butrint. Das Personal im Restaurant ist sehr gut geschult; das Essen ist ausgezeichnet, die Preise sind für westliche Touristen moderat, für die meisten Albaner allerdings unerschwinglich.

In der Nähe des Busbahnhofs gibt es eine Pizzeria, in der Sie gebratene Muscheln aus dem See von Butrint essen können. Eine Portion mit einem trockenen Weißwein und frischem gerösteten Brot schmeckt vorzüglich.

Vorwahl: 003 55/(0)852.

 Hotel ›Butrint‹, Tel. 559 28, Fax 55 44; EZ 60/80 Euro, DZ 70/90, Suite von 90 bis 150 Euro, inklusive Frühstück. Sehr gute Lage mit Blick auf Korfu. Zimmer mit Klimaanlage, TV, Telefon, Minibar und Safe. Restaurant, Schwimmbad, Fitnessraum, Sauna.

▶ Hotel ›Kaonia‹, Tel. 26 00, Mobil 068/226 88 00, 068/223 04 56; DZ mit Frühstück 3000 Lek. Sehr gute Lage in der Nähe des Stadtzentrums. Alle Zimmer haben Klimaanlage, TV, Balkon, einige mit Blick aufs Meer.

▶ Hotel ›Palma‹, Tel. 29 29; DZ incl.

Frühstück im Sommer 5000 Lek, im Winter 3000 Lek. Hafennähe, eine Viertelstunde Fußweg bis zum Stadtzentrum. Restaurant mit schöner Terrasse, kleines Schwimmbad.

 Frischer Fisch, Krabben und Muscheln sind Spezialitäten, die man in fast allen Restaurants in Sarandë essen kann. Entlang der Promenade finden Sie viele Restaurants.

▶ Außerdem ist das ›Kalaja e Lëkurësit‹ zu empfehlen, das etwas außerhalb auf einem Hügel gelegen ist. Von dort aus haben Sie einen schönen Rundblick über die Stadt, das Meer und den See von Butrint.

Ausflüge von Sarandë

Knapp 20 Kilometer in südlicher Richtung von Sarandë liegt das Dorf Ksamil. Der Weg zu den schönen Stränden und zu den Bootsanlagern biegt rechts von der Hauptstraße ab und ist auf Albanisch ausgeschildert: Skaf-Plazh. Die Idylle ist auch den Bewohnern von Sarandë sowie Touristen aus dem In- und Ausland nicht verborgen geblieben. Wenn die Strände zu voll sind, können Sie zu einer der nahegelegenen Inseln schwimmen oder sich mit dem Boot übersetzen lassen.

Das Hotel ›Ardiani‹ in der Nähe einer schönen Bucht in Ksamil bietet preisgünstige Zimmer und eine nette familiäre Atmosphäre. Der Hoteleigentümer hat lange Jahre in Griechenland auf der Insel Korfu gearbeitet und solange gespart, bis er sich den Bau des eigenen Hotels leisten konnte. Er und seine griechische Frau, die gut Englisch spricht, werden Ihnen gern bei der Organisation Ihrer Ausflüge behilflich sein, Mobil 069/223 13 90. In nördlicher Richtung von Sarandë, in der Nähe des Muzina-Passes, finden Sie inmitten Jahrhunderte alter Eichen einen wunderschönen Flecken Erde rund um einen Bergsee, den Syri i Kalter (Blaues Auge). Er wird durch unterirdische Quellen gespeist. Das glasklare Wasser ist türkisgrün und ständig am Sprudeln. Es gibt hier einige Chalets, die von Touristen gemietet werden können. Das Restaurant hat frischen Fisch

auf der Speisekarte. Die Taxifahrt von Sarandë zum See kostet etwa 1500 Lek
(Stand Ende 2007).

Sollten Sie von Gjirokastër nach Sarandë kommen, sehen Sie – kurz, bevor Sie
die Stadt erreichen – an der linken Seite das byzantinische Kloster Mesopotami.
Der Name ›Mesopotami‹, vom Griechischen abgeleitet, bedeutet ›zwischen den
Flüssen‹, in diesem Falle Bistrica und Kalasa. Im Frühjahr, zur Zeit der Schneeschmelze, wird dieses Gebiet oft von Überschwemmungen heimgesucht. Schon
in den ersten Jahrhunderten unserer Zeitrechnung hatte auf dem Gelände des
Klosters eine Basilika gestanden. Als slawische Stämme in das land einfielen,
flohen die Bewohner der umliegenden Ortschaften hierhin. Der heutige Bau, der
einer Festung gleicht, geht auf das 12. oder 13. Jahrhundert zurück. Die Kirche
innerhalb des Klosters ist dem heiligen Nikolaus geweiht (Shën Koll); es ist die
größte erhaltene byzantinische Kirche Albaniens.

Der Süden

Der Süden

0   20   40 km

Butrint

Die Ausgrabungsstätte von Butrint ist ein kleines Paradies inmitten uralter Bäume. Sie liegt in einer Entfernung von ungefähr 25 Kilometern in südlicher Richtung von Sarandë, am Ende der Ksamil-Halbinsel. Im Osten begrenzt der See von Butrint das Gebiet, im Süden der Vivar-Kanal. Dieser trennt auch die Halbinsel vom Hinterland ab. Durch den Kanal gelangt Salzwasser aus dem Meer in den See von Butrint. Dieser enthält daher sowohl Salz-, als auch Süßwasser. Seine günstige geographische Lage bot in der Antike Schutz gegen Feinde von außen, gewährleistete gleichzeitig die Verbindung zum Meer.

Die wunderschöne Landschaft, die friedliche Atmosphäre, der Geruch, den die Eukalyptusbäume verströmen sowie das Zirpen der Grillen machen den Besuch Butrints auch für

Am See von Butrint

solche Reisenden zu einem einmaligen Erlebnis, die keine ausgewiesenen Spezialisten auf dem Gebiet der Archäologie sind. Nicht ohne Grund wurde Butrint 1992 von der UNESCO zum Weltkulturerbe erklärt. Die albanische Regierung erklärte das Gebiet rund um Butrint im Jahre 2000 zum Nationalpark.

Die griechische Reederei Petrakis Line organisiert täglich Ausflüge mit dem Schiff von Korfu nach Sarandë. Dort warten am Hafen Reisebusse, die die Touristen nach Butrint fahren. Es gibt täglich mehrere Busse von Sarande nach

Butrint, sie fahren vom Kreisverkehr nahe dem Hotel ›Palma‹ ab. Damit kommt man auch an die schönen Strände der Halbinsel Ksamil. Selbstverständlich kann man von Sarandë aus auch ein Taxi bis nach Butrint nehmen. Die Fahrt kostet hin und zurück etwa 2000 Lek. Da für die Besichtigung der gesamten Anlage mindestens zwei Stunden eingeplant werden sollten, ist es empfehlenswert, mit dem Taxifahrer den Preis für die Wartezeit oder einen Zeitpunkt für die Rückfahrt zu vereinbaren. Es gibt keine Möglichkeit, sich in der Anlage zu erfrischen. Sie sollten daher Trinkwasser mitnehmen, denn im Sommer kann es sehr heiß werden. Außer einer Privattoilette für das Personal des Forschungslabors (der Butrint Foundation) gibt es in der Ausgrabungsstätte übrigens auch keine Toiletten.

Am Ausgang von Sarandë steigt die asphaltierte Straße steil an. Von hier aus bietet sich ein wunderschöner Blick auf den weit unten liegenden See von Butrint sowie die Berge auf der östlichen Seeseite. An den Hängen rechts der Fahrbahn ziehen sich Plantagen mit Zitronen- und Orangenbäumen oder Olivenbaumplantagen empor, Schafe und Ziegen grasen friedlich am Straßenrand.

Geschichte

Buthrotum, wie die Stadt in der Antike genannt wurde, wurde im 7. und 8. Jahrhundert vor Christus wie eine Festung angelegt. Am Eingang zur Ausgrabungsstätte sind noch typische Mauerreste mit den riesigen Quadersteinen aus der Illyrerzeit zu erkennen. Buthrotum gehörte zum Gebiet der Chaonen, einer Untergruppe des Illyrerstammes der Prassaiben, die in dieser Zeit die nördlichen Küsten des Ionischen Meeres bewohnten.

Der Sage nach segelte Äneas, der Schwiegersohn des Priamus von Troja, aus Kleinasien nach Westen, nachdem Troja zerstört worden war. An der Küste gegenüber von Korfu angekommen, opferte er einen Ochsen, um sicherzustellen, daß die Götter ihn bei der Landung im Epirus schützten. Der verwundete Ochse tauchte ins Meer, schwamm in die Bucht von Butrint, wo er am Land auftauchte, zu Boden fiel und starb. Äneas nahm dies als ein gutes Omen, landete und nannte den Ort ›Buthrotum‹, abgeleitet vom griechischen Wort ›bous‹ (Ochse). Diese Legende ist schön, aber eben nur eine Legende. Die wirkliche Geschichte verlief gemäß den Ergebnissen der Ausgrabungen anders.

Im 4. Jahrhundert vor Christus gehörte Buthrotum demnach zum Epirus, der in der damaligen Zeit von der Molosser-Dynastie regiert wurde. Olympia, die Mutter Alexanders des Großen, stammte aus dem Molosser-Geschlecht. Ihr Bruder, Alexander Molossius, stach von der Küste in der Nähe Buthrotums im Jahre 331 vor Christus in See, um Süditalien zu erobern. Diese Expedition dauerte aber nur ein Jahr. Alexanders Armee wurde in Süditalien geschlagen, er selbst in

Die Reste des Theaters von Butrint

der Schlacht getötet. Dennoch belebte die Verbindung zu Süditalien offenbar den Handel in Buthrotum. Dies belegen Münzen aus süditalienischen Städten, die bei den Ausgrabungsarbeiten gefunden wurden.

Nach der Niederlage in Italien schlossen sich verschiedene Stämme im Epirus zu einem Militärbündnis zusammen. Dies garantierte den einzelnen Provinzen, zu denen auch Buthrotum, gehörte, weitgehende Autonomie. Nachdem die Römer in den Balkan eingedrungen und die Illyrer besiegt hatten, fiel Buthrotum in die Hände der Sieger. Obwohl römische Kolonie innerhalb der Republik Makedonien, konnte sich die Stadt doch weiterhin in relativer Unabhängigkeit entwickeln.

Im Römischen Bürgerkrieg von 49 bis 48 vor Christus hatte Cäsar in Buthrotum ein Getreidelager und eine Militärbasis für seine Truppen eingerichtet. Von dieser Militärbasis aus führte er seinen Krieg gegen Pompeius in der Nähe von Apollonia und Dyrrachium.

Unter der Herrschaft des Kaisers Augustus (um 30 vor Christus) kamen viele römische Siedler nach Buthrotum und brachten auch ihre Kultur in die Stadt.

Auch in der Zeit der byzantinischen Herrschaft verlor Buthrotum nichts von seiner Bedeutung. Als Onchesmus, das heutige Sarandë, 547/48 von slawischen Stämmen erobert wurde, blieb Buthrotum verschont. Im 10. Jahrhundert war Butrint Bischofssitz, breitete sich aus und erlebte eine wirtschaftliche und kulturelle Blütezeit.

1272 gehörte Buthrotum für kurze Zeit zum Königreich von Albanien, welches von Karl von Anjou, dem König von Sizilien, erobert worden war. Doch diese Epoche dauerte nur bis 1386, als die Venezianer die Stadt einnahmen. In dieser Zeit expandierte Buthrotum beträchtlich. Die Venezianer schützten die Stadt mit starken Befestigungsmauern, da ihr für die Verteidigung der Meerenge von Korfu strategische Bedeutung zukam.

In der Folgezeit übernahmen abwechselnd Türken und Venezianer die Kontrolle über Butrint, bis 1798 Napoleon der Herrschaft von Venedig ein Ende setzte. Nach der zweijährigen Oberhoheit der Franzosen über dieses Gebiet gehörte Butrint zum Pashalik von Ioannina, das von Ali Pasha Tepelene regiert wurde. Ali Pasha verstärkte die venezianische Festung am Ufer des Vivar-Kanals und baute eine weitere Festung an der Mündung des Kanals. Ali nutzte die idyllische Lage am See, um sich von seinen Regierungsgeschäften zu erholen.

Nach der Ermordung Ali Pashas durch die Türken verlor Butrint seine historische Bedeutung. Die Osmanenherrschaft in Albanien dauerte bis 1912. In diesem Zeitraum verfiel die Stadt vollkommen.

Heute liegt Butrint abgelegen und isoliert, doch in der Antike bot die geographische Position in der Nähe der Meerenge von Korfu, einer der wichtigsten Seewege der damaligen Zeit, sehr viele Vorteile.

Erst am Ende der 20er Jahre des 20. Jahrhunderts begann der italienische Archäologe Luigi Maria Ugolini, gemeinsam mit dem Albaner Hasan Ceka, die Ausgrabungsarbeiten in Butrint. Während der unruhigen Jahre nach dem Ende des Kommunismus kamen die archäologischen Arbeiten nicht voran, denn die Regierung hatte andere Prioritäten. Zur Zeit arbeitet hier die englische Butrint Foundation gemeinsam mit der albanischen Regierung. Sie haben sich das Ziel gesetzt, die Einzigartigkeit der Anlage zu pflegen und zu erhalten. Während der Regierungszeit des römischen Kaisers Gratianus (367–383) erschütterte ein Erdbeben das Gebiet um Butrint. Man nimmt an, daß viele wertvollen Statuen, die während der Ausgrabungsarbeiten entdeckt wurden, von Erdschichten bedeckt und auf diese Weise konserviert wurden.

Ein Rundgang durch die Ausgrabungsstätte

Bevor Sie Ihren Weg durch die wunderschöne Allee von Eukalyptusbäumen beginnen, sehen Sie an der rechten Seite Gedenksteine für die Pioniere der Ausgrabungsarbeiten in Butrint, den Italiener Luigi Maria Ugolini und den Albaner Hasan Ceka. Dessen Sohn, Neritan Ceka, ist ebenfalls ein bekannter albanischer Archäologe. Neritan Ceka hat eine kleine Broschüre in englischer Sprache über Butrint verfaßt, die Sie am Kiosk in der Nähe des Eingangs kaufen können. Der Turm hinter den

Der Süden

Gedenksteinen wurde zu Beginn des 16. Jahrhunderts von den Venezianern erbaut, die die Befestigungsanlagen um Buthrotum gegen die Überfälle der osmanischen Truppen verstärkten. Der Turm wurde in der Neuzeit restauriert.

Die Allee mit den riesigen alten Eukalyptusbäumen führt direkt ins Zentrum der Anlage, zur Agora, dem antiken Marktplatz. Hier befanden sich die wichtigsten Gebäude der Stadt. Gleich am Eingang lag das Prytaneum, das Rathaus. Die

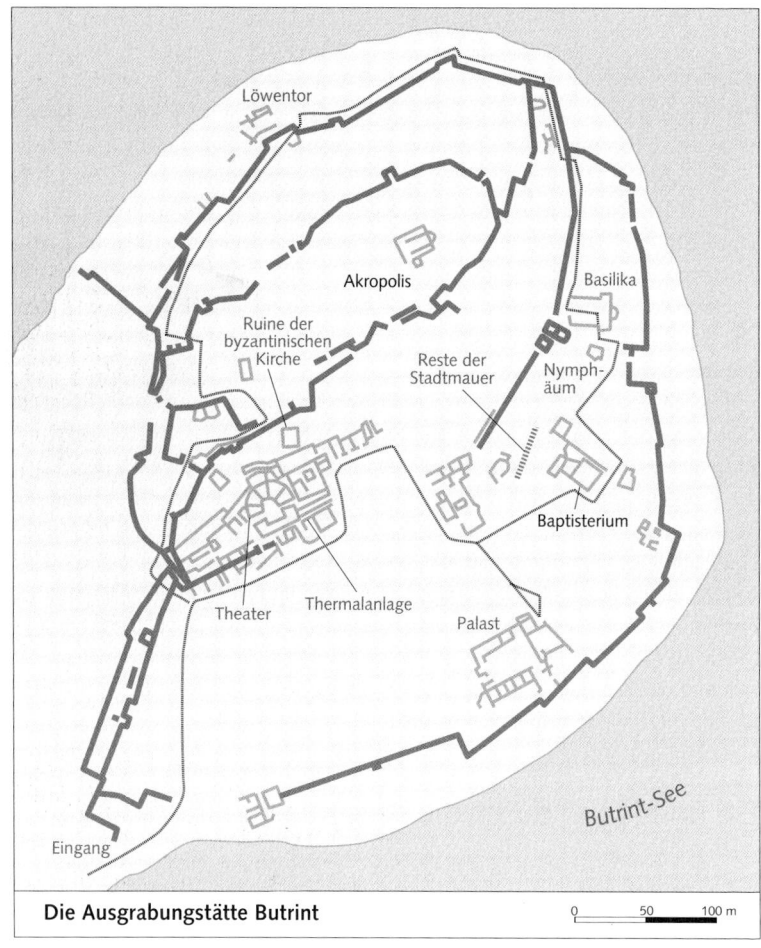

Die Ausgrabungstätte Butrint

*Holzbrücke über die Buna am Shkodra-See; Die Albanische Eisenbahn
Die Mesi-Brücke nördlich von Shkodër; Ruinen der Festung von Byllis*

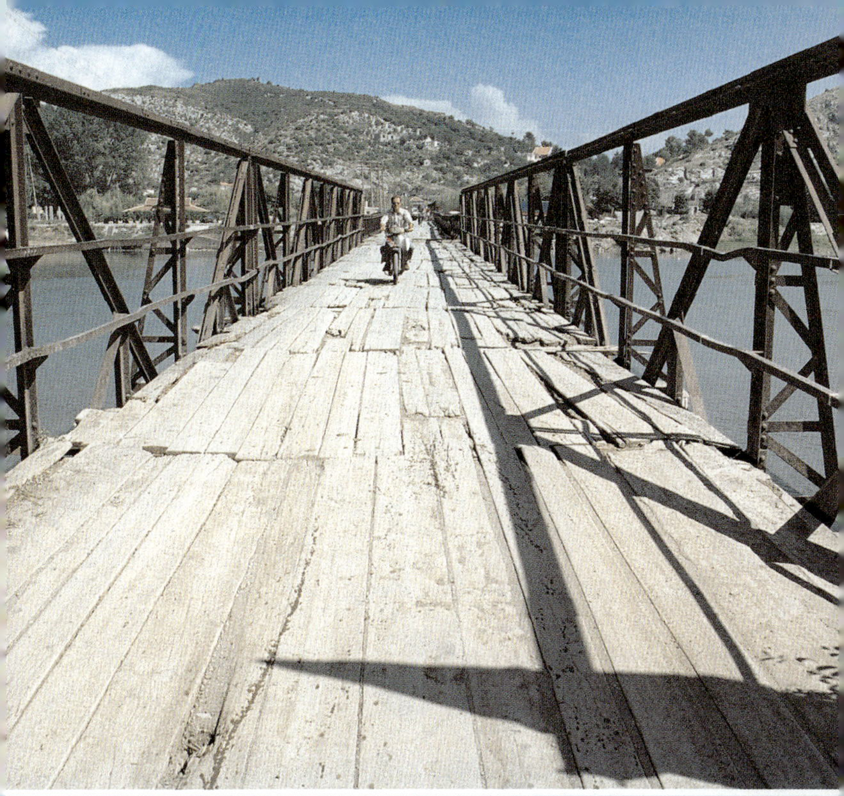
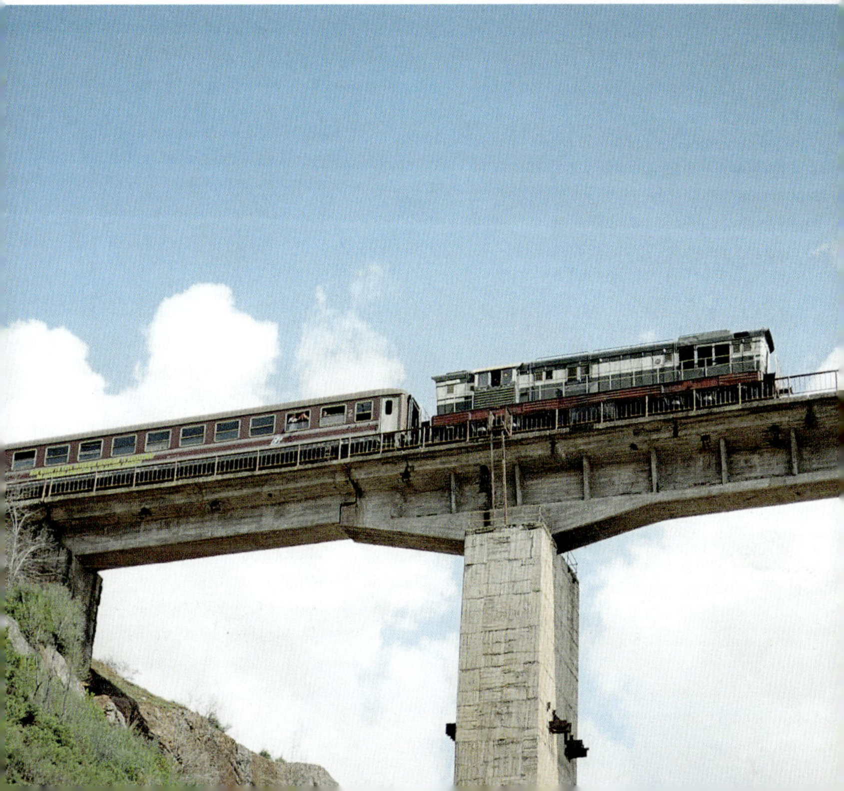

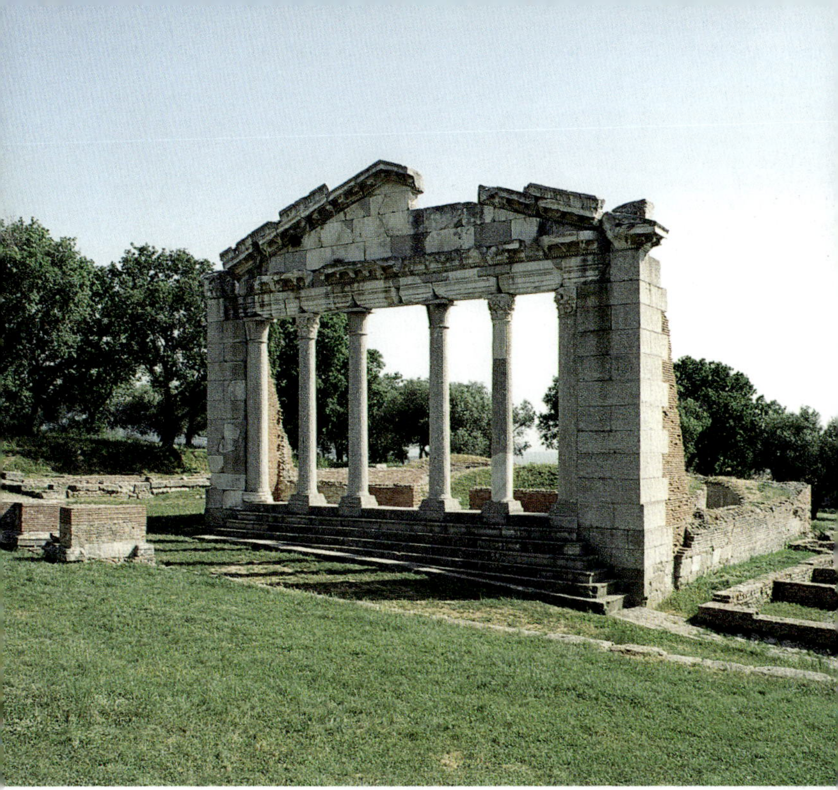
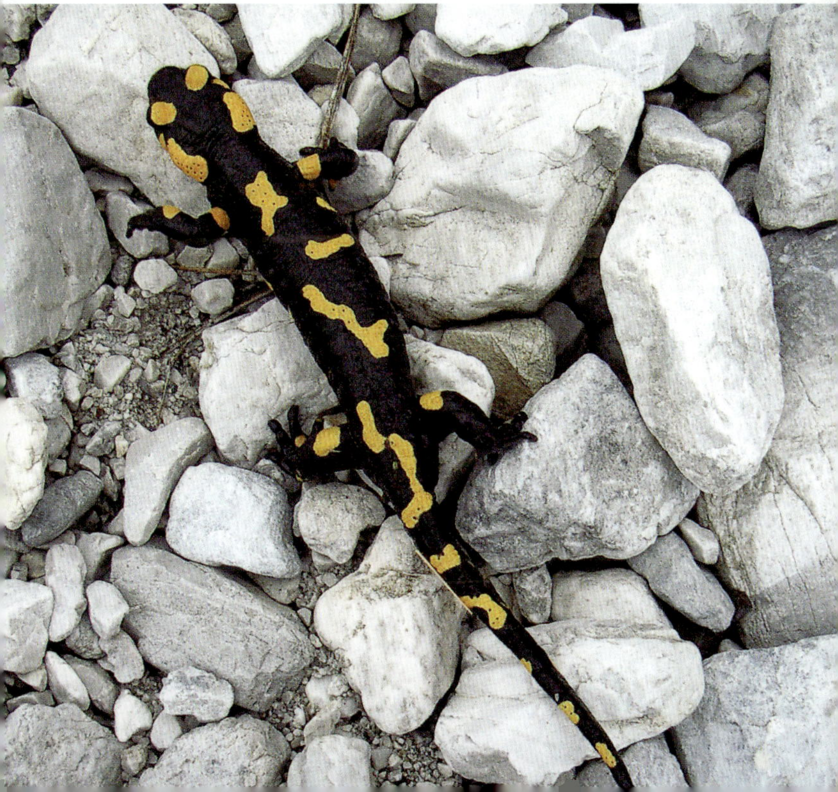

Grundmauern dieses Gebäudes wurden von den Prassaiben gelegt, die hier ihr Hauptquartier unterhielten. Zur Zeit der römischen Besatzung wurden Gebäudeteile mit archetiktonischen Elementen der Römerzeit hinzugefügt. Neben dem Prytaneum – unmittelbar vor dem Theater – stand der Tempel des Asklepius, des griechischen Gottes der Heilkunst.

Das recht gut erhaltene Theater am Fuße des Felsens, auf dem sich die Akropolis befindet, wurde vom 3. bis zum 2. Jahrhundert vor Christus nach dem Vorbild des in der Antike sehr bekannten Theaters von Dodona (in der Nähe von Ioannina, im heutigen Nordgriechenland) gebaut. Auf den Sitzreihen aus behauenen Steinen, die sich am Hang des Hügels emporziehen, fanden mehr als 2000 Personen Platz. Die vorderen Sitzreihen waren hohen Würdenträgern vorbehalten. Sie sind noch an den besonderen Dekorationen zu erkennen, die in den Stein gemeißelt wurden. Den Bühnenhintergrund bildete eine hohe Wand mit Nischen für Skulpturen. Das Theater wurde bis ins 4. Jahrhundert unserer Zeitrechnung hinein genutzt, bis das Christentum offiziell eingeführt wurde. Bis heute finden in dieser wunderschönen Kulisse Konzerte und Theatervorstellungen statt. Bei der Stadtverwaltung von Sarandë können Sie sich nach dem Programm erkundigen.

Während der Ausgrabungszeiten am Theater wurde unter anderem die bekannte Marmorskulptur der Göttin von Butrint entdeckt. König Zogu hatte dieses Kunstwerk Mussolini geschenkt, und erst viele Jahre nach dem Zweiten Weltkrieg wurde die Büste an Albanien zurückgegeben. Das Original befindet sich im Nationalhistorischen Museum in Tirana.

Vor dem Theater befinden sich Überreste einer Thermalanlage aus der Römerzeit, die in verschiedene Räume unterteilt war: das Apodyterium (Umkleideraum), das Tepidarium (ein Raum mit mäßig warmer Luft), das Caldarium (ein Raum zum Aufwärmen), das Laconicum (Schwitzraum) und das Frigidarium (ein Raum zum Abkühlen). Das Thermalbad wurde mit einer Fußbodenheizung erwärmt, deren Rekonstruktion vom Weg aus zu sehen ist. In einem der Räume wurde ein Bodenmosaik aufgedeckt, das leider nicht besichtigt werden kann. Um es vor Witterungseinflüssen zu schützen, wird es immer mit Sand bedeckt.

An der östlichen Seite des Theaters schließen sich die Grundmauern eines Atrium-Hauses an – eines der typischen Wohnhäuser aus der Römerzeit, die um einen Innenhof herum (oft mit Säulengängen) konstruiert waren.

Ebenfalls an der östlichen Seite des Theaters sind die Überreste der Stoa aus der hellenistischen Periode zu sehen. Diese Gebäude wurden optisch sehr einfach

Die Ausgrabungsstätte von Apollonia; Feuersalamander
In Sarandë; Am Koman-Stausee

gehalten. Sie dienten Kranken und Bettlern ebenso als Unterkunft wie Pilgern, die zum Tempel des Asklepius kamen. Innerhalb der Stoa befindet sich ein alter Brunnen aus der Römerzeit. Die Seile, mit denen die gefüllten Wassereimer hochgezogen wurden, haben tiefe Spuren an den Innenwänden des Brunnens hinterlassen. Dies verdeutlicht, daß hier bis spät in die Antike Wasser geschöpft wurde. Jenseits des Heiligen Brunnens wurden Überreste einer Tempelanlage aus römischer Zeit und mehrere kleine Skulpturen gefunden. Eine Inschrift in lateinischer Sprache läßt die Vermutung zu, daß dieser Tempel der römischen Göttin der Weisheit, Minerva, geweiht war. Oberhalb des Theaters sind noch Überreste einer byzantinischen Basilika zu sehen. An einer der Wände erkennt man Freskenmalereien, die durch eine Holzverschalung vor Witterungseinflüssen geschützt werden.

An der linken Seite, auf dem Wege zum Baptisterium, springen dem Besucher Ruinen ins Auge, die zu einem riesigen Gebäude gehört haben. Es handelt sich um das im 2. Jahrhundert unserer Zeitrechnung gebaute Gymnasium, also die Sporthalle. Mitten im Raum steht eine kaum einen Meter tiefe Brunnenanlage, die wahrscheinlich als eine Art Frigidarium (Dusche) genutzt wurde.

In Butrint

Wenn Sie hinter den Thermalanlagen rechts abbiegen, erreichen Sie nach einigen Metern die Überreste einer antiken Wohnanlage. Es wird vermutet, daß die Grundmauern zu diesem Wohnhaus im 5. Jahrhundert unserer Zeitrechnung errichtet wurden. Es soll sich um eine Art Palast gehandelt haben, der sich über eine Gesamtfläche von ungefähr 3000 Quadratmetern erstreckte.

Wenn Sie sich wieder auf den Hauptweg begeben, sehen Sie an der linken Seite Überreste des Baptisteriums, einer Taufkapelle, die im 6. Jahrhundert begonnen und im 11. Jahrhundert weiter ausgebaut wurde. Diese Taufkapelle ist die größte auf dem ganzen Balkan. Nur die Taufkapelle der Hagia Sophia in Istanbul ist größer. Der Hauptraum ist rund, das Taufbecken in der Mitte von zwei Reihen mit je acht Granitsäulen umgeben. Diese sollen eine Kuppel abgestützt haben. Der

Boden ist mit Mosaiksteinen ausgelegt, die sieben konzentrischen Kreise bilden auf dem Mosaikboden in warmen Rottönen wunderschöne Pflanzen- und Tiermotive. Leider müssen auch diese Mosaikböden vor Witterungseinflüssen geschützt und mit Sand abgedeckt werden, so daß die Besucher sich mit Abbildungen zufrieden geben müssen. Das Wasser im Taufbecken wurde mit einer Fußbodenheizung

Unterhalb der Akropolis

erhitzt. Teile davon sind noch neben der Quelle zu sehen, von der aus das Taufwasser ins Becken geleitet wurde.

Nördlich der Taufkapelle, etwas abseits vom Weg, sind Reste einer ehemaligen Stadtmauer zu erkennen. Einige dieser Steinquader tragen Inschriften. Man vermutet, daß diese Blöcke aus sehr alten Gebäuden herausgelöst wurden, um einen Turm zu bauen. Bei den Inschriften handelt es sich um alte Dokumente, wahrscheinlich Dekrete, die von der Stadtverwaltung verordnet und auf diese Weise der Bevölkerung mitgeteilt wurden.

In der Nähe der Taufkapelle ist ein Wasserbecken beachtenswert, das in der Antike ein Brunnenheiligtum darstellte – ein sogenanntes Nymphäum, das den Nymphen geweiht war. Ein Aquädukt, das von den Römern erbaut wurde, um

Butrint mit Wasser zu versorgen, leitete Wasser in eine Art Tank, der hinter dem Nymphäum angebracht war. Aus verschiedenen Nischen, die mit Statuen geschmückt waren, rann das Wasser in das geweihte Becken.

Nicht zu übersehen sind dahinter die Überreste einer sehr eindrucksvollen Basilika aus der Zeit des Kaisers Justinian (6. Jahrhundert). In der Nähe der Basilika sind noch die Reste einer Mauer zu sehen, die die Akropolis schützte. Von den sechs Toren der Mauer sind noch drei übriggeblieben, von denen das interessanteste das Löwentor sein dürfte. Am Torbogen ist ein Relief angebracht, das den Kampf eines Löwen mit einem Stier darstellt.

Sehr interessant ist die erdbebensichere Bauweise der Mauern: Man fügte zwei Reihen großer Steinblöcke ohne Mörtel zusammen. In die Zwischenräume verteilte man kleinere Steine, die die Erdstöße besser abfangen sollten, als es fester Mörtel vermocht hätte. Butrint liegt in einer Erdbebenzone und wurde im Laufe der Jahrhunderte öfter von starken Beben heimgesucht. Da einige Mauerreste dennoch erhalten geblieben sind, darf man vermuten, daß diese Technik tatsächlich funktionierte.

Bevor Sie den Hügel zur Akropolis durch das Löwentor hinaufsteigen, können Sie eine Rast am wunderschönen See von Butrint machen. Es gibt einen idyllischen Platz mit einer rustikalen Holzbank und einem wackeligen Tisch dicht am Seeufer. Auf einem ebenso rustikalen Wegweiser aus Holz kann man mit einiger Mühe eine Aufschrift in englischer Sprache entziffern: Picnic.

Steigen Sie nun durch das Löwentor den Hügel hinauf zur Akropolis. Auf halbem Weg ist ein schöner Brunnen geschickt in den Felsen eingehauen. Oben auf dem Hügel befand sich in der Antike die Akropolis von Butrint. Die Festung ist neueren Datums. Die italienischen Archäologen errichteten sie in den 30er Jahren des vorigen Jahrhunderts und benutzten sie als Hauptquartier. Hier sind noch keine wesentlichen Ausgrabungen vorgenommen worden, doch der Blick auf den Butrint-See und auf den Vivar-Kanal, der den See mit dem Ionischen Meer verbindet, lohnt den Aufstieg. Von einem anderen Aussichtspunkt der Akropolis aus ist die Dreiecks-Festung zu sehen, die zu Beginn des 16. Jahrhunderts gebaut wurde. Die Kanonen aus der Zeit der Herrschaft von Venedig sind bedrohlich auf die Straße von Korfu gerichtet, die von hier aus gut beobachtet werden konnte.

An der Westseite der Akropolis führt eine Treppe wieder zum Hauptausgang. Von der Treppe aus können Sie noch einen letzten Blick auf das Zentrum der Ausgrabungsstätte mit den Gebäuden der Agora und dem Theater werfen.

Auf der Akropolis ist ein sehenswertes Museum eingerichtet worden. Bitten Sie beim Pförtner am Eingang der Anlage um eine Führung in englischer Sprache. Professor Neritan Ceka hat auch eine kleine Broschüre mit dem Titel ›Butrint: A Guide to the City and its Monuments‹ veröffentlicht. Butrint ist inzwischen zum Nationalpark erklärt worden (www.butrinti.org).

Die Albanische Riviera

Von Sarandë bis nach Vlorë erstreckt sich die Küstenlandschaft der Albanischen Riviera. Nicht ohne Grund wurde sie wegen ihrer wilden Schönheit mit der französischen Riviera verglichen. Die Berge des Mal i Çikës und des Mal i Lungarë ragen unmittelbar hinter einem schmalen Küstenstreifen schroff in die Höhe. Tief unten schimmert das tiefblaue Wasser des Ionischen Meeres im Sonnenlicht, lange weiße Strände, fast noch unberührt vom Tourismus, ziehen sich am Wasser entlang. Das Ionische Meer ist (im Gegensatz zum Adriatischen Meer) sehr tief. An den tiefsten Stellen wurden fast 5000 Meter gemessen, während das Adriatische Meer zwischen Shëngjin bei Lezhë und Bari in Italien nur bis zu etwa 1600 Meter Tiefe mißt.

Die steil zum Meer abfallenden Hänge sind von Zitronen- und Orangenbäumen oder auch von Olivenplantagen bedeckt. Im Frühjahr leuchtet blühender Ginster durch die Macchien, die immergrünen Hartlaubgewächse, die charakteristisch für die Mittelmeervegetation sind. Das kristallklare Blau des Meeres, das Weiß der Strände, das Gelb des blühenden Ginsters und das Graublau der schroffen Bergkuppen bilden wunderschöne Kontraste.

Glücklicherweise ist diese Küste bisher vom Massentourismus verschont geblieben. In der Zeit des Kommunismus dauerte die Reise von Sarandë bis Vlorë wegen der schlechten Straßenverhältnisse einen ganzen Tag. Heute ist die Straße teilweise ausgebaut. Heute ist die Straße zum größten Teil sehr gut ausgebaut. Doch zahlreiche Haarnadelkurven erfordern beim Fahren größte Konzentration.

Strand bei Porto Palermo

Der Süden

Hupen Sie vor jeder Kurve, doch verlassen Sie sich nicht darauf, daß alle entgegenkommenden Fahrzeuge ebenfalls hupen! Vom Llogara-Paß (etwa 1000 Meter
ü.d.M.) in die Tiefe zu sehen und das atemberaubende Panorama zu genießen
– ein Erlebnis, das man nicht so schnell vergessen wird.

Das mediterrane Klima mit fast 300 Sonnentagen im Jahr, geringen Nieder-
schlägen im Sommer und zwar feuchten, doch gemäßigten Temperaturen im
Winter machen diese Region zu einem idealen Gebiet für einen sanften Tourismus.
Es ist zu hoffen, daß die Schönheit dieses noch fast unberührten Küstenstreifens
nicht durch einen ungebremsten Bauboom und phantasielose Wohnblocks zerstört
und damit die Einzigartigkeit der Landschaft vernichtet wird.

Zur Zeit gibt es weder eine Eisenbahnverbindung noch einen Flughafen in
unmittelbarer Nähe. Von Vlorë aus fahren täglich Busse nach Sarandë. Der Busbahnhof in Vlorë befindet sich in der Nähe des Unabhängigkeitsdenkmals. Auch
in umgekehrter Richtung fährt täglich ein Bus gegen die Mittagszeit von Sarandë
ab nach Vlorë. Der Busbahnhof in Sarandë befindet sich im Stadtzentrum. Wegen
Bauarbeiten werden die Haltestellen manchmal verlegt. Erkundigen Sie sich einen
Tag vor der Abreise nach Zeit und Ort der Abfahrt! Die Fahrt kann im Sommer
sehr ermüdend sein. Nehmen Sie auf jeden Fall Trinkwasser mit, denn es wird
unterwegs nur einmal eine halbe Stunde Rast gemacht. Sollten Sie auf halber
Strecke, zum Beispiel in Himarë, einige Tage Rast einplanen, dann können Sie von
dort aus morgens um sechs Uhr einen Bus nach Vlorë nehmen. Achtung: Dieser
Bus fährt sehr pünktlich! Er kommt gegen 13 Uhr in Vlorë an.

Zwischen Sarandë und Himarë

Wenn Sie mit dem Bus oder auch mit einem Taxi die Straße in nördlicher Richtung
von Sarandë aus befahren, erreichen Sie nach etwa einer halben Stunde Fahrt den
kleinen Ort Niviçë-Bubar. Von dort aus können Sie den fast einsamen Strand in
der Bucht von Kakome (Gjiri i Kakomës) erreichen. In Sarandë kann man aber
auch ein Boot mieten, um hierhin zu gelangen. Erkundigen Sie sich am besten
im dortigen Hafen.

Während des Pyramidenskandals 1996/97 haben viele Menschen diesen
Landstrich verlassen, weil sie ihre gesamten Ersparnisse verloren hatten. Aus
diesem Grunde werden heute leider viele Olivenplantagen nicht mehr gepflegt,
die Oliven nicht geerntet. In der Zeit des Kommunismus wurden hier viele Plantagen terrassenförmig angelegt. Das Olivenöl aus dieser Gegend soll besonders
gut gewesen sein. Der Ort Lukovë war in der Zeit des Kommunismus als das
›Jugenddorf‹ bekannt, weil einmal jährlich Studenten hierher kamen, um in den
Plantagen einen Monat lang ihr ›freiwilliges‹ Arbeitspensum abzuleisten. Heute

Porto Palermo mit der von Ali Pasha errichteten Festung

Der Süden

haben einzelne Bauern wieder Ölpressen installiert und verkaufen ihr Öl oft am Straßenrand.

Der nächste größere Ort nach Lukovë ist Piqeras, danach erreichen Sie das Dorf Borsh. Von den höchsten Punkten der Straße aus können Sie einige unbewohnte Inseln im Meer erkennen, die nordwestlich von Korfu liegen. Die Inseln gehören zu Griechenland. Das Dorf Borsh zieht sich an einem Abhang entlang. Es gibt hier viele Quellen mit klarem Wasser. Das Meer ist recht tief. Nur geübte Schwimmer sollten sich weit hinaus wagen. Einzelne Familien bieten hier preiswerte Ferienwohnungen an.

Das Dorf liegt hoch auf einem Felsen, am Rande einer Schlucht. Den Namen verdankt das Dorf den dunklen Zypressen, die auch auf Korfu anzutreffen sind (griech. Kyparassia: Zypresse). Viele Ortsnamen in dieser Gegend lassen sich aus dem Griechischen ableiten.

Auf halben Wege zwischen Qeparo und Himarë liegt die malerische Bucht von Porto Palermo, der Gjiri i Palermos (antiker Name: Panormon). Wegen der besonders geschützten Lage befindet sich hier seit dem Mittelalter ein kleiner Hafen. Ali Pasha Tepelene errichtete hier zu Beginn des 19. Jahrhunderts eine Festung, die bis heute recht gut erhalten ist. Über einen Damm kann man die Festung zu Fuß erreichen. Sie wird nicht bewacht, der Eintritt ist daher frei. Die Festung gehört zu jenen Kulturdenkmälern Albaniens, das etwas mehr Aufmerksamkeit von Seiten der Regierung und der Bevölkerung verdient hätte.

An der Küste bei Himarë

In der Zeit des Kommunismus gab es hier eine U-Boot-Station. Von der Straße aus kann man den Tunnel sehen, der in den Felsen hineingehauen wurde. Hier wurden die U-Boote angedockt. Sie waren im Tunnel für jeden potentiellen Gegner unsichtbar. Als Enver Hoxha die diplomatischen Beziehungen zur Sowjetunion abbrach, wurden die hier stationierten sowjetischen U-Boote versenkt.

Wenn Sie nach einer Pause Porto Palermo verlassen, erreichen Sie in weniger als einer halben Stunde Himarë (griech. Cheimarra: Wildbach). Der Ort mit seinen etwa 5000 Einwohnern zieht sich an einem Steilhang empor. Oben am Hang sind noch die Ruinen der illyrischen Festung Chimera zu sehen. In diesem Gebiet wurden seit der Antike viele Kämpfe ausgetragen. Philipp von Makedonien griff Himarë 214 vor Christus an, die Römer eroberten den Ort 167 vor Christus, und im 10. Jahrhundert unserer Zeitrechnung fielen die Bulgaren in das Gebiet ein. Im Mittelalter war Himarë ein religiöses Zentrum. Der Ort hatte nicht weniger als 62 Kirchen, von denen die Kirche des Hagios Sergios (alb. Shën Sergjit) bis heute erhalten ist. Im 16. Jahrhundert wurde Himarë von den Türken erobert, jedoch 1570 wieder befreit. Ali Pasha gliederte Himarë 1810 in das Pashalik von Ioannina ein. Lange Zeit war Himarë eine Hochburg der griechischen Orthodoxie. Bis heute sprechen viele Menschen hier Griechisch. Im Zweiten Weltkrieg kämpften in diesem Gebiet die Partisanen heldenhaft gegen die Invasion der Italiener und der Deutschen.

Bis vor wenigen Jahren war Himarë ein verlassener Ort. Auch von hier wanderten viele Menschen in der Zeit nach dem Kommunismus und während der unruhigen Jahre 1996/97 nach Griechenland aus. Heute gibt es hier einige Hotels und gute Restaurants, denn Himarë hat sich wegen seiner günstigen Lage am Meer und wegen des attraktiven Strandes zu einem kleinen Touristenort entwickelt, der den Einwohnern ein bescheidenes Einkommen sichert. Überall ist eine rege Bautätigkeit zu beobachten.

In der Bucht von Himarë gibt es einige Kiesstrände. Das Wasser ist kristallklar und sauber. Doch der Strand fällt schon nach einigen Metern steil ab, und oft herrscht recht starker Wellengang. Nur gute Schwimmer sollten sich daher weiter hinauswagen. Die Strände im Ort sind in der Saison recht belebt.

Der südlich von Himarë gelegene Potami-Strand ist nach den Quellen in der Nähe benannt, die Himarë mit Trinkwasser versorgen (griech. Potamos: Fluß). Er liegt etwas außerhalb des Ortes, ist jedoch bequem zu Fuß zu erreichen. Auch hier ist das Wasser in der kleinen Bucht kristallklar. Am Kiesstrand gibt es leider weder Liegestühle noch andere Möglichkeiten, sich am Strand auszustrecken, denn die Kiesel pieksen ganz schön. Oft herrscht auch hier ziemlich starker Wellengang.

Die Freizeitgestaltung in Himarë beschränkt sich auf die Bademöglichkeiten, Spaziergänge in der Umgebung und eventuelle Bootsfahrten. Da der Ort mehr und mehr von einheimischen Touristen besucht wird, werden die Freizeitmöglichkeiten aber, aller Wahrscheinlichkeit nach, in den nächsten Jahren verbessert werden.

In der Nähe von Himarë in nördlicher Richtung liegt das kleine Dorf Vuno (griech. Vouno: Berg). Im Zweiten Weltkrieg wurde dieses Dorf fast vollständig zerstört, doch in der Nachkriegszeit wieder aufgebaut.

Ein anderer attraktiver Badeort in Strandnähe ist Dhermi. Neben dem schönen Strand des Ortes ist die Marienkirche erwähnenswert. Sie gehörte zu einer Klosteranlage, die im Zweiten Weltkrieg zerstört wurde. Die Fresken stammen aus dem Mittelalter. Schon in der Zeit des Kommunismus diente der Ort den Arbeitern als Erholungsstätte. Einige Hotelbauten wurden seitdem erneuert. Am Nordweststrand befindet sich die gepflegte Holzhaussiedlung Drymades, in der Zwei- oder Vierbettzimmer gemietet werden können.

  Es gibt neben einigen Hotels günstige Privatunterkünfte. Meist sind die Häuser, die Privatunterkünfte anbieten, an der Straße gekennzeichnet.
► Hotel und Restaurant ›Joni‹, Tel. 069/22080 48, 21049 93. Das Hotel liegt direkt am Strand, alle Zimmer mit Meerblick, mäßiger Komfort, jedoch sehr freundlicher Service. Bei unruhiger See unruhiger Schlaf!

► Hotel ›Likoka‹, Tel. 0393/27 45, 068/226 36 08; DZ ohne Frühstück 2500 bis 3000 Lek, in der Hauptsaison (Juli/August) etwas teurer. Einige Zimmer mit Balkon und Meerblick. Das Restaurant hat frischen Fisch und italienische Menüs auf der Speisekarte, Halbpension möglich.
► Hotel ›Potami Beach‹, Tel. 0393/ 2511; DZ ohne Frühstück 2500 Lek. Modern eingerichtete Zimmer in

Der Süden

Strandnähe, sympathischer Familien-betrieb, Restaurant auf Terrasse mit Meerblick. ▶ In Dhermi: Hotel ›Dhermi‹,	Mobil 069/208 69 24 oder 068/224 68 05, modernes Hotel mit 14 Zimmern.

Llogara-Paß

Bevor Sie den berühmten Llogara-Paß erreichen, kommen Sie in das Dorf Palasë, das in einer geschützten Lage am Fuß des Cika-Gebirges (Mal i Çikës) liegt. Im Römischen Bürgerkrieg zwischen Cäsar und Pompeius war dieser Ort unter dem Namen Palasa bekannt. Hier landete Cäsar mit seinen Truppen, um den Gegner in der Provinz Illyricum anzugreifen.

Einige Kilometer hinter Palasë beginnt die Fahrt über den etwa 1000 Meter hohen Llogara-Paß. Die Paßstraße wurde inzwischen bis zum höchsten Gipfel, dem Athanasius, ausgebaut, erfordert jedoch immer noch gute Fahrkünste und ständige Konzentration. Der Naturschutzpark von Llogara ist ein beliebtes Ausflugsziel für Bergwanderer und Kletterer. Dichte Buchen- und Eichenwälder bedecken die unteren Hänge, in den höheren Lagen finden sich Kiefernwälder. Wie in den anderen Naturparks Albaniens, leben auch hier noch viele Wildtiere, wie Damwild, Füchse, Eichhörnchen, Wildschweine und Wölfe.

Da die Vielfalt der Flora und Fauna sowie die Ruhe und Abgeschiedenheit des Naturparks mehr und mehr Besucher anlockt, hat sich hier eine Ferienanlage angesiedelt. Sie liegt inmitten des Parks auf einer Höhe von etwa 800 Metern über dem Meeresspiegel. In einigen Holzhäusern werden Zweibettzimmer mit Dusche und WC angeboten. Einige Zimmer sind mit TV ausgestattet. An der Zufahrt zur Wohnanlage gibt es ein Restaurant mit einer Bar und einem Parkplatz. Von hier aus können Wanderungen zum Cäsar-Paß unternommen werden (von Palasa kommend, soll Cäsar seine Truppen hier über das Gebirge geführt haben). An der Küste, etwa 100 Meter weiter unten, befindet sich die Lepenica-Höhle. Schon in vorhistorischer Zeit haben hier Menschen gewohnt, was die Zeichnungen an den Höhlenwänden beweisen.

Sobald Sie den Llogara-Paß hinter sich gelassen haben, erreichen Sie das Dorf Dukat, im Tal des Flusses Dukat gelegen. Dieser mündet bei Orikum in die Adria. Hier etwa verläuft die Grenze von der Adria im Norden und dem Ionischen Meer im Süden. Die Straße verläuft parallel zur Halbinsel Karaburun, der größten Halbinsel Albaniens. Sie erstreckt sich mit einer Länge von 22 Kilometern und einer Breite von sechs Kilometern von Norden in westlicher Richtung und bildet auf diese Weise einen natürlichen Schutz für den Hafen von Vlorë.

Vlorë und Umgebung

Vlorë ist mit knapp 90 000 Einwohnern nach Durrës die zweitgrößte Hafenstadt Albaniens. Die Stadt ist nur 75 Kilometer von Italien entfern, und der Einfluß italienischer Kultur und Lebensweise ist unverkennbar.

Im März 1991 war Vlorë Schauplatz der turbulenten Ereignisse, die das Ende des Kommunismus in Albanien kennzeichneten. Junge Albaner hatten seinerzeit Schiffe im Hafen von Vlorë gekapert, mit denen mehr als 20 000 Albaner nach Italienern flüchteten und im Hafen von Brindisi anlegten. Die Bilder ausgehungerter, verzweifelter Menschen, die auf der Suche nach einem besseren Leben ihr Land verließen, gingen damals durch die Medien. Doch die Welt war mit dem Golfkrieg beschäftig, und so geriet das kleine Albanien bald wieder in Vergessenheit. Die meisten der geflüchteten Albaner wurden damals wieder repatriiert. Die Volkserhebungen nach dem Pyramidenskandal, die das ganze Land erschütterten, begannen in Vlorë.

Die geographische Lage der Stadt und die Nähe zu Süditalien waren vor einigen Jahren ein idealer Ausgangspunkt für mafiose Vereinigungen, die illegale Auswanderungen, Mädchenhandel und Drogen organisierten. Einige Jahre lang war die Stadt in der Hand bewaffneter Banden. Doch im Jahre 2002 machte die Regierung, unterstützt durch lokale Behörden, diesem Treiben ein Ende. Heute gilt Vlorë als sicher.

In der Bucht von Vlorë verläuft die Trennungslinie zwischen dem Adriatischen und dem Ionischen Meer.

Der Süden

An der Strandpromenade von Vlorë

Anreise

Von Italien aus erreichen Sie Vlorë mit Skenderbeg Lines. Die Fähren legen in Brindisi gegen 22 Uhr ab und erreichen Vlorë am nächsten Morgen gegen 7 Uhr. Die Überfahrt ohne Kabine kostet mit Skanderbeg-Lines etwa zwischen 30 und 40 Euro (die Preise variieren, je nach Saison).

Reservierungen für Skenderbeg Lines: Brindisi/Italien, Corso Garibaldi 100, Tel. 08 31/52 54 48, Fax 08 31/56 26 22.

Die Überfahrt läßt sich leider nicht über deutsche Reisebüros buchen. Im Internet kann man per E-Mail vorbestellen: www.skenderbeglines.com (auch englisch). Versuchen Sie es per Telefon, falls Sie Italienisch-Kenntnisse haben.

Die Reiseagentur Colombo in Vlorë erteilt detaillierte Information über Preise und Abfahrtszeiten der Fähren und verkauft Tickets, Tel. 033/235 78, 033/276 59, colombo@icc-al.org.

Von Tirana oder Durrës aus verkehren täglich (im Abstand von etwa drei Stunden) Busse nach Vlorë. Die Busse fahren in Tirana am Busbahnhof in der Nähe der Rruga e Kavajës ab. Auch Minibusse fahren nach Vlorë, Abfahrt ebenfalls in der Nähe des Busbahnhofs. Die Fahrt dauert, je nach der Verkehrssituation in Tirana, drei bis vier Stunden.

Von Sarandë aus fahren ebenfalls Busse und Minibusse nach Vlorë. Die Busse fahren recht früh morgens ab, die Minibusse etwas später. Auch Berat und Elbasan sind mit Vlorë durch öffentlichen Busverkehr verbunden. Der Busbahnhof in Vlorë befindet sich in der Nähe des Unabhängigkeitsdenkmals.

Mit dem Zug erreicht man Vlorë von Tirana aus in etwa 5 Stunden (über Durrës). Abfahrt in Tirana um 6.30 und 14.55 Uhr, Abfahrt in Vlorë um 5.50 und 11.55 Uhr.

Stadtbusse sind sehr preisgünstig. Sie verkehren in regelmäßigen Abständen zwischen dem Stadtzentrum und Uji i Ftohtë (benannt nach den ›Quellen klaren Wassers‹ in der Nähe). Ein Schaffner sammelt im Bus den Fahrpreis von etwa 20 Lek ein. Die Busse sind in der Regel sehr voll.

Geschichte

Wie viele Städte in Albanien, hat auch Vlorë eine sehr wechselvolle Geschichte. Aulon, wie die Stadt in der Antike genannt wurde, war bekannt für Salzgewinnung, Olivenplantagen und Weinanbau, aber auch verrufen wegen Laster und Korruption, die unter der Oberschicht seiner Einwohner verbreitet waren.

Nach der Teilung des Römischen Reiches in Ost- und Westrom (395 n. Chr.) erlebte die Stadt einen wirtschaftlichen Aufschwung, der jedoch einige Jahrhunderte später durch die Slaweneinfälle in der ehemaligen römischen Provinz Illyricum wieder zunichte gemacht wurde.

Unter der byzantinischen Herrschaft wurde Valona, wie es inzwischen genannt wurde, zum Bischofssitz erklärt. Obwohl sich im Mittelalter viele Herrscher in der Stadt abwechselten – Normannen, Venezianer, Staufer und Griechen –, erlebte Valona in dieser Zeit erneut eine wirtschaftliche Blütezeit. Auch die Türkenherrschaft, die in Valona im Jahre 1418 begann, konnte die rege Handelstätigkeit nicht einschränken. Die Waffenschmiede und Seidenwebereien aus Valona waren in vielen Ländern Südosteuropas bekannt. Ali Pasha Tepelene machte Valona 1812 zu einem Teil seines Pashaliks Ioannina.

In der Neuzeit erhielt Vlorë historische Bedeutung, als am 28. November 1912 hier die Unabhängigkeit Albaniens erklärt und die rote Fahne Skanderbegs mit dem schwarzen, doppelköpfigen Adler gehißt wurde. Die erste freie Regierung Albaniens unter Ismail Qemali erklärte Vlorë zur Hauptstadt des Landes.

Wie wir aus der Geschichte wissen, entbehrte diese Regierung, obwohl sie mit großem Enthusiasmus verkündet wurde, jeder soliden Grundlage. Daher ist es nicht verwunderlich, daß schon 1914, bei Beginn des Ersten Weltkrieges, die Italiener sich der Stadt bemächtigten. Erst 1920 gelang es einer Schar mutiger Freiwilliger, die Italiener wieder zu vertreiben. Unruhig wie die Geschichte des ganzen Landes verlief auch die Geschichte der Stadt. Die Italiener besetzten Vlorë erneut 1939, danach folgte eine Zeit deutscher Besatzung. Am 15. Oktober 1944 schließlich wurde Vlorë endgültig durch die Partisanen befreit.

Sehenswürdigkeiten

Das moderne Vlorë unterscheidet sich kaum von italienischen Städten. Ein breiter, mit Palmen bestandener Boulevard führt von Uji i Ftohtë am Strand entlang bis zum Hafen. An der rechten Seite, schon in Hafennähe, befindet sich in einem modernen, weißen Gebäude, etwas abseits von der Straße gelegen, eine Schule, die Marineoffiziere ausbildet. Der breite Sandstrand ist im Sommer sehr belebt, obwohl das Wasser durch die Nähe des Hafens hier nicht so sauber und kristallklar ist wie an anderen Orten.

Am Hafen biegt der Boulevard rechts ab und führt ins Stadtzentrum. Hier befinden sich moderne Hochhäuser, Cafés, Restaurants und Bankgebäude. Im Juli 2005 wurden bei einigen Banken Geldautomaten angebracht. Aufgeregte Menschenschlangen drängelten sich damals um dieses Wunder der Technik und begleiteten jeden Geldauswurf mit fröhlichem Gelächter und Ausrufen des Erstaunens.

In der Nähe des Theaters stoßen Sie auf eine Statue Ismail Qemalis. Etwas weiter, in dem kleinen Park an der Straße mit dem schönen Namen ›Park der

Der Süden

Hoffnung‹, erinnert eine Büste an Marigo Posio – eine Albanerin, die sich sehr in der Unabhängigkeitsbewegung engagierte. Marigo Posio stammte aus Korçë. Wegen ihres politischen Engagements wurden sie und ihr Ehemann von den osmanischen Behörden bedroht. Um den Verfolgungen zu entgehen, flohen sie gemeinsam nach Vlorë und setzten hier ihren Kampf fort. Unter dem Vorwand, Handarbeitsunterricht zu erteilen, unterrichtete sie heimlich die albanische Sprache. Den Beweis ihres handwerklichen Geschicks lieferte sie mit dem schwarzen,

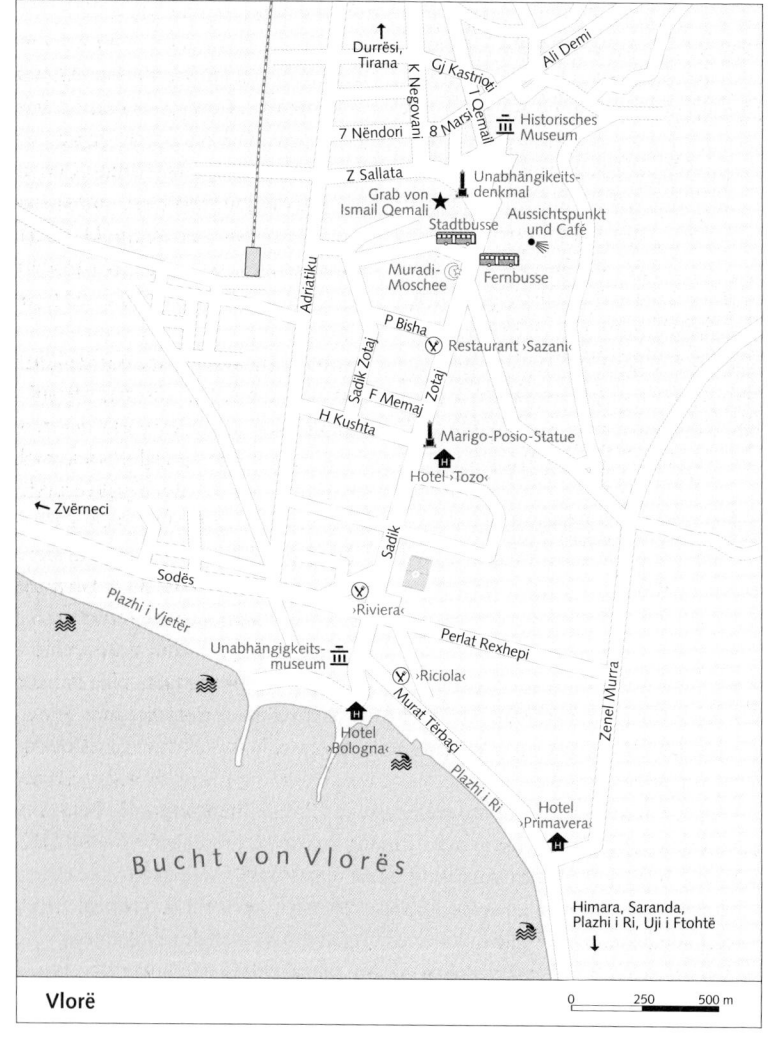

Vlorë

doppelköpfigen Adler, den sie auf die rote Flagge Skanderbegs stickte, die anläßlich der Unabhängigkeitserklärung gehißt wurde. Ein Gemälde dieser Stickerei ist im Treppenhaus des Unabhängigkeitsdenkmals zu sehen. Die Originalflagge, die an die Söhne Qemalis weitergegeben wurde, ist leider unauffindbar. Marigo Posi starb 1932. Sie ist auf dem idyllischen Friedhof auf der Insel Zvërneci begraben, inmitten anderer albanischer Volkshelden.

Am Ende des Boulevards, gegenüber vom Busbahnhof, ist für die Nachwelt die kleine, aber feine Muradi-Moschee erhalten geblieben. Sie soll im 16. Jahrhundert von dem damals sehr bekannten albanischem Baumeister Mimar Sinan Hoxha (1491–1587) im Auftrag des Sultans Sulejman entworfen worden sein. Während der Atheismus-Kampagne wurde die Moschee zu einem Architekturmuseum umfunktioniert. Ein schlankes Minarett aus behauenem Stein ist ebenfalls noch recht gut erhalten.

Die Muradi-Moschee aus dem 16. Jahrhundert

Nur einige Schritte von der Moschee entfernt stoßen Sie auf den Sheshi i Flamurit (den Flaggenplatz) mit dem berühmten Unabhängigkeitsdenkmal. Gleich nach der Unabhängigkeitserklärung, im Dezember 1912, wurde Vlorë heftig von den Griechen attackiert. Dabei wurde das Gebäude, auf dem die Flagge Skanderbegs gehißt worden war, stark beschädigt. Später wurde es vollkommen abgerissen, und auf dem freien Platz wurde das Unabhängigkeitsdenkmal errichtet. Auf einem steinernen Sockel erinnern die Bronzestatuen an bekannte Männer der Unabhängigkeitsbewegung, wie Ismail Qemal und Isa Boletini. Über allen ragt die Figur des Bannerträgers mit der Flagge in der Hand. Das etwas klobige, doch recht eindrucksvolle Denkmal, das mehrere albanische Bildhauer der sozialistischen Epoche schufen, wurde 1972, am 60. Jahrestag der Unabhängigkeitserklärung, enthüllt.

Ismail Qemali hat seine letzte Ruhestätte im kleinen Park hinter dem Unabhängigkeitsdenkmal gefunden.

Gleich gegenüber dem Unabhängigkeitsdenkmal (nicht besonders gut gekennzeichnet) können Sie einen Blick ins Historische Museum von Vlorë werfen. Es

Der Süden

verfügt zwar über offizielle Öffnungszeiten, doch wie in vielen Museen Albaniens, werden diese auch in diesem Fall nicht unbedingt eingehalten. Wenn Sie sich in der Nähe des Museums nach dem Museumswart erkundigen, wird man Ihnen freundlich öffnen und Sie herumführen. Im Jahre 2005 gab es leider keine kompetente Führung in englischer oder französischer Sprache. In der Zeit des Kommunismus war in dem Gebäude eine Art Kriegmuseum untergebracht (Muzeu i Luftës). Vielen Einwohnern ist noch diese Bezeichnung geläufig. Ursprünglich diente das Gebäude der Stadtverwaltung. Im Erdgeschoß werden Fundstücke aus dem Neolithikum und aus der Bronzezeit ausgestellt. In einem anderen Raum befinden sich einige schöne Stelen (Grabsteine) aus der Zeit der römischen Besatzung. Das interessanteste Ausstellungsstück ist wohl ein Mechanismus, den einige pfiffige Vloraner ausgetüftelt haben. In den 80er Jahren des 20. Jahrhunderts wurde Albanien bekanntlich total von der Außenwelt isoliert. Radio- und Fernsehsendungen aus dem Ausland zu empfangen, wurde strengstens bestraft. Normalerweise war das italienische Fernsehen an der Küste und in Vlorë sehr gut zu empfangen. Die Vlorëner erfanden also diese Vorrichtung, die im Fernsehen installiert wurde und die Blockade durchbrechen konnte, ohne daß die Behörden davon in Kenntnis gesetzt wurden.

Gleich hinter dem Busbahnhof erhebt sich ein kleiner Felsenhügel, auf dem sich früher ein Derwisch-Kloster befand. Heute lädt hier ein hübsches Restaurant zum Ausruhen ein. Von dem Hügel aus haben Sie einen sehr schönen Rundblick über die Stadt und über die Bucht von Vlorë.

In Hafennähe, am Ende des Boulevards Sadik Zotaj, ist heute in dem Gebäude, in dem die erste Regierung Albaniens arbeitete, das Unabhängigkeitsmuseum untergebracht. Fast alle Räume sind so belassen, wie sie von der ersten albanischen Regierung benutzt wurden. Ismail Qemalis Schreibtisch mit seinem Stuhl, seinem Bücherregal und einigen Dekorationsgegenständen ist bis heute erhalten. Dies gilt auch für eine interessante Muschel mit der Gravur einer Frau, die einen Adler mit ihrer Milch füttert. In dem Raum, in dem das Kabinett tagte, sind noch die Federn und Siegel zu sehen, mit denen Dokumente unterzeichnet oder versiegelt wurden. An den Wänden hängen Fotografien der verschiedenen Minister dieser ersten Regierung. In anderen Räumen sind Karten Albaniens mit den verschiedenen Festsetzungen der Grenzen und Reproduktionen von Regierungserlassen und Dokumenten zu sehen. Das Museum ist vormittags von 9 bis 12 Uhr und nachmittags von 17 bis 20 Uhr geöffnet. Der seit 2007 amtierende Direktor des Museums spricht ein gebrochenes, doch verständliches Englisch. Wenn er nicht im Museum ist, sitzt er ganz sicher in einem der umliegenden Cafés.

Gleich hinter den Hafenanlagen beginnen die langen Sandstrände von Vlorë. Doch aufgrund der Hafennähe ist das Wasser hier nicht sehr sauber. In Plazhi i Ri (Neuer Strand), südlich des Hafens, ist das Wasser dagegen kristallklar, und der Strand wird täglich gesäubert.

In Uji i Ftohtë, südlich des Zentrums, gibt es Kiesstrände, klares Wasser und gute Restaurants, in denen preiswerte Gerichte mit frischem Fisch angeboten werden. In der Zeit des Kommunismus war dieser Strand hohen Parteifunktionären vorbehalten, die sich hier luxuriöse Villen bauten. Enver Hoxha ließ sich hier eine Villa errichten, die aber während der Unruhen 1997 niedergebrannt wurde.

In nordwestlicher Richtung vom Hafen befindet sich der Alte Strand (Plazhi i Vjetër), noch etwas weiter ein sehr schöner langer Sandstrand mit Kiefern- und Föhrenwäldern (in der Nähe der Narta-Lagune). Das Meer ist hier sehr sauber und klar. Die salzhaltige Lagune von Narta erstreckt sich über eine Fläche von mehr als 30 Quadratkilometern. Seit dem Mittelalter wurde hier Salz gewonnen und auch in andere Länder Südosteuropas exportiert. In der Antike befand sich hier eine Siedlung, die unter dem Namen Arta bekannt war.

Am Ende der Straße erreichen Sie die Insel Zvërneci, auf der sich eine Kirche aus dem 14. Jahrhundert befindet. Sie erreichen die Insel über eine hölzerne Brücke. Bis 1966 lebten hier in einem Kloster orthodoxe Mönche. Während der Atheismus-Kampagne wurden kostbare Schätze des Klosters zerstört, und die Mönchen wanderten aus. Die Kirche ist jedoch erhalten geblieben.

In südlicher Richtung von Vlorë liegt die größte Halbinsel Albaniens, Karaburun. Sie ist mit dem Schiff zu erreichen. Hier gibt es mehrere schöne, einsame Strände und einige interessante Höhlen, die in früheren Zeiten Piraten als Unterschlupf dienten. In einigen Höhlen sind noch Inschriften und Zeichnungen von Seefahrern zu sehen. In dem Ort Orikum bei Vlorë gibt es Boote, die Sie zur Insel bringen. Nehmen Sie Proviant, vor allem Wasser, mit. Sollten Sie die Fahrt auf die Insel mit dem Auto planen, nehmen Sie auf jeden Fall ein Fahrzeug mit Allradantrieb, denn die Straße ist sehr schlecht. Es lohnt sich jedoch, die 2500 Jahre alte Pashaliman-Marinebasis zu besichtigen, denn hier soll Cäsar zum ersten Mal nach seiner Landung in der Provinz Illyricum seinen Gegner Pompeius angegriffen haben.

In der Bucht von Vlorë, knappe zehn Kilometer von der Küste entfernt, liegt die kleine Insel Sazan. Wegen der günstigen geographischen Lage war sie im Laufe der Geschichte immer ein begehrter Flottenstützpunkt. Lange Zeit gehörte sie zu Venedig oder war unter osmanischer Oberhoheit. Zu Beginn des 19. Jahrhundert meldete Großbritannien Eigentumsansprüche an, 1864 fiel die Insel an Griechenland, und im Ersten Weltkrieg wurde Sazan von den Deutschen besetzt. Im Oktober 1944 befreiten die Partisanen die Insel. Bis zum Bruch Albaniens mit der Sowjetunion diente sie den Russen als Flottenstützpunkt, doch danach wurden die Russen gezwungen, die Insel zu verlassen. Heute gibt es Pläne, die hier befindlichen Militärgebäude für touristische Zwecke umzugestalten.

Etwas abgelegen von der Hauptstraße, in südöstlicher Richtung von Vlorë, liegt Kaninë. Bei diesem Dorf handelt es sich um eine sehr alte Siedlung, deren Anfänge bis ins 4. Jahrhundert vor Christus reichen, als Kaninë eine bedeutende Festung

Der Süden

war. Die Ruinen der Festung sind auf einem Hügel in Dorfnähe zu sehen. Kaninë hatte nach dem Niedergang Apollonias eine wichtige strategische Bedeutung.

An der Straße zum Llogara-Paß liegt der historische Ort Orikumi. Er wurde im 6. Jahrhundert von griechischen Siedlern gegründet, die von der Insel Euböa gekommen waren. Die geographische Position am Fuße des Gebirges und in Meeresnähe bildete einen natürlichen Hafen, der während zahlreicher kriegerischer Ereignisse in dieser Gegend als Militärbasis genutzt wurde. Später wurde Orikumi eine friedliche Siedlung. Von dem Theater und der Akropolis aus dem 1. Jahrhundert vor Christus sind noch einige Überreste zu sehen. Bis heute wird die günstige geographische Position des Ortes für militärische Zwecke genutzt. In der Nähe befindet sich ein Stützpunkt der NATO. Der weitläufige Strand mit seinen feinen Kieselsteinen ist sehr beliebt bei den Einheimischen. Am Straßenrand haben sich einige Restaurants angesiedelt. In dem kleinen Dorf Tragjas, etwas abseits von der Hauptstraße, kann im ›Grand Hotel‹, das bei den Einheimischen einen guten Ruf genießt, übernachtet werden.

 Vorwahl: 003 55/(0)33. Die Reiseagentur Colombo in Vlorë verkauft nicht nur Fährtickets, sondern organisiert auch Ausflüge in die Umgebung, Tel. 235 78 und 276 59, colombo@icc-al.org.

 Vlorë bietet sehr viele Übernachtungsmöglichkeiten. Die meisten Hotels liegen in Hafen- oder Strandnähe. In der mittleren Preisklasse kostet ein Zimmer zwischen 20 und 30 Euro pro Nacht. Hier seien nur einige genannt:

▶ Hotel ›Tozo‹, Tel. 254 50; DZ mit Frühstück etwa 2500 Lek. Etwas abseits vom Boulevard, nahe des ›Parks der Hoffnung‹ gelegen. Alle Räume mit Bad, Klimaanlage, TV, Telefon, einige Zimmer mit Balkon.

▶ Hotel ›Bologna‹, Tel. 243 52 oder 249 51; DZ etwa 30 Euro. Direkt am Hafen gelegen, schöner Blick auf die Bucht von Vlorë. Alle Zimmer mit Bad oder Dusche, Klimaanlage, Fernsehen und Balkon. Gutes Restaurant und Bar.

▶ Hotel ›Primavera‹, Tel. 236 49; DZ 25 Euro. In Plazhi i Ri, in der Nähe der Marineschule, etwas abseits von der Hauptstraße. Alle Zimmer mit Fernsehen, Telefon und Balkon.

▶ Hotel ›Diplomat‹, Tel. 229 58; DZ 3000 Lek. In Uji i Ftohtë, oben auf dem Hügel gelegene, alte Villa, die in der Zeit des Kommunismus den Funktionären vorbehalten war. Zimmer modernisiert, mit Bad, Ventilator, einige mit Balkon, mit schönem Ausblick aufs Meer. Restaurant auf der Terrasse, sehr beliebt bei Einheimischen, bis spät in die Nacht Diskomusik.

▶ Hotel ›Riviera‹, R. Nermim, Tel./Fax 2 42 98; DZ 25 bis 30 Euro. Zentral gelegener Neubau,

WC/Dusche, TV, Klimaanlage.

▶ In Orikumi: ›Paradise Beach‹, Rad-hime, Tel. 039/44 00 01 Mobil 069/ 20 95 15 4, hotelparadisebeach@ yahoo; DZ ab 30 Euro. Mit Dusche, TV, Klimaanlage, z.T. Meerblick.

 In fast allen Restaurants werden italienische Gerichte angeboten. Uji i Ftohtë ist bekannt für preiswerte und gute Restaurants, die verschiedene Fischgerichte anbie-ten.

▶ Das Restaurant ›Sazani‹ bietet auch preiswerte albanische Gerichte an, so etwa gegrilltes Fleisch, Kebab und Jogurtspeisen.

▶ Das Restaurant ›Ricola‹ in Strand-nähe von Plazhi i Ri hat neben Pizzen und Pasta-Gerichten köstliche Salat-variationen auf der Speisekarte.

Apollonia

»Urbs magna et gravis – eine große und bedeutende Stadt«. Das soll Cicero einmal über Apollonia gesagt haben, eine jener 30 Städte, die in der Antike dem griechischen Gott Apoll geweiht waren. In vorchristlicher Zeit war Apollonia eine bedeutende Hafenstadt an der Aoos, die hier in die Adria mündete. Bis zu 120 Schiffe sollen in diesem Hafen Platz gefunden haben. Im 3. Jahrhundert unserer Zeitrechnung erschütterte ein Erdbeben die Region. In dessen Folge ver-lagerte der Fluß Aoos (der heute Vjosa heißt) sein Bett zehn Kilometer weiter nach Süden. Ab diesem Zeitpunkt begann der allmähliche Verfall der Stadt, bis Vlorë im 6. Jahrhundert nach Christus wichtigstes Handelszentrum der Region wurde. Heute ist Apollonia nach Butrint die bedeutendste Ausgrabungsstätte Albaniens.

Die günstige geographische Position und das fruchtbare Umland hatten schon im 6. Jahrhundert vor Christus griechische Siedler aus Korinth angezogen, die das Gebiet von Korfu aus erreichten. Sie trieben Handel mit der dort ansässigen illyrischen Urbevölkerung, den Stämmen der Byllionen und der Parthiner. Schon bald entwickelte sich Apollonia zu einem der wichtigsten Zentren in der östli-chen Adria, das sowohl wirtschaftliche als auch kulturelle Verbindungen zu der griechischen Bevölkerung Siziliens und Süditaliens knüpfte. Die Stadt wurde zu einem Mittelpunkt klassischer Bildung, in der griechische Philosophen lehrten und griechische Architektur das Stadtbild bestimmte. Im 5. Jahrhundert vor Christus besaß Apollonia eine eigene Münzprägung, und die dort hergestellten Münzen fanden weite Verbreitung. Die römischen Söldner in den Anrainerstaa-ten der Donau wurden mit Münzen aus Apollonia bezahlt, da in diesem Gebiet römische Münzen nicht akzeptiert wurden. Der Bau der Via Egnatia, die einen ihrer Ausgangspunkte in Apollonia hatte, trug ebenfalls einen wesentlichen Teil zu der späteren wirtschaftlichen und kulturellen Entwicklung bei.

Der Süden

Im 2. Jahrhundert erreichte die Stadt ihre größte Ausdehnung von etwa 150 Hektar. Sie hatte damals ungefähr 60 000 Einwohner. Im römischen Bürgerkrieg zwischen Cäsar und Pompeius diente Apollonia ersterem als Stützpunkt für seine Truppen. Octavian, der spätere Kaiser Augustus, studierte zusammen mit seinem Freund Agrippa in Apollonia. Octavian befand sich in Apollonia, als er von der Ermordung Cäsars erfuhr. Die Stadt zog wegen ihrer schönen Lage und ihrer interessanten kulturellen Einrichtungen viele römische Siedler an.

Apollonia war auch in der Zeit der Besatzung durch die Römer eine freie Stadt, die ihre eigenen Lokalbehörden ernannte und gemäß einem Dekret des Kaisers Augustus keine Steuern an die Besatzungsmacht zu zahlen brauchte. Die wichtigste Sprache war auch in der Römerzeit Griechisch, nicht Latein.

Apollonia liegt zwölf Kilometer westlich von der Kleinstadt Fier, die Sie bequem mit Bussen von Durrës oder Vlorë aus erreichen können. Von Fier fahren Minibusse oder Taxis nach Apollonia.

Im Ersten Weltkrieg begannen Österreicher mit den Ausgrabungen in Apollonia. Sie deckten große Teile der fast vier Meter dicken Festungsmauern auf, die die Stadt auf einer Länge von fast fünf Kilometern umgaben. Gut sichtbar ist in diesen Mauerresten das Kanalsystem Apollonias. Da die Stadt terrassenförmig angelegt war, mußten die unteren Stadtteile durch entsprechende Abflußvorrichtungen vor Überflutungen geschützt werden. In bestimmten Abständen liefen daher unter der Stadtmauer Rohrleitungen entlang, die die Abwässer weiterleiteten. 1924 setzte ein französisches Archäologen-Team unter der Leitung Léon Reys die Arbeiten fort. In deren Verlauf wurden viele wichtige Gebäudeteile aufgedeckt.

Im Zentrum der Stadt befand sich eine treppenförmig angelegte Wand, vor der ein Altar zu erkennen ist. Bevor Besucher den Bereich des Tempels betraten, mußten sie ihre Opfergaben auf diesem Altar ablegen. Nahe beim Altar ist noch eine Säule zu erkennen, die Apoll geweiht war.

Die Tempelfassade, das heutige Wahrzeichen Apollonias, ist die Rekonstruktion eines Originals, das bei einem Erdbeben zerstört wurde. Dieser mit korinthischen Säulen verzierte Portikus (Tempelvorbau) gehörte zu dem im Stadtzentrum befindlichen Rathaus (bouleuterion) von Apollonia. Er wird auch ›Tempel der Agonoten‹ genannt. Seine Aufgabe bestand unter anderem darin, die in der Römerzeit so beliebten Kampfspiele mit Gladiatoren festzusetzen und die Gladiatoren zu benennen. Der Architrav (Giebelabschluß) über den sechs Säulen enthält den Namen des römischen Bauherrn, der den Bau finanzierte. Als das bouleuterion eingeweiht wurde, fanden Kämpfe mit 25 Gladiatorenpaaren statt.

Als Apollonia dem Römischen Reich angegliedert wurde, errichtete man zur Feier dieses Ereignisses gegenüber dem Rathaus eine Konzerthalle (Odeion). Es ist noch recht gut in seiner ursprünglichen Form erhalten. Man scheute damals keine Mühe, um den Kalkstein für das Bauwerk aus Steinbrüchen der 70 Kilometer entfernten Insel Karaburun (in der Nähe von Vlorë) heranzuschaffen. Für die damaligen Straßenverhältnisse war dies ein sicher noch viel beschwerlicherer Weg als heute!

Im Odeion wurden Konzerte veranstaltet, Reden gehalten oder philosophische Streitgespräche geführt. Neben dem Odeion sind noch die Reste einer ehemaligen Bibliothek zu erkennen.

Am Fuße der Akropolis erstreckt sich die fast 80 Meter lange und 12 Meter breite Stoa, eine um das Forum (griech. agora) herumgebaute Wandelhalle. Die ionischen Säulenkapitelle sind teilweise mit eingemeißelten Blumenmustern verziert. Über der Wandelhalle für das Volk (Plebs) bauten sich die wohlhabenden römischen Bürger noch eine weitere Wandelhalle, die sich zur Adria hin öffnete. Von dort aus hatten sie einen herrlichen Blick auf das Meer.

In der Nähe der Stoa wurden die Fundamente einiger römischer Wohnhäuser aus dem 1. und 2. Jahrhundert vor Christus ausgegraben. Besonders berühmt wurde das Haus eines reichen Sklavenhalters, das mit schönen Mosaikfußböden verziert war und dessen Wohnräume um einen geräumigen Innenhof (Atrium) angelegt waren.

Die Akropolis der Stadt befand sich auf den Hügeln oberhalb des Rathauses. Von hier hat man bei klarem Wetter einen herrlichen Blick: im Westen bis zur Adria, im Osten bis zum Bergmassiv des Tomorr. Am Westhang der Akropolis finden sich noch die Reste eines großen griechischen Theaters, das ebenfalls mit Material aus der Halbinsel Karaburun errichtet wurde.

Nicht weit davon entfernt befindet sich das Nymphäum (Brunnenhaus). Aus mehreren Kanälen wurde hier Wasser in einem Speicher gesammelt, in eine Filter- und danach in eine Verteilerkammer geleitet. Von dort wurde die Stadt durch ein Röhrensystem mit Wasser versorgt.

In der Nekropole (Friedhof) wurden Gräber aus griechischer und illyrischer Zeit gefunden. Die ältesten datieren aus dem 6. Jahrhundert vor Christus.

Viele Statuen, die in Apollonia ausgegraben wurden, befinden sich heute in Paris und Wien. Einige wenige sind im Nationalhistorischen Museum in Tirana ausgestellt.

Die Ausgrabungsstätte von Apollonia ist von 9 bis 17 Uhr geöffnet. Die Eintrittsgebühr lag 2005 bei 500 Lek. Am Eingang der Ausgrabungsstätte befindet sich eine Karte, aus der die Lage der verschiedenen Gebäude zu ersehen ist. Unmittelbar am Eingang lädt ein Café zur Erholung ein.

In dem ehemaligen byzantinischen Kloster in Pojan, ganz in der Nähe von Apollonia, sind noch einige Kostbarkeiten zu sehen, die während der Ausgrabungsarbeiten in Apollonia gefunden wurden. Im Kreuzgang, der um einen malerischen Innenhof angelegt ist, befinden sich Statuen, Säulen und Grabstelen. Zwischen dem ehemaligen Refektorium des Klosters und dem Museum liegt eine kleine

Der Süden

byzantinische Kirche, die Marienkirche (Shën Meri). Sie wurde im 14. Jahrhundert erbaut. Während der Kampfhandlungen des Ersten Weltkrieges zwischen Österreichern und Italienern wurden Teile der Kirche zerstört, doch inzwischen hat man einige Restaurationen vorgenommen. Von den Wandmalereien, die von albanischen Malern geschaffen wurden, sind nur noch wenige erhalten. Die Kirche hat eine holzgeschnitzte Ikonostase.

Byllis

In unmittelbarer Nähe des Dorfes Hekal, knapp zehn Kilometer südlich der Stadt Ballsh, sind die Überreste einer gewaltigen illyrischen Festung gefunden worden, die sich am Hang des Mallakastër-Gebirges befand. Die Mauerreste – grobe Felsquader, die ohne Mörtel ineinander gefügt sind – stammen aus der Zeit der Illyrer, während das Amphitheater mit beinahe 6000 Sitzen und einer riesigen Rennbahn sowie einer Agora auf den Einfluß griechischer Kultur schließen lassen. In einer Basilika, die auf Leben in Byllis noch in christlicher Zeit hinweist, wurden in den Fundamenten Mosaikfußböden freigelegt.

Im Mittelalter wurden die Überreste von Byllis als Baumaterial verwendet. Im Jahre 1108 starb in diesem Gebiet der normannische Graf Robert von Montfort. Bei diesem handelte es sich wahrscheinlich um einen Kreuzfahrer. Ihm wurde mit einem der Quader ein Denkmal gesetzt.

Ruinen in Byllis

Berat und Umgebung

Berat sollten Sie gesehen haben! Nicht zu Unrecht sagen seine Bewohner: »Wer Berat nicht gesehen hat, hat Albanien nicht gesehen!« Selbst Enver Hoxha, der alles unternahm, um sein Land von der Last der Vergangenheit zu befreien und der viele kulturelle Kostbarkeiten zerstören ließ, scheute keine Mittel, um Berat als ›Museumsstadt‹ zu erhalten.

Berat liegt im breiten Tal des Flusses Osum, das von hohen Bergmassiven begrenzt wird: im Osten vom Tormorr und im Westen vom Shqirag. Die Entfernung von Tirana nach Berat beträgt etwa 130 Kilometer. Vom Busbahnhof in Tirana (in der Rruga e Kavajës) aus fahren den ganzen Tag über Busse nach Berat. Die Fahrt dauert knapp drei Stunden. Der Fahrpreis liegt bei 500 Lek. Auch Minibusse, die nur unwesentlich teurer sind, fahren in der Nähe des Busbahnhofs bis in den Nachmittag hinein nach Berat.

Wenn Sie mit dem eigenen Fahrzeug unterwegs sind, fahren Sie am besten über Durrës, Kavajë, Rrogozhinë und Lushnjë nach Berat. Bis Lushnjë ist die Straße gut ausgebaut, von dort bis Berat weniger gut, für albanische Verhältnisse wiederum aber auch nicht schlecht.

Geschichte

Das fruchtbare Tal des Flusses Osum, an dem Berat liegt, war schon in vorchristlicher Zeit für Siedler attraktiv. Für den illyrischen Stamm der Dasaretes, die sich im 4. und 5. Jahrhundert vor Christus hier ansiedelten, war das Gebiet um Berat wegen des günstigen Klimas und der guten Anbaumöglichkeiten sehr wichtig. Die Illyrer verteidigten ihre Siedlung von einer Festung aus, die sie oberhalb der Stadt auf einem Felsen errichteten. Als die Römer im 2. Jahrhundert vor Christus in den Balkan eindrangen und die Illyrer besiegten, befand sich das Gebiet (damals unter dem Namen Antipatrea bekannt) zeitweise unter römischer, zeitweise unter makedonischer Herrschaft. Ptolemäus, unehelicher Sohn Philipps von Makedonien und ein enger Freund Alexanders des Großen sowie Begründer der ptolemäischen Dynastie in Ägypten, wurde übrigens in Berat geboren.

Im 9. Jahrhundert wurde die Stadt von den Bulgaren erobert, die ihr den Namen Beligrad gaben, was soviel wie ›weiße Stadt‹ bedeutet. Die Herrschaft der Bulgaren über Berat endete 1018, als die Byzantiner in die Stadt eindrangen. Doch auch diese Periode dauerte nicht lange. 1204 wurde Berat ein wichtiger Stützpunkt des Despoten von Epirus, Michael Komnenus. Danach wurde die Stadt wiederum von den Byzantinern erobert. Das 14. Jahrhundert in Albanien war gekennzeichnet

Der Süden

In Berat

von Aufständen gegen die Oberherrschaft der Byzantiner. 1336 brach ein Aufstand in Berat aus, der jedoch von den byzantinischen Herrschern niedergeschlagen wurde. Gegen Mitte des 14. Jahrhunderts aber endete deren Regentschaft in Albanien. Der serbische König Stefan Dushan fiel in Berat ein, doch schon einige Jahre später regierten die Muzakas, eine der mächtigsten albanischen Familien, in der Stadt.

1417 eroberten die Osmanen Berat. Skanderbeg versuchte mit Unterstützung Alfons V. von Aragon, diese für Albanien so wichtige Stadt zu befreien, doch in einer blutigen Schlacht, in der alle italienischen Soldaten umkamen, wurde das albanische Herr geschlagen. Danach gehörte Berat fast 500 Jahre lang zum Reich der Osmanen. 1810 wurde Berat unter Ali Pasha Tepelene dem Pashalik von Ioannina einverleibt.

Die Kämpfe um Berat beweisen, daß die Stadt in der damaligen Zeit nicht nur eine strategische, sondern auch eine wirtschaftliche Bedeutung hatte. Wichtige Handelsstraßen aus dem Süden kreuzten sich hier mit den Handelswegen, die in die Ebenen führten. Wer die Macht über Berat hatte, hatte gleichzeitig Einfluß auf den Handel in der Gegend.

Zur Zeit der Türkenherrschaft verfiel die Stadt. Nach einem starken Erdbeben im Jahre 1851 erholte sich Berat jedoch und wurde ein bedeutendes Handwerkszentrum. Berühmt im ganzen Land waren die künstlerisch wertvollen Holzschnitzereien.

Berat heute

Die ungefähr 70 000 Einwohner von Berat verteilen sich auf drei Stadtteile: die Festung Kalaja sowie Mangalem und Gorica. Am rechten Ufer des Osum auf einem steilen Felsen gelegen, wurden die Grundmauern der Festung Kalaja (albanisch: Keshtjella) von den Illyrern errichtet. Im Jahre 200 vor Christus wurde die Festung durch die Römer zerstört, doch in den späteren Jahrhunderten von den verschiedenen Herrschern in Berat immer wieder aufgebaut. Die meisten Häuser innerhalb der Festung, die bis heute bewohnt ist, wurden im

18. Jahrhundert erbaut. Wegen ihrer charakteristischen Architektur stehen sie als Kulturdenkmäler unter einem besonderen Schutz.

Mit einer Fläche von fast zehn Hektar beherbergt die Festung einen großen Teil der Bevölkerung der Stadt. Der steile Aufstieg dorthin durch die schmalen Gassen über das Kopfsteinpflaster ist besonders bei Hitze sehr mühselig. Einige Bewohner haben Autos, doch andere, die in der Stadt arbeiten, müssen den Weg zweimal pro Tag zu Fuß bewältigen. Wenn Sie sich dazu entschließen, die Festung ›per pedes‹ zu erobern, ziehen Sie bequeme Schuhe an, die rutschfeste Sohlen haben! Das Kopfsteinpflaster ist schön, aber nicht nur bei Nässe rutschig, und der Aufstieg ist sehr steil! Eine gute physische Kondition ist erforderlich, doch der Weg durch die malerischen Gassen der Altstadt lohnt sich auf jeden Fall.

Im südlichen Teil der Festung befindet sich eine gut erhaltene Zisterne, in der Trinkwasser kühl gehalten wurde. Im Mittelalter wurde das Wasser von einem Wasserturm in der Nähe des Flusses durch einen Kanal in die Zisterne geführt.

Der Süden

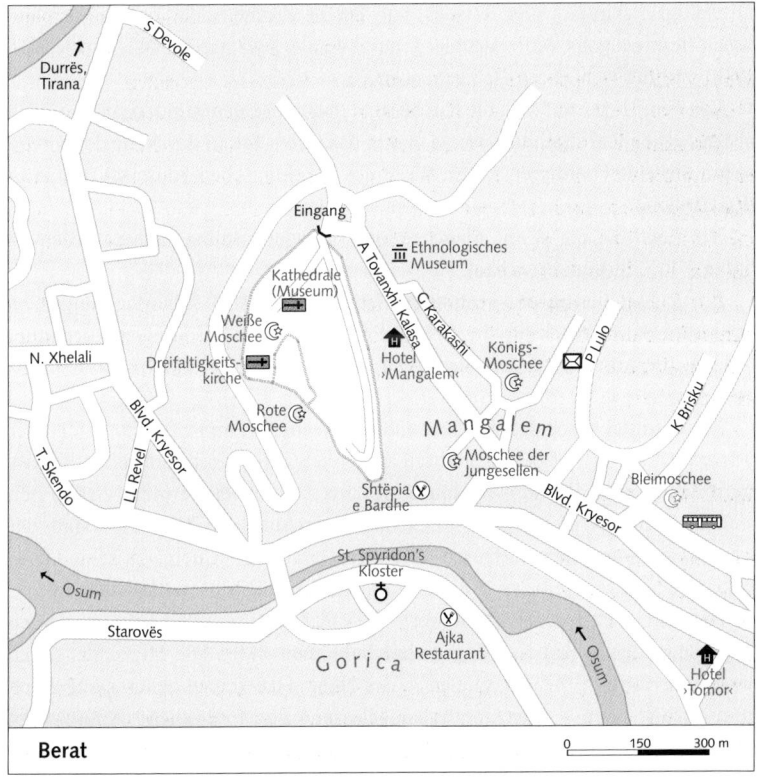

Berat

Die meisten Festungsbewohner waren seit der Herrschaft von Byzanz Christen. Innerhalb der Festung gab es 20 Kirchen, von denen die meisten im 13. Jahrhundert erbaut worden sind. Im Laufe der Kämpfe um Berat wurden viele der Kirchen zerstört, und nur wenige sind erhalten geblieben.

Die interessanteste dieser Kirchen ist die Kathedrale des heiligen Nikolaus, die vollkommen restauriert wurde und in der ein Museum mit bedeutenden Werken des Ikonenmalers Onufri und seines Sohnes Nikolas untergebracht ist. Onufri arbeitete mit lebhaften Farben, die bis heute ihre Leuchtkraft bewahrt haben. Die Farben wurden größtenteils auf gehämmertem Metall aufgetragen, nur Teile der Bilder wurden gemalt. Einige besonders schöne Marienbilder mit dem Christuskind sind in dieser Kirche zu bewundern. Die aus Eichenholz geschnitzte Ikonenwand ist besonders beeindruckend.

Das Museum hat keine offiziellen Öffnungszeiten. Wenn Sie jedoch die Bewohner in der Festung fragen, wird man Ihnen öffnen. Eine Dame, die recht gut Englisch spricht und sehr gut Bescheid weiß, wird Sie herumführen.

Auf einem Hügel innerhalb der Anlage fällt die sehr schöne byzantinische Dreifaltigkeitskirche (Shën Triadës) auf. Da die Kirche in der Zeit der osmanischen Besatzung als Waffenarsenal genutzt wurde, sind von den Wandmalereien im Innern nur wenige erhalten geblieben.

Von dem Hügel, auf dem die Kirche steht, hat man einen wunderschönen Blick auf das gegenüberliegende Gebirge und in das Osum-Tal. In der Nähe der Kirche sehen Sie eine überdimensionale Büste des byzantinischen Kaisers Konstantin des Großen.

Die Rote und die Weiße Moschee innerhalb der Festungsanlage wurden im 14. und 15. Jahrhundert erbaut.

Einige Familien in der Festungsanlage bieten günstige Übernachtungsmöglichkeiten an. Erfragen Sie die Anschriften - ggf. bei der Touristeninformation - denn dies wäre eine gute Gelegenheit, enger mit der Bevölkerung in Kontakt zu kommen.

Der Stadtteil Mangalem liegt ebenfalls am rechten Osum-Ufer. In der Zeit der Türkenherrschaft war dieser Stadtteil ausschließlich den moslemischen Bewohnern vorbehalten. Die weißen Häuser mit den zahlreichen Fenstern ziehen sich steil am Felsen der Festung empor. Sie haben der Stadt den Beinamen ›Stadt der tausend Fenster‹ gegeben. Durch die engen Gassen Mangalems zu schlendern, erfordert nicht nur eine gute Kondition, sondern auch bequemes Schuhwerk, ist aber auf jeden Fall die Mühe wert. Die meist zweistöckigen Häuser mit den überhängenden Balkonen drängen sich dicht aneinander. Die Menschen sitzen vor ihren Häusern, Kinder spielen in der Nähe, Hausfrauen gehen gemächlich ihrer Arbeit nach - eine wunderbar gelassene und freundliche Atmosphäre kennzeichnet diesen Stadtteil.

Gästeraum im Ethnographischen Museum

Wenn Sie in Richtung Festung die Straße A Tovanxhi Kalasë hinaufgehen, können Sie an der rechten Seite das Ethnographische Museum nicht verfehlen. Es ist in einem dieser typischen Häuser untergebracht, die Sie auch innerhalb der Festung gesehen haben. Das Gebäude ist zweistöckig und hat eine offene, geräumige Veranda. Im Erdgeschoß sind Gegenstände des Handwerks zu sehen, die Silberschmiede oder Schneider benutzten. Im zweiten Stock sind charakteristische Wohn-, Schlaf- und Gästeräume sowie eine Küche mit den früher benutzten Utensilien, Möbeln und Teppichen eingerichtet. Falls der Wärter am Eingang schläft, wecken Sie ihn ruhig! Er wird eine nette Dame rufen, die gut Italienisch spricht und Sie für 200 Lek sehr freundlich durch das Museum führen wird. Es darf auch fotografiert werden.

Den Stadtteil Gorica am linken Flußufer erreichen Sie, wenn Sie die Brücke aus der Osmanenzeit überqueren. Im Jahre 1790 ließ der türkische Statthalter Kurd Pasha diese Brücke mit den sieben Bögen bauen. Der Sage nach wurde hier eine der Haremsfrauen des Pasha eingemauert. Mit diesem Menschenopfer sollten die Götter friedlich gestimmt werden. Man hoffte, daß die Brücke so auch bei Unwetter und Überschwemmungen standhalten würde. In früheren Zeiten wohnten im Stadtteil Gorica die sozial schwächeren Bevölkerungsschichten. Aromunen, Griechen und Juden bevorzugten dieses Viertel. Die Kirche des heiligen Spyridon, des Schutzheiligen von Korfu, erinnert an die griechischen Bewohner Goricas. Mehr noch als in Mangalem scheint hier die Zeit stehengeblieben zu sein. Im Wald um Gorica hatte Skanderbeg sein Hauptquartier aufgeschlagen, als er zusammen mit italienischen Söldnern vergeblich versuchte, die Stadt gegen die Osmanen zu verteidigen.

Der Süden

Auf der Festung von Berat

Bei schönem Wetter bringt ein kleiner Spaziergang im Stadtpark von Berat, der direkt am Ufer des Flusses angelegt ist, Entspannung von den mühseligen Auf- und Abstiegen. Vom Park aus haben Sie einen wunderschönen Blick auf die Altstadt. Das Denkmal am Eingang des Parks erinnert an Margarita Tutulani, eine mutige Partisanenkämpferin, die im Alter von nur 19 Jahren während der Befreiungskämpfe gegen die Italiener ums Leben kam. Der Park ist im Sommer Treffpunkt für ältere Herren, die hier ihre Freizeit mit Dominospielen verbringen – neben Billard eines der Lieblingsspiele der männlichen albanischen Bevölkerung.

Die Bleimoschee (ihre Kuppeln sind mit Blei abgedeckt) bildet das Zentrum der Stadt. In diesem befinden sich auch eine Alphabank und ein Postgebäude. Auf dem großen Platz vor dem Hotel ›Tomorr‹ und entlang der Straße am Park findet allabendlich der Giro-giro der Einwohner von Berat statt. Wenn Sie im Hotel ›Tomorr‹ wohnen, können Sie bis spät in die Nacht Diskomusik genießen, die vom großen Platz bis in die oberen Stockwerke des Hotels hinauf dringt. Sobald diese Geräusche verstummen, beginnen die Frösche im Fluß hinter dem Hotel ihr Nachtkonzert. Und wenn die Frösche müde sind, dann gehen die wilden Hundemeuten auf ihre (von lautem Gebell begleiteten) nächtlichen Streifzüge. Sollten Sie richtig viel Glück haben, dann erleben Sie in der Nacht zusätzlich auch noch ein beeindruckendes Katzenkonzert.

Wenn Sie in Richtung Festung rechts vom Zentrum abbiegen, erreichen Sie die Königsmoschee (Xhamia e Mbretit), eine der ältesten Moscheen Albaniens, die gegen Ende des 15. Jahrhunderts vom Sultan Bayasid II. erbaut wurde. Es erscheint dem Besucher unglaublich – doch in der Zeit der Atheismuskampagne in Albanien (nach 1967) wurde dieses Gotteshaus als Tennishalle genutzt! Zum Glück sind die kunstvollen Deckengewölbe nicht wesentlich von fliegenden Tennisbällen beschädigt worden.

In dem ehemaligen Han – in der Osmanenzeit eine Herberge für Reisende und Händler – ist heute die Stadtverwaltung von Berat untergebracht.

Weiter in Richtung Festung befindet sich das ehemalige Derwisch-Kloster Teqe Sheh Hasan. In einem der Gräber wurde Kurd Pasha begraben, der die Brücke mit den sieben Bögen über den Osum-Fluß bauen ließ.

Direkt an der Hauptstraße befindet sich die Xhamia e Beqarëve (Moschee der Junggesellen). Sie wurde 1827 für die Ladenhelfer der Stadt gebaut. Diese waren in der Regel nicht verheiratet und bildeten für die Händler in und um Berat eine Art Schutztruppe. Die Außenwände der Moschee wird durch schöne Fresken verziert.

 Vorwahl: 003 55/(0)32.
Martin Heusinger (ein Deutscher, der mit einer Albanerin verheiratet ist und in Berat wohnt) ist Tourismus-Berater für Co-Plan und wird Ihnen gerne behilflich sein, Berat und die Um-gebung zu erkunden, Tel. 323 69 85, Mobil 069/ 206 52 39.

 ›Outdoor Albania‹, ein Verein mit Sitz in Tirana und qualifizierten Führern, bietet Kajak-Fahrten und andere abenteuerliche Ausflüge in der Gegend von Berat an. Tel. 04/27 20 75, Mobil 069/ 218 88 45, www.outdooralbania.com.

▶ Inzwischen gibt es auch ein Touristen-Informationsbüro in Berat: Mobil 069/271 08 59.

▶ Hotel ›Tomorr‹, Tel. 344 62, Fax 346 02; DZ 30 bis 50 Euro, mit Frühstück. Gegenüber vom Busbahnhof im Stadtzentrum, modern eingerichtete Zimmer mit Dusche und Toilette, im Winter Heizung, einige Zimmer mit TV, freundliches und gut geschultes Personal, sehr gutes Restaurant.

▶ Hotel ›Mangalem‹ oder ›Tomi's‹, Rruga e Kalasë, Tel. 320 93, Mobil 068/242 98 03; DZ 2000 Lek pro Person, inklusive Frühstück; Doppelbelegung 3000 Lek. In der Nähe des Ethnographischen Museums. Kuschelig eingerichtes Haus mit bequemen Zimmern, Dusche, Toilette und TV, angenehme, familiäre Atmosphäre, gutes Restaurant.

 ›Shtëpia e Bardhë‹ (Weißes Haus), in der Nähe der Moschee der Junggesellen.

▶ ›Ajka‹, in Gorica.

▶ Geheimtip: Restaurant bei Bujaris. Das Essen ist ausgezeichnet, die Preise sind sehr moderat. Erkundigen Sie sich bei Einheimischen.

▶ In dem Restaurant am Busbahnhof gibt es herzhaften Kebab.

Die Bergwelt um Berat

Der Nationalpark Mali i Tomorit erstreckt sich mit einer Fläche von rund 4000 Hektar östlich von Berat. Der höchste Gipfel, der Çuka Partizan, ist 2425 Meter hoch. Das riesige Bergmassiv des Tomorr ist 19 Kilometer lang und sechs Kilometer breit. Seit jeher war dieser Berg, dessen Gipfel bei schönem Wetter von der Adria aus zu sehen ist, so etwas wie ein Heiligtum für die Albaner. Liebevoll nennen sie ihn Baba (Vater) Tomorr, oder auch den Olymp Albaniens, den Löwen, der das Tor zu Albanien bewacht oder den Himmlischen Thron.

Seit 1600 finden alljährlich Pilgerfahrten zum Tomorr statt. Aber nicht nur Anhänger der Bektashi-Sekte begeben sich zum Grab von Abaz Aliu, dem Begründer der Bektashi-Sekte in Albanien, sondern auch christliche Verwandte von Muslimen. Das Grab liegt auf einer Höhe von etwa 1200 Metern. Hier wird dann gebetet und auch mit ausgedehnten Picknicks gefeiert.

Im Westen von Berat erhebt sich der Shqirag, ein sehr charakteristisches Faltengebirge, bis zu 1200 Metern Höhe. Die Sage erzählt, daß beide Berge, Tomorr und Shqirag, eine Frau liebten und erbittert um sie kämpften. Shqirag wurde durch Schwerthiebe des Tomorr verletzt (daher die tiefen, senkrechten Schluchten), während Tomorr von seinem Gegner mit Keulenhieben traktiert wurde, die zahlreiche ›Löcher‹ (Höhlen) in den Berg schlugen. In der Nähe des Dorfes Tomorr soll in vorchristlicher Zeit eine Burg gestanden haben, deren Ruinen bis heute erhalten sind.

Da dieses Gebiet nicht von Touristenströmen überlaufen ist, bietet es Lebensraum für viele wilde Tiere, wie Bären, Wölfe und Luchse. Auch gibt es in der fast unberührten Natur einen großen Artenreichtum an Pflanzen.

Von Berat aus führen zwei Straßen in südöstliche Richtung, entlang am Tomorr-Massiv.

Die Straße ab Gorica über Këlcyrë bis Përmet ist zwar landschaftlich sehr schön, sollte aber nur mit Fahrzeugen mit Allrad-Antrieb befahren werden.

Vom Busbahnhof im Zentrum von Berat aus (in der Nähe der Bleimoschee) fahren bis Mittag Busse und Minibusse in regelmäßigen Zeitabständen bis Çorodovë. Diese asphaltierte Straße führt am Tomorr-Massiv entlang und bietet fantastische Ausblicke auf die Bergwelt. Die kleine Stadt Poliçan, die Sie nach etwa einer Stunde Fahrt erreichen, war bis 1992 eine geschlossene Stadt und konnte nur von Albanern betreten werden, die dort arbeiteten. In Poliçan befand sich das größte Waffenproduktionszentrum für das Kommunistische Regime. Da die Waffen unterirdisch hergestellt wurden, ist heute sehr wenig davon zu sehen. Bis 2003 beschäftigten sich die Arbeiter damit, die Waffen, die sie hergestellt hatten, wieder zu entschärfen. Im Dezember 2003 wurden die Fabrikationsanlagen endgültig geschlossen.

Gjirokastër

Eine der erstaunlichsten Städte Albaniens ist Gjirokastër, im südlichen Teil des Landes, nahe der griechischen Grenze, gelegen. Wie Berat den Beinamen ›Stadt der Tausend Fenster‹ erhielt, so wird Gjirokastër ›die Stadt der Tausend Stufen‹ genannt. Sie ist seit 2005 Weltkulturerbe der UNESCO.

Die Stadt erlangte historische Bedeutung für das Land durch zwei ihrer berühmten Söhne: Ismael Kadaré und Enver Hoxha.

Kadaré hat seiner Geburtsstadt mit dem Roman ›Chronik in Stein‹, in dem er von seiner während der Besatzung durch Italiener und Deutsche dort verbrachten Jugend erzählt, ein literarisches Denkmal gesetzt: »Es war dies eine steile Stadt, vielleicht die steilste auf der ganzen Welt; alle Gesetze der Architektur und des Städtebaus waren von ihr über den Haufen geworfen worden. Weil sie derart steil war, konnte es vorkommen, daß sich die Fundamente des einen Hauses auf der Höhe des Daches eines anderen befanden, und gewiß war dies der einzige Ort der Welt, wo jemand, der am Straßenrand ausglitt, nicht in den Graben stürzte, sondern womöglich auf das Dach eines hohen Hauses. Es war dies wirklich eine sehr seltsame Stadt. Vieles war schwer zu glauben, und vieles war wie im Traum.«

Anreise

Von Busbahnhof in Sarandë fahren vom frühen Morgen bis zum späten Nachmittag Busse und Minibusse bis nach Gjirokastër. Die Entfernung von etwa 60 Kilometern wird in zwei Stunden zurückgelegt. Die Straße ist sehr gut ausgebaut und führt über den Muzina-Paß über das mehr als 1500 Meter hohe Mal i Gjerë (Breites Gebirge) bis in das Tal des Flusses Drinos (Lumit i Drinos). In der Nähe der Stadt fallen die zahlreichen Betonbunker auf, mit deren Hilfe Enver Hoxha seine Geburtsstadt verteidigen wollte.

Von Ioannina in Nordgriechenland gibt es täglich einen Bus, der um 6 Uhr morgens in der Nähe des Busbahnhofs in der Stadt abfährt. Griechische Busse fahren mehrere Male am Tag von Ioannina bis nach Kakavija an die albanische Grenze. Dort warten Minibusse und Taxis, die Sie bis nach Gjirokastër befördern.

Von Tirana aus (Busbahnhof in der Rruga e Kavajës) fahren ebenfalls täglich Busse nach Gjirokastër. Die Fahrt dauert zwischen sechs und sieben Stunden. Auch von Korçë aus gibt es dreimal in der Woche einen regelmäßigen Busverkehr durch das Gramoz-Gebirge über Përmet bis nach Gjirokastër.

Der Busbahnhof in Gjirokastër befindet sich im neueren Teil der Stadt, an der Straße, die von Tepelenë kommt. Die Straßen in der Altstadt sind für Busse zu

Der Süden

eng, doch Sie können mit einem Taxi bis oben in die Altstadt fahren. In den engen, steilen Gassen verkehren Taxis und Pkw, obwohl die Wege zu Fuß innerhalb der Altstadt sicher manchmal schneller zu bewältigen sind.

Geschichte

Schon in der Antike liefen im Gebiet um Gjirokastër wichtige Handels- und Heerstraßen zusammen. Ausgrabungen aus den 60er Jahren des vorigen Jahrhunderts haben in der Nähe des heutigen Gjirokastër ein antikes Wohnviertel freigelegt, ein Beleg für die frühe Besiedlung.

Argyrokastron (der alte Name der Stadt bedeutet so viel wie ›Burg aus Silber‹) wurde in der Neuzeit zum ersten Mal in Aufzeichnungen erwähnt, die der byzantinische Kaiser Johannes VI. Kantakuzenos (1347-1354) verfaßte. Schon damals wehrte sich die Bevölkerung gegen die Fremdherrschaft der Byzantiner. Kantakuzenos berichtet von einem Aufstand der illyrischen Stämme im Jahre 1336.

Im 14. Jahrhundert herrschte der reiche Familienclan der Zenebishi über das Gebiet, bis die Stadt 1419 von den Osmanen erobert wurde. Gjirokastër war damals Hauptstadt der Provinz (Sandschak) Albanien. Im Gegensatz zu vielen albanischen Siedlungen, die während der Herrschaft der Osmanen verfielen, blühten in Gjirokastër im 16. Jahrhundert Handel und Handwerk. Die Bewohner aus der Umgebung, die von den Osmanen ausgebeutet worden waren, flohen entweder in andere Gegenden Albaniens oder zogen nach Gjirokastër, weil die Stadt mit vielen Privilegien ausgestattet war.

Das Stadtbild, das sich heute dem Besucher bietet, wurde zum größten Teil im ausgehenden 18. und beginnenden 19. Jahrhundert geschaffen. Im Zweiten Weltkrieg war Gjirokastër das Zentrum der kriegerischen Auseinandersetzungen zwischen Italienern, Griechen, Deutschen und Albanern.

Gjirokastër heute

Die Stadt hat sich im Laufe der Jahrhunderte an einem abschüssigen Abhang unter der riesigen Festung entwickelt, die den Ort überragt. Die engen und steilen Gassen haben ein altes, sehr gut erhaltenes Kopfsteinpflaster, das bei Nässe äußerst glitschig ist. Man sollte also auf passendes Schuhwerk achten.

Ein Spaziergang durch die Altstadt versetzt den Besucher um Jahrhunderte zurück. Bis heute wirkt die Atmosphäre - trotz der kleinen, modernen Läden - abweisend und verwunschen. Jedes der traditionellen, grauen Steinhäuser wirkt wie eine kleine Festung. Die Eingangsbereiche sind häufig mit Eingravierungen

Die Festung von Gjirokastër thront hoch über der Stadt

Der Süden

von Tieren oder Pflanzen verziert, die schweren hölzernen Tore mit kunstvollen Schnitzereinen versehen. Graue Schieferplatten bedecken die Dächer.

In den traditionellen albanischen Häusern diente das Erdgeschoß als Vorratsraum. In einer großen Zisterne wurde das Regenwasser gesammelt, das die

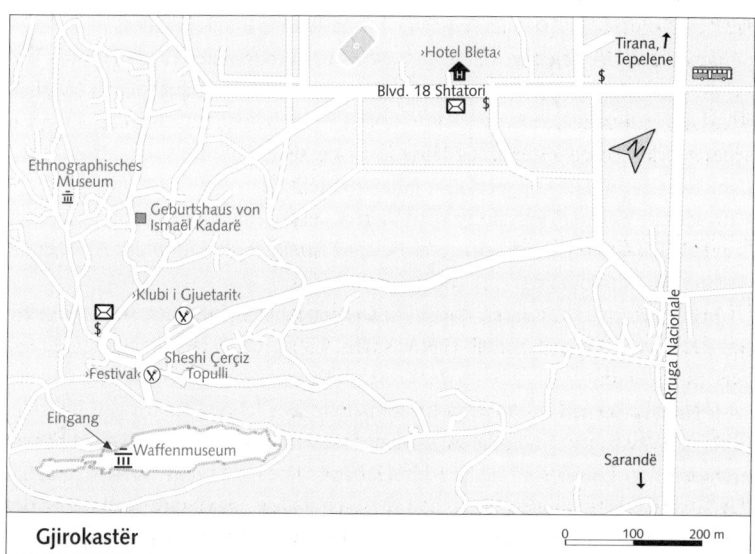

Im Ethnographischen Museum im Geburtshaus Enver Hoxhas

Familie zum Kochen, Waschen und Putzen benötigte. Diese Zisterne spielt in Kadarés Roman ›Chronik in Stein‹ eine sehr wichtige Rolle. Sie verstärkte für ihn den Eindruck von Grauen und Geheimnis, den sein Geburtshaus vermittelte.

In den oberen Stockwerken waren die Wohnräume der Familie und der Gästeraum untergebracht. Den Wohnraum (dhoma e zjarrit) der Familie schmückte ein riesiger, reich verzierter Kamin, der in den kalten Wintermonaten wohlige Wärme verströmte. Die Gästeräume (oda e miqve) waren mit besonderer Liebe und Sorgfalt ausgestattet. Die Wände waren mit Fresken oder Waffen dekoriert, und die Decken wurden mit schönen Holzschnitzereien versehen. Weitläufige Balkone, die von der Familie in den Sommermonaten als Aufenthaltsräume genutzt wurden, verbanden die einzelnen Räume untereinander.

Im Geburtshaus Enver Hoxhas, das in mühevoller Arbeit restauriert worden ist, befindet sich seit einigen Jahren ein sehenswertes Ethnographisches Museum, in dem die Wohnweise der albanischen Familien des 19. Jahrhunderts sehr gut dargestellt ist.

Auch das Zekater-Haus im Palorto-Viertel, dessen Innenhöfe durch drei riesige Tore geschützt sind, ist ein sehr gutes Beispiel für die Wohnkultur der Albaner im 18. und 19. Jahrhundert.

In der Nähe des Museums, einige Gassen den Abhang hinunter, steht bis heute die Ruine von Ismael Kadarés Geburtshaus. Es wurde 1999 durch einen Brand zerstört.

Enver Hoxha ließ seine Geburtsstadt in den 60er Jahren des vorigen Jahrhunderts zur Museumsstadt erklären, womit er seinem Land einen wertvollen Dienst erwiesen hat. Leider sind heute viele Gebäude in einem recht vernachlässigten Zustand. Es wäre zu wünschen, daß diese einmalige Stadt zum Kulturerbe der Menschheit erklärt und von internationalen Organisationen geschützt wird.

Die Burg

Die Grundmauern dieser riesigen Festungsanlage wurden im 3. Jahrhundert vor Christus von den Illyrern angelegt. Die Byzantiner bauten die Burg weiter aus, doch erst zu Beginn des 19. Jahrhunderts, als Ali Pasha Tepelene Gjirokastër eroberte, erhielt der Bau seine heutigen Ausmaße. Ali Pasha ließ damals eine Wasserleitung von einer Quelle in den Bergen bis zu Burg bauen, um die Bewohner mit Trinkwasser zu versorgen. Dieses Aquädukt wurde in der Zeit Zogus zerstört; im Übrigen ist die Burg jedoch sehr gut erhalten.

Kadaré berichtet in seinem Roman ›Chronik in Stein‹, daß die Bevölkerung der Stadt während des Zweiten Weltkriegs in die Burg flüchtete, um dort Schutz zu suchen. Mehr als 2000 Menschen sollen damals dort Platz gefunden haben.

Der Aufstieg zum Tor im Nordosten, unterhalb des weit sichtbaren Uhrturmes, ist sehr mühsam, doch der Blick von dem abschüssigen Felsen auf die Stadt, in das weite Drinos-Tal und auf das gegenüberliegende Faltengebirge Mal i Lunxherisë entschädigt für die Mühe. Wenn Sie Glück haben und die kleine Bar in der Nähe des Uhrturms geöffnet ist, können Sie sich auf der Terrasse bei einem kühlen Getränk von der Anstrengung erholen und dieses einmalige Panorama genießen. Alle fünf Jahre findet in dieser grandiosen Kulisse auf einem Platz des Festungsgeländes (in der Nähe des Uhrturms) ein Internationales Folklore-Festival statt.

Der Aufstieg von der Stadt über zahlreiche Stufen führt durch ein riesiges Tor in einen unheimlichen, düsteren Gang. Aus den seitlichen Nischen ragen bedrohlich

Flugzeug auf dem Festungsgelände

Der Süden

Turmhaus in Gjirokastër

Kanonenöffnungen hervor. Wenn Sie die Mutprobe bestanden haben und bis ans Ende des Ganges gelangt sind, erreichen Sie ein Plateau, auf dem ein altes Flugzeug steht. Es soll in den 50er Jahren des vorigen Jahrhunderts, also in der Zeit des kommunistischen Regimes, als amerikanisches Spionageflugzeug enttarnt und abgeschossen worden sein. Angeblich kam der Pilot mit dem Leben davon und wurde in die Vereinigten Staaten zurückgeschickt.

Innerhalb des Festungsgeländes befindet sich ein Waffenmuseum. Während der Unruhen nach dem Pyramidenskandal 1996/97 wurde das Museum ausgeraubt. Vor allem ältere, in Albanien hergestellte Waffen wurden damals entwendet. Die Waffen und Kriegsausrüstungen, die sich bis jetzt noch dort befinden, sind alle neueren Datums. Besonders interessant ist die Nachbildung eines Stacheldrahtzauns, mit dem die Italiener im Zweiten Weltkrieg die von ihnen besetzten Gebäude absperrten. Die Albaner hatten eine pfiffige Methode erfunden, mit Hilfe von Fellen, die vor Verletzungen schützten, über die Stacheldrähte zu klettern.

Innerhalb der Festung befindet sich ein Gefängnis, das noch während des kommunistischen Regimes genutzt wurde. Die freundliche und kompetente Museumswärterin (sie spricht Englisch) kann Ihnen viele Geschichten der einzelnen Häftlinge erzählen, die hier oft unter grausamen Bedingungen eingekerkert waren. Ein Kinderarzt, der gegenwärtig noch in Tirana praktiziert, hat seine früheste Kindheit hier verbracht. Seine Mutter wurde unter dem Verdacht, mit den Partisanen kooperiert zu haben, zwei Tage nach der Geburt des Babys hier eingeliefert. Da das Kind noch nicht getauft worden war und keinen

Namen hatte, gaben ihm die Gefängnisinsassen gemeinsam den Namen Durim, das albanische Wort für ›Geduld‹.

Auch die beiden jungen Frauen, Bule Naipi und Persefoni Kekëdhima, die von den Deutschen gehängt wurden, weil man sie als Partisanen verdächtigte, wurden vor ihrer Hinrichtung hier gefangengehalten. Zwei Büsten am Platz Topulli, an dem sie vor aller Augen hingerichtet wurden, erinnern heute an sie. Obwohl die Nazizeit der Geschichte angehört, kann man sich als Deutscher eines beklommenen Gefühls nicht erwehren, wenn einem diese Episode erzählt wird.

Der Eintritt zur Burg ist übrigens frei. Für die Besichtigung des Museums und des Gefängnisses ist dagegen eine geringe Gebühr zu zahlen. Wenn Sie am Eingang der Festung fragen, wird man Ihnen gerne aufschließen und Sie durch die Einrichtungen führen.

 Vorwahl: 003 55/(0)84.

 Hotel ›Kalemi‹, Lagja Palorto, Tel. 637 24 oder 068/ 223 43 73; DZ 4500 Lek incl. Frühstück. Traditionelles, liebevoll restauriertes Haus, Besitzer spricht Englisch. Alle Zimmern mit Heizung und TV, einige mit Klimaanlage.

▶ Hotel ›Bleta‹, Bld. 18 Shtatori, nahe der Alpha-Bank, Mobil 069/ 205 58 19. Zwar unten in der Stadt, also etwas weit von den Sehenswürdigkeiten (Taxi 200 Lek bis in die Stadt), aber dennoch zu empfehlen.

▶ Hotel ›Boci‹, Tel. 08 82/700 20, Fax 700 21, Mobil 069/231 06 78, info@pip-hotel.com. Im Industriegebiet an der Hauptstraße Gjirokastër–Kakavijë, gute Panoramasicht, Schwimmbad, Internet.

▶ Leser wiesen auf ein günstiges Hotel für Rucksacktouristen am Sheshi Topulli hin. Es liegt gegenüber dem geschlossenen Hotel ›Argijo‹ und bietet einfache Zimmer mit schönem Ausblick ab 1000 Lek

 Die verschiedenen Restaurants in Gjirokastër führen sowohl regionale Küche, als auch griechische und italienische Gerichte. Da es in der Stadt keine Straßennamen gibt, sollten Sie Taxifahrer oder die Bewohner nach den Restaurants fragen. Die Altstadt ist nicht sehr weitläufig, und Sie werden keine Probleme haben, die Restaurants zu finden.

▶ Am Sheshi Çerçiz Topulli bieten die Restaurants ›Festival‹ und ›Argjiro‹ neben italienischen und griechischen Gerichten auch Spezialitäten der albanischen Küche an.

▶ Eine wunderschöne Aussicht, guten Service und gutes Essen (italienische Küche) können Sie im ›Klubi i Gjuetarit‹ (Jagdclub) genießen. Auf dem großen Platz vor dem Restaurant stand noch einige Jahre nach dem Ende des Kommunismus eine überlebensgroße Statue von Enver Hoxha.

Ismael Kadaré

Eine der herausragendsten Persönlichkeiten der albanischen Diaspora
ist der Schriftsteller Ismael Kadaré.
In der Tat war er einer der Hoffnungs-
träger der jungen albanischen Generation nach dem Zusammenbruch
des Kommunismus. Bis heute nehmen
es ihm viele Menschen in Albanien
übel, daß er, der für die Gedanken-
freiheit und die Freiheit der Rede
gekämpft hatte, das Land verließ,
während andere verfolgt wurden.
Ismael Kadaré wurde am 28. Januar
1936 in Gjirokastër geboren. Sein Vater
war ein bescheidener Beamter, der
Großvater mütterlicherseits weckte in
ihm die Liebe zur Literatur, zu Shakespeare und zu den Dichtern der Antike.
Kadaré studierte zunächst in Tirana,
danach in Moskau Literatur, kehrte
nach dem Bruch Albaniens mit
der Sowjetunion im Jahre 1961 nach
Albanien zurück und lebt heute
abwechselnd in Paris und in Tirana.
Den literarischen Durchbruch hatte
Kadaré 1962 mit seinem ersten Roman
›Der General der toten Armee‹, der
später mit Michel Piccoli und Marcello
Mastroianni verfilmt wurde.
Kadaré verbindet in seinen Werken
historische Ereignisse mit der heutigen
Realität Albaniens, die er scharf kritisiert. Überkommene Gewohnheiten
und kleinbürgerliches Denken verur-
teilte er auf das Schärfste. Außer einem
geschliffenen Stil und spannender
Erzählkunst vermitteln Kadarés Werke
einen tiefen Einblick in die Mentalität

des albanischen Menschen. Ein ›Muß‹
für jeden Besucher Albaniens, der das
Land und seine Menschen besser
verstehen möchte!
Trotz der jahrelangen Abwesenheit
ist Kadarés Verbundenheit mit Albanien
in all seinen Werken unverkennbar.
In dem Roman ›Die Festung‹, in der
der heldenhafte Kampf einer kleinen
Schar Albaner unter der Führung des
Nationalhelden Skanderbegs gegen ein
überlegenes Heer der Osmanen ge-
schildert wird, ist diese Liebe zu seinem
tapferen Volk sehr gut zu spüren.
Ismael Kadaré fand in Frankreich Asyl –
in dem Land, in dem sein Werk zuerst
Akzeptanz fand. Von dort aus ver-
breitete sich sein Ruhm in die ganze
Welt. Seine Bücher wurden in mehr als
20 Sprachen übersetzt. Bis heute ist
Ismael Kadaré ›nobelpreisverdächtig‹.
Seit 1996 ist Kadaré Mitglied der
›Académie des Sciences morales et
politiques‹ und seit kurzem Offizier der
Ehrenlegion.
Seine wichtigsten Werke sind:
Der zerrissene April
Die Festung
Die Brücke mit den drei Bögen
Der Palast der Träume
Der General der toten Armee
Chronik in Stein
November in der Hauptstadt
Das verflixte Jahr
Doruntinas Heimkehr
Drei Trauerlieder für Kosovo
Um Zugang zu Ismael Kadarés nicht
einfachem Werk zu bekommen, sind
Kenntnisse der Geschichte Albaniens
sehr hilfreich.

Das Gebiet um Ohrid- und Prespasee

Die Senke tektonischen Ursprungs, in der die drei großen Seen liegen (Ohridsee sowie der Kleine und der Große Prespasee) ist von bis zu 2000 Meter hohen Bergen umgeben. Einige dieser Bergkuppen sind das ganze Jahr über mit Schnee bedeckt, was der Landschaft einen besonderen Reiz verleiht. Die großen Wasserflächen (Ohridsee: 363 Quadratkilometer, Prespasee: ungefähr 300 Quadratkilometer) und die majestätischen Berge sind nicht nur landschaftlich sehr beeindruckend, sondern waren wegen des günstigen Klimas und des relativ guten Bodens von jeher bevorzugtes Besiedlungsgebiet auf dem Balkan. Aufgrund ihres kulturellen Reichtums und der Gastfreundlichkeit ihrer Bewohner wird die Gegend heute gerne von Touristen aus dem In- und Ausland besucht. Das Gebiet um Ohrid- und Prespasee wurde 1980 wegen seiner historischen Bedeutung und wegen der Vielfalt von Flora und Fauna von der UNESCO zum Weltkulturerbe erklärt.

Der Süden

Anreise

Von Tirana aus fahren täglich Minibusse nach Korçë, die größte Stadt in der Region. Da die Abfahrtstellen der Minibusse wegen Bauarbeiten in der Hauptstadt ständig wechseln, können Sie sich bei Taxifahrern oder Polizisten nach dem aktuellen Abfahrtspunkt erkundigen. Die Fahrt von Tirana bis Korçë (180 Kilometer) dauert, einschließlich einer halbstündigen Kaffeepause, etwa drei Stunden. Der Preis liegt etwa bei 700 Lek.

Die Eisenbahn, das billigste Verkehrsmittel in Albanien, fährt vom Bahnhof in Tirana zweimal täglich - einmal am frühen Morgen und einmal um die Mittagszeit - bis in die Nähe von Pogradec, nach Gur i Kuq (Roter Stein). Die Fahrt dauert fünf Stunden und ist sehr zu empfehlen, wenn Sie aus dem Fenster Landschaftsaufnahmen machen wollen. An eindrucksvollen Motiven mangelt es nicht. Wie bereits an anderer Stelle erwähnt: Erwarten Sie bitte keinen Luxus in diesem Zug!

Sollten Sie in der glücklichen Lage sein, mit dem eigenen Wagen oder mit einem Taxi von Tirana nach Korçë auf der alten, von den Römern angelegten und heute sehr gut ausgebauten Via Egnatia zu fahren, so befindet sich etwa auf halber Strecke (bevor Sie die Stadt Librazhd erreichen) das Restaurant ›Gjahtari‹ (zu Deutsch: Der Jäger). Dies ist ein schöner Ort, um eine Pause einzulegen. Das Restaurant liegt links, etwas abseits von der Straße, und hat einen sehr schönen Garten am Ufer des Shkumbin. Das Essen ist ausgezeichnet und preiswert.

Von Thessaloniki (Griechenland) fahren dreimal täglich Busse der albanischen Firma Skënderbeu über Kastoria nach Korçë. Die Fahrt dauert ungefähr fünf Stunden (ohne Wartezeiten an der Grenze) und kostet etwa 20 Euro.

Eine andere Möglichkeit ist die Fahrt mit dem eigenen Wagen über Ioannina und Konitsa in Griechenland bis zur albanischen Grenze. Von dort aus können Sie die Gebirgsstraße über Leskovik und Ersekë bis nach Korçë nehmen. Nach dem Grenzübertritt in Albanien gibt es hier keine öffentlichen Verkehrsmittel bis nach Korçë. Die Straße ist nicht in allerbestem Zustand, bietet jedoch wunderschöne landschaftliche Eindrücke.

Von Makedonien aus (falls Sie in Skopje mit dem Flugzeug oder mit dem Wagen ankommen) gibt es zwei Grenzübertritte nach Albanien. Bei Qafë e Thanë (Paß der Kornelkirsche, etwa 900 Meter hoch) warten Minibusse und Taxis, die

Der Prespasee

Sie bis nach Pogradeëc oder Korçë befördern. Doch in Makedonien müßten Sie ab Struga ein Taxi bis zum Grenzübertritt nehmen, da es keine öffentlichen Verkehrsmittel gibt.

Busverbindungen gibt es von allen größeren Städten aus. In größeren Orten der Gegend besteht überall die Möglichkeit, einen Pkw zu mieten.

Der südlichere Grenzübertritt, von Makedonien kommend, führt durch den albanischen Ort Tushëmisht, am südlichen Ufer des Ohridsees. Von diesem kleinen Ort aus ist es etwas schwierig, eine Transportmöglichkeit zu organisieren. Doch es führt ein sehr schöner Weg entlang am Ohridsee, bis zum Hotel ›Millenium‹, das direkt am Ufer des Sees gelegen ist (Entfernung von Tushëmisht: ungefähr zwei Kilometer). Die Zimmer sind sehr luxuriös ausgestattet, und von den meisten haben Sie einen sehr schönen Blick auf den See. Der Preis für ein Doppelzimmer mit Frühstück beträgt etwa 25 bis 40 Euro. Das Essen ist hier sehr gut und ebenfalls recht preiswert. Eine Spezialität auf der Speisekarte ist der Koran, ein sehr schmackhafter Fisch, der leider vom Aussterben bedroht ist. Man ist dazu übergegangen, den Fisch zum Verzehr in Farmen zu züchten. So können Sie ihn ohne Skrupel in einem der zahlreichen Restaurants in der Umgebung genießen.

Sollten Sie Lust bekommen haben, im schönen Hotel ›Millenium‹ einige Tage zu verweilen, können Sie, am Seeufer entlang, einen kleinen Spaziergang nach Drilon unternehmen. Diese kleine Parkanlage mit ihren romantischen Trauerweiden liegt etwas abseits von der Straße, an einem toten Arm des Ohridsees, in dem Schwäne in erhabener Gemächlichkeit ihre Bahn ziehen. Die Ruhe und Abgeschiedenheit des Ortes verfehlen sicher nicht ihre entspannende Wirkung auf gestreßte Gemüter.

Auch Enver Hoxha liebte diesen Ort und erholte sich hier von seinen Regierungsgeschäften. Doch auch hier verließen ihn nie - wahrscheinlich nicht ohne Grund - seine paranoiden Vorstellungen. Die zahlreichen Bunker in der Umgebung legen ein beredtes Zeugnis vom Schutzbedürfnis des Diktators ab. Die Menschen der Umgebung erzählen, daß vor seiner Anreise und während seines Aufenthaltes immer ein riesiges Polizeiaufgebot die Gegend absperrte und überwachte. Man hat auch hier - wie in vielen anderen Gegenden Albaniens - inzwischen damit begonnen, die Bunker zu zerstören. Ein Zeichen dafür, daß die Wunden, die den Menschen in dieser schwierigen Zeit geschlagen wurden, allmählich verheilen.

Vom Hotel ›Millenium‹ - man spricht dort etwas Englisch - wird man Ihnen sicher gerne behilflich sein, ein Taxi oder eine Mitfahrgelegenheit bis nach Pogradec zu organisieren.

Pogradec und Umgebung

Vom ausgehenden 9. bis zu Beginn des 10. Jahrhunderts, als die bulgarischen Zaren Samuel, Gabriel und Johannes einen Großteil des Balkan beherrschten, stellte die Stadt Pogradec (Pod Grad: Ort unterhalb der Festung) einen Mittelpunktort des makedonischen Reiches dar. Bis heute ist die Stadt am Ufer des Ohridsee (Liqeni i Ohrit), der den landschaftlichen Reiz und die Attraktion für den Tourismus begründet, ein besonderer Anziehungspunkt der Region. Der Ohridsee ist der zweitgrößte See auf dem Balkan und für sein sauberes, kristallklares Wasser bekannt. An seiner tiefsten Stelle wurden 286 Meter gemessen. Die Wassertemperatur beträgt im Sommer zwischen 20 und 23 Grad Celsius. Der Ohridsee wird aus unterirdischen Gewässern des Prespasees gespeist und gehört zu zwei Dritteln zu Makedonien. Der Schwarze Drin, der bei Struga aus dem See austritt und zunächst

Ohridsee

Tirana,
Lin

Blvd. R Çollaku

Hotel
›Enkelana‹

Blvd. Dëshmorët e Pojskës

Makedonien →

Hotel
›Tea‹

Busse nach Korçë
und Taxi-Stand

Korçë

Pogradec

0   150   300 m

eine große Strecke Makedoniens sowie später den Osten Albaniens durchfließt, sich bei Fierzë mit dem Weißen Drin vereinigt und schließlich bei Shkodër in die Adria mündet, hat hier seine Quelle.

Wie in anderen Seen tektonischen Ursprungs, finden sich auch im Ohridsee viele endemische Fischarten sowie an den Ufern zahlreiche Vogelarten. So etwa Dalmatinische Pelikane, Bleßhühner, Haubentaucher und Kormorane.

Von Mai bis Oktober liegen die Temperaturen in dieser Region bei angenehm 26 bis 29 Grad Celsius. Die Strandpromenaden in Pogradec mit ihren herrlichen Blumenanlagen, deren Farben in jeder Jahreszeit wechseln, laden zu ausgedehnten Spaziergängen ein. Wegen dieser Blumenanlagen mit ihrer Farbenpracht wird Pogradec auch die ›Stadt der Blumen‹ genannt.

Pogradec ist eine ruhige Kleinstadt mit knapp 40 000 Einwohnern. Nicht zuletzt wegen der landschaftlichen Schönheit der Gegend haben sich hier einige Maler angesiedelt, die interessante, individuelle Stilrichtungen vertreten. Ihre Ateliers sind für Besucher geöffnet. Zu den bekanntesten Künstlern gehören Konstandini (bekannt unter dem Namen Taso), G. Zeka, V. Vasili und Gj. Lako.

Die albanischen Dichter Lasgush Poradeci und Mitrush Kuteli wurden in Pogradec geboren und haben dort gelebt. Poradecis Gedichte und Kutelis Erzählungen sind im Ausland leider noch viel zu wenig bekannt.

Auf den offenen Bauernmärkten der Stadt können Sie ungespritztes Obst, frisches Gemüse, Honig und Weine aus der Region oder auch verschiedene Marmeladensorten kaufen. Handeln ist hier unüblich.

Die Kohle-, Chromit- und Eisenvorkommen der Umgebung wurden in der Zeit des Kommunismus abgebaut, doch die Industrieanlagen, heute unmodern und unrentabel, sind nicht mehr in Betrieb. Während der politischen Unruhen 1996/97 wurden sie zerstört, und wie vielerorts in Albanien wird das Landschaftsbild auch hier durch die Ruinen leider an einigen Stellen beeinträchtigt.

Pogradec ist bekannt für Folklorefeste, die sich auf religiöse oder geschichtliche Ereignisse gründen. Am 6. oder 19. Januar eines jeden Jahres findet das Fest von Johannes dem Täufer statt. Ein Bischof segnet dann das Wasser und wirft ein Kreuz in den See. Mutige Jugendliche tauchen nach dem Kreuz, und dem Finder soll – gemäß eines alten Volksglaubens – das kommende Jahr viel Glück bringen. Am 21. Juni werden das Fest des Ohridsees und die Nacht der Dichtung begangen, am ersten Samstag im September das Familien-Wein-Fest, und alljährlich im Oktober wird noch einmal eine Nacht der Dichtkunst gewidmet.

Die Infrastruktur für den Tourismus verbessert sich von Jahr zu Jahr. Hotels und Restaurants bieten den Gästen gepflegte Zimmer und gutes Essen. Ein Ausbildungszentrum für das Gaststättengewerbe in Pogradec soll gewährleisten, daß für die Touristen ausreichend geschultes Personal zur Verfügung steht.

Der Süden

Lin am Ohridsee

Funde aus dem Neolithikum (6000 v. Chr.) haben bewiesen, daß das Gebiet um Pogradec schon seit langem besiedelt ist. Das Schloß von Pogradec, oberhalb der Stadt auf einer Anhöhe von etwa 900 Metern gelegen, wurde von den Illyrern erbaut. Von dort aus haben Sie einen wunderschönen Blick auf See und Berge.

Etwa 30 Kilometer in nordwestlicher Richtung liegt bei Mokra der historische Friedhof von Selca, wo Grabstätten aus dem 5. Jahrhundert vor Christus gefunden wurden. Auf dem Weg dorthin überqueren Sie die Brücke von Goliku, ein Teilstück der ehemaligen Via Egnatia. Die Legende erzählt, daß der Apostel Paulus diese Brücke überquerte, als er auf dem Weg nach Konstantinopel war.

Etwas abgelegen in den Bergen, bei Rodokal und Omezh, sollen Familienangehörige mütterlicherseits von Alexander dem Großen gelebt haben.

In einer Bucht am Ufer einer Halbinsel des Ohridsees liegt das malerische Dorf Lin. In einer antiken christlichen Basilika ist ein wunderschönes, recht gut erhaltenes Mosaik mit Vogel- und Fischmotiven aus dem 6. Jahrhundert nach Christus zu sehen. Die schönen Fresken in der byzantinischen Kirche des Ortes wurden in der Neuzeit restauriert. Gepflegte Restaurants und Hotels am Seeufer laden zum Bleiben ein.

 Vorwahl: 003 55(0)83. Tourism Information Office Pogradec, Bashkia Rruga Reshit Collaku, Lagja Nr. 2, Pogradec, Albania, Tel. 23 75.

 In Pogradec
Hotel ›Enkelana‹, Bulevardi R. Çollaku, Tel. 220 10, Mobil 068/2058956.; EZ etwa 20 Euro.

▶ Hotel ›Royal‹, Bulevardi Çollaku, Tel. 231 59; EZ etwa 20 Euro. Alle Räume mit Bad und TV ausgestattet.

▶ Hotel ›Tea‹, Bulevardi Çollaku (etwas abseits der Hauptstraße), Tel. 229 47, Fax 229 09. EZ inkl. Frühstück 20 Euro, DZ 30 Euro. Alle Räume mit Klimaanlage und TV ausgestattet. Moderne Einrichtung, Kreditkarten werden akzeptiert. Außerdem gibt es Familien in der Stadt, die ›Bed and Breakfast‹ anbieten. Adressen sind zu erfragen im Touristen-Büro Pogradec.

In Lin
▶ Touristenanlage ›Lyhnhidas‹ Rruga Nacionale, Qafë-Thanë, Pogradec, Buzë Liqenit (Seeufer), Mobil 069/209 51 81. In der Anlage gibt es ein Schwimmbad.

▶ ›Natyrë e Qetë‹, Rruga Nazionale, Qafë-Thanë, Pogradec, Buzë Liqenit (Seeufer), Mobil 068/226 55 57. Gemütliches Motel mit fünf Zimmern, Bar, Restaurant und bewachtem Parkplatz

▶ Hotel ›Lin‹, Lin, Qafë-Thanë, Pogradec, Buzë Liqenit (Seeufer).

▶ Hotel ›Shen Naumi‹, am Eingang der Stadt am Seeufer, Mobil 068/238 30 01; DZ mit Frühstück etwa 2000 Lek.

Korçë und Umgebung

Auf einer Höhe von 896 Metern über dem Meeresspiegel, am Fuße der Morava-Berge gelegen, befindet sich der Bezirk Korçë. Er ist nach Shkodër der zweitgrößte Bezirk Albaniens und bedeckt eine Fläche von etwa einem Achtel des Landes. Die Hochebene von Korçë ist von Gebirgen umgeben, die im Südosten, in der Ostrovicë, fast 2000 Meter Höhe erreichen. Da die Gebirge hier nicht so schroff sind wie in den Albanischen Alpen, ist dies ein beliebtes Skigebiet, zumal es im Winter recht kalt werden kann und reichlich Schnee fällt. Die Sommertemperaturen sind aufgrund der Höhenlage recht angenehm.

Im Laufe der Jahrhunderte erlebte die Stadt eine unruhige, wechselvolle Geschichte. An der südöstlichen Grenze des illyrischen Stammesgebietes gelegen, wurde die Region um die Stadt wegen des fruchtbaren Bodens, der Bodenschätze und der landschaftlichen Vielfalt vor allem von den Griechen heftig begehrt.

Historischen Unterlagen zufolge wurde Korçë in der ersten Hälfte des 15. Jahrhunderts gegründet. Beherrscht wurde das Gebiet von der Familie Muzakajt, reiche Feudalherren ihrer Epoche. Die Stadt war damals ein wichtiges Handelzentrum, das von Karawanen aus Albanien auf ihrem Weg in die Türkei, nach Griechenland und nach Rußland durchquert wurde.

Im 17. Jahrhundert, besonders nach der Zerstörung Voskopojës, entwickelte sich Korçë zu einem bedeutenden Handwerks- und Handelszentrum der Region. In dieser Zeit bildete sich hier das Handwerk der Teppichknüpferei heraus. Nicht nur Teppiche wurden hier geknüpft, sondern auch Decken aus Schafwolle oder Ziegenfell an Handwebstühlen gefertigt. Bis heute gibt es Familien in Korçë, die diese Tradition fortsetzen und farbenfrohe Decken und Teppiche in recht guter Qualität herstellen. Der ›Sexhade‹ ist ein handgeknüpfter Teppich, der, was Aussehen und Qualität anbetrifft, mit der Beschaffenheit von Persertteppichen durchaus konkurrieren kann, durch farbenfrohe Muster auffällt, aber wesentlich preisgünstiger ist.

In der zweiten Hälfte des 19. Jahrhunderts war hier die Rilindja-Bewegung sehr aktiv, so daß sich neben Shkodër ein weiteres intellektuelles Zentrum albanischen Widerstandes gegen die Türkenherrschaft bildete.

Während der Aufstände im Epirus von 1913 wurde das Gebiet von Anhängern der griechischen Irredenta überfallen und ausgeplündert. Korçë wurde besetzt, bis die griechische Regierung auf internationalen Druck die Stadt räumen mußte. Doch schon ein Jahr später kehrte die griechische Armee plündernd und mordend zurück und besetzte das Land um Korçë bis Berat. Viele Albaner wanderten damals aus diesem Grunde aus und bilden bis heute einen Großteil der albanischen Diaspora in den Vereinigten Staaten von Amerika.

Während der Wirren des Ersten Weltkrieges wurde Korçë sogar für einige Jahre (1916–1918) zur autonomen Republik unter französischem Protektorat und

Der Süden

rettete sich auf diese Weise vor den Expansionsplänen des Nachbarlandes sowie dem drohenden Anschluß an Griechenland.

Bis 1921, als die Europäischen Großmächte die Grenzen Albaniens endgültig festlegten, blieb Korçë immer griechischen Territorialansprüchen ausgesetzt.

Heute ist die Stadt ein Zentrum kulturellen Lebens in Albanien. Die rund 100 000 Bewohner sind nicht umsonst stolz auf ihr historisches und kulturelles Erbe sowie auf die Tapferkeit und den Mut der Bevölkerung, die einen großen Teil dazu beitrug, daß das Land schließlich die Unabhängigkeit erreichte. Trotz vieler Kriege und Eroberungen durch ausländische Mächte zeichnet sich die Bevölkerung heute durch religiöse Toleranz und Gastfreundschaft Fremden gegenüber aus.

Im fruchtbaren Umland von Korçë werden Gemüse, Wein und Getreide angebaut. Hier wurde auch die erste Brauerei Albaniens gegründet. Sie ist noch heute in Betrieb. Daneben gibt es in der Stadt holzverarbeitende Industrie und Schuhfabriken.

Wie in manchen anderen Städten Albaniens (Shkodër, Gjirokastër), wirkt die Altstadt leider etwas vernachlässigt, wenn auch die ehemalige historische, kulturelle und wirtschaftliche Bedeutung nicht zu übersehen ist. Der alte türkische Markt im historischen Stadtzentrum und das Stadtviertel zwischen dem Bulevardi Shen Gjergji und dem Bulevardi Republika sind einen Besuch wert. Die engen Gassen mit dem Kopfsteinpflaster und einigen gut erhaltenen alten Häusern versetzen Sie in die Vergangenheit. In einer der alten Villen, in der sich heute ein Café befindet, lebte Themistokli Gërmenji – jener Albaner, der im Dezember 1916 den Bezirk Korçë zur Autonomen Republik erklärte.

Gegenüber dem Rathaus (Bashkia) befindet sich eine Statue Naim Frashëris, einem der bekannten Frashëri-Brüder. Wenn Sie dieser Straße folgen, stoßen Sie auf die Überreste der ältesten Moschee Albaniens, der Iliaz-Bej-Mirahori-Moschee. Sie wurde Ende des 15. Jahrhunderts erbaut, also kurz nach der Besatzung Albaniens durch die Ottomanen. Die Moschee ist nach dem Gründer der Stadt, Ilia Panarati, benannt. Teile der Moschee wurden während eines Erdbebens zerstört.

Der großzügig angelegte Bulevardi Republika ist der Dreh- und Angelpunkt des modernen gesellschaftlichen Lebens in Korçë und erinnert mit den gepflegten Bürgersteigen, der schattenspendenden Lindenallee und den zahlreichen Cafés und Restaurants an die Atmosphäre südfranzösischer Städte. Alte Villen, versteckt hinter lauschigen Vorgärten und geschützt durch kunstvoll verzierte Metallgitter, zeugen von bürgerlichem Wohlstand.

Nicht zu übersehen ist die riesige, orthodoxe Kathedrale (Auferstehungskathedrale) am südlichen Ende des Bulevardi Republika. Sie wurde 1992 erbaut und ist die größte orthodoxe Kirche in ganz Albanien.

Korçë, ein Zentrum für Kultur und Erziehung, verfügt über einige Grund-, Sekundar- und Berufsschulen sowie eine Universität.

Handgeknüpfte Teppiche, silberne Schmuckgegenstände wie Ohrringe, Broschen, Armbänder, Ringe und Ketten aus den Filigranwerkstätten in Korçë und den umliegenden Orten sind wertvolle Souvenirs aus der Region. Etwas ganz

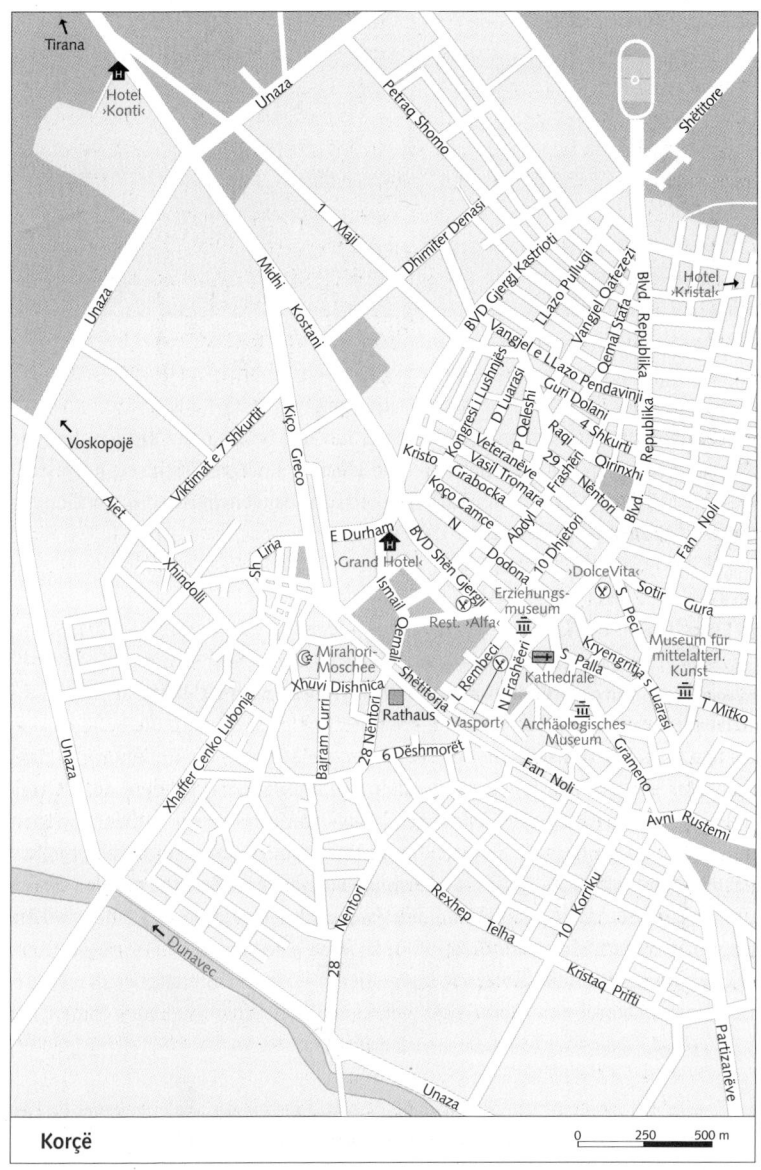

Der Süden

Korçë

0   250   500 m

Am Ohridsee

Besonderes sind die Schmuckgegenstände mit den bekannten Ohrid-Perlen, die aus den Schuppen der ›plashica‹, kleinen Fischen aus dem Ohridsee, hergestellt werden. Die Produktion dieser Perlen ist ein Familiengeheimnis, das von Generation zu Generation weitergegeben wurde.

Museen in Korçë

Am 7. März 1887 wurde in Korçë die ›Mesenjtorja‹ eröffnet, die erste Schule für Knaben, in der alle Fächer in Albanisch unterrichtet wurden. Heute befindet sich in dem Gebäude das sehr liebevoll ausgestaltete Museum für Erziehung, in dem nicht nur Fotografien der ersten Schüler und ihrer Lehrer, sondern auch Originalschriften des albanischen Alphabets von Naum Veqilharxhi und dem zweiten albanischen Alphabet von Konstandin Kristoforidhi zu sehen sind. Im Vorgarten des Museumsgebäudes weist eine Skulptur aus weißem Marmor mit den ersten drei Buchstaben des Alphabets auf den Zweck des Gebäudes hin. Leider sind die Exponate nicht in Englisch beschriftet. Es wäre also sinnvoll – vor allem, wenn Sie sich für die Rilindja-Bewegung interessieren –, einen Dolmetscher zu engagieren. Da es in Korçë eine Universität gibt, lassen sich sicher Studenten finden, die

Zu Fuß über den Llogara-Paß; Selbstgebaute Brücke
Landschaft am Koman-Stausee; In der Nähe von Theth in den Albanischen Alpen

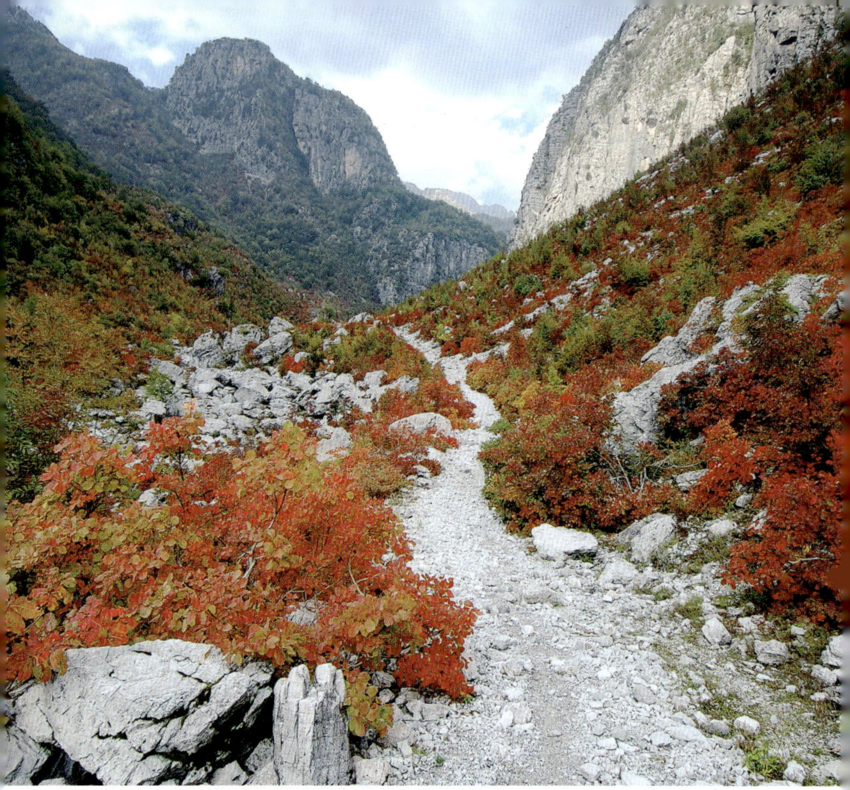
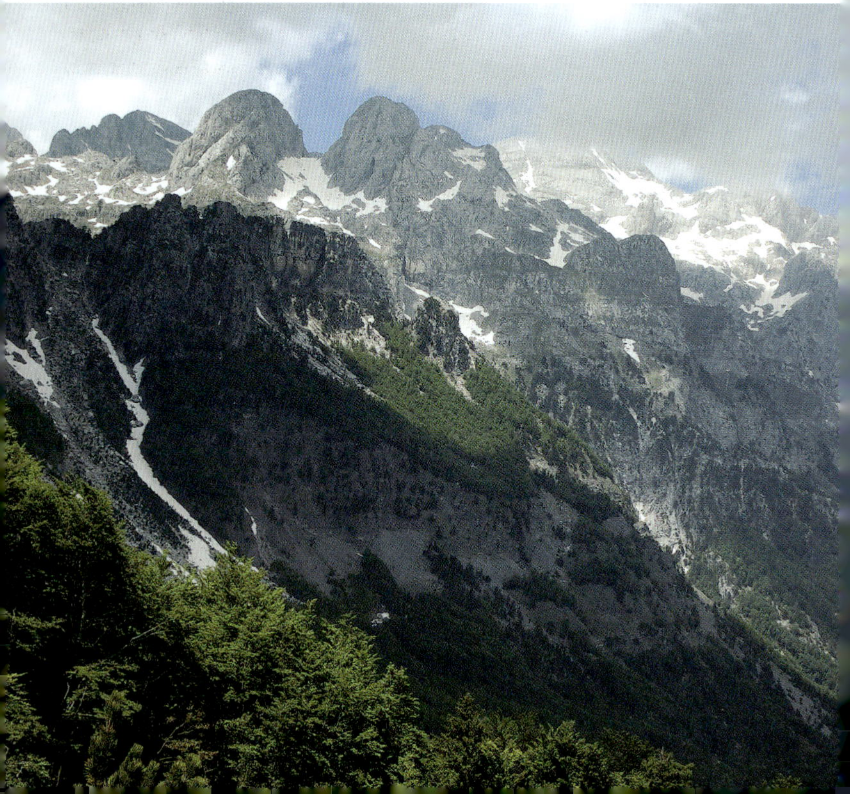

stolz sein werden, für Sie gegen ein geringes Entgelt zu übersetzen. Da es keine festgelegten Öffnungszeiten gibt, klopfen Sie einfach an die Tür des Museums oder bitten Sie in der Nachbarschaft um Auskunft.

In der Nähe der orthodoxen Kathedrale finden Sie ein interessantes und sehr reichhaltig ausgestattetes Archäologisches Museum, das in einem der traditionellen Häuser Korçës aus dem frühen 19. Jahrhundert untergebracht ist. Die meisten Exponate stammen aus Ausgrabungen der umliegenden Gebiete und werden dem Neolithikum, also der Bronze- und Eisenzeit, zugeordnet. Aus dem Neolithikum werden Geräte gezeigt, die die Menschen für ihr tägliches Leben benutzten, sowie Knochenfunde von Tieren, die während der Jagd erlegt wurden oder als Haustiere mit den Menschen lebten. Von besonderem Interesse sind die Modelle der Hünengräber, die in der Umgebung von Korçë entdeckt wurden. Grabbeigaben, die die Toten von ihren Hinterbliebenen für das Leben im Jenseits erhielten, belegen, daß die Menschen an ein Weiterleben nach dem Tod glaubten. Die Bewohner der Antike, die die Region um Korçë bevölkerten, hatten schon Kontakt mit anderen europäischen Kulturen. So hat man bei Ausgrabungen Keramiken gefunden, die aus Mitteleuropa stammen, und Waffen, wie sie in Mykene benutzt wurden. Auch Funde aus der hellenischen und thrakischen Kultur wurden hier entdeckt. Zum Teil sind sie hier ausgestellt, zum Teil auf Fotografien von den Ausgrabungsorten zu sehen. Der größte Teil der Ausgrabungsstücke aus dieser Gegend befindet sich im Nationalmuseum in Tirana. Das Museum hat keine offiziellen Öffnungszeiten. Melden Sie sich beim Pförtner an, dann wird Sie einer der Museumswärter sicher herumführen.

In einer ehemaligen Kirche östlich der neuen orthodoxen Kathedrale ist das Nationalmuseum für albanische Kunst des Mittelalters untergebracht. Der Museumsdirektor, selbst Maler, spricht ein sehr gutes Französisch. Die offiziellen Öffnungszeiten sind montags bis freitags von 8 bis 14 Uhr. Da hier nicht gerade ein Massenandrang von Besuchern herrscht, empfiehlt es sich, vorher telefonisch einen Termin für eine qualifizierte Führung abzumachen (Tel. 430 22). Im Museum finden sich Kunstwerke mit religiösen Motiven aus mehreren Epochen, doch insbesondere sind Ikonen von Künstlern der Berat-Schule ausgestellt, die im 16. Jahrhundert große Bedeutung erlangte. Die wichtigsten Repräsentanten dieser Kunstrichtung sind Onufri und dessen Sohn Nikolla. Die meisten Werke dieser beiden Künstler sind zwar im gleichnamigen Museum in Berat ausgestellt, doch das Museum in Korçë beherbergt ebenfalls eine Reihe von Malereien dieser beiden Künstler. Onufris Ikonen sind besonders auffallend durch ein sehr markantes Rot

Der Süden

Blick auf Berat; Am Ionischen Meer bei Ksamil
Herbst in den Albanischen Alpen; Bergpanorama des Dukagjin

und für die damalige Zeit sehr realistische, manchmal fast bedrohlich wirkende Darstellungen von Szenen des täglichen Lebens. Im 18. Jahrhundert bildete sich in Korçë eine Stilrichtung religiöser Malerei heraus, die insbesondere durch die beiden Zografi-Bürdern Konstandin und Athanas vertreten wird (Zografi bedeutet auf Griechisch ›Maler‹). Die beiden Brüder lebten einige Zeit in Griechenland und malten Fresken in einigen der Klöster auf dem Berg Athos. Auffallend ist, daß sie ihre Werke nicht nur mit ihrem Namen, sondern auch mit dem Zusatz Shqiptar (Albaner) unterzeichneten – ein Hinweis auf ihre Nationalität, der gleichzeitig eine Abgrenzung und Stolz auf ihre Herkunft. erkennen läßt. Weitere herausragende Künstler dieser Zeit, deren Werke im Museum gezeigt werden, sind Konstandini Shpataraku und Çetiri, ebenfalls Repräsentanten der Stilrichtung der Korçë-Schule des 18. Jahrhunderts, welche westliche Einflüsse und realistische Stilelemente aufweist. Alte Bibeln mit Buchdeckeln aus gehämmertem Silber, Meßkelche und andere wertvolle Kultgegenstände sind ebenfalls im Museum zu sehen. Im Nebengebäude können Sie eine holzgeschnitzte Ikonenwand (Ikonostase) bewundern. Dies besonders schöne Kunstwerk wurde aus einer mittelalterlichen Kathedrale gerettet, die durch ein Erdbeben zerstört wurde.

Dem bekannten albanischen Landschaftsmaler Vangjush Mio (1891–1957) ist ein eigenes Museum gewidmet, das Vangjush-Mio-Museum. Nach ihm ist auch noch ein Kulturzentrum benannt, das Kulturzentrum Vangjush Mio. In diesem sind eine Kunstgalerie, eine Bücherei, ein Chor, eine Band und das Skanderbeg-Ensemble untergebracht. Ortsansässige zeitgenössische Maler zeigen hier in wechselnden Ausstellungen ihre Kunstwerke.

Wer sich für Fotografie interessiert, sollte nicht versäumen, die Fotosammlung von Kristaq Sotiri (1883–1970) zu besuchen. Es handelt sich um eine Privatsammlung von Fotografien, die historisch und künstlerisch interessant sind. Sotiri lebte und lernte lange Zeit in den USA. Sein Privatstudio befand sich in New York.

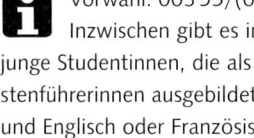 Vorwahl: 003 55/(0)82. Inzwischen gibt es in Korçë junge Studentinnen, die als Touristenführerinnen ausgebildet sind und Englisch oder Französisch recht fließend sprechen. Sie können Sie über das Büro der GTZ, wo einige Angestellte auch Deutsch sprechen, erfragen, Tel. 442 00.

 ›Grand Hotel‹, Zentrum Korçë, Tel. 431 68, 443 39; EZ 20 Euro einschl. Frühstück und bewachtem Parkplatz. Moderne Räume mit Heizung, TV und Telefon.

▶ Hotel ›Konti‹, Rruga Nacionalë Korcë–Tiranë, 1 km außerhalb der Stadt, links an der Straße nach Tirana, Tel. 449 27; DZ 25–35 Euro, je nach Ausstattung. Gutes Restaurant, Bar, hübscher Garten.

▶ Hotel ›Kristal‹, auf einem Hügel östlich oberhalb der Stadt gelegen,

Tel. 489 92; DZ 15 bis 45 Euro, je nach Größe und Ausstattung. Modern, mit Restaurant, schöner Blick auf die Stadt, bis spät in die Nacht Musik im Gartenrestaurant.

Aus den frischen Gemüsen der Region lassen sich wunderbare Gerichte zaubern. Nicht nur Salate und Byrek, gefüllt mit Spinat, Tomaten oder Feta-Käse, sind köstlich. Große Bohnen (fasolada) werden zu Suppen oder Gemüsegerichten verarbeitet, gewürzt mit dem scharfen, roten Pfeffer der Region (bukovska piper). Ein typisches Gericht aus Korçë ist Lakror, ein mit Tomaten und Zwiebeln gefüllter Auflauf. Neben frischem Fisch aus dem Ohrid- und Prespasee sind Lamm- und Ziegenfleisch besonders köstlich. Zu allen Gerichten wird frisches Brot gereicht, das auf traditionelle Weise in speziellen Öfen in den Dörfern gebacken wird. Die regionalen Weine Merlot oder Tokayer runden die Mahlzeit ab.

▸ Im Stadtzentrum ist das Restaurant ›Dolce Vita‹ zu empfehlen, das neben guten Pizzen auch traditionelle Gerichte anbietet.

▸ Das Restaurant ›Alfa‹ am Bulevardi Shen Gjergji hat sehr gute Salate.

▸ Im ›Vasport‹ in der Rruga Naim Frashëri können Sie sehr gute Fleischgerichte bekommen.

▸ Ein besonders interessantes Ambiente – neben herzhaften Pizzen und anderen Gerichten – finden Sie in der Bar ›Alketi‹, in der Nähe der orthodoxen Kathedrale.

Der Süden

Voskopojë

Man erreicht Voskopojë von Korçë aus nur mit einem Taxi, da es keine öffentlichen Verkehrsmittel gibt. Die notdürftig ausgebaute Straße windet sich bis zu einer Höhe von etwa 1200 Metern, bis sie den Wintersport- und Luftkurort Voskopojë erreicht. Nur wenig erinnert in dem Dorf von nicht mehr als rund 700 Einwohnern an seine glorreiche Vergangenheit.

Im 14. Jahrhundert war Voskopojë religiöser und wirtschaftlicher Mittelpunkt für das Hirtenvolk der Aromunen, die hier ihr Vieh weideten. Im 17. Jahrhundert hatte sich der Ort zu einem wirtschaftlichen und kulturellen Zentrum der Region entwickelt und war in der damaligen Zeit mit fast 35 000 Einwohnern eine der größten Städte des Balkans. Die Akademie von Voskopojë war weit über die Grenzen des Balkans bekannt, und die aus ihr hervorgegangenen Wissenschaftler pflegten Kontakt mit bekannten Philosophen anderer europäischer Länder. Die Stadt verfügte über die erste Druckerpresse in der Region.

Bis heute ist der plötzliche Niedergang Voskopojës nicht vollkommen aufgeklärt. Im Jahre 1769 sollen Räuber die Stadt überfallen, geplündert und die

Gebäude in Brand gesteckt haben. 1789 wurde die Stadt abermals zur Beute von Räubern und Plünderern, und 1916 (im Ersten Weltkrieg) wurde sie ein drittes Mal zerstört. Die Überlebenden flüchteten nach Korçë, der Ort verfiel. Von den einst 24 Kirchen sind noch sieben übriggeblieben. Sie befinden sich größtenteils in bedauernswertem Zustand. Man versucht zur Zeit, die Fresken der bekannten zeitgenössischen Maler (David Selenica sowie die Brüder Konstandin und Athanasas Zografi) freizulegen und zu restaurieren.

Die Kirche des heiligen Nikolas, im Zentrum des Ortes, wurde 1726 erbaut und enthält an den Außenwänden Fresken der Brüder Zografi. Wenn es Ihnen gelingt, den Priester im Ort zu finden, können Sie im Innern die Wandmalereien von David Selenica besichtigen. Sie sind verhältnismäßig gut erhalten. Die Ikonen der Ikonenwand in der Kirche wurden ins Nationalmuseum für Albanische Kunst des Mittelalters in Korçë gebracht.

Das Kloster von St. Prodhromi, versteckt in den Wäldern oberhalb des Dorfes, liegt etwas außerhalb, in der Nähe des Hotels ›Akademia‹. Die Kirche wurde 1632, das Klostergebäude jedoch später gebaut. In der kleinen Kirche, deren Ikonen kürzlich restauriert worden sind, besticht eine besonders schöne Ikonenwand. Der Eingangsbereich wurde auf dem Fundament einer Bektashi-Teke errichtet.

Bis zum Hotel ›Akademia‹ ist die Straße befahrbar. Der letzte, etwas beschwerliche Anstieg muß zu Fuß bewältigt werden – ein kleiner Spazierweg, der sich lohnt, denn von dort oben haben Sie einen herrlichen Rundblick über die Landschaft um Voskopojë.

Wegen der unberührten Landschaft und der reinen Luft wird Voskopojë gern von den Bewohnern Korçës und Tiranas aufgesucht. Die Wintersportmöglichkeiten in der Gegend sind einmalig gut, denn reichlich Schneefall ist in jedem Jahr garantiert, und die Abhänge eignen sich hervorragend für lange Abfahrtsläufe.

 Hotel ›Akademia‹, Tel. 086/ 32 02 10; DZ 3000– 4000 Lek. Wunderschöne Hotelanlage in großem Park. Bar, Restaurant mit traditioneller Küche, guter Service. Verschiedene Sportmöglichkeiten, Konferenzräume. In der kommunistischen Zeit war der Komplex Erholungsort für Arbeiter, ein junger, engagierter Geschäftsführer plant weitere Modernisierungen.
▶ Touristenanlage ›St. Vasili‹,

Tel. 082/431 68, 443 39; DZ 3000– 4000 Lek. Im Zentrum von Voskopojë. Reichhaltiges Frühstücksbuffet, traditionelle und internationale Küche. Offener Kamin, Tennis- und Tischtennisanlage, Sauna, Reiten.
▶ Mehrere Familien im Ort bieten ›Bed and Breakfast‹ für 1000 Lek pro Nacht; eine gute Möglichkeit, um in Kontakt mit der einheimischen Bevölkerung zu kommen.
Eine Broschüre mit den Adressen

der verschiedenen Gastfamilien in Voskopojë gibt die Industrie- und Handelskammer am Bulevardi	Republika in Korçë heraus: Dhoma e Tregtisë dhe Industrisë, Bulevardi Republika, Tel. 082/424 57.

Die Umgebung von Korçë

Etwa 15 Kilometer nördlich von Korçë, am Fluß Devoll, liegt die sehr junge Stadt Maliq. Bis zur Zeit des Kommunismus war das Gebiet um Maliq ein sehr unzugängliches Sumpfgebiet. Eines der Verdienste Enver Hoxhas ist die Trockenlegung dieser Sümpfe zu Beginn der 50er Jahre des vorigen Jahrhunderts. Im Jahre 1951 wurde dann, mitten in diesem Gebiet, die Stadt Maliq gegründet. Wegen der Zuckerrüben verarbeitenden Fabrik nannten die Albaner die Stadt ›Zuckerstadt‹. Unter Archäologen und Historikern ist Maliq wegen der Funde aus Stein- und Bronzezeit bekannt, die während der Trockenlegung der Sümpfe 1948 entdeckt wurden. Tonscherben und Werkzeuge aus Feuerstein sind die wichtigsten Funde aus der Jungsteinzeit (4000–2000 v. Chr.), in der die Menschen in Schilfhütten wohnten. Aus der nachfolgenden Bronzezeit stammen hauptsächlich Keramiken mit schwarz-grauer Dekoration und weibliche Terrakotta-Plastiken. Man geht davon aus, daß die Menschen in dieser Epoche in Pfahlbauten lebten. Diese interessanten archäologischen Funde aus Maliq sind im Historischen Nationalmuseum von Tirana zu sehen.

Albanien ist reich an historisch, archäologisch und kulturell interessanten Plätzen, die leider viel zu wenig bekannt sind. Sicher liegt der Grund hierfür in der lange anhaltenden Isolation des Landes. So erfährt man bei Reisen im Land manchmal nur in Gesprächen mit den Menschen von den Kostbarkeiten und dem Reichtum, den das Land Besuchern zu bieten hat. In südwestlicher Richtung, in einer Entfernung von knapp drei Kilometern, wurde auf einem Hügel das ›Grab von Kamenica‹ gefunden – wohl einer der interessantesten Funde auf der ganzen Balkanhalbinsel. In dem Grab wurde das Skelett einer schwangeren Frau mit ihrem Baby entdeck. Die Grabstätte, deren Alter man auf etwa 5000 Jahre schätzt, hat Abmessungen von 74 mal 40 Metern. Auch die übrigen 210 Einzelgräber aus der Illyrerzeit geben Aufschluß über die Sitten und Gebräuche der Illyrer, die dieses Gebiet in vorgeschichtlicher Zeit besiedelten.

Sollten Sie längere Zeit in der Gegend um Korçë verweilen, lohnt sich ein Ausflug in das idyllische Dorf Dardhë, in südöstlicher Richtung in einer Entfernung von ungefähr 13 Kilometern von Korçë gelegen. Uraltes Kopfsteinpflaster, Häuser aus grauen Steinen inmitten von Bergwiesen mit unzähligen blühenden Blumen, erholsame Stille und frische Luft charakterisieren diesen Ort, den Stadt-

Der Süden

bewohner häufig an den Wochenenden besuchen. Ein gemütliches Restaurant, in dem Sie sich nach langen Spaziergängen oder Klettertouren erholen können, bietet schmackhafte traditionelle Gerichte aus der Region an. Dardhë liegt auf einer Höhe von etwa 1400 Metern über dem Meeresspiegel. Die Berghänge in der Umgebung sind im Winter ein ausgezeichnetes Skigebiet. Unter den zahlreichen Quellen im Ort und in der Umgebung ist das Uji i qelbur (deutsch: faules Wasser) für seinen Heileffekt bei Magen- und Nierenleiden bekannt.

Eine Alternative wäre auf der Rückfahrt die Einkehr in einem Restaurant in Boboshticë: Spezialität: gegrilltes Lammfleisch! Übrigens behaupten die Ein-

Nicht nur für Fahrzeuge ist der Weg manchmal beschwerlich

wohner von Boboshticë (wie auch zahlreiche Besucher), daß es hier den besten Raki Albaniens gibt, hergestellt aus Maulbeeren. Für Kunstinteressierte bietet sich die Besichtigung der beiden Dorfkirchen in Boboshticë mit ihren schönen Wandmalereien an.

Inmitten einer grandiosen Berglandschaft mit bis zu 1900 Meter hohen Gipfeln liegt, südwestlich von Korçë, in einer Entfernung von ungefähr 25 Kilometern, das malerische Bergdorf Vithkuq. Naturfreunde sowie passionierte Kletterer und Wanderer werden in der unberührten Natur mit der Vielfalt an Blumen und Kräutern und den herrlichen Landschaftseindrücken voll auf ihre Kosten kommen. Kunstfreunden wiederum empfiehlt sich der Besuch der alten Kirchen und Klöster in Vithkuq, mit den Fresken und Ikonen bekannter albanischer Künstler, darunter zum Beispiel Shpataraku und Zografi. In den Wäldern mit Buchen, alten Eichen und Nadelwald leben Bären, Wölfe, Füchse, Wild und Hasen.

Der Drevona-Nationalpark, wegen der ausgedehnten Tannenwälder auch Bredhi i Drevones genannt, liegt im Morava-Gebirge, östlich von Korçë, in Richtung Prespasee. Da die Wege hier nicht asphaltiert sind, empfiehlt es sich, den Park mit Fahrzeugen mit Allrad-Antrieb zu befahren. Nicht nur Tannenwälder, sondern auch bemerkenswert viele Haselnußbäume sind hier anzutreffen. Der Bozdovec Bär, eine seltene Bärenart, lebt hier in den Bergen.

Der Prespa-Nationalpark

Der beinahe 30 000 Hektar große Naturpark, 45 Kilometer in nordöstlicher Richtung von Korçë gelegen, umfaßt die Flächen von Prespa- und Ohridsee, Gebirge (Mal i Thatë – Trockenes Gebirge), Wälder und Weideland.

Vom Kleinen und Großen Prespasee gehört eine Fläche von 50 Quadratkilometern zu Albanien. An den tiefsten Stellen wurden ungefähr 60 Meter gemessen. Im Sommer erreichen die Wassertemperaturen 24 Grad Celsius, und im Winter können sie einige Grad unter den Gefrierpunkt absinken. Sowohl der Prespa-, als auch der Ohridsee sind tektonischen Ursprungs und daher sehr nährstoffarm (oligothrophisch). Das Wasser ist in beiden Seen kristallklar.

Der tiefer liegende Ohridsee wird vom Prespasee gespeist. Im Frühling, in der Zeit heftiger und häufiger Regenfälle und der Zeit der Schneeschmelze, ergossen sich die Fluten des Prespasees in den Fluß Devoll, der um die heutige Stadt Maliq den Maliq-See bildete, ein Morastgebiet und Nistfläche für die größte Pelikankolonie auf dem Balkan. In der Zeit des Kommunismus wurde diese Fläche trockengelegt. Ein Kanal leitete die unterirdischen Gewässer des Devoll in den See, mit dem in den heißen, trockenen Sommermonaten die Felder um Korçë bewässert werden. Trotz dieser Beeinträchtigung des Ökosystems sind die natürliche Schönheit der Region und die Reinheit des Wassers in den Seen weitgehend erhalten geblieben. Prespa- und Ohridsee werden von zwei großen Quellen gespeist. Eine (die Sveti-Naum-Quellen) liegt in Makedonien, die anderen in Albanien (bei Drilon).

In den idyllischen Dörfern am Ufer des Prespasees stören weder Industrieabgase noch Motorengeräusche die Ruhe. Die Arbeit in der Landwirtschaft – hauptsächlich Weidewirtschaft und Gemüseanbau zur Selbstversorgung – wird größtenteils mit der Hand verrichtet. Die Menschen sprechen hier sowohl Albanisch, als auch Makedonisch. Leider lassen sie sich ungern fotografieren. ›Habt ihr in Deutschland keine armen Leute zum Fotografieren?‹ lautete die Gegenfrage auf meine Frage, ob Fotografieren erlaubt sei.

56 verschiedene Pflanzen und acht endemische Fischarten machen die Einzigartigkeit der Flora dieses Gebietes aus. Eine seltene Pelikanart, der pelicanus crispus, ist (außer in der Karavasta-Lagune bei Lushnjë) nur in diesem Gebiet zu finden.

Die Maligrad-Insel, im albanischen Teil des Kleinen Prespasees gelegen, läßt sich mit dem Boot von Liqenas aus erreichen. Die Insel ist unbewohnt, doch im Fels eingehauen befinden sich die Überreste einer Kapelle aus dem 14. Jahrhundert, in der außen und innen Ikonen aus der byzantinischen Epoche zu sehen sind.

Der Süden

Die Gramoz-Kette

Eine ausgebaute Straße führt von Korçë bis Përmet, entlang der Gramoz-Kette, die mit ihren bis zu 2500 Meter hohen Berggipfeln eine natürliche Grenze zwischen Albanien und Griechenland bildet. Wenige, meistens kleinere Ortschaften unterbrechen die Einsamkeit und Abgeschiedenheit der Gegend. Eine beinahe unberührte Bergwelt und überwältigende Naturschönheiten erwarten den Besucher.

In der Zeit der Partisanenkämpfe, also in den 40er Jahren des 20. Jahrhunderts, war dieses Grenzgebiet hart umkämpft. Auch nach dem Abzug der Deutschen 1944 und nach dem Ende des Zweiten Weltkrieges gingen die Kämpfe hier unvermindert weiter, denn die revolutionäre griechische Befreiungsfront stellte sich gegen die Regierung in Athen und hatte nicht die Absicht, sich aus diesem Gebiet zurückzuziehen. Erst 1949 war hier der Krieg beendet.

Ersekë

Etwa 40 Kilometer südlich von Korçë erreicht man, nachdem der 1000 Meter hohe Qarr-Paß (Qafa Qarr) überquert wurde, Ersekë. Auf einer Höhe von fast 900 Metern über dem Meeresspiegel ist sie die am höchsten gelegene Stadt Albaniens. Ersekë ist mit rund 6000 Einwohnern Bezirkshauptstadt des Bezirks Kolonja. In der Nähe der Stadt entspringt der Fluß Osum, der in der Gegend von Berat ein sehr fruchtbares Tal durchfließt und schließlich bei der Karavasta-Lagune in die Adria mündet.

In der Gegend um Ersekë wurden mehrere Hünengräber aus prähistorischer Zeit entdeckt. Die Ausgrabungsstätte ist jedoch nicht für Besucher zugänglich. Die wichtigsten Funde werden im Archäologischen Museum von Korçë aufbewahrt.

Im Ethnographischen Museum, im Zentrum von Ersekë, gibt es eine gute Sammlung von Trachten aus der Gegend, die hier im Ort angefertigt wurden. Außerdem hat das Handwerk der Kupferschmiede aus Ersekë in Albanien einen sehr guten Ruf. Das Restaurant ›Rrapi‹ serviert leckere Lammgerichte.

Nicht weit von der Stadt entfernt liegt Borovë. Am 6. Juli 1943 wurde das ganze Dorf dem Erdboden gleichgemacht, nachdem die deutschen Besatzungsmächte 107 Frauen, alte Männer und Kinder hingerichtet hatten. Ein Mahnmal auf einem Hügel an der rechten Straßenseite erinnert an dieses grausige Ereignis. Das Denkmal hat die Form einer Spirale, deren oberster Kreis aus 107 Steinen besteht – ein Stein für jedes Opfer! Die Ausstellungsstücke im Museum erinnern ebenfalls an die Partisanenkriege.

Durch enge Schluchten mit dramatischen Steilstrecken führt die Straße in südlicher Richtung über Barmash und Gërmenji bis Leskovik, nahe der griechischen Grenze, durch Naturschutzgebiet mit dichten Wäldern und herrlichen Ausblicken auf die umliegenden Berge. In Gërmenji gibt es ein modernes Hotel mit einem Restaurant. Der wunderbare Rundblick von dort ist eine Kaffeepause wert.

Vorwahl: 003 55/(0)812.

Hotel ›Devi‹, Tel. 20 57 oder Mobil 069/254 06 37; Zimmer ohne Frühstück 1500 Lek pro Nacht. Fließend warmes und kaltes Wasser, modernes Gebäude.

▶ ›Vila Jorgos‹, in Gërmenji, Mobil 069/2409641; Übernachtung mit Frühstück etwa 3500 Lek. Modernes Hotel mit Restaurant.

Përmet und Umgebung

Nach Leskovik fahren Sie zunächst in südlicher, dann in nordwestlicher Richtung, durch das Tal der Vjosa bis nach Përmet. Der Fluß entspringt in Nordgriechenland, durchfließt Albanien in ostwestlicher Richtung und mündet westlich von Fier in die Adria. Das kristallklare Wasser des Flusses, die fast unberührte Landschaft mit spektakulären Wasserfällen und engen Schluchten sowie die Bauern, die mit ihren beladenen Eseln gemächlich des Weges ziehen, versetzen den Besucher westlicher Industrienationen in eine andere Welt. Hier hat die Zeit einen völlig anderen Stellenwert, und das menschliche Leben relativiert sich angesichts der großartigen Natur.

Die Stadt Përmet ist eingebettet in eine wunderschöne Berglandschaft. Im Süden erhebt sich das Dhembël-Gebirge bis zu einer Höhe von mehr als 2000 Metern. Die Vjosa fließt durch ein enges Tal direkt durch die Stadt.

Përmet ist eine sehr alte Siedlung, die in prähistorischer Zeit von illyrischen Stämmen gegründet wurde. Die Überreste eines Schlosses auf dem Felsen stammen jedoch aus dem Mittelalter, und einige Kirchen in der Nähe der Stadt sind aus der byzantinischen Epoche erhalten geblieben. Eine dieser Kirchen befindet sich in Leusha, eine halbe Stunde außerhalb. Die Straße dorthin ist sehr abschüssig. Falls Sie die Kirche besichtigen wollen, sollten Sie sich bei Ortsansässigen nach Fahrtmöglichkeiten erkundigen.

Im Zweiten Weltkrieg wurde Përmet von den Italienern und von den Deutschen viermal vollkommen niedergebrannt. Im Mai 1944 wurde in der Stadt die

Der Süden

provisorische Regierung gewählt und nach der Befreiung von den faschistischen Besatzungsmächten im gleichen Jahr bestätigt. Hier wurden alle nicht-kommunistischen Gruppierungen von Regierungsgeschäften ausgeschlossen, die Monarchie aus Albanien verbannt und damit Zogus Rückkehr verhindert. Alle Übereinkommen und Verträge, die vor der Besatzung Albaniens durch die Faschisten von der Monarchie abgeschlossen worden waren, wurden für nichtig erklärt.

Zur Erinnerung an diesen Kongreß wurde am Sheshi Abdyl Frashëri, dem Zentrum der Stadt, eine Statue aufgestellt, die der aus Përmet stammende Odishë Paskali schuf (das Skanderbeg-Denkmal in Tirana stammt ebenfalls von Paskali).

Die Stadt wurde nach dem Zweiten Weltkrieg fast komplett neu aufgebaut. Nur ein Teil der Altstadt ist erhalten geblieben. Die Kirche des heiligen St. Nikolas, in der Nähe des Zentrums mit dem Kloster, wurde in der Zeit der Atheismus-Kam-

Das Mali i Lunxherisë ist eine Gebirgskette zwischen Përmet und Gjirokastër

pagne in Albanien zum großen Teil zerstört, doch einige Teil des Deckengewölbes sind erhalten geblieben. Mit finanzieller Hilfe Einheimischer, die inzwischen ins Ausland ausgewandert sind, konnten große Teile der Kirche restauriert werden.

Das günstige Klima um Përmet erlaubt den Anbau von Reben. ›Permet‹ und ›Kabernet‹ sind die bekanntesten Weine aus der Gegend. Sie sind in Albanien sehr beliebt. Auch der Raki aus dieser Gegend soll – wie könnte es anders sein – der beste in Albanien sein. Vielleicht können Sie eine Weinprobe in der dortigen Kellerei einplanen. Man sagt, die Albaner lieben Rosen und Musik. Përmet erbringt den Beweis: Überall in der Stadt und in der Umgebung blühen die schönsten Rosen und verströmen ihren Duft. Auch die Volksmusik aus Përmet ist sehr bekannt. Die Musik wird mit einem typischen Instrument begleitet, das einer Klarinette ähnelt.

Nicht weit von Përmet entfernt liegt Frashëri – ein Dorf, aus dem die drei bekannten Brüder Frashëri stammen (ihr ursprünglicher Name lautet Durmellare). Im Dorf erinnert ein Museum an das Leben der Familie Frashëri, die in der Rilindja-Bewegung eine bedeutende Rolle spielte. Die Straße dorthin ist sehr schlecht. Sie sollten daher vor einem Besuch Ortsansässige zu Rate ziehen oder einen kundigen Fahrer anheuern.

Wenn Sie Përmet in nordwestlicher Richtung verlassen, fahren Sie Richtung Tepelenë im wunderschönen Tal der Vjosa zunächst bis Kosina. In diesem Dorf entdeckten 1965 Wiener Archäologen eine Kreuzkuppelkirche aus dem 13. Jahrhundert, die wegen ihrer besonderen Architektur und Dekorationen aus Ziegelsteinen für Kunstgeschichtler interessant ist.

Die Kleinstadt Këlcyra (griech. Kleisoura: Engpaß) war im Zweiten Weltkrieg ein militärisch wichtiger Ort. Griechische Truppen versuchten damals, von hier aus in das italienisch besetzte Albanien vorzustoßen. In der Schlucht von Këlcura (Gryka e Këlcyres) befinden sich eine Bar und ein Restaurant.

Am Eingang von Tepelenë erinnert ein Denkmal an den berühmt-berüchtigten Herrscher Ali Pasha Tepelene, der 1822 von den Türken ermordet wurde. Er wurde in einem Dorf in der Nähe der Stadt geboren. Auf einem Felsen oberhalb der Stadt sind noch Überreste seiner Burg erhalten. In ihr verbrachte der bekannte englische Dichter Lord Byron einige Zeit als Gast Ali Pashas.

Wenn Sie diese Gegend in umgekehrter Richtung befahren wollen: Von Gjirokastër aus fahren täglich Minibusse nach Përmet. Die Busse warten auf der Hauptstraße, unterhalb von Gjirokastër. Die Fahrt von Gjirokastër bis Përmet kostet etwa 400 Lek. Von Tirana aus fahren sowohl Busse, als auch Minibusse bis Përmet. Im Jahre 2005 befand sich der Busbahnhof in der Rruga e Kavajës.

Der Süden

 Vorwahl: 00355/(0)813.

 Hotel ›Dhembël‹, am Sheshi A. Frashëri, Tel. 3687 oder Mobil 068/2243334; 2500 Lek. Räume mit Bad, im Winter elektrisch beheizbar.

▶ Hotel ›Trifon Kaludhi‹, am anderen Flußufer, Mobil 068/2310079; 2500 Lek. Alle Räume mit Bad, TV und Balkon, schöner Ausblick.

 Die Restaurants in Përmet sind leicht vom Stadtzentrum aus zu finden und unterscheiden sich wenig voneinander, was Küche und Preise anbetrifft. Überall bekommen Sie traditionelle und italienische Gerichte mit den guten Weinen aus der Umgebung. Für weniger als 10 Euro können Sie hier sehr gut essen.

Sprachführer

Das albanische Alphabet hat 36 Buchstaben. Davon sind 25 einfache Buchstaben, 9 Diphthonge (Doppellaute) und 2 diakritische Laute (mit einem Unterscheidungszeichen versehen). Die Betonung liegt im Albanischen im allgemeinen auf der vorletzten Silbe. Bei Abweichungen von dieser Regel findet man in den Lexika einen Akzent auf der betonten Silbe (eremí – Wüste). Die Vokale werden wie im Deutschen ausgesprochen, mit Ausnahme des ë, dem sogenannten ›Murmellaut‹, einem nur angedeuteten oder verschlucktem e.

Wie in einigen anderen indogermanischen Sprachen (Rumänisch) hat das Albanische weder einen bestimmten noch einen unbestimmten Artikel. Bestimmte und unbestimmte Nomen werden durch Endlaute gekennzeichnet. So hat ein einziges Nomen im Nominativ vier verschiedenen Formen, deren Endlaute sich in den Fällen (Genitiv, Dativ, Akkusativ, Vokativ) ändern oder durch Präpositionen gekennzeichnet werden:

dorë (Hand) – dora (die Hand); duar (Hände) – duert (die Hände)

mal (Berg) – mali (der Berg); male (Berge) – malet (die Berge)

Dies betrifft auch die albanischen Ortsnamen, die in zwei verschiedenen Varianten vorkommen: Durrës – Durrësi; Vlorë – Vlora; Sarandë – Saranda; Shkodër – Shkodra; Tiranë – Tirana

Die meisten Nomen sind männlich oder weiblich. Einige sind sächlich. Adjektive werden dem Substantiv nachgestellt: burrë i mirë (guter Mann) – grue e mirë (gute Frau). Das dem Adjektiv vorgestellte ›i‹ kennzeichnet die männliche und das ›e‹ die weibliche Adjektivform.

Wie im Deutschen gibt es acht verschiedenen Zeitformen, die Vergangenheitsform hat zwei unterschiedliche Konjugationen. Die Verben bezeichnen meistens physische oder physiologische Tätigkeiten. Es gibt 53 verschiedene Konjugationstypen!

Albanisch wird an mehreren europäischen Universitäten gelehrt, zum Beispiel in Paris, Rom, Neapel, Petersburg, Palermo, München, Bukarest, Thessaloniki.

Großvater und Enkel in Tirana

Das albanische Alphabet

Buchstabe	Aussprache	Beispiel
A, a	wie in Arm	baba (Papa)
B, b	wie in Bein	baba
C, c	wie in Zeichen	car (Zar)
Ç, ç	wie in Tschernobyl	çantë (Tasche)
D, d	wie in Dame	derë, (Tür)
DH, dh	wie das englische ›th‹ (stimmhaft)	dhia (Ziege)
E, e	wie in Eltern	eremi (Wüste)
Ë, ë	wie ›ö‹	është (ist)
F, f	wie Fuß	fat (Schicksal)
G, g	wie in Gans	gisht (Finger)
Gj, gj	wie dj	gjak (Blut)
H, h	wie in Hotel	ha (essen)
I, i	wie in Insel	inat (Wut)
J, j	wie in Januar	jubilé (Jubiläum)
K, k	wie in Kälte	ka (haben, besitzen)
L, l	wie in Liebling	libër (Buch)
Ll, ll	›l‹ mit Zunge hinten im Gaumen	llambë (Lampe)
M, m	wie in Mann	mish (Fleisch)
N, n	wie in Nase	natë (Nacht)
Nj, nj	wie im Englischen new	njeri (Mensch)
O, o	wie in Ober	ora (Stunde)
P, p	wie Peter	punë (Arbeit)
Q, q	wie ›tj‹	qytet (Stadt)
R, r	wie in Ruhe	rast (Zufall)
Rr, rr	gerollt wie im Spanischen	rruga (Straße)
S, s	wie in Salat	sa (wieviel ?)
Sh, sh	wie in Schule	shumë (sehr, viel)
T, t	wie in Tube	tabako (Schnupftabak)
Th, th	wie englisches ›th‹ (stimmlos)	thike (Messer)
U, u	wie in Uhu	ushqim (Nahrung)
V, v	wie in Wille	vij (Linie)
X, x	wie ›dz‹	xehe (Bergwerk)
Xh, xh	wie ›dj‹	xham (Glasscheibe)
Y, y	wie ›ü‹	yll (Stern)
Z, z	wie Silber	zakon (Sitte)
Zh, zh	wie französisch ›jour‹	zhurme (Krach, Lärm)

Redewendungen
Guten Morgen.
Mirë mëngjes.

Guten Tag.
Mirë dita.

Guten Abend.
Mirë brëme.

Gute Nacht.
Natën e mirë.

Auf Wiedersehen.
Mirupafshim.

Danke!
Faleminderit!

Nichts zu danken!
Ju lutem! (Höflichkeitsform)
Të lutem! (Duzform)

Keine Ursache!
S'ka gje!

Entschuldigung!
Më falni!

Wie geht es Ihnen?
Si jeni?

Wie geht es dir?
Si je?

Prost!
Gëzuar!

Ich heiße/Mein Name ist ...
Emri im është ...

In Ordnung.
Në rregull.

Sicherlich.
Më sigurisht

Sehr gut.
Shumë mirë.

Freut mich, Sie zu sehen!
Gëzohem!

Gute Reise!
Rrugë të mbarë!

Glückwunsch!
Përgezime!

Gesundheit (nach Niesen)!
Shëndet!

Danke, ebenso!
Shëndet paç!

Willkommen!
Mirëserdhët!

Freut mich, Sie wohlauf vorzufinden!
Mirë se ju gjeta!

Kein Problem!
S'ka problem!

Guten Appetit!
Ju/te bëftë mirë!

Wochentage, Monate
Montag
e hënë

Dienstag
e martë

Mittwoch
e merkurë

Donnerstag
e entjë

Freitag
e premtë

Sonnabend
e shtunë

Sonntag
e dielë

Januar
janar

Februar
shkurt

März
mars

April
prill

Mai
maj

Juni
qershor

Juli
korrik

August
gusht

September
shtator

Oktober
tetor

November
nëndor

Dezember
djetor

Zahlen
1
një

2
dy

3
tre

4
katër

5
pesë

6
gjashtë

7
shtatë

8
tetë

9	Wer?
nëntë	Kush?
10	Wieviel?
dhjetë	Sa?
11	Wieviel kostet ...?
njëmbëdhjetë	Sa kushton ...?
12	Wo ist ...?
dymbëdhjetë	Ku është ?
13	Wo gibt es ...?
trembëdhjetë	Ku ka ...?
20	Warum?
njëzet	Pse?
21	Wie?
njëzetenjë	Si?
30	Wie spät ist es ?
tridhjetë	Sa është ora?
40	
dyzet	**Basisvokabular und einige wichtige Frage- und Antwortsätz**
50	ja
pesëdhjetë	po
100	nein
njëqind	jo
1000	rechts
njëmijë	djathtas
	links
Fragewörter	majta
Wann?	
Kur?	

oberhalb	Minute
sipër	minutë
unterhalb	Stunde
poshtë	ora
bitte	Tag
ju lutem	ditë
Woher sind Sie?	Woche
Nga jeni?	javë
Woher bist du?	Monat
Nga je?	muaj
Ich verstehe nicht.	Jahr
Nuk kuptoj.	vit
Verstehen Sie?	heute
A ju kuptoni?	sot
Verstehst du?	heute abend
A je kupton?	sonte
Ich spreche nicht albanisch.	morgen
Nuk flas shqip.	nesër
Sprechen Sie Deutsch?	gestern
A flisni gjermanisht?	dje
Ich habe kein Geld.	nachher/später
Nuk kam parë/Nuk kam lekë.	pastaj
Ich liebe dich/sehr.	jetzt
Te dua/shumë.	tani

Zeitangaben
Sekunde
sekondë

Ortsangaben
Norden/nördlich
veri

Süden/südlich
jug

Westen/westlich
perendim

Osten/östlich
lindje

hier
këtu

dort
atjé

gegenüber
përballë

nahe
afër

weit
larg

von
nga

nach
në

hier entlang
andej

geradeaus
drejt

Aufschriften
Hotel
hotel

Restaurant
restorant

Platz
sheshi

Straße
rruga

Krankenhaus
spitali

Botschaft
ambasada

Apotheke
farmacia

Polizei
polici

Post
postë

Briefkasten
kutí postarë

Bank
bankë

Geld
parë/lek

Toilette
tualet

Herrentoilette
tualet për burra

Damentoilette
tualet për grua

geschlossen
mbyllur

geöffnet
hapur

Achtung!
Vini re!

Vorsicht!
Kujdes!

Eingang
hyrja

Ausgang
dalja

Rauchen verboten!
Ndalohet duhani!

Halt!
Ndal!

Auf Reisen
Flughafen
aeroport

Flugzeug
avion

Bahnhof
stacioni i trenit

Hafen
porti, skela

Zug
tren

Autobus
autobus

Taxi
taksi

Fähre
traget

Auto
makinë

Minibus
furgon

Fahrkarte
biletë

Abfahrt
nisja

Ankunft
mbërritja

Adjektive
klein
i/e vogël

groß
i/e madh

gut
i/e mirë

schlecht
i/e keq

teuer
i/e shtrentjë

billig
i/e lirë

jung
i/e ri

alt
i/ e vjetër

jung und alt
i madh e i vogël

Ländernamen, Adjektive und
Nationalitäten (M – W)

Albanien/albanisch/Albaner
Shqipëria/shqip/shqiptar-ë

Deutschland/deutsch/Deutscher
Gjermnia/gjermanisht/gjerman-e

England/englisch/Engländer
Anglia/Britania e madhe/anglisht/
anglez-e

Frankreich/französisch/Franzose
Franca/frengjisht/francze-e

Österreich/österreichisch/Österreicher
Austria/gjermanisht/austriake

Spanien/spanisch/Spanier
Spanja/spanjisht/spanjoll-e

Italien/italienisch/Italiener
Italia/italisht/italian-e

Griechenland/griechisch/Grieche
Greqia/greqisht/grek-e

Schweiz/schweizerisch/Schweizer
Zvicra/zvicrisht/zviceran-e

Vereinigte Staaten von Amerika/
amerikanisch/Amerikaner
Shtetët e Bashkuara të Amerikës/
anglisht/amerikan-e

Getränke
Wasser
ujë

Milch
qumësth

Bier
birrë

Wein
verë

Raki
rakí

Tee
çaj

Limonade
limonadë

Apfelsaft
lëng mollë

Traubensaft
lëng rrushi

Nahrungsmittel
Brot
bukë

Butter
gjalpë

Käse
djathë

Fleisch
mish
Ei
vezë

Fisch
peshk

Wurst
sallam

Kartoffel
patate

Reis
orisi

Salz
kripë

Pfeffer
pipéri

Suppe
supë

Gemüse
zarzavatet

Tomate
domate

Eis
akullore

Apfel
mollë

Apfelsine
portokaj

Birne
dardha

Pfirsich
pjeshkë

Weintraube
rrush

Wassermelone
shalqi

Zitrone
limon

Honigmelone
pjepër

Reisetips von A bis Z

Anreise mit dem Auto

Wenn Sie gerne allmählich in eine andere Kultur eintauchen möchten und ausreichend Zeit haben, ist die Anreise nach Albanien mit dem Auto eine gute Wahl. Zum einen gibt es die Möglichkeit, durch Österreich bis Triest in Italien zu fahren. Von hier legt eine Fähre bis nach Durrës in Albanien ab. Von Ancona, Bari oder Brindisi in Süditalien – man fährt hier durchgehend auf Autobahnen – gibt es ebenfalls Fährverbindungen nach Durrës, Vlorë und Shëngjin. Selbstverständlich können Sie auch die gesamte Strecke durch Slowenien, Kroatien und Montenegro mit dem Auto bewältigen. Von Rijeka aus führt eine recht kurvenreiche Straße entlang der Adriaküste (mit sehr schönen Ausblicken auf das Meer) bis nach Dubrovnik. Wenn Sie die Grenze nach Montenegro hinter sich gelassen haben, können Sie entweder weiter auf der Küstenstraße bis nach Petrovac fahren (von dort in Richtung Podgorica), oder Sie fahren über Cetinje nach Podgorica (von dort bis Hani i Hoti, wo Sie die Grenze nach Albanien überqueren). Die Reise ist mühselig, zumal Sie aufgrund nicht gerade hervorragender Straßenbedingungen nicht besonders schnell fahren können. Doch auf diese Weise lernen Sie ein beträchtliches Gebiet des Balkans mit seinen mannigfaltigen Naturschönheiten kennen.

Wenn Sie über Igumenitsa in Griechenland mit dem Auto nach Albanien einreisen, übertreten Sie bei Konitsa die Grenze.

▸ Vergessen Sie nicht, Ihre gültige grüne Versicherungskarte, ein Nationalitätsschild und einen Internationalen Führerschein mitzunehmen! Auch ist es ratsam, eine Liste der mitgeführten Gegenstände bei sich zu haben, die Sie sich jeweils bei der Einreise beim Zoll bestätigen lassen sollten, um Komplikationen bei der Ausreise zu vermeiden.

▸ Bei der Einreise wird eine Gebühr von 10 Euro fällig, das Fahrzeug wird registriert, und bei der Ausreise ist eine Gebühr von 1 Euro je in Albanien verbrachtem Tag zu entrichten.

Anreise mit der Bahn

Da eine Reise mit der Bahn nur bis Montenegro problemlos zu bewältigen wäre – auch bis dorthin dauert die Reise aber lange und ist mühselig – ist davon abzuraten, da Sie sich in Montenegro um andere Verkehrsmittel kümmern müßten.

Anreise mit dem Bus

Sollten Sie sich für diese Art des Reisens entscheiden, dann wäre wohl die beste Alternative, bis nach Montenegro zu fahren, da es bis nach Albanien keine durchgehenden Busverbindungen gibt. Die Fahrpreise sind zwar moderat, doch dauert die Reise lange und ist mühselig. Andererseits kommen Sie so schnell in Kontakt mit Montenegrinern. Die Deutsche Touring bot 2007 keine

Linienbusverbindungen nach Montenegro an. In größeren europäischen Städten könnte man am Zentralen Busbahnhof nachfragen, ob eventuell Privatunternehmer Verbindungen anbieten.

Von Montenegro aus finden Sie mit Sicherheit Taxis, die Sie bis nach Hani i Hoti, an der albanischen Grenze, bringen. Dort warten albanische Taxis, die Sie weiterbefördern können. Die Preise sind vergleichsweise günstig.

Von Athen-Patras und Thessaloniki in Griechenland bestehen tägliche Linienbusverbindungen nach Vlorë, Tirana und in die Region von Pogradec. Fahrzeit: etwa 20 Stunden. Auch von Prishtina im Kosovo gibt es täglich eine Busverbindung bis nach Tirana. Der Bus fährt in Prishtina am Busbahnhof außerhalb der Stadt sehr früh morgens ab. Fahrzeit: etwa 14 Stunden.

Anreise mit der Fähre

Es gibt verschiedene Möglichkeiten, mit der Fähre von Italien oder Griechenland aus nach Albanien zu reisen. Die Preise auf den Fähren sind allerdings recht hoch. Reservieren Sie rechtzeitig, falls Sie in den Sommermonaten reisen! Nähere Informationen, genaue Fahrpläne und Ticketvermittlung für die italienischen Fähren im Internet unter www.cemar.it (auch auf Deutsch) oder www.traghettionline. net (auch auf Deutsch). Fahrpläne für die griechischen Fähren findet man im Internet unter www.ferries.gr.

▶ Bari–Durrës: am schnellsten geht es mit dem Katamaran La Vikinga von Bari. Die Überfahrt dauert knapp vier Stunden und kostet zwischen 130 und 150 Euro.

Für weniger Geld erreichen Sie Durrës mit Ventouris Ferries oder Adriatici di Navigazione, die beide Bari täglich zwischen 22 und 23 Uhr verlassen und am nächsten Morgen in Durrës ankommen. Die einfache Überfahrt kostet zwischen 50 und 100 Euro (in der Hochsaison mehr).

▶ Ancona–Durrës: dreimal pro Woche verkehrt ebenfalls eine Fähre von Ancona bis Durrës. Die Überfahrt dauert höchstens 20 Stunden und kostet zwischen 60 und 150 Euro (Preise je nach Saison unterschiedlich).

▶ Triest–Durrës: Dienstags und samstags gibt es eine Fährverbindung mit Expresso Grecia von Triest nach Durrës. Die Reise dauert 24 Stunden. Mittwochs und sonntags fahren die Fähren in umgekehrter Richtung. Preis mit Kabine: zwischen 190 und 250 Euro, je nach Saison. Expresso Grecia in Piräus: Tel. 00 30/10/ 42 90-488, -480, Expresso Grecia in Durrës: Tel. 003 55/52/251 54. Auch die Fährgesellschaft Agemar fährt von Triest nach Durrës, Piazza Duca degli Abruzzi 1/a, 34132 Trieste /Italien, Tel. 00 39/040/36 37 37. Ein Reisebüro für den Kartenverkauf befindet sich am Fährhafen (schlecht ausgeschildert), direkt hinter dem Hauptbahnhof Triest. Die Tickets können auch in Deutschland im Reisebüro oder übers Internet (www.agemar.it,

auch auf Deutsch) gebucht werden.
Preis im Juli 2007 (Hauptsaison): Hin-
und Rückfahrt für 2-Bett-Außenkabine
inkl. Pkw 836 Euro.
Eine weitere Verbindung auf dieser
Route bietet Ilion Lines. Abfahrt
ab Triest: Di, Mi, Fr, Sa 13 Uhr, zurück
ab Durrës: Mi, Do, Sa, So 18 Uhr,
mit den Fähren ›Grecia‹ oder ›Venezia‹,
Preise auf der Fähre sind moderat,
Fahrzeit 24 Stunden. Die Preise sind
etwas niedriger als bei Agemar.
Die Fahrtdauer auf dieser Route
beträgt ca. 24 Stunden.
▶ Korfu–Sarandë: Von Korfu aus (bis
nach Korfu-Stadt kann man im
Sommer fliegen oder von Venedig aus
die Fähre benutzen) fahren täglich
einige Male albanische und griechische
Passagierschiffe nach Sarandë, der
südlichsten Stadt Albaniens, gegenüber von Korfu. Die Berge Albaniens
sind bei klarem Wetter von der
Insel aus zu sehen und üben seit jeher
auf viele Reisende eine mystische
Anziehungskraft aus. Die Überfahrt
von Korfu bis Sarandë dauert etwa
eine halbe Stunde und kostet
17,50 Euro. Von Sarandë aus fährt
täglich ein Bus über das Mal i
Gjerë (das Breite Gebirge), Gjirokastër,
Tepelenë, Ballsh, Fier, Kavaja und
Durrës nach Tirana. Die Fahrt kostet
bis Tirana 1000 Lek (etwa 7,50 Euro)
und dauert für die Entfernung von
ungefähr 280 Kilometern neun bis
zehn Stunden. Auf diese Weise sieht
man sehr viel von der albanischen
Landschaft und wird sicherlich schon
während der Busfahrt Kontakte mit

den Menschen des Landes schließen
können.

Anreise mit dem Flugzeug

Die schnellste und bequemste Art zu
reisen, ist natürlich das Fliegen. Der
Flughafen Rinas (oder ›Nënë Terese‹)
ist etwa 30 Kilometer von Tirana
entfernt. Bei guter Sicht bieten sich
schöne Ausblicke auf die Alpen
und auf die Berge der Balkanländer.
Von der Luft aus ist die besondere
Oberflächengestalt Albaniens,
die durch tektonische Faltengebirge
gekennzeichnet ist, sehr gut zu
erkennen.
Von Frankfurt a. Main aus fliegen
Albanian Airlines (akzeptieren keine
Kreditkarten) dienstags, freitags und
sonntags nach Tirana.
Eine preiswerte Möglichkeit ist es, mit
der ungarischen Fluglinie Malev von
Frankfurt a. Main oder Hamburg
über Budapest nach Tirana zu fliegen.
Adria Airways fliegt sowohl von
München als auch von Frankfurt täg-
lich nach Tirana.
Die Austrian Airlines fliegen von
Düsseldorf oder Frankfurt über Wien
nach Tirana, Alitalia von Frankfurt
über Mailand oder Rom, German
Wings fliegen im Sommer vom Flug-
hafen Köln-Bonn, Olympic Airways
von Athen und Turkish Airlines von
Istanbul nach Tirana.
Lufthansa fliegt von München. British
Airways fliegen 4x wöchentlich
zwischen Tirana und London, die jugoslawische JAT Airways fliegt auf
der Strecke Tirana–Belgrad, Belle Air

fliegt verschiedene Städte in Italien von Tirana aus an.

▶ Niederlassungen in Tirana
Ada Air, Tel. 04/256 11-1, -2, -3, www. adaair.com.
Albanian Airlines, Tel. 04/23 51 62, 23 51 38, www. flyalbanian.com.
Alitalia, Tel. 04/23 00 23, 25 70 62, www. alitalia.it.
Austrian Airlines, Tel. 04/23 50 29, www. austrian.com.
Belle Air, Tel. 04/24 01 75, www. belleair.it.
JAT, Tel. 04/27 25 40, www.jat.com.
Malev, Tel. 04/23 41 63, www.malev.hu.
Olympic Airways, Tel. 04/228 96-0, -1, www.olympicairlines.com.
Turkish Airlines, Tel. 04/23 41 85, www.turkishairlines.com.

Apotheken
In größeren Städten gibt es gut sortierte Apotheken, und die gängigsten Medikamente sind manchmal billiger als in Deutschland. Doch falls Sie auf spezielle Medikamente angewiesen sein, sollten Sie sich damit vorsichtshalber bereits vor Ihrer Abreise nach Albanien eindecken. Viele Medikamente, die in Deutschland nur auf Rezept verkauft werden, erhalten Sie hier rezeptfrei in jeder Apotheke, wie etwa Antibiotika und empfängnisverhütende Mittel.
Die Menschen in abgelegenen Gebieten des Landes wenden bei Krankheiten Heilkräuter an, von denen es in Albanien sehr viele endemische Arten gibt.

Ärztliche Versorgung
Es gibt kein Krankenversicherungsabkommen mit Deutschland, mit anderen Worten: Jede Konsultation müssen Sie selbst bezahlen. Es ist daher ratsam, eine Reisekrankenversicherung abzuschließen, die Ihnen nach Ihrer Rückkehr Ihre Auslagen erstattet und die auch einen eventuell notwendigen Rücktransport mit einschließt.
Die Ärzte sind gut ausgebildet und engagiert, aber es fehlt überall an modernen Geräten und ausreichend Medikamenten. Außerdem fällt – wie überall in Albanien – sogar in den staatlichen Krankenhäusern nicht selten der Strom aus.
Die Ärzte sprechen meistens eine der verbreiteten europäischen Sprachen wie Englisch, Französisch oder Italienisch, weniger allerdings Deutsch. Rechnen Sie in abgelegenen Gegenden nicht mit Krankenhäusern oder Krankenstationen. Die Bewohner dieser Gegenden kennen sich jedoch meistens gut mit den Heilkräutern der Gegend aus.
▶ Die Notfall-Nummer (Sherbimi i Urgjences Mjekesore) in Tirana lautet: 04/22 22 35.
▶ Am Blv. Zog I gibt es eine Apotheke, die während der ganzen Nacht geöffnet ist, Tel. 04/22 22 41.
▶ Es gibt einige Privatkliniken in Tirana, die auch kleinere Operationen durchführen können. Eine dieser Klini-

ken ist die ABC-Klinik in der Rruga Qemal Stafa Nr. 260, Tel. 04/23 41 05. Sie genießt einen guten Ruf.
▸ Das Blue Medical Center in der Rruga Bardhyl 99–101 ist modern ausgestattet. Tel. 04/37 06 68, Fax 04/37 07 21, weitere Information über www, bluemedical.net.
▸ Für Notfälle und Notversorgung gibt es in Tirana ein Militärhospital in Lapraka, auf der Straße zum Flughafen; auf der Rr. e Dibrës, im Nordosten der Stadt, finden Sie ein staatliches Krankenhaus.
▸ In dem praktischen Handbuch ›Celesi‹ (Practical guide and map of Tirana), das in allen Buchhandlungen und auch an Kiosken für umgerechnet 5 Euro erhältlich ist, finden Sie weitere Anschriften von Privatkliniken und Ärzten in Tirana.

Autofahren

In der Zeit des Kommunismus – also bis 1991 – waren Privatautos in Albanien nicht erlaubt! Aber was verboten ist, ist bekanntlich doppelt reizvoll. So ist der Traum eines jeden Albaners ein eigenes Auto, und viele haben sich diesen Wunsch bereits erfüllt. Sie werden erstaunt sein, wie viele Pkw der Marke Mercedes in Albanien die Luft verpesten und durch Hupsignale ihre Anwesenheit bekunden. Die Albaner schwören auf ihren Mercedes, denn für diese Straßen braucht man solide Autos! Was man beachten sollte:
▸ Verkehrsschilder sind den Albanern verhaßt. Daher ist Autofahren in

diesem Land ein kleines Abenteuer. Vorsicht ist überall geboten, nicht nur wegen der riskanten Fahrweise der einheimischen Verkehrsteilnehmer, sondern insbesondere wegen der Straßenschäden. Besonders im Gebirge gibt es keinerlei Hinweisschilder auf Gefahren, abschüssiges Gelände oder Kurven. Doch die Albaner sind sehr flexible, tolerante und sichere Autofahrer. Starkes Verkehrsaufkommen in der Hauptstadt ist insofern kein Grund für Nervosität oder ungehaltene Gesten, wenn ein anderer einen Fehler macht oder die Vorfahrt nicht achtet. Aus manchmal chaotisch erscheinenden Situationen rettet der Albaner sich und sein Auto mit bewundernswerter Gelassenheit und eleganter Millimeterarbeit.
▸ Nehmen Sie Rücksicht auf ungewöhnliche Verkehrsteilnehmer wie Esel, wilde Hunde, Kühe, Ziegen, Schafe – auch dem Vieh wird in Albanien sehr viel Freiheit zugestanden, und so bewegen sich die Tiere gelegentlich ganz ungezwungen auf dem Asphalt. Es kann auch durchaus vorkommen, daß Ihnen ein Radfahrer oder ein Pferdefuhrwerk auf einer Hauptverkehrsstraße auf der falschen Straßenseite entgegenkommt. Versuchen Sie dann nicht, die Person zu belehren. Es wäre sinnlos, man würde Sie lediglich für dumm, spießig und versklavt halten.
▸ Ab und zu gibt es sie aber doch, diese Verkehrsschilder, und die meisten sind die gleichen wie in Deutschland. Auch die wie bei uns

Auf dem Land geht es oft nur mühsam weiter

allgemein gültigen Regeln (50 Stundenkilometer in Ortschaften, Anschnallpflicht, Verkehrsampeln) sollten von Ausländern beachtet werden. Alkohol am Steuer ist auch (oder gerade) in Albanien gefährlich. Obwohl diesbezügliche Kontrollen eher selten sind, sollten Sie Alkohol am Steuer auf jeden Fall vermeiden.

▶ Auf den Hauptverbindungsstraßen sind häufig Verkehrskontrollen anzutreffen, die insbesondere Geschwindigkeitsübertretungen ahnden und die Anschnallpflicht überprüfen. Die Polizisten nehmen ihre Aufgaben ernst, sind jedoch gegenüber Ausländern (vor allem Frauen) normalerweise sehr rücksichtsvoll und höflich. Bußgelder müssen sofort an die Beamten bezahlt werden. Sie erhalten hierfür eine Quittung. Wenn Sie keine erhalten, bestehen Sie nicht auf dem Fetzen Papier – die Polizisten werden hier nicht sehr gut bezahlt.

▶ Beispiellose Hilfsbereitschaft zeichnet die Menschen aus, wenn Sie eine Panne haben. Zwar gibt es keinen ADAC, dennoch bleibt ein liegengebliebenes Fahrzeug nicht unbeachtet. Ganz sicher wird man Ihnen zu Hilfe eilen. Autowerkstätten gibt es in den größeren Ortschaften. Rechnen Sie aber nicht damit in abgelegenen Gebirgsgegenden, wo Sie auch keine Tankstellen finden werden. Nach meinen Erfahrungen sind die Albaner jedoch sehr findig, was provisorische Reparaturen anbetrifft. Man sollte sich natürlich nicht darauf verlassen. In der Rruga Durresit in Tirana gibt es einen Abschleppdienst, den Sie über folgende Handy-Nummern erreichen

können: 068/20650 65 oder 068/
206 40 64.

▶ Tanken ist billiger als in Deutschland, für Einheimische jedoch teuer.
Überall ist der Euro willkommen; es ist
jedoch vorteilhafter, in der Landeswährung zu bezahlen. Es ist eine
Erleichterung, daß nicht selbst getankt
werden muß. In einem Land mit
einer hohen Arbeitslosenquote gibt es
immer genug Servicepersonal. Über
ein Trinkgeld wird sich der Tankwart
freuen.

Autovermietungen

In Tirana vermieten Avis, Hertz und
Europcar Pkw verschiedener Preis-
kategorien.
Avis, Blv. Dëshmoret e Kombit, Hotel
›Rogner Europark‹, Tel. 003 55/
(0)4/23 50 11, Fax 23 50 24,
Mobil 068/2055807, anilazeqo@
avisalbania.com.
Europcar, Rr. e Durrëst L. 61,
Tel. 003 55/(0)4/22 78 88,
Fax 22 39 68, anas@abissnet.com.al.
Hertz, Sheshi Skanderbeg, Hotel
›Tirana International‹, Tel./Fax 003 55/
(04)26 25 11 Mobil 068/205 87 75,
hertz@albaniaonline.net.
Hertz und Avis haben ebenfalls am
Flughafen Rinas Zweigstellen.

Autowerkstätten

Wenn Sie mit dem Auto unterwegs
sind, erkundigen Sie sich am besten
vor Reiseantritt, ob es in Albanien
Ersatzteile für Ihr Fahrzeug gibt.
Mercedes und BMW sind in Albanien
mit Niederlassungen vertreten, doch

für weniger bekannte Hersteller
(vor allem für asiatische Automarken)
sind Vertretungen seltener, weil
diese Autos in Albanien nicht häufig
gekauft werden.

Bahn

Mit sehr wenig Geld, sehr wenig
Komfort und mit ganz geringer
Geschwindigkeit können Sie von
Tirana nach Durrës und Vlorë sowie
von Tirana nach Pogradëc mit der
Bahn reisen. Romantisch sieht sie
aus, die alte Lokomotive, die sich da
durch das Land quält!
Frische Luft werden Sie während der
ganzen Fahrt haben, denn viele
Fensterscheiben sind zertrümmert und
nur notdürftig wieder geflickt. Allerdings ist der Fahrpreis äußerst günstig
(umgerechnet 1 Cent pro Kilometer),
die Bahn fährt äußerst pünktlich
ab und die Bahnhöfe liegen sehr
zentral. Der albanische Fahrplan mit
den wichtigsten Stationen ist vollständig im Europa-Kursbuch der Deutschen Bahn abgedruckt.

Banken, Geldwechsel

Man kann albanische Lek erst im Land
eintauschen, da sie im Ausland nicht
gehandelt werden. Der Euro ist
beliebt, für den Reisenden ist jedoch
Bezahlen in der Landeswährung Lek
günstiger.

▶ In allen größeren Ortschaften gibt
es Banken und Wechselstuben.
Auch die Geldwechsler auf den
Straßen sind in der Regel zuverlässig.
Reiseschecks können Sie in größeren

Fahrradwerkstatt in Shkodër

Banken einwechseln. Vergessen
Sie beim Geldwechseln in den Banken
nicht ihren Reisepaß und stellen Sie
sich auf längere Wartezeiten ein.
▶ Kreditkarten werden in den Läden
normalerweise nicht akzeptiert. In
größeren Hotels, vor allem in Tirana,
ist es jedoch kein Problem, mit Visa
oder American Express zu bezahlen.
Mit diesen Karten erhalten Sie
auch bei der Tirana Bank, der Pro Cre-
dit Bank und der Alpha Bank Bargeld.
Nicht alle Banken geben Ihnen
Geld auf Kreditkarten. Die Gebühren
für das Abheben von Geld mit Kreditkarten sind allerdings recht hoch.
▶ Geldautomaten, an denen man mit
der ec-Karte Bargeld abheben kann,
gibt es inzwischen in allen größeren
Städten.
▶ Western Union gibt es überall –
sogar in relativ abgelegenen Gegenden, da ein großer Teil der Bevölkerung auf Geldüberweisungen von
Familienangehörigen angewiesen ist,
die im Ausland arbeiten.
(siehe auch ›Geld‹)

Botschaften Albaniens im Ausland

▶ Botschaft von Albanien in
Deutschland, Friedrichstraße 231,
10969 Berlin, Tel. 030/259 30 40,
Tel. Konsularabteilung: 25 93 04 51,
Fax 25 93 18 90, Kanzlei@botschaft-
albanien.de.
▶ Botschaft von Albanien in Öster-
reich, Prinz-Eugen-Str. 18/1/5,
1040 Wien, Tel. 01/328 86 56,
Fax 328 86 58, embassy.vienna@mfa.
gov.al.
▶ Botschaft von Albanien in der
Schweiz, Pourtalesstr. 45a,
3074 Mori Bern, Tel. 031/952 60 10,
Fax 952 60 12, embassy.bern@mfa.
gov.a.

Botschaften in Albanien

▶ Deutsche Botschaft in Albanien,
Rr. Skënderbeg 8, Tel. 003 55/
(0)4/274 50-5, -6, -7, -8, -9,
Fax 23 34 97, german.embassy@icc.
eu.org, Mo–Do 8.30 bis 12 Uhr.
▶ Österreichische Botschaft in
Albanien, Rr. Frederik Shirokë 3,
Tel. 003 55/(0)4/23 31 44/23 31 57,
Fax 23 31 40, ob@bmaa.gv.atl, Mo–Fr
10–12 Uhr.

Reisetips von A bis Z

Gästehaus in Theth in den Albanischen Alpen

▶ Botschaft der Schweiz, Rr e Elbasanit 81, Donika Kastrioti 11 (Büro), Tel. 003 55/(0)4/23 48 88, 37 53 15, Fax 234889, vertretung@tir.rep.admin.ch, Mo–Fr 8.30–14 Uhr.

Bus

Zu den meisten größeren Städten gibt es Busverbindungen. Manche Busse sind nicht sehr komfortabel, einige stammen noch aus Beständen der Nationalen Volksarmee der DDR, in letzter Zeit tauchen aber zunehmend auch modernere Fahrzeuge auf. Auch ist diese Art des Reisens sehr preisgünstig und zudem etwas schneller als die Fahrt per Eisenbahn. Die Abfahrtzeiten der Busse sind flexibel. Erkundigen Sie sich am besten einen Tag vor Ihrer geplanten Reise nach dem Abfahrtsort sowie der Abfahrtszeit. Es gibt keine Fahrpläne (siehe auch ›Minibus‹).

Camping

Campingplätze sind in Albanien nach wie vor praktisch nicht vorhanden. Wildes Campen ist nicht verboten. Da die Menschen zwar mißtrauisch, doch letztendlich sehr gastfreundlich sind, werden Sie sicher keine ablehnende Antwort bekommen, wenn Sie in der Nähe von Ortschaften auf privaten Grundstücken Ihr Zelt aufschlagen wollen.

Das Abstellen eines Wohnmobils ist überall möglich, sollte jedoch vorsichtshalber an belebten Plätzen erfolgen. Es gibt in jeder Ortschaft eine Möglichkeit, Gasflaschen nachzufüllen (11 kg kosten ca. 11 Euro). Im Jahre 2007 ist ein deutsches

Ehepaar quer durch Albanien mit dem Wohnmobil gereist und hat nur positive Erfahrungen gemacht. Mehr Informationen erhalten Sie von Hermann und Ingrid Spieker: spiekerx2@web.de.

Computer

Die Computer haben auch in Albanien erfolgreich Einzug gehalten. In größeren Städten finden Sie Internet-Cafés, die recht günstig sind. Eine Stunde Surfen kostet etwa 100 Lek. Es gibt in Tirana und auch in anderen größeren Städten zahlreiche Läden, in denen Sie Computer, Laptops und Zubehör erwerben können.

Einkaufen

In den größeren Städten (Tirana, Durrës, Korçë) gibt es neben kleinen Tante-Emma-Läden auch einige Supermärkte, in denen Sie sicher mühelos all jene Dinge bekommen, die Sie auf Ihrer Reise benötigen. Cognac und Raki lassen sich sehr gut in den Supermärkten kaufen und sind relativ preiswert.

In Tirana sind Bekleidungsartikel und Schuhe recht teuer. Wenn Sie auf dem großen Markt am Ende des Bulevard Zogu i Parë stöbern wollen, können Sie günstig Jeans einkaufen. Im allgemeinen lohnt es sich aber nicht, in Albanien Bekleidung einzukaufen.

In der Rruga e Durrësit in Tirana sind einige Läden mit Souvenirs zu finden, in der Rruga Abdul Frashëri gibt es Kosmetikläden mit teuren Parfums und anderen exklusiven Artikeln für die Schönheitspflege.

Die recht gut sortierte Buchhandlung Adrion Librari am Sheshi Skanderbeg, gegenüber der Moschee, hält einige Reiseführer und Bücher über Albanien bereit, die meisten davon in englischer Sprache. Auch internationale Zeitungen und Ansichtskarten können Sie dort kaufen. An einigen Kiosken entlang des Bulevardi Dëshmorët e Kombit finden Sie Bücher und Zeitungen. Am Flughafen Rinas gibt es eine Buchhandlung mit Büchern in albanischer und englischer Sprache sowie mit einigen internationalen Zeitschriften. An einem Kiosk in der Nähe der ›Pyramide‹ in Tirana können Sie die FAZ, die Süddeutsche Zeitung, die Zeit, und die Welt kaufen.

Krimskrams wie Zigaretten, Feuerzeuge, Mützen gegen die Sonne, Bleistifte oder frische geröstete Maiskolben können Sie gut bei Straßenhändlern kaufen. Oft nennen die Straßenhändler Ihnen die Preise in der alten Währung des Lek, der vor einigen Jahren aufgewertet wurde. Wenn also eine Straßenhändlerin für einen gerösteten Maiskolben 300 Lek verlangt, so vergessen Sie die zweite Null – Sie zahlen also 30 Lek.

▶ Wenn Sie sich für Kunst interessieren – in Korçë, Shkodër und Pogradëc, aber auch in Tirana können Sie private Ateliers besuchen und vielleicht ein schönes Gemälde mit nach Hause nehmen.

▶ Eine große Auswahl Souvenirs (handgewebte Teppiche, Silberschmuck und vieles andere mehr) finden Sie in Krujë auf dem Bazar. Hier ist Feilschen nicht nur erlaubt, sondern ein wesentlicher Teil des Einkaufs.

Einreise- und Devisenbestimmungen

Für Reisende aus den Ländern der EU und aus der Schweiz ist kein Visum für die Einreise nach Albanien erforderlich. Dies gilt auch für Besucher aus den USA, Kanada und vielen anderen Ländern, wenn sie sich als Touristen in Albanien aufhalten wollen. Der Reisepaß muß jedoch mindestens noch sechs Monate gültig sein. Staatsbürger anderer Länder sollten sich bei den jeweiligen Botschaften oder albanischen Konsulaten nach den Einreisebestimmungen erkundigen.

▸ Bei der Einreise bezahlen Sie sowohl am Flughafen als auch an jedem anderen Grenzübertritt zehn Euro Einreisegebühr.

▸ Wenn Sie mit dem Auto einreisen, benötigen Sie außer dem gültigen Internationalen Führerschein das Nationalitätsschild, die Zulassungspapiere und die Grüne Versicherungskarte.

▸ Es gibt keine Einfuhrbeschränkungen für Bargeld oder Reiseschecks. Es ist jedoch besser, sehr große Geldbeträge anzumelden, um Schwierigkeiten bei der Ausreise zu vermeiden.

Elektrizität

Die Netzspannung beträgt in Albanien 220 Volt, die Steckdosen sind im allgemeinen den westeuropäischen Normen angepaßt.

Für ausländische Besucher ist es oft nicht nachvollziehbar, warum sehr häufig der Strom ausfällt, da das Land so reich an Wasserkraft ist, daß es die Reserven selbst nicht nutzen kann. Die Albaner gehen mit diesem Tatbestand sehr gelassen um; die meisten haben außer dem vom Staat gelieferten Strom (der Staat hat das Monopol für die Elektrizitätsgewinnung) einen eigenen Generator, womit sie die Stromunterbrechung überbrücken. Die Stromleitungen verlaufen oberirdisch. Im Gebirge, wo Strommasten fehlen, sind die Leitungen oft auf recht einfallsreiche Weise über Bäume verlegt.

Feiertage und Ferien

1. Januar: Neujahrstag.
Februar: Muslimisches Bajram-Fest.
7. März: Tag der Lehrer (kein offizieller Feiertag).
8. März: Frauentag (kein offizieller Feiertag).
April: katholisches und orthodoxes Osterfest.
1. Mai: muslimisches Kurban-Bajram Fest.
1. Juni: Tag des Kindes (kein offizieller Feiertag, Grundschulen organisieren Ausflüge und Picknicks).
28. November: Unabhängigkeitsfest.
29. November: Tag der Befreiung.
Dezember: Ende der Fastenzeit, muslimisches Fest.
25. Dezember: Weihnachtsfest.

Albanien hat gewissermaßen zwei Nationalfeiertage: Von 1945 bis 1992

Landwirtschaft im Gebiet von Kelmend

war der 29. November, der Tag der Befreiung vom Faschismus 1944, Nationalfeiertag. Von 1992 bis 1997, als die Demokratische Partei an der Regierung war, wurde der 28. November der Tag der Befreiung. An diesem Tag des Jahres 1912 wurde Albanien zum ersten Mal unabhängig. Nach 1997, als die Sozialistische Partei an die Regierung war, war wiederum der 29. November der Befreiungstag. Da jetzt wieder die Demokratische Partei an der Regierung ist, wird wieder der 28. November als offizieller Feiertag favorisiert.

Achtung: Sobald ein offizieller Feiertag auf einen Samstag oder Sonntag fällt, gilt der nachfolgende Montag als offizieller Feiertag!

▶ An den offiziellen Feiertagen sind Banken und Ämter geschlossen. Läden, Wechselstuben und andere private Einrichtungen sind nicht verpflichtet zu schließen und somit meistens geöffnet. In katholischen Gegenden (wie in und um Shkodër) werden die katholischen Feiertage jedoch auch in der Regel von Läden und privaten Einrichtungen eingehalten.

FKK
Ist nirgends in Albanien erlaubt.

Fotografieren und Filmen
Ausreichend Filmmaterial mitzunehmen, ist bestimmt kein Fehler. Bitten Sie das Personal bei den Kontrollen im Flughafen, die Filme nicht durch die Röntgenkontrolle zu bringen, sondern persönlich zu überprüfen. Im allgemeinen wird man Ihrer Bitte gerne nachkommen.

Radfahrer in Shkodër

In größeren Ortschaften ist Filmmaterial zwar erhältlich, doch oft teurer als in Deutschland – vor allem Dia-Filme (falls sie überhaupt vorrätig sind) sind extrem teuer. Die Entwicklung dauert manchmal länger als zwei Tage. Bewahren Sie Ihr Filmmaterial an einem kühlen Ort auf und lassen Sie es niemals in der Sonne liegen. Wenn Sie in Albanien Filme kaufen, achten Sie auf das Verfallsdatum. Menschen zu fotografieren, ist nicht ganz unproblematisch. Kindern und Jugendlichen macht es meistens viel Spaß, fotografiert zu werden. Fragen Sie um Erlaubnis, wenn Sie Menschen bei der Arbeit oder auf der Straße aufnehmen wollen. Auch in Albanien hat das digitale Fotografieren Einzug gehalten. In den größeren Städten gibt es Läden, die Ihre Photos innerhalb kürzester Zeit entwickeln bzw. CDs herstellen.

Geld

Die Albanische Währung ist der Lek, ein Lek hat 100 qindarka. Es gibt Banknoten zu 5000, 1000, 500, 200 und 100 Lek, Münzen zu 100, 50, 20, 10 und 5 Lek.
Der Wechselkurs ist seit einigen Jahren relativ stabil. So bekommen Sie für einen Euro etwa 121 Lek, für ein Britisches Pfund etwa 170 Lek, und für einen US-Dollar etwa 100 Lek.
Der Lek kann im Ausland nicht eingetauscht oder gekauft werden.
Manche Albaner rechnen noch in alten Lek, bei einer Währungsreform vor einigen Jahren wurde jeweils eine Null

gestrichen, aus 100 Lek wurden also 10 Lek.

Geld wechseln können Sie in allen großen Banken. Manchmal ist der Kurs in den Wechselstuben etwas günstiger (siehe auch ›Banken‹).

Grenzübergänge

Mit dem Auto können Sie über folgende Grenzübergänge nach Albanien einreisen:

Von Montenegro kommend bei Hani i Hoti, vom Kosovo kommend über Vbrnica, von Nordgriechenland (Ionanina) kommend bei Kakavi (alb. Kakavilë), von Nordostgriechenland kommend bei Bilisht und, von Makedonien kommend, bei Prrenjas am Ohridsee.

Etwas abenteuerlich wegen schlechter Straßen, doch durchaus möglich ist der Grenzübergang von Gusinje in Montenegro nach Vermosh in Albanien. Auf albanischer Seite ist die Straße besonders schlecht und sollte nur mit Wagen mit Allradantrieb befahren werden.

Haustiere

Ohne gültiges tierärztliches Gesundheitszeugnis wird man Ihr Haustier nicht einreisen lassen. Da die Tiere in Albanien unter vollkommen anderen Lebensbedingungen als in Deutschland gehalten werden und sich frei im Land bewegen, wären die verweichlichten Haustiere aus westeuropäischen Ländern allen möglichen Krankheitserregern ausgesetzt. Mit anderen Worten: Es ist besser, Ihre Haustiere gar nicht erst mit nach Albanien zu nehmen.

Hunde und Katzen streunen frei durch die Dörfer und Städte. Wenn Hunde auf dem Lande am Haus gehalten werden, so geschieht dies oft unter Bedingungen, die ein Westeuropäer nur schwer akzeptieren kann.

Hygienische Verhältnisse und Gesundheit

Dieses Land war fast ein halbes Jahrhundert lang völlig von der Außenwelt abgeschnitten. Erst seit etwa 15 Jahren haben westliche Hygienestandards Einzug gehalten. In größeren Hotels und in den meisten Privatwohnungen in den Städten sind Wasserspültoiletten normal. Da aus unerfindlichen Gründen leider oft Wasser abgestellt wird, kann man sich aber nicht immer auf eine funktionierende Wasserspülung verlassen.

Bis vor wenigen Jahren erledigten die meisten Bewohner der abgelegenen Bergwelt ihre Bedürfnisse in der freien Natur. Doch auch hier halten nach und nach Wasserspültoiletten Einzug. Leider kämpfen die Bewohner vielerorts mit ihrem Müll, denn für die Müllbeseitigung wurde noch keine zufriedenstellende Lösung gefunden. Besonders in den Vorstädten ist dies ein großes Problem. Dies ist nicht nur optisch abstoßend, sondern auch für die Gesundheit nicht gerade förderlich.

In den Bergen ist das Wasser aus vielen Flüssen trinkbar. Leitungswasser zu trinken ist dagegen nicht ratsam.

Wenn Sie sicher gehen wollen, trinken Sie besser Mineralwasser.
Aufgrund von Klimaumstellung können Magen- und Darmverstimmungen vorkommen. Gegenmittel sollten in Ihrer Reiseapotheke nicht fehlen.
▶ Ob außer den üblicherweise auch bei uns empfohlenen Impfungen

An der Rezeption des Hotels ›Broadway‹ in Tirana

eine Immunisierung gegen Hepatitis A (wird durch Lebensmittel übertragen) und B (wird durch sexuelle Kontakte und Blutkontakte übertragen) nötig ist, sollte man mit seinem Hausarzt besprechen.
▶ Wer wandern möchte, sollte sich gegen Zeckenbisse schützen und ggf. gegen FSME impfen lassen.

Internetseiten
▶ www.mtkrs.gov.al
Ministerium für Tourismus, Kultur,

Jugend und Sport.
▶ www.albaniantourism.com
Allgemeine Informationen der albanischen Tourismus-Organisation.
▶ www. tirana.gov.al
Stadtverwaltung von Tirana.
▶ www.frosina.org
Informationen für und über die Albanische Diaspora in den USA.
▶ www.albania-hotel.com
Hotel-Reservierungen und Organisation von Reisen in Albanien.
▶ www.outdooralbania.com
Experten für Abenteuer-Reisen in entlegene Gegenden Albaniens, Wandern, Kajak, Bergtouren etc.
▶ www.cemar.it.dest/ferries_albania.htm
Fahrpläne der Fähren von Italien nach Albanien und zurück, Ticket-Reservierung möglich.
▶ www.ferries.gr
Griechische Fährverbindungen nach Albanien, Ticket-Reservierung möglich.

Kleidung
Man sollte robuste und bequeme Kleidung und feste Schuhe tragen. Im Sommer kann es sehr heiß werden, man sollte an entsprechenden Sonnenschutz denken. Für Ausflüge ins Gebirge sollte man auch warme und wetterfeste Kleidung dabeihaben. Sich in allzu knapper Freizeitkleidung in der Öffentlichkeit zu bewegen ist unangebracht. Frauen haben im allgemeinen zu Moscheen keinen Zutritt, können diese jedoch besichtigen. Dabei sollte auf angemessene Kleidung geachtet werden.

Krankenversicherung

Zwischen Deutschland und Albanien bestehen keine Abkommen über Krankenversicherung. Man sollte eine private Krankenversicherung abschließen, die auch einen Rücktransport im Notfall einschließt. Diese Versicherung gibt es für eine geringe Jahres-gro, Mazedonien, Albanien im Maßstab 1:750 000.

freytag & berndt Autokarte Shqipëria/ Albania im Maßsrab 1:400 000.

Reise Know-How Albanien im Maßstab 1:220 000.

▶ Man sollte sich darüber im klaren sein, daß auch neuere Karten mangels

Die albanische Eisenbahn verkehrt nur auf wenigen Strecken

pauschale bei vielen Versicherungsgesellschaften.

Landkarten

Inzwischen gibt es auch für Albanien Straßenkarten. Sie können diese und auch Stadtpläne von größeren Städten überall in Buchläden oder an Kiosken bekommen. Auch an Tankstellen bekommt man sie häufig.

▶ Auch in Deutschland erhältlich sind folgende Karten:

Shell Länderkarte Kroatien, Bosnien-Herzegowina, Serbien und Montene-aktueller Vermessungsdaten oft nicht zuverlässig sind. So manch eine eingezeichnete Straße erweist sich vor Ort als kaum zu befahrende Schotterpiste, neu ausgebaute Straßen sind oft noch nicht verzeichnet.

In abgelegenen Regionen finden sich wenig Hinweisschilder auf Ortschaften. Der Tourist ist hier weitgehend auf die Informationen der Bewohner angewiesen.

▶ Für die Nordalbanischen Alpen und für die Naturparks verfügt zur Zeit nur das Militär über gültige Karten.

Drei Generationen

Die GTZ (Gesellschaft für Technische Zusammenarbeit) erarbeitet jedoch zur Zeit Wanderwege in den Nordalbanischen Alpen. Auch Petrit Imeray aus Shkodër, der über Tel. 022/517 04 oder Mobil 069/216 63 34 zu erreichen ist, hilft gern weiter und vermittelt auch Fahrten mit geeigneten Fahrzeugen in die Bergregionen.

Minibusse
Überall gibt es Minibusse, die an bestimmten Plätzen in den Städten immer so lange auf Gäste warten, bis alle Plätze belegt sind. Neun bis zehn Personen fahren normalerweise mit, und die Fahrer fahren recht zügig. Das Reisen ist preiswert, und man kommt schnell mit den Mitreisenden in Kontakt. Man kommt problemlos mit diesen Bussen durch ganz Albanien. In den abgelegenen Orten der Nordalbanischen Alpen sind dies die einzigen öffentlichen Verkehrsmittel, und hier fährt oft nur ein Bus am Tag. Als Folge sind die Minibusse häufig total überladen. Die Reisen im Gebirge sind aus diesem und aus vielen anderen Gründen etwas abenteuerlich. Sie sollten also gute Nerven mitbringen.

Notfälle
Die Polizei erreichen Sie unter Tel. 129 oder 23 32 22

Öffnungszeiten
Banken öffnen in der Regel um 9 Uhr und schließen entweder um 14 oder 15 Uhr. Botschaften und Konsulate sind erst um 9.30 Uhr oder um 10 Uhr geöffnet und für Publikums-

verkehr nachmittags geschlossen.
Die Post in Tirana (Sheshi Camëria) ist
von 8 bis 20 Uhr durchgehend geöffnet, Pakete können jedoch nur bis
13 Uhr abgegeben werden.
Supermärkte schließen in der Mittagszeit, kleinere Läden sind in der Regel
bis in den späten Abend geöffnet.

Ortszeit

In Albanien gilt die Mitteleuropäische
Zeit (MEZ). Wie in Deutschland,
werden auch hier im Frühjahr und
Herbst die Uhren auf Sommer- bzw.
Winterzeit umgestellt.

Post

Die Postämter sind in den Städten und
auf dem Land durchgehend von 8
bis 20 Uhr geöffnet. Briefe innerhalb
Europas kosten 80 Lek, Postkarten
40 Lek. Briefe oder Karten von
Albanien nach Deutschland sind etwa
eine Woche lang unterwegs. Pakete
benötigen dagegen meist mehrere
Wochen.

Radfahren

Nur in einigen Städten oder kleineren
Ortschaften in der Ebene um Shkodër
ist Radfahren üblich. Da sich die
Straßen meistens in schlechtem
Zustand befinden und zudem nicht
selten steil ansteigen, ist vom Rad-
fahren generell abzuraten. Spezielle
Radwege existieren überhaupt nicht.

Reiseveranstalter

Bis jetzt gibt es kaum Pauschalange-
bote nach Albanien.

▶ Der Südosteuropa-Reisespezialist
Culterramar (www.culterramar.de)
bietet Wanderungen in Südalbanien
an.
▶ Schulz Aktivreisen, Görlitzer Str. 15,
01099 Dresden, Tel. 03 51/26 62 55,
www.schulz-aktiv-reisen.de. Wanderungen in den Nordalbanischen
Bergen.
▶ Berati Tours hat sich auf Outdoor-
und Kulturrreisen spezialisiert:
Bayernstr. 37a, 91062 Erlangen,
Tel. 09 11/287 48 24, www.berati-
tours.com.
▶ Auch Dr. Maiers Studienreisen
hat ab Sommer 2006 Albanien im
Programm, Goldschmiedgasse 10,
1010 Wien, Tel. 00 43/1/535 06 15,
53 87 96, office@maiers.org.
▶ Ikarus Tours hat eine 14tägige Wan-
derstudienreise im Programm: Ikarus
Tours GmbH, Am Kaltenborn 49–51,
61462 Königstein, Tel. 061 74/290 20,
www.ikarus.com.
▶ Skanderbeg Reisen bietet individuelle Beratung und Information: Skanderbeg Reisen GmbH, Postfach 10 22 04,
Bochum, Tel. 02 34/30 86 86,
www.skanderbeg.de.
▶ Die Agentur Iliria, Tel. 02 34/
38 74 31, www.iliria-agentur.com, bietet ein Reiseportal im Internet
und Organisation von Rundreisen in
Albanien.
▶ Der ausgewiesene Albanien-Kenner
und Archäologe Dr. Christian Zindel
führt Gruppenreisen für kulturell
Interessierte durch. Die Programme
werden für Gruppen ›on demand‹
zusammengestellt, d.h. mit Schwer-

punkten, die je nach Interessen indivi-
duell gelegt werden können. Kontakt-
adresse: balkanreisen@bluewin.ch.
▶ Dem Wandertourismus wird in
Albanien eine große Zukunft voraus-
gesagt. Besonders die nordalbanischen
Alpen und die südalbanischen Küsten-
gebiete bieten abwechslungsreiche
Berglandschaften. Interessenten wenden sich an Barbara Hausammann,
b.hausammann@bluewin.ch.
Auch sie bietet maßgeschneiderte
Touren in verschiedenen Schwierig-
keitsgraden an.

Reiseveranstalter in Albanien

Einige Veranstalter in Tirana bieten
Ausflüge innerhalb Albaniens zu
den bedeutenden historischen Stätten
an. Meist sind diese Ausflüge jedoch
verhältnismäßig teuer.
▶ Es gibt in Tirana noch kein Informationsbüro für Touristen. Unter
der folgenden Adresse wird man Ihnen
jedoch Reiseagenturen nennen, die
Reisen innerhalb Albaniens organisieren: Tourism Development Committee
of Albania, Blv. Dëshmorët e Kombit
8, Tel. 00355/(0)4/2583-23, -19,
tdc@interalb.net, Mo–Fr 9–16 Uhr.
▶ In Shkodër wird Ihnen Petrit Imeray
gern weiterhelfen. Er kennt sich sehr
gut in den Nordalbanischen Alpen aus.
Seine Anschrift: Petrit Imeray, Lagja
Daniel Matlia, Rruga Sh. Bajraktari,
Pall. 1230, Shkodër, Tel. 00355/
(0)69/2065205 und 2166334, pime-
ray@yahoo.com.
▶ Ilir Hysa und Gent Mati vom OA
Club (Outdoor Albania Club)

sind bestens ausgerüstet – sowohl was
Logistik als auch Wissen anbetrifft,
um kleine Gruppen durch das Land zu
befördern und ihnen die schönsten
Gegenden und die historischen Stätten
zu zeigen. OA Club Albania, Rruga
Siri Kodra 42/1, Tirana, Tel. 00355/
(0)4/272075, Mobil 00355/(0)68/
2222304 oder 00355/(0)69/
2188845, www.outdooralbanie.com

Reiten

Das Pferd ist in Albanien in erster Linie
ein Nutztier. Viele Albaner, besonders
die Bergbewohner, wachsen mit
Pferden auf. Oft sieht man Kinder
– meistens Jungen – halsbrecherische
Ritte (ohne Sattel) unternehmen.
Für geübte Reiter wird es bestimmt
nicht schwer sein, zusammen
mit einem Albaner auf Pferderücken
das Land zu durchstreifen. Alleine
sollte man das aber nicht tun.
Ich selbst habe es nicht versucht, bin
jedoch überzeugt, daß man bei
einer entsprechenden Bitte sofort
antworten würde: ›S'ka problem!‹
(Kein Problem!)

Sicherheit

Entgegen allen in westeuropäischen
Ländern verbreiteten Vorurteilen
ist Albanien ein sicheres Reiseland. Sie
sollten lediglich zu Ihrer persönlichen
Sicherheit die gleichen Vorsichtsmaßnahmen beachten, wie in jedem
anderen Land. Die Albaner sind
Fremden gegenüber sehr hilfsbereit
und zuvorkommend. Händler sind
nicht aufdringlich, und es ist unüblich,

Fremde zu übervorteilen. Alleinreisende Frauen werden nicht belästigt, Sexualdelikte sind äußerst selten.

In den Vorstädten Tiranas kann es zu Taschendiebstählen kommen. Es ist selbstverständlich ein Gebot der

Talisman an einem Baugerüst

Menschlichkeit und der Achtung des gastgebenden Landes, als Tourist in einem armen Land nicht unbedingt Wohlstand zur Schau zu stellen. Sollten Sie die Absicht haben, in der Dunkelheit in Tirana Abendspaziergänge zu unternehmen, nehmen Sie eine Taschenlampe mit und achten Sie auf nicht abgedeckte Baugruben oder nicht gekennzeichnetes Baumaterial an den Straßenrändern und auf den Bürgersteigen. Diese stellen eine echte Gefahr dar!

Sportliche Aktivitäten

Albanien bietet sehr viele Möglichkeiten für sportliche Aktivitäten. An den Stränden der Adria und des Ionischen Meeres sowie an den Ufern der größeren Seen kann man wunderbar schwimmen und tauchen.

Die Gebirge im Norden wollen von Bergsteigern und Wanderern erobert werden. Im Gebiet um Voskopja gibt es ausgedehnte Skihänge.

Die zahlreichen Flüsse im Gebirge sind hervorragend zum Forellen-Angeln geeignet. Auch im Skutarisee gibt es viele schmackhafte Fischarten, wie Karpfen und Aale. Wenn Sie angeln wollen, erkundigen Sie sich bei den einschlägigen Gemeinden; in der Regel ist es nicht verboten, doch für Ausländer ist es ganz bestimmt besser, um Erlaubnis zu bitten. Dies gilt ebenfalls, wenn Sie auf die Jagd gehen wollen. Für alle Sportarten ist es ratsam, die notwendigen Geräte (Angel, Skier, Jagdflinte, Badeanzug) mitzubringen.

Taxi

Taxis sind im Vergleich zu Deutschland preiswert. Die Taxifahrer lassen mit sich handeln, wenn Sie weitere Reisen im Land unternehmen wollen.

Die offiziellen Taxis sind in Albanien gelb. Da sie über keine Taxameter verfügen, empfiehlt es sich, den Fahrer vor Antritt der Fahrt nach dem Preis zu fragen oder einen Preis auszuhandeln.

In Tirana kosten die Fahrten innerhalb der Stadt – wenn Sie nicht von den Vorstädten kommen – 400 Lek, mit viel Gepäck etwas mehr.

Die Fahrt vom Flughafen Rinas bis in die Stadt kostet 20 bis 25 Euro.

In den größeren Städten gibt es Taxistände. Sie können aber auch auf der Straße ein Taxi heranwinken. Falls ein Privatauto hält und Sie zu dem gewünschten Ort bringt, fragen Sie auf jeden Fall nach dem Preis! Wundern Sie sich nicht, wenn man kein Geld von Ihnen verlangt und Ihnen, ›dem Gast‹, einen Dienst erweisen will. Das ist gar nicht so ungewöhnlich. Selbstverständlich kann es Ihnen auch in Albanien – wie überall – passieren, daß man Sie übervorteilen will oder eine günstige Gelegenheit wittert, ein bißchen Geld nebenher zu verdienen. Im Zweifelsfalle halten Sie sich daher besser an die gelben Taxis. Taxifahrer erwarten kein Trinkgeld. Natürlich ist es aber auch nicht verboten, dem Fahrer eine Kleinigkeit zu geben, wenn er besonders hilfsbereit war.

Telefonieren

Sie können in Albanien ebenso mit dem Handy telefonieren wie in anderen europäischen Ländern. Die beiden Betreiber für Mobilfunk sind AMC (Albanian Mobile Communication) und Vodafone. Sollten Sie einen längeren Aufenthalt in Albanien planen, ist es ratsam, eine albanische Handynummer zu kaufen. Sie müssen sich zu diesem Zweck in einem Handy-Laden registrieren lassen. Es ist nicht in allen Handyläden möglich, doch man gibt Ihnen gern Auskunft, wo Sie dies erledigen können. Ein kompliziertes Formular (mit Angaben der Namen der Eltern auch bei Erwachsenen!) ist auszufüllen,

natürlich sind die Angaben in englischer Sprache.
▸ Die beiden Mobilfunknetze in Albanien beginnen entweder mit 069 oder 068. Wenn Sie eine Handynummer vom Ausland in Albanien anrufen wollen, wählen Sie erst 003 55, die 0 vor 69 oder 68 lassen Sie weg.
▸ Andere Nummern in Albanien werden wie folgt gewählt: 00355 – Ortskennzahl – Teilnehmernummer. Außerhalb von Tirana wählen Sie zunächst 0, dann die Ortskennzahl, und dann die Teilnehmernummer.
▸ In den größeren Städten gibt es öffentliche Telefonkabinen, von denen aus Sie mit einer Telefonkarte telefonieren können. Auslandstelefonate sind von den Kabinen aus recht preisgünstig. Die Telefonkarten zu 50, 100 oder 200 Einheiten (impulse) sind in den Postämtern, in den Wechselstuben oder bei Straßenhändlern erhältlich. Oft sitzen die Straßenhändler – oder auch Kinder – neben den Telefonkabinen, um dort ihre Karten zu verkaufen. Die Karten sind hier etwas teurer als in der Post und in den Wechselstuben.

Trinkgeld

Wie in Deutschland, sind zehn Prozent des Rechnungsbetrages üblich, jedoch nicht Pflicht.

Zahlungsmittel und Preisniveau

Die albanische Währung ist der Lek. Der US-Dollar, das Britische Pfund und der Euro sind jedoch höchst willkommen. Für den Touristen ist es günstiger, in der Landeswährung zu zahlen (siehe ›Geld‹).

Der Lek kann im Ausland weder gekauft noch verkauft werden. Versuchen Sie daher, Ihre letzten Lek am Flughafen oder vor dem Verlassen des Landes auszugeben, falls Sie sie nicht als Erinnerungsstücke mitnehmen wollen.

Es lohnt sich nicht, in Albanien Kleidung, Schuhe, Lederwaren oder Elektronikartikel zu kaufen. Meistens sind diese Artikel sogar teurer als in Deutschland, für Albaner oft unerschwinglich.

Albanische Spirituosen wie Raki oder der Cognac Skanderbeg sind äußerst preisgünstig und bestimmt ein willkommenes Mitbringsel. Zigaretten sind ebenfalls sehr billig.

Restaurantbesuche sind im Vergleich zu Deutschland sehr billig. Die Preise in mittleren und guten Restaurants unterscheiden sich nur geringfügig. Für weniger als zehn Euro kann man sehr gut essen.

Wenn Sie Souvenirs in Krujë kaufen wollen, sollten Sie auf jeden Fall handeln. Oft bekommen Sie die Ware dann zur Hälfte des ursprünglich verlangten Preises.

Die großen Hotels in Tirana wie ›International‹, ›Sheraton‹ und ›Rogner‹ sind ebenso teuer wie in Deutschland. Doch in kleineren Orten können Sie für 25 bis 40 Euro pro Nacht inklusive Frühstück sehr modern eingerichtete Zimmer mit Dusche und TV bekommen.

Die Preise in den Hotels sind im allgemeinen (außer in Sarandë) das ganze Jahr hindurch gültig und somit nicht saisonabhängig.

Benzin und Diesel sind wesentlich billiger als in Deutschland, für Albaner jedoch teuer.

Zeitungen und Zeitschriften

Eine Fülle von Zeitungen in albanischer Sprache erscheint täglich, die meisten sind parteigebunden.

Deutsche Zeitungen erhalten Sie am Flughafen ›Nënë Terese‹ oder an einem Zeitungskiosk in der Nähe der Pyramide in Tirana. Die Buchhandlung Adrion am Sheshi Skanderbeg führt einige ausländische Zeitungen und Zeitschriften in englischer Sprache. Diese werden allerdings erst nachmittags geliefert und sind manchmal vom Vortag.

Zoll

Nur in seltenen Fällen finden Zollkontrollen am Flughafen oder an den Grenzkontrollen statt – es sei denn, Sie haben außergewöhnlich viel Gepäck dabei. Persönliche Gegenstände sind selbstverständlich zollfrei. Es ist sinnvoll, eine Liste ihrer persönlichen Gegenstände mitzuführen, falls es sich um Laptops, Ferngläser, Fotoapparate oder dergleichen handelt, damit Sie bei der Ausreise keine Schwierigkeiten bekommen. Für Antiquitäten, Edelmetalle, Münzen, Kunstgegenstände und auch für besonders wertvolle Bücher sollten Sie sich beim Kauf eine Ausfuhrgenehmigung geben lassen.

Literaturhinweise

Andres, Erich; Kállay, Karol; Krolow, Wolfgang: Albanien, ein Fotolesebuch, Berlin 1992, Basisdruck

Bernatzki, Hugo A.: Albanien, das Land der Schkipetaren, 1930

Bogdani, Mirala and Loughlin, John: Albania and the European Union – The tumultuous Journey towards Integration and Accession, I.B. Tauris & Co. Ltd., London Library of European Studies 4.

Ceka, Neritan: Buthrotum, Cetis Tirana 2002

Condi, Dhimiter; Buthrot – Butrint, Saranda, Shkendija Travel Ltd

Daum, Werner: Albanien zwischen Kreuz und Halbmond, Staatl. Museum f. Völkerkunde, München, Pinguin-Verlag, Innsbruck.

Durham, Edith: Albania and the Albanians, London 2001, Centre of Albanian Studies

Eberhart, Helmut u. Kaser, Karl: Albanien, Stammesleben zwischen Tradition und Moderne, Wien 1995, Böhlau Verlag

Fremuth, Wolfgang: Albania – Guide to its Natural Treasures, Tirana 2000, Verlag Herwig Klemp

Godin, Marie Amelie Freiin von: Der Kanun, Dukagjin Publishing House, 2003

Graci, Virion: Au Paradis des Fous – Gallimard, Paris.

Grammatik d. Albanischen Sprache: Bahri Beci: Gramatika e Gjuhes Shqipe.

Hodgkinson, Harry: Scanderbeg, London 1999, Centre of Albanian Studies

Hysi, Ylber: Saranda Tirana 2207. Te Drejtat Autori! (Eigenverlag) ISBN 978-99943-95-22-4.

Kadaré, Ismael: Die Festung, München 1991, Dtv

Kadaré, Ismael: Chronik in Stein, Salzburg 1988, Residenzverlag

Kadaré, Ismael: Palast der Träume, Zürich 2003, Ammann Verlag

Kadaré, Ismael: Die Brücke mit den drei Bögen, Zürich 2002, Ammann Verlag

Kadaré, Ismael: Der zerrissene April, Zürch 2001, Ammann Verlag

Kadaré, Ismael: Der General der toten Armee, Zürich 2004, Ammann Verlag

Kadaré, Ismael: Doruntinas Heimkehr, München 1998, Dtv

Kadaré, Ismael: Das verflixte Jahr, Ammann Verlag Zürich.

Kohl, Christine von: Albanien, München 1998, Verlag C.H. Beck

Lehrbuch für Albanische Sprache: Isa Zymberi: Colloqial Albanian.

Mehmeti, Kim: Das Dorf der verfluchten Kinder, Drava-Verlag Klagenfurt.

Schwandner-Sievers and J. Fischer, Bernd: Albanian Identities – Myth and History, Indiana University Press 2002

Vickers, Miranda: The Albanians. A Modern History, London 1995

Young, Antonia: Women who became men – Albanian Sworn Virgins, Berg Oxford.

Nachwort

Das moderne Albanien ist ein sehr junges Land, das sich in einer Transitionsphase befindet. Fast 50 Jahre – länger als andere Länder des ehemaligen Ostblocks – war Albanien vollständig vom Westen isoliert. Die Menschen hatten nicht die Möglichkeit, ins Ausland zu reisen. Reisen von Ausländern innerhalb Albaniens fanden nur unter staatlicher Kontrolle statt. Der moderne Begriff ›Tourismus‹ wurde hier erst in den vergangenen fünf bis zehn Jahren als wirtschaftliche Komponente erkannt.

US-Amerikanern war in der Zeit des Enver-Hoxha-Regimes der Zutritt ins Land verboten, Reisende aus anderen westlichen Ländern hatten eine Menge Formalitäten zu erledigen und Bedingungen zu erfüllen, wenn sie Albanien besuchen wollten.

Auch heute noch ist es, trotz mancher Erleichterungen, für Albaner schwierig, in andere europäische Länder zu reisen, während die meisten westeuropäischen Länder für die Einreise ins Land nun kein Visum mehr benötigen.

Dieser Tatbestand stellt eine große Ungerechtigkeit dar. Denn dadurch wird ein Volk, das nicht nur geographisch, sondern auch ethnisch und kulturell zu Europa gehört, diskriminiert. Ein Mensch, der lange eingesperrt wurde, sehnt sich aber nach Freiheit, nach Kontakt mit der Außenwelt, nach Gedankenaustausch und neuen Erfahrungen.

So sind mir in Albanien viele Menschen begegnet, die mich voller Interesse nach den Lebensbedingungen in meinem Land ausfragten. Daß sie oft durch die Medien ein verzerrtes Bild vermittelt bekommen und sich vollkommen falsche Vorstellungen vom Leben in westlichen Ländern machen, in denen ihrer Meinung nach paradiesische Zustände herrschen, jeder Mensch eine Arbeit und ein ausreichendes Gehalt hat, ist nur allzu verständlich.

Doch viele Albaner haben die Chancen begriffen, die ihnen die freie Marktwirtschaft bietet und haben sich durch Fleiß und Ausdauer – oft durch jahrelanges Arbeiten in Griechenland oder Italien – im eigenen Land eine Existenz aufgebaut, sei es durch kleine Transport- oder Bauunternehmen, durch Taxenbetrieb oder Eröffnung von Restaurants oder Cafés. Dynamik und Aufbruchstimmung sind nicht zu verkennen. Im ganzen Land – besonders in Tirana – wird man das Gefühl nicht los, sich auf einer großen Baustelle zu befinden.

Übergangsphasen bringen überall – nicht nur in Albanien – Probleme mit sich, sowohl im wirtschaftlichen, als auch im sozialen Bereich.

So gibt es auf einer Baustelle naturgemäß Reste von Altbauten, unfertige Wege und Straßen. Nicht immer läuft der Verkehr hier reibungslos ab. Bei jedem Neuanfang werden Fehler begangen, die durch Erfahrung wieder berichtigt werden müssen.

Eine Gesellschaft, die über Jahrzehnte – man kann sogar sagen: über Jahrhunderte – geknebelt und unterdrückt worden ist, braucht Zeit, um sich an die neue Freiheit zu gewöhnen. Traditionen verlieren ihre Bedeutung, neue Lebensumstände schaffen neue Bedingungen, deren Wert- oder auch Wertlosigkeit erst überprüft werden muß, bevor sich eine neue Gesellschaftsordnung durchgesetzt und stabilisiert hat.

Da es den Albanern an Intelligenz, Risikobereitschaft und Flexibilität nicht mangelt, ändern sich hier die Lebensumstände mit einer rasanten Geschwindigkeit. Vielleicht ist beim Erscheinen dieses Reiseführers schon vieles nicht mehr aktuell, was ich hier an Sie weitervermitteln möchte, vielleicht machen Sie auch gänzlich unterschiedliche Erfahrungen. Es würde mich sehr interessieren, Ihre Meinung zu erfahren, falls Sie dieses Land besuchen sollten. Wenn Sie Verbesserungs- oder Änderungsvorschläge für dieses Buch haben, zögern Sie bitte nicht, mir diese mitzuteilen. Ich bin für jede Anregung dankbar.

Albanien ist zwar nicht sehr groß, doch natürlich kann man nicht jeden Ort kennen und beschreiben. Dieses Buch enthält die wichtigsten Regionen, doch erhebt es keinen Anspruch auf Vollständigkeit.

Die Tatsache, daß Sie meinen Reiseführer in den Händen halten, beweist, daß Sie neugierig sind auf dieses Land und seine Bewohner. Ich wünsche Ihnen einen sehr schönen Aufenthalt und hoffe, Sie werden (wie ich) anschließend begeistert in Ihre Heimat zurückkehren. Sicher wird sich die Reise dorthin für Sie als Bereicherung entpuppen, und Sie werden sich noch lange sehr gerne an die großartige Landschaft und die gastfreundlichen Menschen zurück erinnern.

Albanien braucht Verständnis und offene Herzen, wie es die Autoren eines sehr schönen Bildbandes formulieren. Ich möchte mich diesem Wunsch hiermit anschließen.

Die Autorin

Renate Ndarurinze wurde im südlichen Niedersachsen geboren, studierte in Göttingen und Bonn Psychologie und Pädagogik, in Madrid spanische Sprache und Geschichte, und an der Genfer Universität Englisch und Französisch.

Sie arbeitete zunächst als Dolmetscherin und Übersetzerin in der Schweiz, im Außenministerium der Regierung von Burundi (Zentralafrika) und in Frankfurt. Lange Jahre verbrachte sie in Emden (Ostfriesland), wo sie als Fremdsprachenlehrerin am Gymnasium und nebenberuflich als freie Journalistin tätig war.

Da sie sich von jeher für Reisen, andere Völker und Kulturen interessierte, gab sie den Lehrerberuf auf und unternahm als Reiseleiterin, aber auch privat verschiedene Reisen nach Island, Kanada, Rußland, Spanien, Afrika und Griechenland.

Seit geraumer Zeit lebt sie halbjährlich auf einer griechischen Insel, wo sie durch Freunde aus Albanien auf dieses Land neugierig wurde. Sie bereiste es daraufhin einige Male auf eigene Faust und war stets fasziniert von der beispielhaften Gastfreundschaft der Menschen und der landschaftlichen Schönheit.

Im Anschluß an diese Reisen hielt sie in Deutschland Diavorträge über ihren Aufenthalt in Albanien, um ihre Begeisterung für dieses Land an andere weiterzugeben und mitzuhelfen, Vorurteile über Albanien in Deutschland abzubauen.

Danksagung

Ohne die Unterstützung vieler Personen hätte dieser Reiseführer nicht das Licht der Welt erblickt, und aus diesem Grunde möchte mich hiermit bei allen bedanken, die mir während meines Aufenthaltes in Albanien uneigennützig und großzügig geholfen haben:

Sokol Kongoli vom Touristenministerium in Tirana stellte 2004 die Verbindung zur GHH Consult in Wiesbaden her und begleitete mich 2005 nach Krujë.

Frau Dr. Hank-Haase und Herr Elmar Kunz von der GHH Consult empfingen mich sehr freundlich in Wiesbaden, machten mich mit dem Trescher Verlag in Berlin bekannt und erbaten erfolgreich Unterstützung von der GTZ Eschborn.

Detlev von Oppeln und Sabine Fach vom Trescher Verlag gaben mir vertrauensvoll ›Vorschußlorbeeren‹ für meine Reise.

Dem gesamten Team der GTZ Tirana gilt mein besonderer Dank. Ismael Beka organisierte Transportmöglichkeiten inner- und außerhalb Tiranas, wobei ihn Eriona Minka kompetent unterstützte. Kujtim und Ladi ›kutschierten‹ mich durch Tirana, wann immer mir danach der Sinn stand. Arketa Sulova half mir bei Übersetzungen aus dem Albanischen, Ledi Goxhaj und ihre Mutter Vera halfen mir bei Wohnungs- und Umzugsproblemen und sorgten für meine ›cellulare Kommunikation‹ in Albanien. Holger Becker aus Bamberg stellte mir seine Diplomarbeit über die Albanische Riviera zur Verfügung, zeigte mir billige und gute Restaurants in Tirana sowie Stände, an denen man billig Honigmelonen kaufen kann.

Sehr liebevoll wurde ich von Edlira Kruja von der GTZ Shkodër und ihrer gesamten Familie aufgenommen. Edlira organisierte die schwierigen Fahrten in die Albanischen Alpen, zog mit mir durch das abendliche Shkodër, kraxelte mit mir auf dem Gelände der Rozafa-Burg herum, versorgte mich mit Kartenmaterial und anderen Dokumenten und besorgte mir Unterkunft in ihrer Familie. Bei Frida und Enver Behri wurde ich umsorgt und mit albanischen Spezialitäten gefüttert, so daß ich mich wie zu Hause fühlte. Nasi und Lili sprachen mit mir Albanisch, und Nasi fuhr mit mir nach Pukë und nach Lezhë.

Edlira, Ali, Beni und Dede unternahmen mit mir die abenteuerliche Fahrt auf der Fähre des Koman-Sees und in das wunderschöne Valbonë-Tal, verwöhnten mich mit ihrer Gesellschaft, mit einer rustikalen Mahlzeit im Bergtal, einem Glühwürmchen-Abend in Bajram Curri und einem Ausflug ins Restaurant ›DEA‹ in Shkodër. Ali wurde nicht müde, aus der Zeit der Illyrer zu erzählen.

Petrit Imeray erzählte viel von Flora und Fauna in den Albanischen Alpen und von seinen Plänen und Ideen bezüglich des dortigen Tourismus.

Rosa Rupa begleitete mich in ihr Bergdorf Theth und nahm mich beim Überqueren von Wasserfällen und morschen Holzbrücken bei der Hand. Angjelin fuhr mit mir nach Vermosh, wo ich ebenfalls die Gastfreundschaft seiner Familie genießen durfte. Als ich mir beim Abstieg von einer Bergwiese den Fuß verstauchte, tröstete mich Angjelin, machte mir Mut und besorgte einen Jeep, der mich wieder auf weniger abschüssiges Gebiet beförderte.

Die Gemeinde Pukë empfing mich sehr herzlich. Der Bürgermeister erzählte viel über den Ort und den Bezirk. Hazbi Terbuni übersetze ins Französische und ergänzte den Bericht. Seit Cufay, der ›Ingenieur‹, berichtete von seiner Bewunderung für die Deutschen, insbesondere für Franz Beckenbauer, und sorgte durch humorvolle und geistreiche Bemerkungen für lockere Stimmung und allgemeine Heiterkeit beim Kaffeetrinken im Hotel Turizmit.

Den Studenten der Universität Shkodër möchte ich danken für die umfangreichen und detaillierten Informationen aus ihren Heimatorten und für ihr Engagement für ihr Land.

Barbara Hausammann aus der Schweiz ein Dankeschön für die Vermittlung nützlicher Kontakte in Tirana und für viele schöne Fotos in diesem Buch.

Die Damen der GTZ-Korçë, Raimonda Nase, Monika und Xheni und die GTZ-Gruppe Tirana um Anula fuhren mit mir nach Voskopojë, wo ich an einem ihrer Seminare teilnehmen konnte. Winfried Kichle aus Bamberg dolmetschte für mich. Den anschließenden, schönen Abend in Voskopojë, den Aufstieg zum Kloster und die Besichtigung des Bären im Käfig werde ich nicht so schnell vergessen.

Monika und ihr Freund Elvis begleiteten mich nach Dardha, in den Prespa-Nationalpark und an den Prespasee. Monika besuchte mit mir einige Museen in Korçë und versorgte mich mit Dokumenten.

In Berat unterstützten mich Martin Heusinger und Enkeleda Olldashi, zeigten mir gute Restaurants, die Sehenswürdigkeiten in und um Berat und sorgten für angenehme Unterbringung. Steve und John vom American Peace Corps leisteten Gesellschaft bei den Mahlzeiten.

Bekan Sinani von der Präfektur Gjirokastër betreute mich uneigennützig in Gjirokastër, und Matilda Andoni-Naco von der Touristenabteilung der Stadtverwaltung Sarandë erzählte viel über die Stadt und über ihre Ideen zur Verbesserung des Angebotes für Touristen in Sarandë. Der Vizebürgermeister sorgte für Unterbringung in einem schönen Hotel mit Meerblick in Sarandë. Elisabeta Balili von der Hafenpolizei Sarandë widmete mir eine volle Stunde ihrer Arbeitszeit und redete mit mir Albanisch.

Mein Dank gilt ebenfalls den zahlreichen hilfsbereiten Museumsführern, den außerordentlich fürsorglichen Taxi-, Furgon- und Busfahrern, die sich immer für mich verantwortlich fühlten und selbstlos mein Gepäck trugen, dem Personal im Broadway-Hotel in Tirana, Eleni Laperi vom Lindart Cultural Center, die mir einige schöne Gebäude in Tirana zeigte, mich durch die Stadt begleitete und über die heutige Realität der Blutrache berichtete, Gent und Ilir vom OA Club Albania für die Bewirtung in ihrem Clubrestaurant, Frau Misha von der ADRION Buchhandlung am Sheshi Skanderbeg und – last but not least – Ariana Sheku und ihrer Familie.

Am Skutarisee

Kartenregister

Sach- und Personenregister

Ortsregister

Bildnachweis